MICH VRAA

JETZT SEID IHR FREI

Roman

Aus dem Dänischen von
Ulrich Sonnenberg

HOFFMANN UND CAMPE

Die Originalausgabe erschien 2017 unter dem Titel *Peters Kærlighed* bei Lindthardt og Ringhof, Kopenhagen.

Der Verlag dankt der Danish Arts Foundation, Statens Kunstfond, Kopenhagen, für die Förderung der Übersetzung.

DANISH ARTS FOUNDATION

1. Auflage 2019

www.hoca.de
Satz: Dörlemann Satz, Lemförde
Umschlaggestaltung: © Lübbeke Naumann Thoben, Köln
Umschlagabbildung: King's Street, Christiansted, um 1900.
Foto von Andreas Lauridsen
Gesetzt aus der Albertina
Druck und Bindung: Friedrich Pustet, Regensburg
Printed in Germany
ISBN 978-3-455-00383-3

HOFFMANN UND CAMPE

Ein Unternehmen der
GANSKE VERLAGSGRUPPE

Wir müssen wohl davon ausgehen, dass er in dieser letzten Zeit seine ereignisreichen Jahre wie durch ein buntes Kaleidoskop an sich hat vorbeiziehen lassen und im Geist auf die Inseln zurückgekehrt ist, wo sein Herz begraben lag.

H. C. J. LAWAETZ, AUTOR VON
»PETER VON SCHOLTEN«, 1940

Was ist letztendlich wichtiger, unsere Taten im Leben
und das Glück unserer Jugend oder das, was am Ende bleibt,
der abschließende Stempel im Siegellack unseres Rufes?

PETER VON SCHOLTEN IN EINEM BRIEF
AN MARIA EIDE, 1852

CHARLOTTE AMALIE
SANKT THOMAS
1804 – 1854

BRIEF: PETER VON SCHOLTEN AN MARIA EIDE, KOPENHAGEN, AUGUST 1852

Montag, 16. August

Liebe Maria,

blickt man zurück auf das Märchen seines Lebens, erscheinen die Erinnerungen gleißend und köstlich, und doch sind sie auf eine seltsame Art und Weise weniger kostbar, als man es sich gern einbilden möchte. Es ist nun einmal unmöglich, etwas genießen zu wollen, was vorbei ist; besser ist es, sich auf das zu freuen, was uns noch erwartet. Oder über das, was jetzt, in diesem Moment, da ist.

Glaub mir, Maria, das habe ich immer gut gekonnt. Ich habe gelebt, weiß Gott, das habe ich. Und ich habe geliebt, ja. Ich habe alles erreicht, was ich mir vorgenommen habe. Und dennoch …

Ich denke so oft an Dich und Deinen Mann und die große Hilfe, die Du mir gewesen bist, als meine Kräfte mich am Ende im Stich ließen. Eine aufrichtigere Freundin kann sich niemand wünschen, und ich vermisse Dich aus tiefstem Herzen und bete, dass es Dir gut gehen möge. Es ist jetzt August, aber hierzulande ist der Sommer ja nur eine blasse Vorstellung, sogar im Vergleich mit dem Weihnachtswetter in Westindien. Obwohl ich weiß, dass ich oft genug über die Hitze gestöhnt habe, vermisse ich sie doch auch. Mein alter Körper ist für Kälte und Sturm nicht geschaffen.

Alt, ja, das bin ich. Gesundheitlich geht es mir nicht gut, aber nach dem Urteil des Obersten Gerichtshofs und der Genugtuung, die ich dadurch trotz allem erhielt, geht es mir ein wenig besser; es gibt tatsächlich Tage, an denen ich mich für eine kurze Zeit beinahe wohlfühle.

Im Frühjahr habe ich ein hübsches, kleines Anwesen am Kongens Nytorv gekauft, direkt an der Hauptwache. Es sind nur drei Etagen und ein Dachboden, aber ich habe mich recht nett eingerichtet und sogar wieder begonnen, kleine Gesellschaften zu geben. Sollte mich noch jemand Prinz Peter nennen, so geschieht dies hinter meinem Rücken; nach der Rehabilitierung ist mein Umgangskreis mir ausgesprochen freundlich gesonnen; ich bin inzwischen jedenfalls eher Peter als ein Prinz.

Obwohl ich also einigermaßen standesgemäß lebe und nicht gerade einsam bin, merke ich doch, wie mich die Erinnerungen bedrängen. Es ist sicher eine natürliche Folge des Alters, aber wie ich in meiner Einleitung schrieb, können sich Erinnerungen nicht mit den Freuden des Augenblicks messen, dem Leben, das just in diesem Moment gelebt wird.

Sie sind nur so unanständig lebendig, diese Erinnerungen. Gesichter, Orte, Gerüche, alles steht Schlange, um Einzug in die Träume eines alten Mannes zu halten.

Noch heute – und es ist jetzt fast ein halbes Jahrhundert her, dass ich zum ersten Mal das bergige Profil der Inseln im Karibischen Meer sah – höre ich die Ankerkette durch die Klüse unter dem Deck der Brigg rasseln, als wir Charlotte Amalie anliefen. Und ich erinnere mich an den Anblick der hellen Gebäude mit ihren roten Ziegeldächern unter der blendenden Sonne vor dem Bergmassiv. Auf dem Höhenzug über der Stadt lagen größere Anwesen, die Paläste des Kommandantenhügels; von dort ist die Aussicht so unbeschreiblich schön, und die die Meeresbrise bringt den glücklichsten Bewohnern dieser heißen Stadt ein wenig Kühlung.

Es war der 13. August. Ich war gerade zwanzig Jahre alt geworden, und ich glaube sagen zu können, ohne mich einer Übertreibung schuldig zu machen, dass in diesen Jahren kein abenteuerlustigerer Jüngling als ich aus dem königlichen Kopenhagen in die Welt aufgebrochen ist. Meine Reise in das ferne Westindien war gewiss nicht auf meine eigene Initiative zustande gekommen, unterwegs aber hatte ich so viel über die Inseln und ihre bunt gemischte Bevölkerung gehört, dass ich mich unendlich darauf freute, alles mit eigenen Sinnen zu erleben.

Mein Vater, der Kommandant von Sankt Thomas, hatte verlangt, dass ich ihn dorthin begleite. Eines Tages erschien er in der Kopenhagener Landkadettenakademie in der Bredgade, band sein Pferd im Hof fest und schritt über den Platz auf die Ecke zu, wo ich mich zufällig in Gesellschaft von ein paar anderen Kadetten aufhielt.

»Vater!«, rief ich, als ich ihn sah. Ich war erleichtert, ihn nach unserer langen Trennung gesund und munter vor mir zu sehen; es lässt sich ja nie vorhersagen, wie ein Aufenthalt in den Tropen und die Tausende von Seemeilen auf dem Ozean einem Mann zusetzen, nicht zuletzt einem Mann in seinem Alter. Mein Vater, Casimir von Scholten, hatte die fünfzig bereits hinter sich und mehr erlebt als die meisten Männer; ein knappes Jahr hatte er in englischer Kriegsgefangenschaft verbracht, außerdem war er erst ein Jahr zuvor in das Kommandantenhaus in Charlotte Amalie zurückgekehrt.

»Ist das etwa der junge Fähnrich Peter Scholten?«, lauteten seine ersten Worte in einer Mischung aus Strenge und spöttischem Humor, für den er bekannt war. In Wahrheit hätte meine Kadettenausbildung ja längst abgeschlossen sein sollen, aber ehrlich gesagt hatte ich nie das Gefühl gehabt, mich unbedingt sputen zu müssen.

»Beinahe«, erwiderte ich und beeilte mich, das Thema zu wechseln. »Ich freue mich so, dich zu sehen, Vater«, sagte ich und setzte das Lächeln eines glücklichen Sohnes auf. »Wie war die Reise? Du musst mir die neuesten Nachrichten aus Westindien erzählen. Hat nach der englischen Besatzung der Wohlstand wieder Einzug gehalten?«

Mein Vater brummte und bürstete ein wenig Staub von seinem Revers. Er war älter geworden. Seine Haare waren jetzt eher weiß als grau, aber ich sah dieses vertraute Blitzen in seinen Augen. Schon immer hatte er diesen listigen Blick, und hinter seiner hohen Stirn verbarg sich ein scharfer Verstand.

Jetzt glaubst Du möglicherweise, ich hätte vergessen, dass Du meinen Vater ja kennengelernt hast, Maria, das ist indes keineswegs der Fall. Ich erinnere mich sehr gut an Deinen packenden Bericht über den Untergang der Hoffnung und Dein Gespräch mit meinem Vater in Christiansfort: Du warst fünfzehn Jahre alt und nur mit dem frisch gebügelten

Nachthemd des Kommandanten bekleidet! Und obwohl es unhöflich ist, das Alter einer Frau zu erwähnen, wird mir klar, dass ich zwar alt, Du aber nicht so viel jünger bist! Allerdings vertraue ich darauf, dass Du nach wie vor so anmutig wie eh und je bist. Auf rätselhafte Weise wurdest Du vom Lauf der Jahre nie gezeichnet.

Eine andere Erinnerung stammt aus der Zeit viele Jahre später, als Du zu Weihnachten mit der Brigantine Deines Vaters auf die Inseln zurückgekehrt bist. Damals kannte ich Dich noch nicht, aber ich kannte Mikkel ein wenig, der uns einander vorstellte. Ich sah sofort, wie verliebt er war, und muss gestehen, dass ich mir bisweilen vorgestellt habe, was zwischen uns hätte geschehen können, wenn seine Liebe nicht für jeden so offenkundig gewesen wäre. Habe ich Dir je gestanden, Maria, wie leicht ich mich damals hätte verlieben können?

Diese Zeit – gerade, als Du angekommen warst – war meine letzte Zeit in Charlotte Amalie; ich segelte nach Dänemark und kam fünf Monate später auf die Insel zurück, auf der Du den größten Teil Deiner Jugend verbracht hast. Das Schicksal wollte es, dass wir unsere Plätze tauschten: Du bist nach Sankt Thomas gekommen und ich nach Saint Croix. Als Generalgouverneur, wohlgemerkt. Ich hatte das Gefühl, einen strahlenden Sieg errungen zu haben. Einen Triumph! In nur zwölf Jahren hatte der demütige Waagemeister den höchsten Posten Westindiens erlangt …

AUSZUG AUS DEM STRAFREGISTER DES JUNGEN PETER VON SCHOLTEN AN DER LANDKADETTENAKADEMIE, KOPENHAGEN, 1795–1803

9. Oktober 1795: Kadett P. Scholten wird mit der Rute bestraft, weil er einige seiner Kleidungsstücke verkauft und von dem Geld Kartoffeln und Süßigkeiten gekauft hat.

16. Oktober 1795: Kadett P. Scholten wird mit der Rute bestraft, weil er 12 Schilling einbehalten hat, mit denen Kadett Normann die Aufwartefrau bezahlen wollte, und Süßigkeiten gekauft hat.

1. April 1796: Kadett P. Scholten wird mit der Rute bestraft, weil er den Leutnant betrügen wollte.

4. April 1796: Kadett P. Scholten wird wegen Unordnung mit der Rute bestraft.

13. Oktober 1799: Hausarrest wegen Faulheit.

27. Oktober 1799: Hausarrest wegen Faulheit.

3. November 1799: Hausarrest wegen Faulheit.

11. November 1799: Hausarrest wegen Faulheit.

17. November 1799: Hausarrest wegen Faulheit.

24. November 1799: Hausarrest wegen Faulheit.

1. Dezember 1799: Hausarrest wegen Faulheit.

20. April 1800: Hausarrest wegen Faulheit.

2. November 1800: Hausarrest wegen Faulheit.

30. November 1800: Hausarrest wegen Faulheit.

18. Mai 1803: Kadett Scholten hat gestern die Pflegerin der Krankenstation auf sehr unanständige Weise behandelt, er hat sie zu Boden geworfen, wodurch sie sich jeweils ein Loch im Kopf und im Bein zuzog; daher kommt er von 2 Uhr nachmittags bis 7 Uhr morgen früh in Arrest auf die Wache.

BRIEF: PETER VON SCHOLTEN AN MARIA EIDE, KOPENHAGEN, AUGUST 1852

Mittwoch, der 18. August

Liebste Maria, ich habe bisweilen mit dem Gedanken gespielt, meine Erinnerungen zu schreiben. Ich habe mir sagen lassen, dass der brave Admiral Birch Dahlerup, den ich den größten Teil meines Lebens kenne und wohl meinen Freund nennen darf, sehr umfangreiche Memoiren verfasst, die er abzuschließen hofft, bevor er diese Welt verlässt. Nun ist Dahlerup ein Mann mit so vielen Orden und Auszeichnungen, dass man sich wundern muss, wie seine Hemdbrust all dieses Metall tragen kann; außerdem hat er ein sehr abenteuerliches und ereignisreiches Leben geführt, im Vergleich dazu verblasst meines geradezu. Ich habe mich überwiegend in Westindien aufgehalten, während Dahlerup sämtliche Weltmeere befahren hat und seine abwechslungsreiche Karriere als Oberbefehlshaber der österreichisch-ungarischen Marine beendete.

Während ich lediglich drei kleinen Inseln die Freiheit brachte!

Allerdings geht mir auch durch den Kopf, dass die Eile, die Dahlerups Arbeit angeblich prägt, möglicherweise durchaus sinnvoll ist. Er ist sechs Jahre jünger und vermutlich weitaus gesünder als ich, also ist das Risiko, dass ich sterbe, bevor ich auch nur mit dem dritten Kapitel beginne, einigermaßen real. Und doch verspüre ich durchaus ein gewisses Bedürfnis, von meinem Leben zu erzählen und meine Dummheiten zu bekennen.

Irgendwann heute Nacht gerieten einige ausländische Seeleute, die sich in Nyhavn um den Verstand gesoffen hatten, vor der Hauptwache in ein Handgemenge mit ein paar Schauerleuten. Angeblich mussten sie die

Flucht vom Schlachtfeld antreten, und als sie dann auf dem Kongens Nytorv landeten, wurde ich durch ihr Geschrei und ihren Krach aus meinem im Übrigen nicht sonderlich erquickenden Schlaf geweckt. Einige Wächter und Polizisten tauchten auf, als meine Laternenuhr gerade zur vierten Stunde schlug, ich stand am Fenster und blickte im Schein der Straßenlaterne hinunter. Drei Seeleute erhielten einen Schlag an die Stirn und fielen blutend auf die vom Regen nassen Pflastersteine. Einer von ihnen sah aus, als würde er nicht mehr leben, als sie ihn davonschleppten.

Jetzt ist es natürlich unmöglich, noch einmal einzuschlafen; ich werde es nicht einmal versuchen. Daher habe ich mich an meinen neuen Schreibtisch gesetzt – eine beinahe getreue Kopie des schönen Möbelstücks, an dem ich im Amtssitz des Gouverneurs in Christianssted gearbeitet habe –, das Tintenfass geöffnet und den Stift hineingetaucht, um weiter an dem Brief an meine liebe Freundin zu schreiben, an Dich, Maria.

Die Dummheiten der Jugend. Nun ja, sind sie nicht großartig? Da steht man als junger, kaum zwanzig Jahre alter Nichtsnutz am Kai von Charlotte Amalie mitten in der heißen Sonne, die manche Farben zu stehlen und andere zu verstärken scheint, und ist umgeben von den sonderbarsten Eindrücken. Alle möglichen Schiffe mit hohen Masten schaukelten am Kai: Briggs und Schoner, Fregatten, Schaluppen und Galeassen, ein aufgebrachtes Piratenschiff, groß wie ein Linienschiff, aber eine ganze Bordseite war abgesprengt, sodass man bis auf das verkohlte Zwischendeck sehen konnte. Klebrige Fässer mit Muskovado-Zucker und Rum wurden von schwitzenden Negern polternd über die Pflastersteine und ausgelegten Planken gerollt. Die eigenartig gekräuselten Haare über den weißen, starrenden Augen ihrer glänzenden Gesichter sahen aus wie wollene Helme.

Sie wirken erschreckend fremdartig auf einen jungen Mann, der vorher nur ganz selten einmal einen Neger gesehen hat. Und ich muss gestehen, dass ich mir an jenem Tag keine Gedanken darüber gemacht habe, dass sie unfrei waren und für die weißen Kaufleute Sklavenarbeit verrichteten. In meinen Augen waren sie nur eigenartig und ein wenig unheimlich.

Der junge Mann sieht jetzt, dass Charlotte Amalie eine große Stadt ist. Eigentlich weiß er es ja: Es ist die zweitgrößte Stadt des dänischen Reiches, obwohl sie so weit von Dänemark entfernt liegt. Charlotte Amalie ist durch den Freihandel und den Transport von allen möglichen Waren über den Atlantik reich und fett geworden. Während die Großmächte sich bekriegten, haben dänische Politiker und Kaufleute erfolgreich die Neutralität des Landes bewahrt und damit ein Vermögen verdient.

Schiffe anderer Länder – französische, schwedische, niederländische, amerikanische – haben in den Kriegsjahren mit dem Dannebrog am Achtersteven und dänischen Kriegsschiffen als Eskorte den Ozean überquert. Jede Dünung auf dem Meer war ein dänischer Reichstaler, jeder Stern am Nachthimmel eine westindische Kurantmünze. Und wenn die Schiffe in Charlotte Amalie anlegen und ihre Waren verzollen, strömt noch mehr Geld in die dänische Kolonialgesellschaft. Sankt Thomas ist ein Schlachtschwein, dessen Speck aus purem Gold besteht.

All dies weiß der junge Nichtsnutz durchaus; nach zwei Monaten auf dem Meer in Gesellschaft seines Vaters, des Kommandanten, und mit Seeleuten, die Westindien besser kennen als Vestervig, ist er mit dem politischen und ökonomischen Spiel, das die Geldmühle auf den Westindischen Inseln antreibt, einigermaßen vertraut. Doch als er hier am Kai von Charlotte Amalie steht, fesseln andere Dinge seinen Blick: die Geschäftigkeit des Hafens; einige farbige Frauenzimmer, vermutlich freie Mulattinnen, in vornehmen, aber dünnen und ziemlich lose sitzenden Kleidern, die unter einem Baldachin aus blaugestreiftem Stoff in einem kompletten Kauderwelsch plaudern und lachen; drei Sklavenmädchen mit nacktem Oberkörper, alles reizende Wesen, die einem älteren Mann in Reithosen, weißem Hemd und gestreifter Weste gehorsam zu einem Etablissement namens Emily's Hotel folgen.

Der junge Mann ist fasziniert von allem, was er sieht, und er spürt kaum, wie sein Vater ihn am Arm zieht …

Wir wurden am Kai von einem Hauptmann und sechs Soldaten in Tropenuniformen empfangen. Sie standen in der glühenden Sonne, der Hauptmann trat vor und salutierte, mein Vater erwiderte den Gruß.

»Herr Kommandant«, sagte der Hauptmann und senkte den Arm eine Sekunde nach meinem Vater.

»Hauptmann Molberg«, sagte mein Vater. »Ich habe meinen Sohn Peter mitgebracht. Gerade von der Landkadettenakademie entlassen, um hier auf Sankt Thomas als Fähnrich bei den westindischen Streitkräften zu dienen.«

Der Kapitän salutierte erneut, und ich erwiderte seinen Gruß, vielleicht mit etwas weniger militärischem Anstand, als es sich gehörte.

»Fähnrich von Scholten«, bellte der Offizier.

»Herr Hauptmann«, sagte ich. Einen Moment sahen wir uns in die Augen. Ich lächelte ihm zu, er erwiderte mein Lächeln nicht.

Die kleine Abteilung Soldaten eskortierte uns durch die Stadt zum Amtssitz des Gouverneurs in der Dronningensgade, wo ich herzlich von meinen Geschwistern und meiner Mutter empfangen wurde, die ein halbes Jahr zuvor vierzig Jahre alt geworden, aber noch immer eine hübsche und elegante Frau war. Ich habe meine älteste Tochter, die schon immer mein Liebling gewesen ist, nach ihr benannt.

Anschließend bat mein Vater mich, und niemanden sonst, ihn in sein *study* zu begleiten, wie er das geräumige Arbeitszimmer mit den hübschen Fensterläden und den vornehmen westindischen Möbeln bezeichnete. Ein schwarzer Diener in Livree servierte uns eine Kanne kühles Wasser und zwei ordentliche *Rum Punch* mit Zitrone – ein Getränk, das ich bereits an Bord des Packschiffes zu schätzen gelernt hatte. Der Diener verließ den Raum und kehrte mit einer Schale aufgeschnittener Früchte zurück, von denen ich die meisten nicht hätte beim Namen nennen können. Die Spitze einer Ananas verriet jedoch, dass einige der saftigen Stücke von dieser Frucht stammten; ich hatte eine Ananas bisher nur auf Gemälden gesehen – in Europa hielt man sie für eine so vornehme Speise, dass einige Adelsfamilien ihr charakteristisches Profil in ihre Wappen aufgenommen hatten. Der Diener ging, und ich blickte ihm nach – einigermaßen überrascht über diese förmliche Bewirtung.

»Wie viele Bedienstete hast du hier im Haus, Vater?«, fragte ich ihn.

Mein Vater trank einen Schluck. Er schloss die Augen und behielt den Rum einen Augenblick im Mund. Dann schluckte er und sah mich an.

»So viele wie nötig«, antwortete er. »Den, den du eben gesehen hast. Einen Koch und ein Küchenmädchen, eine Frau für die Wäsche und das Putzen, ein Stubenmädchen.«

»Das sind fünf. Sind sie alle …«

Vater nickte. Er wusste offenbar, was ich ihn fragen wollte.

»Ja«, erwiderte er. »Natürlich ist es billiger, Neger nur anzumieten, auf lange Sicht ist es jedoch besser, sie selbst zu besitzen. Das erleichtert die Zusammenarbeit ungemein.« Auf seinem Gesicht zeigte sich sein freundliches, aber hintergründiges Lächeln.

Ich probierte den Rum. Plötzlich musste ich lachen. »Was kostet ein Koch?«, erkundigte ich mich, allerdings eher aus Spaß.

Meinen Vater schien die Frage nicht zu verwundern.

»Ungefähr vierhundert Reichstaler«, antwortete er.

Ich erinnere mich, dass wir eine Weile kein Wort sprachen. Ich glaube, meinem Vater war klar, dass ich das Bedürfnis hatte, eine Weile einfach nur dazusitzen und mich daran zu gewöhnen, wieder festen Boden unter den Füßen zu haben. Er nippte an seinem *Punch* und aß ein paar Früchte. Ich nahm mir ein Stück Ananas. Als sich unsere Blicke über dem niedrigen, blankpolierten Tisch mit der Obstschale trafen, lächelte er mir zu und nickte auffordernd. Als wollte er sagen: Greif nur zu, mein Sohn. Und er meinte nicht nur die Früchte. Sondern alles – die Fruchtbarkeit der Inseln, die hübschen, farbigen Frauen, das Klima, den übermäßigen Wohlstand.

Ich wusste, dass es so kommen würde: Alles in dieser sonderbaren Welt wollte ich probieren. Sie sollte bald mein sein.

Jetzt ist es kurz nach sechs, und ich bin wieder müde, aber ich weiß, dass ich nicht schlafen kann. Die Sonne ist aufgegangen, es sieht aus, als sei das Regenwetter für dieses Mal überstanden. Vielleicht wird es ein schöner Tag.

Ich werde jetzt in die Bredgade gehen und mich an glücklichere Zeiten erinnern. Viele Jahre wohnte meine Familie dort, wenn ich von den Inseln nach Hause kam. Dort bekam ich hin und wieder auch Besuch aus Amalienborg, sowohl von Frederik als auch von Christian; es war die Zeit, als man mich, den Generalgouverneur Westindiens, zu Recht Prinz Peter nannte. Es war nicht als Schmeichelei gemeint, aber ich habe es akzeptiert, ebenso wie ich es akzeptiert habe, wenn die Schwarzen auf den Inseln mich »Massa Peter« nannten. Ich schämte mich nicht für diese Titel.

AUS ADMIRAL HANS BIRCH DAHLERUPS ERINNERUNGEN 1815 – 1848

Ich lernte Scholten während meiner ersten Kriegsgefangenschaft 1808 in Reading kennen. Er war ungefähr sechs Jahre älter als ich und voller Lebenslust, ganz offensichtlich ein freier und offener Charakter, aber durchaus vornehm und gewitzt; ein Libertin, jedoch mit Selbstbeherrschung, intelligent und mit einem angeborenen Sinn für Anstand und das Schöne im Allgemeinen ausgestattet. Ohne Wissen oder Geistesbildung und ohne den Willen, beides selbst zu erwerben, aber nicht ohne Achtung dieser Fähigkeiten bei anderen. Von Natur aus begabt mit einem erstaunlichen Scharfsinn und dem seltenen Talent, genau die Menschen zu finden und sich zunutze zu machen, die er benötigte. Sein Talent war praktischer Natur, er besaß einen natürlichen gesunden Menschenverstand und die große Fähigkeit, andere Menschen zusammenzubringen und zu führen. Trotz aller Pracht, der Sucht nach Glanz sowie einer unbegrenzten Gastfreundschaft hielt er in seiner Lebensart und seinem Genuss doch auch Maß. Gutherzig und versöhnlich war er, teils von Natur aus, teils aus Klugheit.

ÖFFENTLICHE INFORMATION DES KOMMANDANTEN AUF SANKT THOMAS, CASIMIR WILHELM VON SCHOLTEN, ÜBER DEN STADTBRAND IN CHARLOTTE AMALIE AM 22. NOVEMBER 1804

Der Schreck über den furchtbaren Brand, der unglücklicherweise am 22. November ausbrach und einen Großteil der Stadt Sankt Thomas zerstörte, hatte die höchst betrübliche Folge des Todes meiner Ehefrau Cathrine Elisabeth am Tage danach um zehn Uhr abends. Sie war vier Tage zuvor am gewöhnlichen westindischen Fieber erkrankt und befand sich bereits auf dem Wege der Besserung, als sie aus Furcht, das Feuer könnte auf das Wohnhaus des Kommandanten übergreifen, fortgebracht wurde. Dadurch verschlimmerte sich ihre Krankheit derart, dass keine Rettung mehr möglich war. Jeder, der meine Situation mit sieben hinterlassenen Kindern, von denen das jüngste ein Mädchen im Alter von acht Monaten ist, kennt, wird den unersetzlichen Verlust ermessen können, den ich erlitten habe. Dies sei allen Verwandten und Freunden mit der Bitte mitgeteilt, von Kondolenzschreiben abzusehen.

C. W. v. Scholten
Kommandant auf Sankt Thomas in Amerika.

BRIEF: LEUTNANT PETER VON SCHOLTEN AN FÄHNRICH PAUL VOSS, CHARLOTTE AMALIE, SANKT THOMAS, DEZEMBER 1804

Mein lieber, treuer Freund!

Ich hätte Dir längst von meiner langen Reise schreiben sollen und bereue, ein so nachlässiger Briefschreiber zu sein. Denn ich kann Dich in dieser Stunde nicht mit langen, spannenden Berichten von meiner Reise über das Meer und meinen ersten Monaten in Westindien unterhalten, wie ich es Dir bei meiner Abreise versprochen habe. Vor gut einer Woche ist etwas Furchtbares geschehen, das noch immer all meine Gedanken beherrscht, und nur darüber kann ich schreiben.

Meine geliebte Mutter ist tot! Du weißt, wie sehr ich an ihr hing, und verstehst daher, welch ein Schlag es für mich ist, sie verloren zu haben. Noch dazu durch einen hässlichen Brand, der leicht hätte vermieden werden können!

Ich war erst ein paar Monate in Charlotte Amalie, als große Teile dieser hübschen Stadt am 22. November bis auf die Grundmauern niederbrannten. Mehr als die Hälfte aller Häuser wurde ein Raub der Flammen, und gut ein Dutzend Menschen kam ums Leben, einige davon bei dem Versuch, in der Stadt ihr Hab und Gut zu retten. Meine Mutter gehörte nicht zu ihnen. Das Kommandantengebäude in der Dronningensgade brannte nicht, obwohl das Feuer im Haus der Westindischen Handelsgesellschaft auf der gegenüberliegenden Straßenseite ausgebrochen war.

Aber Mutter war krank und hatte Fieber, und aus Furcht, das Feuer könnte sich über die Straße ausbreiten und zur Bedrohung für das Kommandantengebäude werden, wurde sie ins Quartier meines Vaters im Fort gebracht. Durch die Anstrengungen verschlimmerte sich ihr Zustand, und am Abend des 23. November tat sie ihren letzten Atemzug, während wir alle bei ihr waren.

Ich selbst war tagsüber mit Kameraden aus dem westindischen Heer, wo ich jetzt den Rang eines Leutnants bekleide, mit einem Segelboot unterwegs gewesen. Wir waren zu einer Insel vor Charlotte Amalie gesegelt, um im Meer zu schwimmen und eine Suppenschildkröte zu fangen. Wir kamen spät zurück in den Hafen, und bereits als wir das Boot kurz nach sieben Uhr abends vertäuten, sahen wir über dem königlichen Viertel Rauch aufsteigen – eine schwarze Rauchsäule wie von einem großen Lagerfeuer stand am Abendhimmel; von einer unsichtbaren Flamme schien sie erleuchtet zu werden, und ich wusste sofort, dass der Brand sehr nah am Haus meines Vaters ausgebrochen sein musste. Ich rannte sogleich los und hörte kaum die verblüfften Rufe meiner Kameraden hinter mir.

Es ist nur ein kurzer Weg vom Hafen bis zum Ende der Dronningsgade nördlich des Forts, in der das Haus meines Vaters steht. In der Dunkelheit lief ich den Hügel hinauf, während der Lichtschein am Himmel vor mir wuchs – aus irgendeinem Grund war mir klar, dass das Feuer außer Kontrolle geraten sein musste. Charlotte Amalies Straßen, auch die vornehmsten im königlichen Viertel, sind schmal, an einigen Stellen nur knapp acht Ellen von Mauer zu Mauer, und oft genug liegen sie voller Kisten, Ballen und Stapel mit irgendwelchen Dingen. Wenn ein Feuer erst einmal ausgebrochen ist, kann es so von Haus zu Haus springen, wie eine Lunte, die die Pulverladung einer Kanone entzündet.

Als ich ankam, war ich dermaßen außer Atem, dass mir schwindlig wurde und ich eine Weile meine Hände auf die Knie stützen musste. Mir bot sich ein unfassbarer Anblick, eine Szene wie aus einem Albtraum: Das Haus auf der anderen Straßenseite war vollständig von Flammen eingehüllt, und einige Neger – fünf oder sechs Mann – standen als Silhouetten vor dem Feuer; beinahe nackt, vor Schweiß glänzend, einer von ihnen mit blutigen Schultern und Armen. Sie sahen aus wie gelähmt, sei es vor Passivität oder aufgrund ausbleibender Befehle.

Nachdem ich wieder zu Atem gekommen war, rannte ich zum Haus meines Vaters. Die Hitze schlug mir ins Gesicht, die meisten Häuser um mich herum waren aus Holz. Ich hörte die panischen Schreie von Menschen, eine Gruppe Männer lief hinter mir den Hügel hinauf. Soldaten aus dem Fort unter der Führung eines Hauptmanns.

Ich dachte nur an meine Familie. Und in diesem Moment sah ich meinen Vater. Seine große Gestalt erschien in der Tür des Kommandantengebäudes, er hielt meine Mutter in den Armen, wie ein Bräutigam, der seine Braut über die Türschwelle ihres gemeinsamen Heims trägt. Und genau das tat er ja auch, nur dass er sie den umgekehrten Weg hinaustrug.

Nach meinen Eltern kam mein älterer Bruder Jost, der wie ich als Leutnant im westindischen Heer dient. Er sah verwirrt und ängstlich aus, sein Gesicht war bleich. Mehrere meiner Geschwister folgten ihm, Frederik und Adelgunde, die beide ein paar Jahre jünger sind als ich. Adelgunde trug die nicht einmal ein Jahr alte Louise in ihren Armen, und der kleine fünfjährige Wilhelm hielt sich neben ihr an ihrem Kleid fest. Ich lief auf die Tür zu.

»Vater!«, schrie ich durch das Brodeln des Feuers und der Rufe der Männer. »Was ist passiert?« Eine dümmliche Frage, die er auch nicht beantwortete. Er sah mich ernst, aber gefasst an und sagte: »Peter! Gut, dass du zu Hause bist. Geh ins Haus und hol mein Archiv. Meine Papiere! Schaff sie hinaus! Und alles, was du sonst noch retten kannst. Das Feuer breitet sich aus!«

Ich sah meine Mutter an, die schlapp in seinen Armen hing. Sie war bei Bewusstsein, aber sie wirkte apathisch, die Augen waren matt und nur halb geöffnet. Die Angst muss mir deutlich im Gesicht gestanden haben, denn mein Vater sagte nur ein einziges Wort zur Erklärung ihres Aussehens: »Opiumtropfen.«

Sie war betäubt; vielleicht war sie so krank, dass sie anders nicht hätte transportiert werden können, vielleicht hatte sie solche Angst, dass sie dagegen angekämpft hatte. Nun hing sie in den Armen ihres Mannes, und ich nickte ihm zu und lief in das dunkle Haus, um das Archiv des Kommandanten zu finden.

Als ich wieder heraustrat, kam mir die Stadt wie ein siedender Scheiterhaufen vor. Ein rasender Lichtschein wurde zu vereinzelten nächtlichen Wolken aufgeworfen, die man sonst nur als Schatten am Sternenhimmel sieht. Auf der Straße versuchte eine Feuerwehreinheit aus Negern, einige Häuser einzureißen, unter anderem eines, das ganz neu, ja, noch im Bau war. Doch das Feuer war bereits übergesprungen, bevor sie ihre Arbeit beendet hatten, aber es hätte ohnehin keinen Sinn gehabt, denn der Wind trug Glut und brennende Fetzen über lange Entfernungen durch die Luft. Dadurch breitete sich der Brand in Richtung Westen aus, ins Viertel der Königin.

Mitten in der erstickenden Hitze, dem Gestank und dem Lärm der lodernden Stadt stand ich mit einer Kiste Papiere im Arm und sah mich nach ein paar Negern um, die mir helfen könnten, auch noch den Rest herauszutragen. Doch als ich endlich einen Schwarzen sah, hätte ich die Kiste beinahe fallengelassen: Er glänzte vor Schweiß wie ein Pferd nach einem Rennen und hielt mit wilden, weit aufgerissenen Augen in der einen Hand einen langen Säbel und in der anderen ein Messer oder einen Dolch. Er sah genauso aus wie einer dieser wahnsinnigen Piraten, die Charlotte Amalie früher verwüstet hatten und in den Straßen der Stadt mit Schubkarren voller Silbermünzen umhergefahren waren.

Offenbar war ich schnell genug zurück ins Haus gesprungen, sodass der Verrückte mich nicht bemerkte, denn er rannte schwer atmend am Haus vorbei. Vorsichtig blickte ich hinaus und sah, dass ihm weitere folgten: schwarze, glänzende Gestalten mit blankgezogenen Waffen. Es sah tatsächlich nach einem Negeraufstand aus!

Als sie verschwunden waren, stieß ich die Tür auf und lief die Straße hinunter zu der Gruppe, die die Häuser eingerissen hatte. Nun sahen sie untätig zu, wie die Flammen die Reste der Häuser auffraßen. Einige Ellen von ihren schwarzen Gestalten entfernt stand mein älterer Bruder mit ein paar Soldaten. Auch sein Gesicht glänzte vor Schweiß, er hob die Hand und wischte sich über die Stirn.

»Jost!«, rief ich. »Jost!«

Er drehte sich um, als ich ihn schon fast erreicht hatte. »Die Neger plündern die Stadt!«, rief ich. »Sie sind bewaffnet!«

Er verdrehte die Augen, erschöpft und resigniert. Dann schrie er einem der Männer, einem jungen Fähnrich, einen Befehl zu. Der Mann drehte sich um und lief die Straße hinunter, in die Richtung des außer Kontrolle geratenen Brandes.

»Er schlägt Alarm!«, rief Jost mir zu. »Ich hatte das Gerücht auch schon gehört. Ein paar Neger haben sich betrunken und dann einige Geschäfte geplündert. Aber es sind nur wenige, wir werden sie schon kriegen.«

Jene Nacht war das reinste Chaos, Voss, das kann ich Dir sagen. Ich blieb bei meinem Bruder, zusammen mit den wenigen Negern und Soldaten versuchten wir, das Feuer einzudämmen. Es erwies sich jedoch als eine hoffnungslose Aufgabe, das Feuer wütete, wie es ihm passte. Der einzige Trost war, dass die alte Kommandantur aussah, als würde sie es überstehen. Das Feuer bewegte sich in eine andere Richtung, Vaters Dokumente würden nicht in Flammen aufgehen.

Nach einiger Zeit kam Hauptmann Motzfeldt von der Artillerieeinheit des Heeres mit einer Abteilung stöhnend die Straße hinauf, die Männer zogen zwei leichte Feldkanonen hinter sich her. Er salutierte mit einer rußgeschwärzten Hand, kniff wegen des beißenden Rauchs die Augen zu und sagte etwas so Merkwürdiges, dass ich dachte, ich hätte mich verhört.

»Auf Befehl des Kommandanten müssen wir die Häuser zusammenschießen, damit das Feuer sich nicht weiter ausbreitet.« Er zeigte mit der Hand zu dem Ende der Straße, wo die Flammen die Häuser noch nicht erreicht hatten. Bis dorthin war die Straße jedoch auf der einen Seite ein brodelndes Flammenmeer, auf der anderen gab es lediglich vereinzelte Brände; es war ein verlorener Kampf.

»Was sagen Sie?«, rief Jost, dem Verzweiflung und Ratlosigkeit ins Gesicht geschrieben standen.

Der Hauptmann zeigte diesmal mit der Hand auf die beiden Kanonen. »Schießen! Gebäude! Zerstören!«, brüllte er. »Die Ausbreitung des Feuers verhindern!«

Jost sah den Offizier an wie einen Mann, der den Verstand verloren hat. Dann atmete er tief durch und beherrschte sich, was ihm offensichtlich schwerfiel.

»Haben Sie daran gedacht, wo die Kugeln oder Granaten einschlagen werden?«, fragte er und wies mit der Hand auf die Häuserreihe. »Wenn Sie in nördlicher Richtung schießen, dann muss ich Sie daran erinnern, dass dahinter Häuser stehen. Häuser, in denen Menschen wohnen, wie zu vermuten steht! Und schießen Sie in die andere Richtung, werden die Kugeln über den Hafen und die Reede fliegen. Dort liegen Schiffe, Herr Hauptmann!«

Der Hauptmann blickte auf die brennenden Häuser und sah dann meinen großen Bruder an. Einen Moment war er still. Dann sagte er zu meiner Überraschung:

»Sie haben recht, Herr Leutnant. Das ist, als versuche man, den Teufel mit Beelzebub auszutreiben. Aber die Stadt … sie brennt nieder.«

Jost nickte. »Große Teile bestimmt.« Er seufzte und fuhr sich über das rußgeschwärzte Kinn. Plötzlich wandte er sich zu mir. »Hast du Mutter gesehen?«, erkundigte er sich. Ich schüttelte den Kopf. »Vater ist mit ihr und den Kleinen ins Fort gegangen. Er sagte, ich solle seine Papiere in Sicherheit bringen.«

»Was machst du dann noch hier?«, erwiderte Jost brüsk, aber brüderlich. Ich drehte mich zur Kommandantur um. Noch war sie nicht beschädigt. Die Häuserreihe auf der anderen Straßenseite war ein qualmender Ruinenhaufen.

»Das ist jetzt eh zu spät«, antwortete ich.

Am folgenden Tag stand der Rauch noch immer über der Stadt, aber das Feuer war in den zentralen Teilen eingedämmt. Dort war die Hälfte aller Häuser niedergebrannt. Das Feuer hatte sich in westlicher Richtung ausgebreitet, bis es die Häuser erreichte, die so armselig waren, dass sie ihm keine Nahrung lieferten. Es erlosch von selbst, und die Feuerwehr erstickte die Reste.

Es stellte sich heraus, dass einige Neger in einem Anfall von Übermut bei einem Leichenbestatter in der Vimmelskaftsgade eingebrochen waren und sich mit dem Rum zum Konservieren der Toten um den Verstand gesoffen hatten. Dann hatten sie auf der Suche nach Waffen und anderen Wertgegenständen ein paar Geschäfte und Häuser geplündert.

Ein Dutzend Schwarze wurde aufgegriffen mit heftigen Kopfschmerzen von dem üblen Rum. Sie alle wurden ins Fort gebracht, um dort verurteilt und bestraft zu werden.

Meine Mutter lebte bis zum Abend. Dann griff sie plötzlich nach der Hand meines Vaters, der an ihrer Seite saß, und sagte seinen Namen, »Casimir«, und ein einziges Wort, »Feuer!«. Ihre Lungen leerten sich, sie schnappte noch einmal nach Luft und starb.

In diesen Tagen haben wir alle die halbe Stadt und wir Geschwister eine Hälfte unserer Eltern verloren. Noch immer sind wir in tiefer Trauer, und ich kann dir jetzt nicht mehr erzählen, verspreche aber feierlich, Dir bald wieder zu schreiben.

Dein Freund Peter

BRIEF: RECHTSANWALT HJALMAR SCHUMACHER AN MARIA FREDERIKSEN, CHARLOTTE AMALIE, SANKT THOMAS, 14. MÄRZ 1825

Hochverehrtes Fräulein Maria Frederiksen,

ich schreibe Ihnen im Namen meines Klienten, des Pflanzers Jan Marcussen. Ich weiß, dass Sie Herrn Marcussen nicht persönlich kennengelernt haben und vielleicht sogar nicht einmal wissen, wer er ist. Erlauben Sie mir daher, Ihnen zunächst einige etwas komplizierte Zusammenhänge darzulegen.

Bevor Herr Jan Marcussen sich gegen Ende der achtziger Jahre des 18. Jahrhunderts auf der Westindischen Insel Sankt Thomas niederließ, tat er Dienst als Schiffsarzt auf der Kopenhagener Fregatte Hoffnung Ihres Herrn Vaters. Die Fregatte lag einige Monate im Dock von Charlotte Amalie, und in dieser Zeit wurden Ihr Vater und Herr Jan Marcussen sehr enge Freunde. Sie bewohnten ein Haus in der Kronprinsensgade, und als Ihre Frau Mutter im Juli 1788 niederkommen sollte, stand ihr der ehemalige Schiffsarzt bei der Geburt zur Seite. Ich kann Ihnen somit verraten, dass Sie – wenngleich Sie sich vermutlich nicht daran erinnern können, Herrn Jan Marcussen begegnet zu sein – doch zumindest bei dieser Gelegenheit mit ihm in einem Raum gewesen sind!

Einige Monate nach Ihrer Geburt gingen Ihre Eltern mit Ihnen an Bord der Fregatte Hoffnung und segelten zurück nach Dänemark. Mein Klient hatte keinen Grund, etwas anderes zu glauben, als dass Sie in Dänemark leben würden, aber aus verschiedenen Gründen, auf die ich jetzt nicht näher eingehen möchte, dachte er häufiger an Sie. Die Jahre vergingen, aber Herr Jan Marcussen vergaß Sie nicht. Erst als er Jahre später von dem unglückseligen Schiffbruch hörte, der Sie zurück auf die Inseln brachte, unternahm er Schritte, mit Ihnen Kontakt aufzunehmen, und musste enttäuscht feststellen, dass es gewissermaßen zu spät war. Sie hielten sich nicht länger in Westindien auf.

Im selben Jahr musste mein Klient feststellen, dass er an der Schwindsucht erkrankt war. In den Monaten danach wurde sein eigentlich so lebenstüchtiger Körper immer schwächer, und als Herr Jan Marcussen der Tatsache in die Augen sehen musste, dass er nicht mehr viele Jahre zu leben hätte, beschloss er, seinen Nachlass zu regeln, und schrieb ein Testament.

Sie, Fräulein Maria Frederiksen, werden in diesem Testament als seine Haupterbin benannt. Mein Klient hat beschlossen, Ihnen die Plantage Solitude mit all ihren Gebäuden und einem Grundstück von insgesamt 612 Morgen Land zu vererben.

Ich muss unverzüglich hinzufügen, dass Herr Jan Marcussen noch lebt und es ihm ein wenig besser geht als erwartet. Wenn ich Ihnen dennoch bereits jetzt schreibe, so liegt dies am Wunsch meines Klienten, Sie noch zu seinen Lebzeiten von der Begünstigung wissen zu lassen. Wir sprechen hier über einen Besitz von großem Handelswert, wenngleich ich zum gegenwärtigen Zeitpunkt auch keinen Zugang zu einer präzisen Bewertung habe.

Dennoch ist es der Wunsch meines Klienten, dass Sie das Anwesen nicht veräußern. Er ist sich natürlich darüber im klaren, dass es Ihre Entscheidung ist, aber er sähe es am liebsten, wenn Solitude einem den Inseln und ihrer Bevölkerung nützlichen Zweck zugeführt würde, wie er es nennt.

Herr Jan Marcussen erklärt darüber hinaus, dass es ihm eine große Freude wäre, wenn Sie noch einmal eine Reise übers Meer antreten und ihn treffen könnten, solange er noch unter uns weilt.

In der Erwartung, hoffentlich baldmöglichst von Ihnen zu hören, verbleibe ich mit den ergebensten Grüßen

Hjalmar Schumacher
Rechtsanwalt und Notar

MARIA FREDERIKSENS TAGEBUCH, SCHONERBRIGG HOFFNUNG, 18. NOVEMBER 1825

Heute haben wir Land gesehen! Am Horizont zeigte sich mit einem Mal ein unansehnlicher Haufen, der langsam wuchs und schon bald zu einem grünen Streifen und schließlich zu einer kleinen Insel wurde. Dahinter sahen wir eine größere Landmasse, die das Sonnenlicht über der Meeresoberfläche brach und die Luft wie eine Fata Morgana zum Tanzen brachte. So etwas passiert, wenn die Sonne das Land erwärmt und die Luft über den Inseln aufsteigt. Hinter der recht flachen Landmasse sah ich, wie sich die Wolken an einer bestimmten Stelle über dem Horizont ballten, und ich wusste, dass es dort Berge geben musste, die meine Augen durch den Meeresdunst aber noch nicht erkennen konnten.

»Guadeloupe«, murmelte ich vor mich hin.

Die größte Insel der Franzosen liegt ein paar hundert Seemeilen südöstlich der Jungferninseln. Eine gewaltige Landmasse, die eigentlich aus zwei Inseln besteht: Ein Höhenzug mit wildem Dschungel und einem rauchenden Vulkanberg im westlichen Teil und Zuckerrohrfeldern auf der flachen östlichen Seite. Vor Guadeloupes östlichster Spitze liegt eine kleinere Insel, Désirade; es ist das erste Land, das Seeleute, die den Atlantik überqueren, in der nahezu ununterbrochenen Abfolge von Inseln erblicken, die sich von Puerto Rico im Norden bis Grenada im Süden erstreckt: die Kleinen Antillen. Normalerweise segeln Schiffe, die den Atlantik überquert haben, südlich von Guadeloupe durch diese Inselkette. Die Inseln, die nördlich dieser Straße liegen, werden die Inseln unter dem Wind genannt, *Leeward Islands, Øerne Under Vinden, Îles sous le vent,* je nach Nationalität der Seeleute.

Ich kann meine Gefühle nur schwer beschreiben, als ich das Karibische Meer und die Inseln wiedersah, die sich nördlich und südlich von uns erstrecken. Oh, wieder hier zu sein! Mit Schwärmen von silberglänzenden Fliegenden Fischen vor dem Bug, Fregattvögeln über mir und mit einem Schiff, das den Namen der untergegangenen Fregatte meines Vaters trägt: Hoffnung. Ich ging zum Steven, stand an der Steuerbord-Reling und blickte auf eine große, flache Insel mit weiten Zuckerrohrfeldern unter einem wolkenfreien Himmel. Wir waren auf dem Meer, aber ich spürte die Wärme – ich hatte den Eindruck, als schickten die Inseln sie zu uns hinüber. Das Meer wurde ruhiger, wir passierten die Inselgruppe Les Saintes an Steuerbord auf einer breiten Dünung ohne Schaumkronen.

Etwas an dieser Passage zwischen den Inseln erinnerte mich schmerzlich an den Tag vor vielen Jahren, als die Fregatte meines Vaters nach Monaten auf See endlich Sankt Thomas erreichte, nur um dort auf dem Riff der Frenchman's Bay zerschmettert zu werden. Jetzt spürte ich Tränen auf meinem Gesicht, und es waren nicht nur Tränen der Trauer um den Verlust der Fregatte, den Tod meines Vaters oder wegen meines eigenen seltsamen Schicksals; es waren auch Freudentränen beim Wiedersehen mit den Orten, an denen ich schließlich den größten Teil meines Lebens verbracht habe. Nichts in Westindien ist so wie zu Hause; nachdem ich heimgekehrt war, gewöhnte ich mich nie wieder an das Leben in Dänemark.

Auf meiner Heimatinsel Thurø geht das Leben seinen gemächlichen Gang unter einer schweren Wolkendecke; in Westindien leben und sterben einige der verzweifeltsten Seelen der Welt unter der brennenden Sonne – Seite an Seite mit den wohlhabendsten Menschen. Hier gibt es nur extreme, ungeheuerliche Gegensätze, und obwohl ich es nicht erklären kann, sehne ich mich nach dieser Welt und ihren farbigen Menschen, die man in Dänemark so gut wie nie sieht. In gewisser Hinsicht bin ich ja selbst einer von ihnen. Gezeugt an Bord der Fregatte Hoffnung während eines Sklavenaufstands und geboren als Kind des schwarzen Mannes, der meine Mutter vergewaltigte und schwängerte! Meine Geschichte ist nicht weniger verrückt als die so vieler anderer Mulatten. Ich hatte zwei Väter, der eine Sklave, der andere Sklavenhändler, und eine Mutter, die den Anblick meiner dunklen Haut nicht ertrug.

In den vielen Jahren, in denen ich als Lehrerin für Negerkinder und zwischendurch auch für die erwachsenen Sklaven auf der Plantage Canaan von John Ellis arbeitete, habe ich oft erlebt, wie selbst die kleinsten Dinge die Schwarzen erfreuen konnten: ein schlichtes Stück Spielzeug oder ein abgelegtes Kleid aus meiner Garderobe, ein Lächeln oder eine freundliche Geste. Sie sind so dankbar, weil sie bei ihren weißen Herren selten Freundlichkeit erleben. Mit der Zeit wurde es zu meinem eigentlichen Lebensinhalt, sie zum Lächeln zu bringen; deshalb habe ich weitergearbeitet und eigentlich nie daran gedacht heimzukehren: Ein Lächeln in einem schwarzen Gesicht, so einfach, und doch so unendlich wertvoll.

Die Brigantine ging auf nordwestlichen Kurs, wir segelten wieder auf dem offenen Meer. Als ich mich endlich von der Reling löste, sah ich – ich war nicht sonderlich überrascht –, dass Mikkel am anderen Ende des langen Decks am Ruder stand. Ein Mann war damit beschäftigt, auf der Backbordseite der Brücke Tauwerk aufzurollen, zwei andere hingen mit dem Oberkörper über der untersten Rah des Großmasts, die Füße auf dem Fußpeerd – sie sahen beinahe aus, als würden sie schlafen.

Das Schiff schaukelte leicht in der Dünung, die von hinten heranrollte; Mikkel stand allein am Ruder.

Ich ging zu ihm und warf einen Blick auf den Kompass, der vor ihm in seiner Kuhle aus Holz ruhte. Die Rose zeigte dreihundertfünfzehn Grad.

Mikkel sah mich an und lächelte. Er hat sich in den letzten Monaten sehr verändert. Der magere, etwas blass um die Nase aussehende Professor wurde nach und nach verdrängt von einem gewichtigeren Mann mit einem eher wettergegerbten Aussehen. Mich hat überrascht, dass Mikkel sich unterwegs sehr für die Funktionen des Schiffs interessierte, das Trimmen der Segel, das durch Myriaden von Tauen und Fallen, Stags, Wanten und Schoten geschieht, die ich selbst gar nicht alle kenne, vor allem aber für die Navigation am Ruder und die Kursberechnungen mit Kompass, Seekarte, Lineal und Zirkel. Halse hält ihn inzwischen für einen sehr tüchtigen Navigator. Und er ist noch etwas anderes geworden: Ein Mann, an den ich mich mit dem Hirn und mit dem Herzen gebunden habe. Nicht, dass es mich wirklich überrascht hätte, vielleicht wusste ich es im Grunde von dem Moment an, als er vor neun Monaten an meine Tür geklopft hat.

»Nur noch ein paar Tage, Mikkel«, sagte ich.

Er warf einen Blick auf den Kompass, als könnte der ihm erzählen, wie viel Zeit wir noch auf See verbringen würden. Er nickte.

»Zwei Tage höchstens«, erwiderte er.

»Hast du dir überlegt, wie du es angehen willst?«, fragte ich ihn.

Er sah mich an. »Das Einlaufen?«, fragte er zurück. »Ich glaube, das überlasse ich dem Skipper.« Er lächelte, aber ich wusste nicht, ob er es wirklich ernst meinte.

»Ich meinte eher deine Arbeit. Auf längere Sicht.«

Mikkel drehte das Rad ein paar Zoll, wobei er den Kompass im Auge behielt. Aus dem Toppsegel über uns kam ein Geräusch, das wie ein Händeklatschen klang, und Mikkel fiel ein wenig vom Wind ab, bis das Geräusch aufhörte.

»Zuerst«, erklärte er dann, »werde ich mir selbst ein paar Tage gönnen, um wieder festen Grund unter die Füße zu bekommen. Dann werde ich anfangen, die weißen Massas zu besuchen und aufzuschreiben, was ich sehe und höre. Ich will mein Buch beenden. Aber zuallererst will ich alles über das Leben in den Herrenhäusern wissen.«

»Hast du darüber nicht schon eine Menge erfahren, als du beim letzten Mal hier warst?«

Mikkel warf einen Blick in die Segel. Wie alle Brigantinen hatte die Hoffnung ein Rahsegel am vorderen und ein Gaffelsegel mit Großsegel am hinteren Mast. Mit dem Passat im Rücken segelte sie schnell, und wenn nötig, konnte sie auch hart am Wind laufen.

»Bei weitem nicht genug«, erwiderte er. »Ich wurde von allem so überrumpelt … man könnte wohl sagen, dass die Insel und die Menschen, denen ich begegnete, mir den Kopf verdreht hatten.«

Ich nickte. »Du bist du nicht der Erste, dem das passiert«, murmelte ich.

»Aber diesmal bin ich besser gerüstet«, fügte er hinzu.

Wieder nickte ich. Ich wusste, dass er es ernst meinte. Über die Erlebnisse bei seinem ersten Besuch auf Sankt Thomas, die ihn veranlasst hatten, die Insel vorzeitig zu verlassen, hatte er nicht viel erzählt. Aber ich kannte die Fallgruben gut; ich wusste, wie leicht selbst rechtschaffene Männer – und Frauen – von dem leichten Zugang zur Macht korrumpiert werden konnten. Und von dem berauschenden Einfluss der Sonne und des Rums.

Ich möchte so gern glauben, dass er recht hat und dieses Mal wirklich besser gerüstet ist. Mikkel hat mir ein bisschen über seinen ersten Aufenthalt auf Sankt Thomas erzählt. Von Dezember 1823 bis zum Juli des folgenden Jahrs hatte er auf der Insel gelebt. In diesen Monaten hatte ihn ein Gefühl der Unwirklichkeit und des Zweifels aufgesogen. Es ist vermutlich nicht zu viel behauptet, dass sein Gastgeber – der Pflanzer Jan Marcussen – ihn manipuliert und von seinem ursprünglichen Ziel abgebracht hat: Statt Material und Informationen über die ungerechte Behandlung der Schwarzen zu sammeln, saß Mikkel in Marcussens Strandhütte und verlor sein Ziel aus den Augen.

Jetzt waren wir mit den besten Absichten auf dem Weg zurück. Ich sollte Marcussens Plantage erben und dieses Erbe zum Nutzen der Schwarzen einsetzen. Und Mikkel wollte endlich seine Arbeit und sein Buch beenden. Er wollte die hässliche Wahrheit ans Licht zerren, wie er es ausdrückte.

TAGEBUCH DES EISBOOT-BESATZUNGSMITGLIEDS STEUERMANN JACOB FABER, NYBORG, APRIL 1814

Der Winter hat endlich aufgegeben, und wir sehen wieder Grünes auf den Wällen von Nyborg, wo die Kinder im Winter Schlitten gefahren sind. Lichtmess war dieses Jahr besonders hart, aber wäre das Wetter anders gewesen, hätte ich jetzt nicht diese Geschichte zu erzählen, und im dänischen Reich würde manches möglicherweise anders aussehen. Denn diese Geschichte handelt vom König höchstpersönlich und von seinen vertrautesten Männern.

Den Winter über tat ich Dienst auf den Eisbooten, die Güter und Passagiere zwischen Nyborg und Korsør transportieren. In den kältesten Monaten, in denen der Belt nahezu zugefroren ist, gibt es auf dieser Passage Arbeit für viele Männer. Es ist harte und bisweilen auch recht gefährliche Arbeit, und mein Vater hat mir oft genug davon abgeraten. Denn es ist ja nur eine Nebenbeschäftigung, immerhin bin ich ein befahrener Seemann und Offizier auf dem Schoner meines Vaters, der Rachel aus Nyborg. Mein Vater, der einer der wichtigsten Kaufleute der Stadt ist und dazu, wie gesagt, auch Schiffsreeder, meint, ich sollte besser die Arbeiten kontrollieren, die zur Zeit auf der Schiffswerft vorgenommen werden, wo die Rachel im Trockendock liegt, statt mich mit dem Eisboot abzuquälen.

Aber ich bin dreiundzwanzig Jahre alt und finde es lustiger, Langboote über das Packeis des Belts zu schieben, als einen Haufen Lümmel und Schiffszimmerleute zu überwachen.

Anfang Februar kam eine vornehme Gesellschaft zur Eisbootstation in Knudshoved. Fünf Männer, bekleidet mit dicken Jacken zum Schutz vor der Kälte, zwei Offiziere, einer davon General, mit den Rangabzeichen des königlichen Adjutantenstabs. Dazu ein ausländischer Diplomat, Prinz Ferdinand, der Neffe des Königs. Und schließlich der König persönlich, Frederik VI., in seiner ganzen Würde! Unter normalen Umständen hätte die Mannschaft des Eisboots, das heißt, ich und meine drei Kameraden, nie erfahren, warum so vornehme Passagiere übers Eis wollten. Aber die Überfahrt entwickelte sich dramatisch und endete damit, dass der König und sein Gefolge auf der schneebedeckten Insel Sprogø Zuflucht suchen mussten. Fünf eisige Tage kämpften wir auf der unbesiedelten Insel ums Überleben, umgeben von nichts als knarrendem Packeis und dem beißenden Nordwind. Die Situation war so ernst, dass beinahe die Grenzen einrissen, die normalerweise zwischen Menschen existieren.

Die Überfahrt begann damit, dass wir zwei Eisboote von Knudshoved aus auf den Belt schoben, doch das Boot, in dem das Gepäck der Gesellschaft transportiert wurde, ging sehr bald schon verloren. Als wir versuchten, es über eine Eisscholle zu ziehen, die sich über die darunterliegende Platte geschoben hatte, fiel das Boot einige Ellen und traf so unglücklich auf einen Eisklumpen, dass an Backbord ein Loch in die Klinkerbeplankung gerissen wurde.

Wir setzten die Überfahrt mit dem zweiten Boot fort. Es gab genügend Platz für das Gepäck an Bord, doch die vornehmen Herren mussten zusammen mit mir und der übrigen Mannschaft hinter und neben dem Boot herlaufen. Das Eis war fest, wenngleich es auch hier und da Löcher hatte; an einzelnen Stellen war es aufgebrochen, jedoch nie so viel, dass wir im Boot Zuflucht suchen und segeln mussten.

Auch der König ging zu Fuß. Ich beobachtete ihn aus den Augenwinkeln, wollte mir die Erscheinung des Monarchen genau ansehen. Er hat ein längliches, rotfleckiges Gesicht mit vollen Lippen und vollkommen weißen Augenbrauen und Wimpern. Die Nase ist markant, und die untere Gesichtshälfte ähnelt beinahe ein bisschen einem Pferd – auf eine Weise, die gut zu seinen großen, gelben Zähnen passt. Wie die anderen

Männer war er nach der Reise, die sie bereits hinter sich hatten, unrasiert und schmutzig; seine Bartstoppeln waren wie seine übrige Gesichtsbehaarung weiß wie Schweinsborsten.

Er ging mit langen Schritten und schaute mannhaft, beinahe wütend über das Eismeer, offensichtlich entschlossen, dieses Hindernis zu meistern. Hin und wieder legte er eine Hand auf die Reling des Eisbootes, zog sie aber sofort wieder zurück, als wäre ihm eingefallen, dass ein König kein Eisboot zu schieben hat!

Wir rumpelten und rutschten über das Eis, bis wir mitten im Belt endlich Sprogø erreichten. Hier zogen wir das Boot an Land und schoben es wie einen großen Schlitten durch den Schnee; dann gingen wir nach Osten bis zu der Stelle, wo an der äußersten Spitze der Insel in Richtung Seeland die Eisbootstation gestanden hatte.

Bekanntlich gibt es auf Sprogø keine Eisbootstation mehr. Die Engländer, die während des Krieges in den Fahrwassern des Reiches wüteten, brannten vor gut drei Jahren sämtliche Gebäude auf Sprogø nieder. Von der Eisbootstation ist heute nur noch das Fundament zu erkennen.

Schon bald war der Gesellschaft klar, dass die Weiterreise sehr anstrengend würde. Das Eis türmte sich östlich der Insel übel auf, und nach einer Weile rumpelte es unter uns, als sei der Weltuntergang nahe. Die Männer Seiner Majestät blieben stehen und blickten in Richtung Seeland, das Festland war aber nicht zu erkennen, man sah nur weiß – am Himmel wie auf der Erde.

Vorsichtig gingen wir weiter und hielten uns dicht am Boot, aber schon bald spürten wir, wie das Eis unter unseren Füßen arbeitete. Vor Seeland schoben sich die Eisschollen mit einem gewaltigen Spektakel wie Berge zusammen, es klang, als würden Eisberge kalben, und wir sahen, wie in südlicher Richtung enorme Eismassen in Bewegung waren. Die Strömung hatte große Teile des Eises aufgebrochen und schob es wie einen rumorenden Brei vor sich her. Mir war sofort klar, dass die Situation lebensgefährlich war. Und in derselben Sekunde verschob sich auch das Eis unter uns, und der vorderste Mann – einer der Adjutanten – glitt aus und rutschte beinahe in das schwarze Eisloch, das sich in diesem Moment vor uns auftat.

»Wir kehren zurück nach Sprogø!«, befahl der König mit einer lauten, dröhnenden Kommandostimme.

Während das Eis um uns herum aufbrach, liefen wir mit allem, was wir an Gurten und Riemen tragen konnten, vor allem mit den wichtigsten Teilen des schweren Gepäcks, zurück ans Ufer der Insel. Das Eisboot ließen wir zurück, und als ich mich umdrehte und nach ihm Ausschau hielt, schwamm es in einem Eisloch. An beiden Seiten türmten sich Eisschollen auf. Es hätte mich nicht überrascht, wenn ich gesehen hätte, wie es zwischen den Eismassen zerquetscht wird. Allmählich wurde es dunkel, es schneite jetzt heftiger.

Der Adjutant, der beinahe in das Eisloch gefallen war, lief neben mir. Er griff nach meinem Arm und schrie durch den Lärm des Eises und der rennenden Männer: »Können wir Fünen erreichen, bevor es dunkel wird?«

Ich drehte mich zu ihm um und sah die Rangabzeichen seiner Uniform. Er war Hauptmann und schien einige Jahre älter als ich zu sein. »Nein«, antwortete ich. »Aber nicht wegen der Dunkelheit. Niemand, der einigermaßen bei Verstand ist, überquert den Belt ohne ein Eisboot.«

»Aber wir haben es doch auf dem Weg hierher auch kaum genutzt«, wandte er ein.

Ich warf ihm ein düsteres Lächeln zu. »Was das angeht, so ist unser Glück so gut wie verbraucht. Sie werden sehen.«

Er nickte verbissen und akzeptierte offenbar meine Entscheidung.

»Gibt es noch irgendein Haus auf Sprogø?«, wollte er kurz darauf wissen.

»Ja und nein«, erwiderte ich. »Es gibt eine Hütte.«

Vor uns ertönte ein reißender Knall, als wäre die Hütte, die ich gerade erwähnt hatte, soeben mit einem Fass Pulver in die Luft gesprengt worden. Ein breiter Abgrund aus schwarzem Wasser tat sich vor uns auf, als die Eisscholle, auf der wir uns befanden, sich von einer größeren Scholle trennte und in südliche Richtung trieb, schneller, als mir lieb war.

»Hast du gesagt, unser Glück sei schon verbraucht?«, rief der Hauptmann. Er sah sich um. Seine beiden Kameraden standen rechts und links von Seiner Majestät, die beide überragte. Die übrige Eisbootmannschaft stand hinter ihnen, als erwartete sie einen Befehl, der unser Leben retten könnte. Die Stimme des jungen Hauptmanns ertönte neben mir, klar und deutlich wie eine Glocke in der frostklaren Luft. »Kommt!«, rief er. »Hier entlang!«

Ich lief zusammen mit ihm über die Eisplatte. Er hatte gesehen, dass die Scholle sich ungefähr eine halbe Kabellänge weiter südlich unter einer Platte aus festerem Eis verkeilte. Kurz darauf waren wir dort und konnten über den Rand auf eine festere Eisplatte springen. Wir warteten, um dem König hinüberzuhelfen, aber er scheuchte uns mit einer irritierten Bewegung seines weißen Handschuhs beiseite, und dann liefen wir weiter nach Sprogø. Wieder brach das Eis, aber diesmal hinterließ der Bruch nur einen schmalen Streifen Wasser, über den wir springen konnten. Schon bald standen wir am Strand von Sprogø, nur einen Steinwurf von der niedergebrannten Eisbootstation entfernt.

Ich stützte die Hände auf die Knie und füllte meine Lungen mit der eisig kalten Februarluft. Ich war nach dem Lauf einigermaßen außer Atem, aber auch erleichtert. Ich richtete mich auf und lachte. Der junge Adjutant tat in diesem Moment genau dasselbe: Auch er richtete sich auf und lachte beinahe übermütig. Hinter ihm sah ich, wie der Rest der Gruppe vom ineinander geschobenen Eis auf den festen Grund des Strands trat. Der Hauptmann und ich blickten uns an. In einer plötzlichen Eingebung streckte ich die Hand aus. »Danke«, sagte ich. »Sie haben uns gerettet.«

Er nahm meine Hand und lächelte, und erst jetzt fiel mir sein freundliches Gesicht auf. Und sein gewinnendes Lächeln.

»Ich bedanke mich ebenfalls«, erwiderte er. »Wie heißen Sie, Seemann?«

Ich nannte meinen Namen und fügte hinzu: »Steuermann übrigens. Auf dem Schoner meines Vaters, der Rachel.«

Der Hauptmann hob die Augenbrauen, scheinbar beeindruckt.

»Ah ja«, sagte er und salutierte scherzhaft. »Und ich bin der Adjutant von General Frantz Bülow und Hauptmann im Heer Seiner Majestät. Mein Name ist Scholten. Peter Scholten.«

BRIEF: PETER VON SCHOLTEN AN MARIA EIDE, KOPENHAGEN, AUGUST 1852

Wenn ich heute durch Kopenhagens Straßen gehe, habe ich häufig das Gefühl, dass einige Bürger mich sehen und denken: Da geht der Verräter Scholten, der das Gold unserer westindischen Kolonien verspielt hat. Ist man erst einmal angeschwärzt, dann bleibt der Dreck auch hängen. Wahrheit und Realität haben einen schweren Stand im Bewusstsein des Volkes. Und die Schreiberlinge wollen viel lieber verleumden als rühmen.

Wie Du weißt, wurde ich erst im vergangenen April – vor weniger als vier Monaten – endlich vom Obersten Gerichtshof freigesprochen. Ich bekam meine Rehabilitation, aber die Presse beschäftigte sich kaum damit, sodass ich vermutlich in weiten Kreisen noch immer der »Schlaffheit und Lauheit« schuldig bin, wegen der mich der Kommissionsgerichtshof vor gut einem Jahr verurteilte.

Mehr als ein Jahr musste ich diesen Tadel mit mir herumtragen: Ich hätte Westindien, Dänemark und den dänischen König im Stich gelassen, weil ich an diesem Julitag des Jahres 1848 nicht brutal gegen die aufrührerischen Neger vorgegangen sei. Wegen der ursprünglichen Anschuldigungen, dass ich mit den Anführern der Schwarzen unter einer Decke stecke – vor allem mit John Gottlieb Buddo –, wurde ich nicht verurteilt, aber der Verdacht blieb. Und daran hat, wie gesagt, auch der Freispruch des Obersten Gerichtshofs nichts geändert. Die Leute erinnern sich an die Geschichten, wie John mit mir in der letzten, schweren Zeit auf die Plantagen ritt und mir half, die Schwarzen zu beruhigen. Viele nannten ihn spöttisch »Scholtens rechte Hand«.

Ich weiß, Du erinnerst Dich an John Buddo. Anna hat mir diesen zutiefst rechtschaffenen Mann 1841 vorgestellt. An jenem Abend im Juli hat er sein Äußerstes getan, damit kein Blut durch Frederiksteds Straßen floss. Heute räume ich gern ein, dass es eine Abmachung zwischen Buddo und mir gab. Wir hatten uns ein Versprechen gegeben: Er sollte dafür sorgen, dass keinem Weißen etwas zu Leide getan würde. Und ich sollte die Versammlung der Neger in Frederiksted zulassen, ohne Militär einzusetzen. Daher sind wir an diesem Tag nach Christianssted gesegelt, und nicht nach Frederiksted; deshalb zögerte ich so lange, nach Frederiksted aufzubrechen. Als ich am Nachmittag des 3. Juli endlich eintraf, war der Ruf nach Freiheit bereits zu laut. Das Feuer war entfacht und konnte nicht mehr gelöscht werden!

Es gab nur einen einzigen Weg – die Schwarzen freizulassen –, und ich war es, der die entscheidenden Worte an jenem Tag sagte. Vierundvierzig Jahre, nachdem ich zum ersten Mal meinen Fuß auf westindische Erde gesetzt hatte.

Mein erster Aufenthalt auf Sankt Thomas dauerte dreieinhalb Jahre. Abgesehen von dem schrecklichen Brand, der die Stadt zerstörte und meiner Familie so großen persönlichen Kummer bereitete, war es weitgehend eine wunderbare Zeit. Mein Sold als Leutnant war durchaus nicht überwältigend – fünfhundert Reichstaler im Jahr –, aber ich konnte mit diesem Geld tun und lassen, was ich wollte, denn da ich volle Kost und Logis bei meinem Vater genoss, vermisste ich nichts. Damals passierte im Grunde nicht viel auf den Inseln; ich wohnte im Fort und genoss den Aufenthalt in der schönen, wenn auch sehr heißen Stadt. In Charlotte Amalie trägt man wahrlich nicht gern Uniform, eher möchte man sie gegen leichte Leinenkleidung eintauschen und in der heißen Zeit mit einem kühlen Glas Wein im Schatten sitzen. Aber wir mussten exerzieren, zumindest manchmal.

Was soll ich sagen? Ich war jung und sorglos. Ich verliebte mich in den Ort, in die Stimmung und in die jungen Frauen und Mulatten-Mädchen, die sich gern von Kavalieren in flotten Uniformen unterhalten ließen. Ich war mir sicher, dass ich den Ort gefunden hatte, um mein Leben auf die komfortabelste Art zu verbringen. Ohne mich in größere Dinge oder Fragen zu verwickeln, vielleicht ohne überhaupt irgendwelche Verantwortung zu übernehmen. Ja, ich war jung und verantwortungslos. Noch erfüllte mich der Anblick der Schwarzen nicht mit diesem großen Gefühl der Ungerechtigkeit, wie es später der Fall sein sollte; ich glaube, zu einem gewissen Grad hatte ich sogar akzeptiert, dass es sich hier in Westindien so verhielt. Erst als ich als knapp Dreißigjähriger auf die Inseln zurückkehrte, wurden mir ernsthaft die Augen geöffnet.

Im April 1807 zog ich vom Christiansfort in die Kommandantur in der Dronningsgade, was verschiedene Vorteile hatte: Zum einen war die Hitze im Haus meines Vaters leichter zu ertragen, da es etwas höher auf dem Hügel lag, zum anderen wurde mir nun Quartiergeld bezahlt – noch einmal die Hälfte meines Solds –, aber natürlich bezahlte ich meinen Vater nicht für die Unterkunft.

Und dann, mit einem Mal, riss das Band, das mein junges Glück zusammenhielt: Kurz vor Weihnachten landeten 1807 die Engländer nach längeren Auseinandersetzungen auf Sankt Thomas und besetzten die Insel. Es war undramatisch, da niemand im Kampf fiel oder verletzt wurde, außerdem interessierten sich die Lokalbevölkerung und die vielen ausländischen Pflanzer nur in bescheidenem Maße dafür, wem die Insel gehörte. Für uns aber waren die fröhlichen Tage vorbei; Vater und ich wurden – zusammen mit den übrigen Offizieren – in Haft genommen und als Kriegsgefangene nach England gebracht, mein Vater somit zum zweiten Mal in seinem Leben.

Bereits im darauffolgenden Sommer kehrten wir zurück nach Dänemark, wo mehrere frische Seiten im Buche meines Lebens darauf warteten, umgeblättert zu werden: Ehe und Kinder, ein Posten als Adjutant von General Bülow, der Anfang einer vielversprechenden militärischen Karriere. Aber ich will Dir etwas anvertrauen, meine liebste Freundin: Tief im Herzen bin ich kein Soldat, ich bin ein viel zu großer Träumer, um Disziplin und Waffengebrauch zu schätzen. Von dem Tag an, als ich Charlotte Amalie als Kriegsgefangener der Engländer verließ, hatte ich tief in meinem Inneren nur einen wirklichen Traum: Zu den Inseln meiner Jugend und diesem sorglosen Leben zurückzukehren.

Doch nun war ich Ehemann, Vater und Hauptmann im Rock des Königs, und nichts deutete darauf hin, dass mein Traum in Erfüllung gehen könnte.

Nach langen Lebensjahren muss ich sagen, dass es so aussieht, als greife das Schicksal häufig in das Leben der Menschen ein. Jedenfalls in das Leben gewisser Menschen. Und ich glaube, das Schicksal hatte in meinem Fall bereits längst beschlossen, dass ich mein Leben in Westindien verbringen sollte. Denn nachdem die Engländer gut und gern acht Jahre auf der Insel gesessen hatten, griff das Kriegsende auf mehrere, entscheidende Weisen in mein Leben ein: Zum einen war ich als Bülows Adjutant bei den abschließenden Friedensverhandlungen, die in Kiel stattfanden, in der Delegation des Königs, und zum anderen kam es in diesem Zusammenhang zu Ereignissen, die mich zurück nach Sankt Thomas bringen sollten. Es war ein so eigenartiger Ablauf, dass man es kaum für einen Zufall halten kann.

Im Februar 1814 waren der König und sein Gefolge auf dem Weg nach Kopenhagen. Hinter uns lag der peinliche Friedensschluss mit den Engländern und den verdammten Schweden, die fast damit gedroht hatten, das dänische Reich auszulöschen. In Nyborg hatten wir einen ziemlich langen Aufenthalt, weil der Belt halb zugefroren war. Wir konnten weder segeln noch uns mit einem Eisboot übersetzen lassen. Es waren merkwürdige Tage, geprägt von den schweren Sorgen des Königs und seiner verhaltenen Wut über die Niederlage und den Verlust Norwegens. Gleichzeitig war allerdings auch die Erleichterung zu spüren, dass nun alles vorbei war und man nach so vielen Jahren eines aufreibenden Krieges wieder nach vorn blicken und neue Kräfte sammeln konnte.

Ich weiß, dass viele von uns es so empfanden, allerdings bin ich nicht ganz sicher, ob dies auch für Frederik selbst galt. Er war ein kriegerischer, harter Mann, und er hatte in diesen Tagen das Gefühl, dass sein Reich beinahe untergegangen war. Heute ist es ein sonderbarer Gedanke, dass er, der sich in seiner Jugend so nach einem Krieg und dem Anblick eines richtigen Schlachtfeldes gesehnt hatte, mitverantwortlich dafür sein sollte, dass Nelsons Granaten auf Kopenhagen fielen. Man konnte das zwar kaum als Schlachtfeld bezeichnen, aber genügend Tote und Verletzte gab es dennoch. Frederik VI. war in vieler Hinsicht ein rechtschaffener Mann, aber sein Volk hat es viel Blut und Tränen gekostet!

Nach mehr als zehn Tagen in Nyborg wurde der Versuch einer Überquerung des Belts mit Eisbooten beschlossen. Das Eis war inzwischen zu einer fast durchgängig harten Fläche zwischen Nyborg und der Insel Sprogø gefroren, und die Männer der Eisbootstation meinten, es sei vertretbar, nun aufzubrechen.

Es wurde eine grauenvolle Tour. Die Kälte fraß sich uns bis ins Mark, aber niemand von uns durfte sich beklagen, denn wie immer verhielt sich Seine Majestät so, als würde sie an einem schönen Sommerabend einen Spaziergang auf dem Wall unternehmen. Frederik war in vielerlei Hinsicht ein harter Hund.

Ich will nicht in die Details unseres heldenmütigen Versuchs gehen, Seelands Küste zu erreichen, nur konstatieren, dass es uns im ersten Anlauf nicht gelang; wir landeten ohne Eisboot, ohne Proviant und eigentlich auch ohne ein richtiges Dach über dem Kopf auf Sprogø.

Nach dem Wüten der Engländer gab es nur noch ein einziges Gebäude auf der Insel, eine Hütte, oder besser gesagt einen Schuppen aus groben Steinmauern und einem undichten Dach aus verschimmeltem Schilf. Die Hütte lag am westlichen Ende der Insel, auf einer kleinen Anhöhe, die von den Männern der Eisbootstation der Trauerberg genannt wurde. Mir schien dies ein merkwürdiger Name für einen Hügel auf einer einsamen Insel mitten im Großen Belt zu sein. Aber einer der Seeleute – ein junger Bursche, der während unseres Aufenthalts auf der Insel beinahe zu einem Freund wurde – klärte mich über den Hintergrund auf.

»Die Hütte ist ein Pesthaus«, berichtete er. »Das hat mir mein Vater erzählt. Er hat in seiner Jugend mit einer Smakkejolle den Belt befahren.«

»Ein Pesthaus?«, fragte ich nach, weil ich wirklich nicht wusste, was er damit meinte.

»Wenn Schiffe früher auf dem Weg durch den Belt kranke Seeleute an Bord hatten und der Verdacht auf Ansteckung bestand, wurden sie mit einer Kiste Proviant und einer Kanne Wasser auf Sprogø ausgesetzt. Dann lagen sie in der Hütte, bis sie tot waren.«

Ich schaute die Böschung hinauf zu dem morschen Schuppen und dachte an die Pest und die Gespenster toter Seemänner. Aber die Hütte sah einigermaßen friedlich aus; sie neigte sich zu einer Seite, als hätte der Wind die Steinmauer verschoben, aber zumindest war sie eine Art Behausung.

Die Männer der Eisbootstation mussten zunächst den Zustand der Hütte inspizieren, bevor wir den König hineingehen ließen. Eine Weile standen wir im Schnee und schauten über die unendliche Eisfläche, die die Insel umgab. Es war ein so unwirklicher Anblick, dass ich mir in den Arm kniff: Musste Dänemarks König in einem undichten Schuppen auf einer verlassenen Insel übernachten? Ich warf Frederik einen Blick zu und stellte fest, dass sein rotfleckiges Gesicht keinerlei Reaktion zeigte – es brauchte mehr als ein wenig Schnee und die Aussicht, auf einem eiskalten Fußboden zu schlafen, um den Monarchen zu entmutigen.

Mein junger Freund, der übrigens Jude war und Jacob hieß, wie ich später erfahren sollte, kam mit einer verschrumpelten toten Möwe in den Händen aus der erbärmlichen Hütte heraus. Offenbar war sie in die Hütte geflogen, um dort in Ruhe zu sterben. Jacob warf die Möwe auf den gefrorenen Boden und forderte uns auf einzutreten.

Es wäre übertrieben zu behaupten, dass es in der Hüte warm war; statt Fenster gab es schmale Öffnungen in der Mauer, und im Dach klaffte an der nördlichen Seite ein Loch, durch das Schnee und Wind in den halbdunklen Raum drang. Das Erfreulichste war ein etwa mannshoher, gemauerter Kachelofen, der an der Wand stand. Ein offensichtlich intakter Schornstein führte durch das eingefallene Dach. Und neben dem Ofen lag sogar ein kleiner Stapel Brennholz.

»Das ist ja geradezu fürstlich«, murmelte Bülow, dessen kräftige Gestalt den Raum beinahe allein ausfüllte. Einen kurzen Moment sah ich schon vor mir, wie wir neun Männer in dem engen Raum rund um den qualmenden Ofen schlafen würden. Soldaten wie General Bülow und durchaus auch Seine Majestät ignorieren diese Art von Unannehmlichkeiten, aber ich muss sagen, dass sie in mir stets Widerwillen hervorriefen.

Der König brummte wortlos. Er wandte sich dem Brennholzstapel zu. »Das reicht nicht lange«, meinte er. »Mir macht ein bisschen Kälte nichts aus, aber vielleicht sollten die Leute versuchen, etwas mehr Brennholz zu besorgen, Bülow.«

Der General und ich zündeten den Ofen an. Es stank abscheulich nach Ruß, was andererseits erfreulich war, bedeutete es doch, dass der Ofen schon einmal gebrannt hatte, wenngleich es möglicherweise im vergangenen Jahrhundert gewesen war!

Doch bald schon flackerte das Feuer, und nach einigen Minuten hatte sich auch der größte Teil des Rauchs durch den Schornstein verzogen. Es wurde warm, und die Männer kehrten mit ein paar Brettern und den Resten eines gestrandeten Beiboots zurück, die sie sogleich zerhackten. Frederik und Bülow teilten den Proviant auf.

Es war kein schwieriges Unterfangen: Wir hatten einen Sack mit Schiffszwieback und Grieß, aus dem sich sicher eine Grütze kochen ließ. Wasser hatten wir durch den Schnee im Überfluss. Und Branntwein gab es ebenfalls reichlich – nachdem die Seeleute ihre Flachmänner hervorgeholt hatten, stellte sich heraus, dass der Reisesack des österreichischen Gesandten Lützow vier volle Flaschen Brandy enthielt. Der König ließ in dem inzwischen nicht mehr ganz so kalten Raum sofort eine der Flaschen herumgehen, und wir alle tranken einen ordentlichen Schluck der brennenden Flüssigkeit.

Es dauert nicht lange, bis wir anfingen, uns etwas zu erzählen, und nach einem weiteren Skål hörte ich mit einem Mal, vollkommen unerwartet, das tiefe Lachen Seiner Majestät. Das Palaver verstummte, alle blickten ihn an, einen Augenblick war es still, dann lachte er wieder. Frederik, der den Krieg und sein geliebtes Norwegen verloren hatte, saß in einer stinkenden Hütte, einem Pesthaus, und lachte.

MARIA EIDES TAGEBUCH, SOLITUDE, SANKT THOMAS, NOVEMBER 1825

Ich bin auf Solitude! Aber hier ist kein Marcussen mehr, nur ein einzelner schwarzer Mann, der auf das Grundstück aufpasst. Er wohnt in einer Hütte, die vermutlich einmal die Wohnung des Aufsehers Ivar Just gewesen ist.

Der Neger benimmt sich mit dem üblichen würdigen Respekt der Schwarzen, aber er strahlt auch noch etwas anderes aus: Eine Art freundlichen Stolz, den man bei den freien Farbigen findet – also bei denen, die von ihren Herren aus Dankbarkeit freigelassen wurden oder gespart haben, um sich selbst freizukaufen. Es gibt eine größere Zahl solcher freier Farbiger auf Sankt Croix, wo ich früher gelebt habe. Sie bilden eine eigenartige gesellschaftliche Kaste, die einerseits durchaus frei ist, gleichzeitig aber einer Vielzahl von Regeln unterliegt: Zum Beispiel müssen sie stets ihren Freibrief bei sich tragen, dieses Dokument, das beweist, dass sie keine Sklaven mehr sind und keinem anderen Menschen als sich selbst gehören. Sie hassen diese Verpflichtung, dieses Papier, das sie auf Verlangen vorzeigen müssen. Das Merkwürdigste aber ist: Einige dieser freien Farbigen besitzen selbst Negersklaven!

Nun bin ich ja selbst eine freie Farbige, bloß in Dänemark geboren und dänische Staatsbürgerin. Niemand hat jemals meinen Freibrief sehen wollen!

Das stattliche Hauptgebäude der Plantage ist noch immer gut erhalten – umgeben von rauschenden Königspalmen, Bäumen und Büschen mit duftenden Blüten. Allerdings stellt man sehr schnell fest, dass vieles verfallen ist. Die Zuckermühle ist verlassen, die Flügel drehen sich nicht mehr im Wind. Viele Zuckerrohrfelder der Plantage sind entweder kahl oder von wilden Pflanzen überwuchert, die überall rasch vordringen, wenn man sie nicht bekämpft. An anderen Stellen ist das Zuckerrohr wild und zu haushohen Stängeln gewachsen, die niemand abgeerntet hat, und jetzt ist es zu spät.

Der Neger öffnet die Fensterläden und die beiden breiten Türflügel, und ich trete in die Dunkelheit des vornehmen Esszimmers ein, wo der Pflanzer Marcussen sich von seiner Schar Hausneger bedienen ließ.

Mikkel ruft mich. »Komm, ich will dir den ersten Stock zeigen, von dort hat man die beste Aussicht über die Insel.«

Ich folge ihm die hübsche Treppe hinauf, deren harte Stufen unter unseren Schritten kein Geräusch von sich geben.

Kurz darauf stehen wir auf einer breiten Veranda und schauen über die üppigen Hänge der Insel aufs Meer. Der Anblick ist so schön, dass ich eine Weile ganz still dastehe und ihn einfach nur genieße. Mikkels Gesicht sehe ich an, dass er nicht dasselbe empfindet und von der Aussicht nicht so fasziniert ist wie ich. Ihm geht etwas anderes durch den Kopf. Ich kenne ihn bereits recht gut.

»Ein schönes Haus«, sage ich.

Wir stehen dicht beieinander, und er greift nach meiner Hand, ich lasse es zu. So bleiben wir eine Weile stehen und schauen den Berg hinunter auf die von Sand eingefassten Meeresbuchten. Dort unten liegt die Hütte, von der Mikkel erzählt hat. Ist es der Gedanke an die Hütte – an diese Zeit –, der ihn die Stirn runzeln lässt? Ich weiß, dass er mir etwas nicht erzählt hat, aber ich will ihn nicht bedrängen. Wir alle haben das Recht auf unsere Geheimnisse.

»Wo Marcussen wohl ist?«

»Wir können den Mann dort unten fragen«, antwortet Mikkel und fügt mit einem Lächeln hinzu: »Wenn er sprechen kann.«

Der Mann hat noch kein Wort gesagt, er hat uns lediglich mit einem höflichen Nicken empfangen und die Tür geöffnet.

»Gehen wir hinunter und versuchen wir es.«

Wie sich herausstellt, kann er sprechen, nur ist sein Dänisch nicht sonderlich gut. Das ist indes nicht ungewöhnlich, viele Weiße sind der Meinung, dass ihre Sklaven nicht mehr als ein paar Wörter der Muttersprache ihrer Herren beherrschen müssen. Ohnehin verstehen alle Englisch und viele Französisch. Untereinander sprechen die Sklaven Kreolisch, ihre eigentliche Muttersprache, die einige Vorteile mit sich bringt: Nur wenige Weiße können Kreolisch sprechen oder verstehen. Ich schon.

»Marcussen not here«, sagt der Mann. »He is in town.«

Ich nicke. »Wie heißt du?«, frage ich ihn auf Kreolisch.

»Zach, Frau.« Der Mann wirft mir einen neugierigen Blick zu, senkt dann aber den Kopf.

»Wo in der Stadt?«

»Im Haus«, erklärt er.

»Im Haus?«

Mikkel weiß offenbar, was er meint. »Das Haus in der Kronprinsensgade?«

Der Mann nickt und zieht sich zurück. Ich schaue zu Mikkel. »Du weißt, wo das ist?«

»Ja.« Mikkels Blick ist leer. »Ich weiß, wo das ist.«

So war unsere Ankunft auf Sankt Thomas und Solitude. Eine etwas gespenstische Begegnung. Mikkel verstummte, sobald er den Hofplatz betrat. Es gibt Dinge an diesem Ort, die ich noch nicht verstehe, aber mit der Zeit werde ich bestimmt klüger.

BRIEF: PETER VON SCHOLTEN AN MARIA EIDE, KOPENHAGEN, AUGUST 1852

Die fünf Tage, in denen wir uns auf Sprogø aufhielten, änderten alles. Für den König, der stumm und verzweifelt nach Nyborg gekommen war, erfüllt von einem Zorn, der wie ein pochendes Geschwür in seinem Inneren schwelte. Und für mich, für den der Aufenthalt in dem Pesthaus lebensentscheidend wurde. Hier wurde der Kurs meines Lebens abgesteckt, nicht mehr und nicht weniger.

In den ersten drei Tagen widerstanden wir der Kälte, indem wir die Überreste des Beiboots verbrannten. Danach suchten wir die ganze Insel ab und fanden ein paar solide Stücke Treibholz und außerdem einige zusammengepresste und verhältnismäßig trockene Streifen Tang, die unter aufgeschobenen Eisschollen auf der Nordseite der Insel lagen. Der Tang stank, brannte aber erstaunlich gut und lange. Als er verbraucht war, waren vier Tage vergangen, und noch immer war das Eis zwischen Sprogø und Seeland in Bewegung. Ein Weitergehen war unmöglich. Es gab kein Brennholz mehr, dafür konnten wir uns aber an den Branntwein halten, und das taten wir.

Am fünften Morgen erwachten wir im Pesthaus und waren vor Kälte fast erfroren. Hier lagen der König, sein General, der stämmige und mächtige Bülow sowie der österreichische Gesandte und Neffe des Königs Seite an Seite mit vier Seeleuten aus der Eisbootstation und einem jungen Hauptmann, dem Adjutanten des Generals.

Nachdem wir uns von unseren Jacken erhoben hatten, die wir auf den harten, kalten Boden gelegt hatten, sahen wir uns resigniert an, und

Bülow fragte ernst: »Kein Brennholz mehr? Da seid ihr ganz sicher?« Er blickte zu den Seeleuten aus Nyborg. Sie nickten beschämt, als wären sie daran schuld, dass wir bald vor Hunger und Kälte sterben sollten.

Ich fror wie ein Hund und wollte verzweifelt irgendetwas sagen; irgendetwas, das uns vor diesem unerträglichen Schicksal retten konnte. Und in diesem Moment fiel mir ein, dass ich oberhalb der Böschung etwas gesehen hatte.

»Es gibt ein Grab«, sagte ich. »Etwas weiter oben.«

Bülows rundes Gesicht war rot vor Kälte.

»Was? Ein Grab?« Er runzelte die Stirn, doch dann leuchteten seine Augen auf, und er hatte verstanden.

»Ja, zum Teufel, Scholten!«, rief er. »Ein Grab!«

Aber ich bin zu schnell, Maria. Die Geschichte der Toten im Grab, die möglicherweise unser Leben rettete, muss noch ein bisschen warten. Denn an diesem Morgen in der Hütte begegnete ich auch dem Blick Seiner Majestät und dachte erneut – ich weiß nicht, zum wievielten Mal – an die Worte, die er und ich ein paar Tage zuvor gewechselt hatten. Dieses Gespräch hat meinem Leben die entscheidende Wendung gegeben und mein Schicksal entschieden.

Es fand am Donnerstag, dem 3. Februar abends statt. Nachdem ich meine Grütze und einen Schiffszwieback gegessen und ein paar große Schlucke aus der Brandyflasche des Österreichers getrunken hatte, wollte ich gern ein wenig allein sein. Auch in diesem Punkt haben es Soldaten vermutlich leichter: Sie fühlen sich in der Gesellschaft anderer Männer wohl und nehmen vermutlich den Gestank und den Dreck nicht wahr. Im Laufe der Zeit erinnerte unsere Gesellschaft selbst mehr und mehr an eine Einheit Soldaten im Feld; wir spielten Karten, wir tranken, rülpsten, und es entwichen uns auch laute, übelriechende Winde in dem kleinen undichten Pesthaus. »All das wärmt«, murmelte Seine Majestät, als Bülow in dem engen Raum ein besonders lauter Furz abging.

Frederik und Bülow waren nicht nur König und Generaladjutant des Königs, sondern seit vielen Jahren auch gute Freunde; und beide waren sie auf eine Weise munter, die sich nicht allein mit dem Alkohol erklären ließ. Als würden die langen Wochen der schweren und schmachvollen Friedensverhandlungen durch die Strapazen auf Sprogø in den Hintergrund gedrängt. Der König lachte häufiger, als ich es je gehört hatte, und ich sah mit eigenen Augen, wie er einem der Burschen von der Eisbootstation auf die Schulter schlug und ihn einen »braven Mann« nannte. Und wenn es am späten Nachmittag dunkel wurde, legten wir Brennholz in den Ofen, und der König, Bülow und Prinz Ferdinand wechselten sich ab, derbe Geschichten aus dem Krieg zu erzählen, während wir alle an unserem trockenen Schiffszwieback nagten.

Meine eigenen Erfahrungen waren dagegen bedauerlich langweilig. Ich war nie im Krieg gewesen. Die Geschichten, die ich erzählen konnte, stammten aus der Landkadettenakademie und aus Sankt Thomas. Von dort hatte ich die eine oder andere Erfahrung mit Mulattenmädchen mitgebracht, die die Herrschaften sicherlich goutiert hätten, aber ich behielt sie für mich.

An diesem Donnerstagabend verließ ich die nach Ruß stinkende Hütte und ging den Trauerberg hinunter an den Strand. Es war beinahe Vollmond, und sein fahles Licht fiel auf die Eismassen und einen Streifen offenes Wasser einige Kabellängen südlich. Wieder hatte es geschneit, das Eis und die Insel waren schneeweiß. Außerdem hatte sich der Wind gelegt, es war nahezu still um mich herum.

Ich dachte darüber nach, wie gefährlich unsere Lage war. Das Prahlen und Saufen der anderen sollte vermutlich lediglich ihre Verzweiflung verbergen. Ich verstand sie, aber ich selbst fand keinen Trost darin, meine Furcht in Schnaps zu ertränken. Würde ich sterben? Neunundzwanzig Jahre alt, auf einer einsamen Insel im Eismeer? Würde ich meine Frau und meine Töchter je wiedersehen?

Während ich über das glitzernde vereiste Meer blickte, hörte ich hinter mir Schritte. Ich wandte mich von der trostlosen Aussicht ab. Eingehüllt in seinen braunen Bärenpelz stand der König hinter mir. Das scharfe Licht des Mondes fiel auf seine weißen Augenbrauen und ließ sein Gesicht bleich erscheinen.

»Es ist so still hier«, begann er. Ich roch den österreichischen Brandy oder den Branntwein der Seeleute in seinem Atem.

»Ja. Der Wind hat sich gelegt«, erwiderte ich und fügte hinzu: »Eure Majestät.«

Er sah mich an und schnaubte durch seine große Nase. »Hier braucht's jetzt keine Majestät mehr«, erklärte er und schlug mit der Hand auf das Eis um uns herum. Ich stand wortlos neben ihm und spürte die Wärme, die sein großer Körper ausstrahlte.

»Es ist seltsam, Scholten«, fuhr er fort. »Aber die letzten Tage waren für mich eine regelrechte Wohltat. Ich kam als geschlagener Mann nach Sprogø, und jetzt spüre ich, wie ich mich wieder erhebe. So bin ich nun einmal, als Monarch wie als Mann. Je schlimmer und gefährlicher die Zeiten sind, umso mehr steigt mein Mut und mein Glaube an die Vorsehung, und das hält mich aufrecht. Zudem bin ich abgehärtet gegen Widerwärtigkeiten und halte daher mehr aus als viele andere.«

Es war eine regelrechte kleine Ansprache, und ich erinnere mich, dass ich überrascht war. Hier stand der König des Landes und vertraute dem Adjutanten seines Generals an, dass er sich vor einigen Tagen als geschlagener Mann gefühlt hatte?

Aber es sollte noch merkwürdiger kommen. Sehr viel merkwürdiger.

Frederik legte seine linke Hand auf meine rechte Schulter und drückte sie. Ich roch ihn, als er den Arm hob, seit Tagen hatte sich keiner von uns gewaschen.

»Ich genieße das raue Soldatenleben, Scholten. Es verschafft mir Frieden im Mahlstrom der Welt. Darf ich Ihnen etwas anvertrauen, junger Mann?«

Ich hatte keinen Zweifel mehr, der König war betrunken.

»Eure Majestät ... die anderen ...«

Er schüttelte ungeduldig den Kopf. »Sie wissen, wo ich bin. Ich hatte das Bedürfnis, meine Gedanken zu klären.« Er legte den Kopf in den Nacken und atmete die kalte Luft tief ein.

»Hören Sie zu. Ich bin an einem Hof aufgewachsen, an dem Struensee der wahre Regent war. Meine Kindheit war weder geborgen noch liebevoll, aber ich bin sicher, dass es bei Ihnen anders gewesen ist. Doktor Struensee ließ mich frieren und hungern, ich hatte mich um meine Angelegenheiten selbst zu kümmern, seit ich vier Jahre alt war. Er ließ ein Zimmer für mich einrichten, in dem ich Tag und Nacht zu bleiben hatte. Aber ich sage Ihnen, Scholten, es gab dort Gitter vor den Fenstern, es war wie einer dieser Käfige, in denen man wilde Tiere auf einem Markplatz hält. Und Tiere gab es dort auch, wenngleich sie auch nicht ganz wild waren: Außer mir und einem Jungen aus einem Heim für Waisenkinder – Carl hieß er, mein einziger Freund, als ich Kind war – gab es zwei ziemlich bissige Hunde, und durch sie sollten wir lernen, uns zur Wehr zu setzen. Denn wenn wir etwas zu essen bekamen – nein, wenn wir *gefüttert* wurden –, dann waren die Hunde ebenso hungrig wie wir. Und glauben Sie mir, wir waren hungrig …«

Alles, was der Monarch mir an diesem Abend erzählte, klang wie ein schlechter Witz. Unglaublich, dass ein Prinz, ein Thronerbe des modernen Dänemarks so behandelt worden war. Mich erfüllte tiefes Mitgefühl für unseren König.

»Carl starb später«, fuhr Frederik fort. »Es ging eine Epidemie um, an der nur Kinder erkrankten. Und obwohl immer ich der Schwächere gewesen war, starb Carl. Carl, der seine Eltern nie kennengelernt hatte, nur uns, die königliche Familie.«

Der König erzählte eine schreckliche Geschichte nach der anderen. Als Frederik sich einmal schnitt, hatte Struensee eine Flasche auf dem Käfigfußboden der Jungen zerschlagen, damit sie lernten, sich nicht zu verletzen. Frederik – der nach der Englischen Krankheit noch schwach auf den Beinen war – fiel es schwer, Treppen zu steigen, also befahl Struensee, eine steile Treppe in ihrem Zimmer zu bauen, und er ließ das Essen auf die oberste Stufe stellen. Das einzig Positive daran war, dass die Hunde nun das Essen nicht mehr erreichen konnten. Das Essen bestand immer nur aus gekochten Kartoffeln, Reis, Brot und Obst. Immer kalt, nie gab es eine warme Mahlzeit. Jeden Tag das Gleiche. Weil Struensee gelesen hatte, dass die kraftstrotzenden Männer in den Bergen Schottlands sich auch so ernährten.

Ich wusste nicht, was ich sagen sollte.

»Ich habe Struensee gehasst«, erklärte der König. »Und zwischendurch hasste ich auch meine Mutter, die sich von den Ideen dieses Deutschen blenden ließ. Aber heute …« Wieder füllte er seine Lungen mit der kalten

Luft. »Heute bin ich ihm dankbar. Es ist durchaus vorstellbar, dass er beabsichtigte, mich umzubringen, aber das ist ihm jedenfalls nicht gelungen. Ich habe überlebt, und jetzt ertrage ich mehr als die meisten. Mein Kopf sitzt noch immer fest auf meinem Körper, und das ist mehr, als man von Struensee sagen kann. Und für mich ist das hier …« Er deutete auf die Eismassen, und sein Atem ging in weißen Dampf über, als er den Satz beendete: »… gar nichts.«

Ich schauderte. Und beneidete ihn. Für mich bedeutete es nahezu alles. Mir war kalt, ich war hungrig, und ich hasste es.

»Aber wir sind bald zu Hause, Scholten«, beruhigte er mich. »Ich spüre es in meinen Knochen. Der Frost kommt, das Eis wird fest. Morgen oder spätestens am Samstag.«

»Ich hoffe es«, erwiderte ich. Wir standen eine Weile wortlos nebeneinander. Dann nickte er langsam, als wäre ihm noch etwas eingefallen, und plötzlich sagte er:

»Ich will Ihnen einen Vorschlag machen, Scholten. Aber zuerst muss ich Sie um etwas bitten.«

»Jawohl!«, antwortete ich. »Worum, Eure Majestät?«

Er sah mich an. Ein kleines Abbild des Mondes blitzte in seinen beiden blauen tränenden Augen auf.

»Wenn Sie zustimmen, müssen Sie unverzüglich abreisen und dürfen unsere Absprache niemals auch nur mit einem Wort erwähnen.«

Ich runzelte die Stirn. Abreise? Absprache?

»Und wenn Sie ablehnen, müssen Sie ebenfalls unverzüglich abreisen und dürfen unsere Absprache niemals auch nur mit einem Wort erwähnen.«

Ein schelmisches Lächeln glitt über seine großen Lippen. Dann war es vorbei, und er war wieder todernst.

Ein Nein war also keine Möglichkeit.

PRIVATER BRIEF: GENERALADJUTANT FRANTZ BÜLOW AN KÖNIG FREDERIK VI., KOPENHAGEN, APRIL 1811

Lieber Frederik, Eure Majestät!

Die lästige Madame de Pontavice hat Ihnen erneut einen Brief geschrieben. Sie müssen sich nicht die Mühe machen, ihn zu lesen, es sind die üblichen Klagen über Geld und Hingabe. Ersteres ist ja leicht zu lösen, nach Letzterem muss sie allerdings lange suchen, vermute ich! Wenn Sie es wünschen, veranlasse ich das Notwendige und sorge dafür, dass ihr eine Summe ausbezahlt wird.

Sie sind besser bedient mit unserer Rikke. Ein König hat schließlich das Recht auf eine Mätresse, aber ich würde schon sagen, eine sollte reichen; es könnten sonst schnell zu viele Hühner auf dem Hühnerhof werden – sogar für den besten und ausdauerndsten Hahn!

Mit Blick auf Ihren Wunsch, Rikke auf einem abseits gelegenen Gut außerhalb von Kopenhagen zu treffen, sieht es so aus, als könnte es arrangiert werden. Ich habe eine diskrete Übereinkunft mit Kommandant Casimir von Scholtens Sohn getroffen, Frederik von Scholten, der augenblicklich Dienst als Adjutant leistet. Er wird als Mittelsmann das Gut Skovgård in Ordrup erwerben und für eine gründliche Instandsetzung sorgen. Das Gut wird auf Scholtens Namen eingetragen, aber für sämtliche Ausgaben, die für die Übernahme und die notwendigen Reparaturarbeiten anfallen, wird er natürlich schadlos gehalten. Der guten Ordnung halber werde ich mir erlauben, Kommandant Scholten über dieses Arrangement zu unterrichten, damit er sich keine unnötigen Sorgen macht oder seinen Sohn durch seine nachvollziehbare Verwunderung in Verlegenheit bringt.

Ich weiß, dass es Ihnen in diesen schweren Zeiten widerstrebt, die königliche Kasse und damit das dänische Volk mit einer derartigen Ausgabe zu belasten, daher habe ich versucht, eine Lösung zu finden, sowohl für diese Ausgaben als auch für einen anständigen Unterhalt von Rikke Dannemand. Und ich denke, ich habe einen Weg gefunden!

In unseren Kolonien in Westindien werden ansehnliche Reichtümer akkumuliert, die im Großen und Ganzen in fremde und nicht in die Taschen dänischer Bürger fließen. Die Vergütungen sind sehr hoch – Beamte in Westindien erhalten häufig einen Sold, der um ein Vielfaches höher ist als die Summe, die sie Dänemark erhalten würden, außerdem gibt es zahlreiche Möglichkeiten der Beförderung. Ich stelle mir vor, dort einen Mann vom rechten Guss diskret zu platzieren, zunächst in einem bescheidenen, aber einträglichen Amt auf Sankt Thomas, um dann seine Einnahmen sozusagen zu melken, während gleichzeitig natürlich dafür Sorge getragen wird, dass er avanciert und standesgemäß lebt. Man könnte ihm sogar die Einnahmen früherer Posten erhalten – seine bisherigen Pflichten müssten dann Bevollmächtigte wahrnehmen –, sodass er mit der Zeit recht solide Einkünfte bezieht. Außerdem gibt es in Westindien reichlich Möglichkeiten, sich zusätzliche Einnahmen zu verschaffen, die nirgendwo verbucht werden; auch von diesen Summen könnten wir uns einen Teil ausbedingen.

Im Laufe einiger Jahren würde ein solches Arrangement es ermöglichen, nicht nur den Unterhalt von Skovgård zu bestreiten – eine relativ bescheidene Ausgabe –, sondern gleichzeitig auch eine größere Summe Geld zu akkumulieren, die Sie sowohl für die Versorgung der reizenden Rikke als auch ihrer Nachkommen verwenden könnten, Kinder, die im gegebenen Fall ja auch ihre Erben wären.

Wenn Ihnen der Gedanke zusagt, habe ich den wohl am besten geeigneten Kandidaten für diesen Posten, den man sich denken kann: Ihr Adjutant Frederik Scholten hat einen zwölf Jahre älteren Bruder, der zu meinem Stab gehört. Ich schätze den jungen Mann ungemein, der zu weit mehr in der Lage ist, als er momentan im Alltagsgeschäft zeigen kann. Er ist ein außerordentlich charmanter und intelligenter Mann, der wahrlich besser auf einen politischen als einen militärischen Posten gehört. Sein Name ist Peter Scholten.

Meine ergebensten Grüße
Frantz B.

MARIA FREDERIKSENS TAGEBUCH, SOLITUDE, SANKT THOMAS

3. Dezember 1825, Tagesanbruch

Nachdem ich Jan Marcussens hübsches Anwesen in näheren Augenschein genommen habe, habe ich keine Zweifel mehr. Ich weiß, welchem Zweck Solitude dienen wird, auf welche Weise diese ehemalige Sklavenplantage zum Nutzen der Schwarzen weitergeführt werden kann. Aber ich sehe bereits die Probleme: Die weiße Oberklasse hier auf der Insel wird von meiner Idee nicht begeistert sein; genau wie auf Sankt Croix sieht man es am liebsten, wenn die Neger wie stummes Vieh gehalten werden, das den Interessen der Pflanzer und Kaufleute dient.

Und doch weiß ich, dass es sich mit der Zeit ändern wird. Wenn die Welt sich um uns herum entwickelt und ein humanistischer Blick auf die Menschen die Oberhand gewinnt, kann man auf Dauer nicht an einem System festhalten, das diese Inseln so maßlos hat reich werden lassen.

Auf die eine oder andere Weise werden die Schwarzen irgendwann freikommen.

Am meisten fürchte ich allerdings, dass dies ohne irgendwelche Vorbereitungen geschieht. Dass Tausende von Schwarzen von einem Tag auf den anderen ihre Freiheit erlangen, aber sozusagen ohne zu wissen, was sie damit anstellen sollen. Mikkel hat es einmal ähnlich formuliert: »Solange sie Sklaven sind, bekommen sie etwas zu essen. Wenn sie frei wären, würden sie betteln und von Abfall leben; die Frauen würden sich an die weißen Männer verkaufen, die sie sich heute nehmen können, wie es ihnen beliebt.«

Ein Leben in Freiheit erfordert Wissen. Wenn die Schwarzen zurechtkommen sollen, müssen sie bereits jetzt unterrichtet und auf den Tag vorbereitet werden, an dem sie ihre Freiheit erlangen. Aber das wiederum wollen die Pflanzer nicht. Die Pflanzer wollen, dass alles so bleibt, wie es ist. Dass der Zucker und das Geld auch weiterhin zum Nutzen der Weißen fließen, und ausschließlich der Weißen.

Daher fürchte ich, dass ich mir mit dem Plan, den ich für Solitude habe, Feinde verschaffen werde. Denn ich will auf Marcussens Plantage die erste Schule für Schwarze auf Sankt Thomas eröffnen.

Marcussen wollte, dass Solitude für die Bevölkerung und die Inseln von Nutzen ist. Es ist keineswegs sicher, dass er mit meinem Entschluss einverstanden ist, aber meiner Ansicht nach entspricht er seinem Wunsch. Hier wird nur den Schwarzen geholfen, die Weißen haben ja bereits alles. Ich werde heute mit Mikkel in die Stadt fahren und Marcussen aufsuchen, um ihn über meine Pläne zu informieren.

3. Dezember, abends

Mikkel fiel es schwer, seine Verblüffung zu verbergen – oder seinen Schock –, als er Marcussen wiedersah. Der alte Pflanzer saß in einem Korbstuhl auf der Veranda vor seinem Haus in der Kronprinsensgade und nippte an einem Glas mit brauner Flüssigkeit, vermutlich einem *Rum Punch*. Er war mager, seine Haut war braun, viel brauner als meine, und seine knöchrigen Hände lagen in seinem Schoß auf einer weiten Hose, die er nicht länger ausfüllte. Unten ragten seine Füße heraus, ebenso braun und mager wie der Rest seiner Person.

Marcussens Haar ist weiß und dünn, bedeckt aber noch den ganzen Kopf. Sein Gesicht wird von einer hervorstechenden Nase dominiert, die mich an die putzige Behauptung denken lässt, dass Nase und Ohren das ganze Leben weiterwachsen. Marcussens Nase ist wie die Schnauze eines braunen Hais, wodurch es so aussieht, als würden seine Augen eng nebeneinander sitzen, obwohl es nicht so ist. Ohnehin hat der Mann insgesamt etwas Haifischartiges; allerdings meine ich nicht die gewaltigen

Tiere, die im Meer herrschen, sondern eher einen Hai, den die Fischer an Land gezogen und halbtot am Strand zurückgelassen haben – als einen jämmerlichen Abglanz seiner ehemaligen Gestalt.

Wir hatten die Kutsche gegenüber vom Haus unter einigen großen Bäumen zwischen dem Friedhof und der Kronprinsensgade abgestellt. Wir gingen auf die Veranda zu, und Marcussen sah mich mit klaren Augen an, die die Erfahrungen eines langen Lebens ausdrückten. Er ignorierte Mikkel vollkommen, nannte mich aber ohne das geringste Zögern beim Namen.

»Fräulein Frederiksen.«

»Herr Marcussen«, erwiderte ich und streckte die Hand aus. Er nahm sie und betrachtete sie wie einen Gegenstand, dessen Kauf er erwog. Vorsichtig zog ich meine Hand zurück. Marcussen blickte auf und studierte mein Gesicht. Langsam schüttelte er den Kopf.

»So viele Jahre. So kurze Zeit«, sagte er.

Es klingt seltsam, aber ich verstand ihn sofort. Die vergangenen siebenunddreißig Jahre waren mein ganzes Leben, doch nur gut die Hälfte seines eigenen Lebens. Ich blickte in sein Gesicht, dem man dieses Leben ansah, und wusste, dass ihm nicht mehr viel Zeit blieb. Seine Haut erschien wächsern, die Bartstoppeln darüber gestreut wie eine Mischung aus Salz und Pfeffer. Oder Zucker und Schwarzpulver, vielleicht der bessere Vergleich hier auf Sankt Thomas.

Der Blick des alten Mannes glitt an mir vorüber, und sein Gesicht verzog sich ein wenig, als er endlich Mikkel ansah. Er öffnete den Mund, als wollte er irgendetwas sagen, schloss ihn dann aber wieder. Mikkel trat neben mich und legte mir seine Hand auf den Rücken. Er ließ sie meinen Rücken hinaufgleiten, bis sie auf meiner linken Schulter lag. »Guten Tag, Marcussen«, grüßte er reserviert.

Marcussen blickte auf und runzelte die Stirn. »Guten Tag, Professor.« Er warf Mikkel einen kurzen Blick zu, dann sah er wieder mich an.

»Ich würde mich gern mit Ihnen unterhalten, Fräulein«, sagte er. Seine Stimme war brüchig, aber noch immer klang etwas Respekteinflößendes und weitaus Kraftvolleres mit.

Ich nickte. »Natürlich«, antwortete ich. »Wir müssen uns unterhalten.«

»Unter vier Augen.«

Ich spürte Mikkels Hand auf meiner Schulter und wusste, dass er Einwände haben würde. Daher hob ich meine eigene und legte sie einen Moment auf seine Hand.

»Wie Sie wünschen«, erwiderte ich und drehte mich zu Mikkel um. »Wir treffen uns hier in einer Stunde wieder.«

Als Mikkel zu unserem Wagen gegangen und zum Hafen gefahren war, erhob sich der alte Pflanzer mühsam aus seinem Stuhl und griff nach einem Stock, der am Geländer der Veranda lehnte. Er war noch immer groß, doch seine Kleider hingen an ihm wie an einer Vogelscheuche; bevor er krank wurde, musste er mindestens doppelt so viel gewogen haben. Er ging ein wenig gebückt und bewegte sich langsam und vorsichtig, als fürchtete er, das Gleichgewicht zu verlieren. Unwillkürlich reichte ich ihm einen Arm, um sich an mir zu stützen. Er legte kurz seine große Hand darauf und lächelte, dann ging er allein weiter.

Wir gingen durch ein kleines Zimmer mit Fenstern zur Veranda und anschließend durch einen Flur auf der rechten Seite des Hauses. Am Ende des Flures kamen wir in ein größeres Zimmer, in dem eine Tür zu einem sehr hellen Raum offenstand. Marcussen ging hinein, ich folgte ihm. In Europa hätte man einen solchen Raum einen Wintergarten genannt.

Zwei Pflanzerstühle standen an einem runden Tisch vor den großen Fenstern. Auf der gegenüberliegenden Seite sah ich ein mit einer mohnroten Tagesdecke bedecktes Bett. Marcussen bot mir einen Stuhl an und setzte sich auf den anderen. Er ließ sich schwer auf die Sitzfläche fallen und klappte eine Lehne heraus, um sein linkes Bein darauf zu legen. Den Stock stellte er an die Armlehne.

Wir sahen uns an. Plötzlich stand mir das Eigentümliche dieser Situation deutlich vor Augen: Hier saß ich, Marcussens Erbin, eine Wildfremde, der er aus irgendeinem Grund sein Eigentum hinterlassen wollte.

»Ich würde gern …«, begann ich, doch er hob die Hand und lächelte entwaffnend. Ich schwieg.

»Ich weiß, dass Sie naturgemäß viele Fragen haben, Maria. Ich darf Sie doch Maria nennen?«

Ich nickte, er nickte ebenfalls. Dann legte er den Kopf in den Nacken und blickte an die Decke.

»Sie wurden in diesem Zimmer geboren«, sagte er. »An einem Tag, an dem es mehr regnete als an allen anderen Tagen, die ich erinnere. Die Flüsse konnten all das Wasser nicht aufnehmen; es floss die Berge herab und färbte den Hafen braun.«

»Ich weiß«, schob ich ein. »Mein Vater hat es mir erzählt.«

»Ihr Vater«, sagte Marcussen und nickte vor sich hin. »Er war ein rechtschaffener Mann. Wir waren Freunde.«

»Er war ein Sklavenkapitän«, entgegnete ich ohne besondere Betonung.

Marcussen sah mich an. In seinem hageren Gesicht war jetzt alles voller senkrechter Runzeln und Falten. Entlang des Mundes und der Nase, vom Kiefer über die Wangen, zwischen den Augen und auf der hohen Stirn. Nur der Mund und die Augen hatten sich nicht verändert.

»Es war lediglich ein Beruf«, erklärte Marcussen. »So wie mein Beruf Pflanzer war.«

»Oder Arzt«, ergänzte ich. Ein aufsteigender Zorn schwelte in mir; die altbekannten Rechtfertigungen auf Kosten der Schwarzen. Die ewigen Entschuldigungen. »Die Weißen haben das Privileg, ihre eigene Wahl treffen zu können.«

Einen Moment sagte er nichts. Sein Gesicht war ernst, möglicherweise betrübt.

»Das glaubt man«, erwiderte er. »Aber es ist nicht immer so.«

Ich wusste nicht, was ich dazu sagen sollte, daher schwieg ich. Stumm saßen wir uns in dem Raum gegenüber, in dem wir das letzte Mal vor mehr als siebenunddreißig Jahren zusammen gewesen waren. Der fremde Mann auf der anderen Seite des Tischs hatte mich in den ersten Augenblicken meines Lebens in seinen Händen gehalten; er hatte meine Nabelschnur durchtrennt und meine ersten Atemzüge gehört, während draußen vor den großen Fenstern der Regen niederprasselte. Der Gedanke war so eigenartig, dass ich ihn kaum ertragen konnte.

»Herr Marcussen …«, begann ich. Diesmal unterbrach er mich nicht. »Ich weiß nicht, ob Ihnen klar ist, dass ich mein gesamtes Leben versucht habe, das ungerechte Dasein der Schwarzen zu verbessern. Ich habe nur wenig ausrichten können, ganz und gar nicht genug. Ich habe Kinder unterrichtet, ich lehrte sie, dass das Leben nicht nur aus Sklaverei und Demütigungen von morgens bis abends bestehen muss, und es war die dankbarste Arbeit, die ich mir vorstellen kann. Stellen Sie sich vor, es gibt Schwarze, die nie etwas anderes als böse Worte und Drohungen gehört haben, die sich niemals von irgendjemandem anerkannt fühlten. Elternlose schwarze Kinder, die ohne Liebe, ohne Wärme in ihrem Leben aufwachsen müssen. Wenn Sie wüssten, wie wenig es braucht, um ihnen eine Freude zu bereiten …«

Ich hielt inne. Ich merkte, dass mir gleich die Stimme versagen würde.

»Können Sie sich überhaupt vorstellen, wie groß der Unterschied zwischen Ihrem und meinem Lebenswerk ist?« Ich sah zu ihm hinüber. Sein Gesichtsausdruck war noch immer betrübt.

»Trotzdem möchte ich Ihnen für Ihre Entscheidung danken«, fuhr ich fort. »Für die Plantage. Sie können sich sicher vorstellen, wozu ich sie verwenden werde, nicht wahr?«

Er nickte.

»Sie müssen aufpassen«, meinte er. »Die Leute auf Sankt Thomas werden nicht viel von der Idee halten.«

»Welcher Idee?«

»Einer Negerschule auf dem Boden von Solitude. Das beabsichtigen Sie doch, oder?«

Ich zuckte die Achseln. »Das ist das Einzige, wovon ich etwas verstehe.«

»Aber es ist kein Vergleich mit Ihrer kleinen Schule für Negerkinder auf John Ellis' Plantage. Wie Sie sich sicher erinnern, war das nämlich eigentlich schon seine Idee.«

»Mr. Ellis war ein guter Mann. Er wusste, dass die Schwarzen unterrichtet werden müssen.«

»War?«

»Ist. Aber ich habe ihn über drei Jahre nicht gesehen.«

Nach einer Weile sagte er: »Ich wusste es. Dass Sie eine Schule gründen wollen.«

»Ah ja. Und woher?«

»Wie Sie schon sagten: Davon verstehen Sie etwas.«

Ich lachte. Er war ein alter Haifisch, er hatte die Schwarzen ausgenutzt, seit ich auf der Welt war, er hatte seine Berufung und seinen Eid als Arzt verraten, und dennoch mochte ich ihn. Es passte zu dem, was Mikkel zugegeben hatte: Selbst wenn man Marcussen zum Gegner oder Feind hatte, war es schwer, ihn nicht zu mögen.

Das war seine große Gabe.

AUS ADMIRAL HANS BIRCH DAHLERUPS ERINNERUNGEN 1815–1848

Den ersten Schritt auf der Straße des Glücks machte Scholten kurz nach Ende des Krieges, als er durch Bülows Protektion – oder vielleicht allein durch die Gunst Frederiks VI., die Scholten durch seine ansehnliche Gestalt und sein lebhaftes Wesen gewonnen haben mochte – das Amt des Waagemeisters auf Sankt Thomas übernahm, ein Amt, bei dem man davon ausgehen konnte, dass es zwanzigtausend Piaster jährlich einbrachte, ein ungeheures Glück für einen jungen Leutnant, der noch keine dreißig Jahre alt war. Hinzu kam schon bald der Posten des Stadthauptmanns, und dem Rang nach bekleidete er bei Bentzons Heimreise überdies die Position des Gouverneurs von Sankt Thomas und Sankt Jan. Später noch, nach dem Tod des auf Bentzon folgenden Gouverneurs, Admiral Jessens, wurde er schließlich zum Interims-Gouverneur ernannt.

Nun fand eine Akkumulation von einträglichen Ämtern in Scholtens Person statt, die in der dänischen Monarchie bis dahin unbekannt gewesen war und viel Neid und Verbitterung weckte. So schlug Scholten vor, das Amt des Waagemeisters und des Zollverwalters zu vereinen. Das Amt des Zollverwalters war unbesetzt und galt als ebenso einträchtig wie das des Waagemeisters. Es hatte sich eingebürgert, niemals zu wiegen, um den Handel nicht zu beeinträchtigen, es wurden lediglich Wiegezettel ausgestellt und der Zoll anhand der bloßen Angaben aus den Schiffspapieren berechnet; nur in höchst seltenen Fällen, wenn es Zweifel gab, wurde gewogen. Beide Ämter ließen sich daher gut in einer Person vereinigen; die Einnahmen natürlich ebenfalls.

(…)

Die Hälfte musste er an Bülow abführen, hieß es. Aber Bülow war ebenfalls ständig in Geldnöten und starb als ruinierter Mann. Hier und da äußerte man denn auch eine Vermutung, für die es durchaus eine gewisse Grundlage gab: Frederik VI. hatte uneheliche Kinder zu versorgen, und angesichts des verarmten Zustands des Landes wollte er das Volk nicht mit der Entrichtung größerer Summen an seine Mätresse und seine unehelichen Kinder belasten. Da hatte Bülow ihm den Vorschlag unterbreitet, die Einnahmen dieser Ämter in Westindien zu diesem Zweck zu verwenden, die ja bis dahin in die Taschen von Fremden und nicht in die Taschen seiner Untertanen flossen. Scholten diente also nur der Verschleierung dieser Transaktionen und wurde mit dem Gouverneursposten und des Königs übriger Gunst hinreichend belohnt.

TAGEBUCH DES EISBOOT-BESATZUNGSMITGLIEDS STEUERMANN JACOB FABER, NYBORG, APRIL 1814

Alles wurde immer merkwürdiger: An einem der letzten Tage unseres Aufenthalts auf der Insel, an dem ich ernsthaft um unser Leben fürchtete, gingen Orla von der Eisbootmannschaft und ich mit dem jungen Hauptmann Scholten los, um ein Grab zu finden. Ich begriff überhaupt nichts, aber das war ja nichts Ungewöhnliches im Laufe dieser fünf Tage auf der Insel. Es gab Stunden, in denen ich ernsthaft überlegte, ob ich in die Klauen einer Betrügerbande geraten war. Vielleicht war dieser großgewachsene Mann mit den weißen Augenbrauen und dem schwermütigen Gesicht trotz seines seltenen und vermutlich sehr wertvollen Bärenfellmantels gar nicht der König von Dänemark, sondern ein gewiefter Scharlatan? Welchen Sinn es jedoch haben sollte, sich als König, General und Adjutanten auszugeben, konnte ich mir nicht erklären. Wir besaßen ja nichts, und die Misere auf Sprogø war grausame Wirklichkeit.

Der Hauptmann war freundlich und hin und wieder sogar recht munter, aber ich spürte, dass ihn etwas bedrückte. Als wir den Trauerberg ein Stück hinaufgegangen waren, blieb er stehen und schaute sich um. In nördlicher Richtung war alles weiß, soweit das Auge reichte. Gegen Süden und Westen sah man deutliche Risse im Eis: Dunkle Eislöcher hatten sich zu Wasserläufen und länglichen Seen erweitert, und selbst aus weiter Entfernung hörten wir das Eis knarren. Und doch hatte ich den Eindruck, dass es kälter wurde. Unter unseren Füßen knirschte der Schnee.

Orla hatte einen verrosteten Spaten in einem Geräteschuppen hinter dem Pesthaus gefunden, und ich hatte mir von dort eine schwere Axt mitgenommen. Ich konnte mir durchaus vorstellen, was wir nach Ansicht des Hauptmanns mit dem Werkzeug anstellen sollten!

Das Grab lag ungefähr auf der Hälfte der Böschung. Es war vollkommen mit Schnee bedeckt, und wäre da nicht ein kleines Kreuz gewesen, hätten wir es übersehen. Das Kreuz bestand lediglich aus zwei Brettern, die mit einer Lederschnur zusammengebunden und in den Boden getrieben waren. Kein Denkmal, das lange an den Toten gemahnen würde.

»So«, sagte Scholten und blieb hinter dem Kreuz stehen. Er verschnaufte einen Moment, und sein Atem stand wie ein weißer Bausch vor seinem rotfleckigen Gesicht. Er bückte sich, packte das Kreuz und zerrte mit aller Kraft daran. Schon hatte er das Kreuz aus dem gefrorenen Boden gezogen und warf es beiseite.

»Hier liegt ein Engländer«, erklärte er. »Aber nicht mehr lange. Denn wir graben ihn jetzt aus.«

Orla schüttelte den Kopf. »Ich habe befürchtet, dass Sie das sagen würden, Herr Hauptmann. Aber ich finde es falsch, die Totenruhe zu stören.«

Mir war es eigentlich egal. Es handelte sich um einen Engländer. Aber ihn auszugraben, würde harte Arbeit werden.

»Die Erde ist steinhart«, wandte ich ein.

Scholten kniete am Grab. Er bückte sich und schnüffelte am Boden. Dann richtete er sich auf. »Kommt schon«, sagte er. »Ich kann ihn sogar riechen. Er liegt höchstens eine Elle tief. Diese englischen Teufel hatten es eilig.«

Die Engländer waren 1810 auf Sprogø gewesen. Vielleicht auch schon früher. Oder später. Der Bursche, der da unter unseren Füßen verrottete, war vielleicht nicht der Einzige, der sein Leben auf der Insel gelassen hatte. Ich wusste nicht, was die Engländer hier gesucht hatten, nur, dass sie sämtliche Gebäude niedergebrannt hatten.

Ich blickte Scholten an. »Ich glaube Ihnen. Also graben wir ihn aus. Aber weshalb?«

Der Hauptmann ließ seinen Blick über den Horizont schweifen. Er schüttelte sich in seinem Mantel. Dann wandte er sich lächelnd an mich. »Wir haben kein Brennholz mehr«, sagte er. »Und ich friere so entsetzlich.«

Es dauerte eine Weile, die dünne Erdschicht aufzubrechen, die den Sarg des Engländers bedeckte. Der Boden war gefroren, aber das Grab war noch relativ frisch und die sandige Erde einigermaßen locker. Nach einer Viertelstunde traf Orlas Spaten den Sarg mit einem Geräusch, als würde man auf eine leere Tonne schlagen.

Der Gestank war jetzt wirklich schlimm.

Scholten hockte sich neben das Grab. Er kratzte mit der Hand, die in einem Handschuh steckte, ein bisschen Erde vom Sargdeckel. Dann klopfte er mit den Knöcheln auf das Holz, erhob sich und nickte zufrieden.

»Das ist Eiche«, erklärte er überrascht. »Da steckt eine Menge Wärme in diesem Sarg.«

Während wir mit der Arbeit fortfuhren, fragte ich mich, ob der Hauptmann gewusst hatte, dass der tote Engländer in einem Sarg beerdigt worden war. Das war schließlich keine Selbstverständlichkeit. Auf See nähte man die Seeleute in ihr eigenes Bettzeug, bevor man sie unter dem Salut der Kanonen über Bord warf. Auf einigen Schiffen hatten die Segelmacher die Angewohnheit, den letzten Stich mit ihrer krummen Eisennadel durch die Nase der Leiche zu führen, um sicherzugehen, dass der Betreffende nicht bloß scheintot war.

Hier aber lag ein englischer Seemann in einem Sarg. Er musste extra für ihn gezimmert worden sein. Es gab ja immer reichlich Holz an Bord der Schiffe; man wusste schließlich nie, wann man ein Stück der Reling ausbessern oder eine Planke am Freibord oder am Deck ersetzen musste. In diesen Gewässern waren englische Kriegsschiffe gewohnt, dass eiserne Kugeln und Kartätschen wie eine göttliche Strafe vom Himmel auf sie hinabregneten.

Aber der Sarg verriet mir etwas: Diejenigen, die diesen Mann begruben, hatten Respekt vor ihm. Einen Respekt, den wir in keiner Weise würdigten, als wir ihn nun exhumierten.

Wir arbeiteten uns mit dem Spaten einmal um den Sarg und konnten ihn schon bald so weit bewegen, dass die Leiche über den Sargboden rollte. Der Gestank wurde immer schlimmer, aber in gewisser Weise gewöhnten wir uns daran. Orla, der um 1800 auf einer Sklavenfregatte gesegelt war, behauptete, er sei nichts gegen den Gestank, der nach drei Wochen auf dem Atlantik aus dem Sklavendeck kam. Bei diesen Worten unterbrach der Hauptmann die Arbeit und fragte: »Dann waren Sie in Westindien, Seemann?«

»Yessir!«, erwiderte Orla. Er hatte ein Händchen für Sprachen und konnte sich in mehr Sprachen ausdrücken als mancher gelehrte Mann, den ich getroffen habe.

Scholten nickte mit ernstem Gesicht. »Ich war dort bis zur Kapitulation«, sagte er. »Drei Jahre habe ich auf Sankt Thomas verbracht.«

»Ich bin seit 1801 nicht mehr dort gewesen«, erklärte Orla. »Drei Reisen auf der Dreiecksroute.«

Scholten nickte. Er sah aus, als wollte er noch mehr sagen, stattdessen nahm er aber nur den Spaten und steckte ihn neben den Sarg.

»Anheben, Leute«, befahl er. »Und hoch damit!« Orla und ich stemmten die Hände an beiden Seiten gegen den Sarg und hoben ihn an, Scholten bückte sich und führte ein Seil um den Boden. Der Gestank war so ekelerregend, dass meine Augen tränten; hätte ich etwas anderes im Magen gehabt als ein paar Schiffszwiebacke, hätte ich mich übergeben, selbst mit dem Risiko, den Hauptmann zu besudeln.

Dennoch gelang es uns, den schweren, soliden Sarg, der aus guten englischen Eichenplanken gezimmert war, aus dem Grab zu heben. Eingehüllt von dem üblen Gestank, zögerten wir, den Deckel aufzubrechen. Aber das war letztendlich notwendig, wenn wir den Sarg zu Brennholz hacken wollten.

Schließlich nickte Scholten Orla zu, und mein Eisbootkamerad schlug das rostige Blatt des Spatens zwischen Deckel und Seitenwand. Er drückte so lange gegen den Schaft, bis sich mit einem Geräusch, das wie ein Protestschrei über das Licht klang, die Nägel aus den Seitenwänden lösten und der Deckel hochgehebelt werden konnte.

Mit den Händen vor dem Mund beugten wir uns vor und blickten in das Innere des Sargs.

BRIEF: PETER VON SCHOLTEN AN MARIA EIDE, KOPENHAGEN, AUGUST 1852

Durch den Vorschlag des Königs an diesem Abend auf der vom Eis eingeschlossenen Insel im Großen Belt änderte sich die Bahn meines Schicksals grundlegend. Noch nie habe ich einem Menschen davon erzählt, Maria. Es ist das gefährlichste Geheimnis, das ich je bewahrt habe, und es gab wahrlich viele Geheimnisse in meinem Leben! Es hätte mich vernichten können, es hätte in hohem Maß dem Ruf des Königs schaden können. Aber all das ist jetzt vorbei, es spielt überhaupt keine Rolle mehr. Der König – der vorherige Frederik – ist längst tot, und ich werde es schon bald auch sein. Alles geht zu Ende, das ist die bittere Wahrheit, die die Menschen erst so spät in ihrem Leben begreifen. Unter anderem deshalb ist es mir eine so große Freude, von damals zu erzählen, als das Leben noch vor mir lag.

»Diese Tage auf der Insel sind für mich wie eine Gabe Gottes gewesen«, erklärte der König, als wir nebeneinander auf dem vereisten Strand standen. »Ja, ich glaube wirklich, Er hat sie mir als eine Möglichkeit geschenkt, nach diesem langwierigen Krieg, der uns so teuer zu stehen kam, die Gesamtsituation zu überdenken – meine und die Dänemarks. Hier habe ich in der Gesellschaft tapferer Männer die Ruhe und die Zeit gefunden, mein Innerstes zu prüfen.«

Er sah mich mit einem aufrichtigen Blick an. Für einen Moment schien er kaum mehr mein König zu sein, sondern ein Kamerad aus dem Korps, der mir ein wohlgewahrtes Geheimnis anvertraute.

»Ich weiß jetzt, dass ich wieder aufstehen kann«, fügte er hinzu. »Und dass Dänemark es kann. Was wir nach außen verloren haben, kann im Inneren gewonnen werden. Dänemark ist eine stolze Nation, und *ich* bin stolz auf die braven Männer, die mich umgeben.«

Ich fand, es klang ein wenig salbungsvoll, außerdem ging mir durch den Kopf, dass ja auch im Inneren einiges verloren war. Egal, wie man es betrachtete, war schließlich Norwegen dänisches Territorium gewesen, und im südwestlichen Teil von Kopenhagen lagen immer noch ganz normale Wohnviertel nach dem feigen Beschuss durch die Engländer in Schutt und Asche. Aber natürlich nickte ich, so wie man es macht, wenn Seine Majestät gesprochen hat.

»Bevor wir nun in ein paar Tagen Sprogø verlassen«, fuhr der König fort, »will ich diesen braven Männern meine Dankbarkeit erweisen.« Er zeigte mit seiner linken Hand in Richtung des verfallenen Pestschuppens, in dem wir die letzten Tage verbracht hatten. Ich sah die Böschung hinauf, wo sich das erbärmliche Gebäude im Mondschein wie ein schwarzer Klumpen im Schnee abzeichnete. Rauch quoll aus dem gemauerten Schornstein und stieg beinahe senkrecht in die Dunkelheit des Himmels.

Bei dem Wort »Dankbarkeit« spitzte ich die Ohren. Die Anerkennung eines Königs konnte die Mühen durchaus wert sein. Schweigend wartete ich ab.

»Ich werde jedem dieser Männer einen Wunsch erfüllen«, erklärte der König und fügte eilig hinzu: »Innerhalb angemessener Grenzen selbstverständlich. Nicht ganz wie Aladins Dschinn.«

Ich hörte aufmerksam zu und nickte in einer Weise, von der ich hoffte, dass sie ein Ausdruck meiner eigenen Dankbarkeit war. Und der König lächelte und ergänzte:

»Ich habe es heute Morgen beschlossen und seitdem Zerstreuung darin gefunden, die Wünsche der Männer zu erraten. Und nun bin ich gespannt, ob ich richtig geraten habe.«

Ich hatte das Gefühl, als sähe der König mich lange an, bis ich begriff, dass er auf meine Frage wartete. Lächelnd antwortete ich:

»Ich bin sicher, dass Eure Majestät richtig geraten haben. Darf ich so frei sein und mich nach Ihren Vorhersagen erkundigen?«

Er räusperte sich und blickte hinauf zur Hütte. Dann schwieg er so lange, dass ich schon fürchtete, einen Fehler begangen zu haben. Doch dann sagte er:

»Mein Freund Frantz Bülow wird es als Scherz unter Männern abtun, und wenn ich auf eine Antwort dränge, wird er mich bitten, sie mir später, unter vier Augen geben zu dürfen.«

»Aha.« Ich versuchte, einigermaßen interessiert auszusehen.

»Aber«, fügte der König hinzu, »ich weiß, worum er mich bitten wird, wenn wir allein sind. Frantz ist nun einmal Frantz.«

Wieder wurde mir klar, wie eigenartig unser Gespräch war. Als hätte der König einen besonderen Grund, mich in seine Gedanken einzuweihen. Nur welchen?

»Der Gesandte hingegen wird mich um eine persönliche Empfehlung bitten, die er in kommenden Ämtern vorzeigen kann. Er ist ein angenehmer und kluger, aber auch geltungssüchtiger Mann. Vielleicht wird er auch um ein Vermögen bitten, denn reich ist er nicht, aber ich glaube, Reichtum ist ihm nicht so wichtig.«

Ich dachte, dass der Blick Seiner Majestät auf den Gesandten korrekt war. Er lebte auf Kosten seiner Regierung auf großem Fuß und sparte vermutlich seine gesamte Besoldung.

»Das klingt wahrscheinlich«, bemerkte ich. »Eure Majestät haben einen scharfen Blick auf die Menschen.«

Liebe Maria, hin und wieder war ich nervös, dass ich zu dick auftrug, wenn ich in meiner Jugend die mächtigen Männer um mich herum lobte. Aber die Wahrheit ist vermutlich, dass ich dadurch unmöglich einen Fehler begehen konnte, denn selbst die offensichtlichste Koketterie fiel bei Königen und Fürsten auf fruchtbaren Boden! Und nun nickte der König, als hätte ich eine geistreiche Bemerkung gemacht. Ich fühlte mich ermuntert, das Wort zu ergreifen.

»Und die Seeleute? Was denken Eure Majestät über die Wünsche der jungen Männer?«

Frederik lächelte verschmitzt.

»Was glauben Sie, Scholten?«

Ich warf ebenfalls einen Blick auf das Pesthaus und zog meinen Mantel enger um mich. In der beißenden Kälte konnte ich kaum meine Zehen in den Stiefeln spüren. Ich lachte kurz auf.

»Ich wäre geneigt zu glauben, dass sie sich nur wünschen, heim in ihre warmen Häuser zu kommen«, antwortete ich. »Aber wenn sie es wagen, ein etwas größeres Ziel anzupeilen, würde ich auf Gold tippen. Goldmünzen für die Eisbootbesatzung, ja.«

Der König nickte. »Genau meine Vermutung. Einfache Menschen haben einfache Wünsche, nicht wahr?«

Wieder blickte er mich an. In dem kurzen Bart unter seiner Nase saßen ein paar königliche Eiskristalle. Wir sahen einander in die Augen, bis ich den Blick niederschlug und mich dem zugefrorenen Belt zuwandte.

»Bleiben noch Sie, junger Scholten«, sagte er. »Was wünschen wohl Sie sich von Ihrem König?«

Ich hatte bereits darüber nachgedacht, während wir über die anderen sprachen. Allerdings hatte ich noch keine Antwort gefunden. Ich zögerte nur kurz.

»Mit Verlaub, ich glaube, ich würde ähnlich wie General Bülow antworten. Oder, wie Eure Majestät vermuten: wie der General um eine Bedenkzeit bitten.«

Er lachte.

»Und wie in Frantz' Fall wüsste ich auch, worum Sie mich später bitten würden«, behauptete er.

»Sie wüssten es?« Ehrlich gesagt, überraschte es mich.

»Ja.«

Ich warf ihm einen Blick zu. Sein langes Pferdegesicht war ernst. Es erschreckte mich, ich dachte, er hätte gescherzt.

»Ja?«, fragte ich nach.

Er nickte.

»Sie würden darum bitten, zum Königlichen Waagemeister auf Sankt Thomas in Westindien ernannt zu werden.«

Sehr viele Bilder schwirrten mir bei dem Wort Westindien durch den Kopf, alle in grellem Kontrast zu der zugefrorenen Hölle, die uns umgab.

»Würde ich?«

»Wenn wir nach Kopenhagen zurückkehren, werde ich als eine meiner ersten Amtshandlungen für Ihre Ernennung sorgen. Sie können abreisen, sobald das Eis aufgebrochen ist oder Sie Ihre Angelegenheiten geregelt haben.« Sein Tonfall war todernst, er meinte es ganz offensichtlich so. Und ich … ich dachte: warum eigentlich nicht?

»Aber warum?«, fragte ich.

»Wie Sie wissen, Scholten, kenne ich Ihren jüngeren Bruder ein wenig. Er ist ein junger Mann mit dem Herzen am rechten Fleck, so wie Sie auch. Frederik Scholten hat mir erzählt, welch große Liebe Sie zu den Inseln im westindischen Archipel hegen.«

»Ist … Hat der Herr General sich unzufrieden über meine Dienste geäußert?«, erkundigte ich mich. Mir war klar, dass ich nicht zum Waagemeister ernannt wurde, weil der König wusste, dass ich mich nach der Sonne Westindiens und den farbigen Mädchen sehnte.

»Überhaupt nicht, mein lieber Scholten. Frantz ist äußerst zufrieden mit Ihnen. Und Sie sind und werden auch in Zukunft ein Mann sein, von dem wir uns viel versprechen. Nicht zuletzt von der Karriere, die Sie auf Sankt Thomas erwartet.«

»Karriere …?« Ich wurde zunehmend verwirrter.

Der König nickte und zog den Bärenfallmantel dichter um sich.

»Sie beginnen als Waagemeister. Aber Sie werden sehen, es werden bald weitere Ämter hinzukommen. Sankt Thomas ist ein reicher Ort, vermutlich der reichste, den wir haben. Ja, in dieser düsteren Stunde stehen die drei Inseln geradezu als die funkelnden Juwelen des Reiches da.«

Trotz meiner großen Überraschung spürte ich den Ernst des Königs; dies war kein Thema, das ich diskutieren sollte oder konnte. Er hatte es ja selbst gesagt: Egal, wie meine Antwort lauten würde, ich hatte aufzubrechen und mich still zu verhalten. Und je mehr ich darüber nachdachte – und glaub mir, die Gedanken schwirrten mir nur so durch den Kopf –, desto angenehmer erschien mir der Vorschlag. Denn es war ja richtig, ich vermisste Westindien. Fast hatte ich die Hoffnung aufgegeben zurückzukehren, und nun bekam ich eine Chance, urplötzlich und ohne darum gebeten zu haben. Vorausgesetzt, wir überlebten die nächsten paar Tage. Und so vergaß ich meine Bedenken.

»In diesem Fall möchte ich Eurer Majestät danken«, sagte ich. »Wenn es so weit ist und Sie mich fragen, werde ich Sie darum bitten, als königlich ernannter Waagemeister nach Sankt Thomas zurückkehren zu dürfen.«

Mir waren ja, liebe Maria, die Möglichkeiten, die das Amt des Waagemeisters im größten Hafen Westindiens bot, durchaus nicht unbekannt. Es war – oder könnte es bald werden – ein ausgesprochen vergoldetes Unternehmen!

Zunächst: Der Waagemeister von Sankt Thomas wiegt nie auch nur irgendetwas. Ja, es gibt nicht einmal eine Waage im Hafen von Charlotte Amalie. Dennoch ist es die Aufgabe des Waagemeisters, Zollabgaben von den Schiffen einzufordern, die den Hafen anlaufen – im Verhältnis zum Gewicht ihrer Ladung. In der Praxis zeigt der Skipper eines Handelsschiffs seine Schiffspapiere mit den Angaben über die Ladung des Schiffs. Nur in Fällen, in denen der Waagemeister dem Skipper nicht glaubt, wird erwogen, eine Schätzung der Fracht vorzunehmen, um sich von der Korrektheit der Angaben zu überzeugen.

Der Skipper bezahlt daraufhin Zoll und Wiegegeld direkt an den Waagemeister. Ich denke, ich muss nicht unbedingt im Detail beschreiben, welche Möglichkeiten an zusätzlichen Einnahmen sich für den vom König ernannten Amtsträger dabei eröffnen!

Je mehr ich an jenem Abend darüber nachdachte, während das letzte Treibholz im Kamin knisterte, desto besser gefiel mir der Gedanke. Ich sah bereits das blaue Meer vor mir und hörte das kreolische Geplauder der farbigen Mädchen.

Ein ganz interessantes Detail: König Frederik hatte beinahe hundertprozentig recht mit seinen Mutmaßungen; er war wirklich ein Menschenkenner. Nachdem wir am Abend den üblichen Schiffszwieback und die klebrige Grütze gegessen und dazu ein paar ordentliche Schlucke Branntwein getrunken hatten, bat er uns, still zu sein, er hätte uns etwas zu sagen. Und dann kam es genauso, wie er es vorausgesagt hatte: General Bülow nickte geheimnisvoll, brach in spontanes Gelächter aus und teilte seinem Freund und König mit, dass er diese Frage schon bald mit ihm unter vier Augen besprechen wolle. Der König warf mir einen raschen Blick zu und verzog sein Gesicht zu einem schiefen Lächeln, und ich wusste, dass er es genoss, recht gehabt zu haben.

Der österreichische Gesandte hielt eine kleine Rede auf Deutsch, in der er seine abgrundtiefe Dankbarkeit ausdrückte und Seine Majestät für seine ungeheure Großzügigkeit lobte. Daraufhin teilte er ein wenig verlegen mit, dass er, wenn das keine allzu große Bitte sei, unendlich glücklich über eine ordentliche Empfehlung des dänischen Königs wäre – genau wie Frederik es vorausgesagt hatte.

Die drei Besatzungsmitglieder des Eisbootes entsprachen im Großen und Ganzen ebenfalls den Erwartungen. Der Älteste, Orla, bekam feuchte Augen angesichts des Lobes Seiner Majestät und dessen Gunstbeweises und bat um eine kleine Summe Goldmünzen – einhundert Reichstaler, möglicherweise der größte Betrag, den er sich vorzustellen imstande war. Zwei seiner Kameraden schlossen sich ihm eilig an, woraufhin der König jedem der Männer eine Summe von dreihundert Reichstalern versprach, das Dreifache dessen, worum sie gebeten hatten.

Der Letzte, mein junger Freund Jacob, war der Einzige, der König Frederik und mich überraschte. Als nach Orlas Tränenausbruch wieder Ruhe eingekehrt war, erhob er sich, verbeugte sich vor seinem König und sagte:

»Im Sommer segele ich als Steuermann auf einem Schoner namens Rachel. Er gehört meinem Vater, einem Kaufmann aus Nyborg. Albert Faber heißt er. Mit Verlaub, Eure Majestät, ich bitte für die Rachel um eine Reise über den Atlantik zu den Westindischen Inseln, über die Fracht auf der Hin- und Rückreise dürfen Eure Majestät entscheiden.«

Der König sah den jungen Mann verblüfft an. Dann nickte er und lächelte.

»Ein guter Wunsch«, sagte er. »Sie sind ein braver junger Mann, dass Sie an das Geschäft Ihres Vaters denken.«

Jacob verbeugte sich noch einmal. Ich wusste, dass er ebenso sehr an die Chance auf eigene Abenteuer in der Fremde dachte wie an das Geschäft seines Vaters. Ich hatte ihn hinreichend mit Geschichten aus Sankt Thomas unterhalten, um seine Reiselust zu wecken.

»Und Sie, junger Scholten?«, fragte der König. »Nun fehlen nur noch Sie. Was können Sie sich als Belohnung von Ihrem König vorstellen?«

AUSZUG AUS DEM FESTGESANG ANLÄSSLICH DES ZWEIUNDFÜNFZIGSTEN GEBURTSTAGS VON PETER VON SCHOLTEN AM 17. MAI 1836. GESCHRIEBEN VON EINEM FAMILIENMITGLIED

Mit seinen Männern eingefroren stand
Der König an der Insel Sprogø Strand,
Mit einem Scherz von leichter Hand
Knüpfte er ein enges Band.
Er sagte, hört, ich werde einem jedem
Einen Wunsch zur Erfüllung geben.
Und die Hofleut' freuten sich so sehr.

Einer wünschte sich Stern und Ordensband,
Ein anderer einen höheren Stand,
Ein Dritter wollte mehr Macht in der Hand,
Einen Wald oder auch einen Strand.
Einer wollt' einen Keller voll Wein,
Für einen anderen sollte rotes Gold es sein.
Und Peter, er freute sich so sehr.

Als Peter an die Reihe kam,
Erhob er sich und hub an:
Ich weiß doch kaum, worum ich bitten kann –
Ach, König, bitte gebe mir
Das kleine Waageamt
In Westindiens schönem Land.
Und die Hofleut' lächelten so sehr …

TAGEBUCH DES EISBOOT-BESATZUNGSMITGLIEDS STEUERMANN JACOB FABER, NYBORG, APRIL 1814

Wir hatten uns im Zusammenhang mit dem toten Engländer in dem Eichensarg nicht auf moralische Probleme eingestellt. Vermutlich hatten wir gedacht, wir würden die Leiche ganz einfach ohne Sarg zurück ins Grab schmeißen. Oder eher noch, sie zurückschütten, denn bis auf seine Stiefel ist ein Mann nach drei, vier Jahren im Sarg eher flüssig.

Nur handelte es sich nicht um einen Engländer, und er war auch nicht flüssig, er war nicht einmal ein Mann. Im Sarg lag eine junge Frau in einem Kleid und mit einem dicken Zopf aus dunklen Haaren um ihren Kopf. Sie stank wie ein Misthaufen aus der Hölle, war aber trotz allem noch nicht lange tot. Vielleicht war sie im Herbst oder im Spätsommer gestorben.

Durch unser Hantieren mit dem Sarg waren ihre Hände zu einer Seite gefallen, aber sie waren noch immer gefaltet; im Zuge der Verwesung waren sie beinahe zusammengewachsen. Noch immer war zu erahnen, wie sie einmal ausgesehen hatte; obwohl das Gesicht aufgedunsen und beinahe schwarz war, konnte man noch den feinen Bogen ihrer Augenbrauen und die Form der Nase und des Mundes sehen. Sie war hässlich, aber bestimmt war sie es nicht, als sie noch gelebt hatte.

Die Frau trug ein Kleid, das einmal dunkelblau gewesen sein mochte, und Bänder in einem helleren Blau um Leib und Hals. Jetzt waren sie größtenteils schlammig braun von den ausgetretenen Flüssigkeiten am Boden des Sargs.

Neben ihr lagen eine Bibel, die sie vermutlich in den Händen gehalten hatte, als sie beerdigt wurde, und ein kleines gerahmtes Gemälde. Dies hatte offenbar ebenfalls auf ihrer Brust gelegen und war erst beim Ausgraben herabgefallen, es war vollkommen sauber und lehnte an der Innenseite des Sargs. Scholten bückte sich und hob es auf. Er hielt es an zwei Ecken des goldenen Rahmens und betrachtete es. Dann drehte er es um, damit wir es sehen konnten. Es zeigte einen jungen Mann in einer Seemannsjacke mit blanken Messingknöpfen, weißem Hemd und einer gelben Krawatte. Seine Haare waren blond, und seine blauen Augen blickten leicht erstaunt in die Welt. Im Hintergrund war eine graue Meeresfläche zu sehen, und über der Schulter des Mannes konnte man ein Schiff auf dem Meer erkennen: eine Brigg unter vollen Segeln und mit einem Dannebrog am Heck.

»Die Frau des Kapitäns«, sagte Orla leise. Scholten nickte. Dann hob er das Bild vors Gesicht und kniff die Augen zusammen. »Caroline«, murmelte er ernst. Ich schaute die tote Frau an. »Caroline?«, fragte ich.

Scholten drehte das Gemälde erneut um und reichte es mir. Auf dem nackten Holz des Blendrahmens stand der Name der Brigg. Caroline.

»Was machen wir jetzt?«, wollte Orla wissen.

»Wir brauchen den Sarg«, erklärte Scholten. »Sonst überleben wir nicht.« Wieder bückte er sich und legte eine Hand auf das solide Eichenholz. Es konnte die Hütte einen ganzen Tag heizen, vielleicht sogar zwei, wenn wir vorsichtig feuerten.

Niemand von uns hatte Lust, die halb verweste Leiche anzufassen, aber wir wollten sie auch nicht einfach so zurück ins Grab werfen, wie wir es ohne die geringsten Bedenken getan hätten, wenn der Tote wie angenommen ein englischer Soldat gewesen wäre. Diese Frau war mit dem Kapitän eines dänischen Schiffs verheiratet gewesen, einem Mann, der seiner Ehefrau ein Bild von sich selbst mit in den Sarg gegeben hatte und hier auf Sprogø an Land gegangen war, um sie zu begraben. Er hatte sie geliebt, er hatte voller Trauer an dieser Stelle gestanden.

Orla brummte und zeigte auf das Ende des Sargs, an dem die Füße der Toten lagen. Dann ging er selbst ans andere Ende und sagte: »Nimm du unten das Kleid, Jacob. Dann hebe ich ihre Schultern an.«

Ich zögerte. »Geht das denn?«, fragte ich ihn.

Wieder brummte Orla. Er bückte sich und griff mit den Händen unter die Schultern der Leiche.

»Ich bin schon mit Schwarzen gesegelt«, erklärte er. »Mir macht das nichts aus.«

Scholten stieß ein kurzes, brutales Lachen aus. Wir blickten ihn fragend an. Er nickte.

»Ich musste nur gerade an etwas denken«, sagte er. »Aber gut so. Hebt sie hoch.«

Wir legten die tote Frau zurück ins Grab, steckten das Gemälde ihres Mannes unter ihre Hände auf der Brust und bedeckten sie so sorgfältig wie möglich mit der ausgegrabenen sandigen Erde. Orla holte das Holzkreuz zurück, das Scholten fortgeworfen hatte, und setzte es wieder auf das Grab, und Scholten bekreuzigte sich und murmelte so leise, dass wir es kaum hörten: »Ruhe in Frieden, Caroline. Endlich.«

Dann trugen wir den Sarg ins Pesthaus. Orla und ich hielten ihn zwischen uns, Scholten trug den Deckel und das Werkzeug. Als wir die Hütte erreichten und den Sarg und den Deckel vor der Tür auf den Boden fallen ließen, kamen der König und die anderen heraus und brachen in Jubel aus, alle deutlich angeheitert von ein paar Runden Schnaps. Wir begannen sofort, die dicken Eichenplanken des Sargs zu Brennholz zu hacken. Während wir arbeiteten, sagte Orla plötzlich:

»Was ist eigentlich aus ihrer Bibel geworden?«

General Bülow, der dabei war, eine widerspenstige Ecke des Sargs mit seinem soliden Stiefelabsatz entzwei zu treten, richtete sich auf und fragte: »Was für eine Bibel?«

Scholten erklärte es ihm. Der General fragte: »Aber die ist doch wohl nicht hier, oder? Sie hat sie doch wiederbekommen, Herr Hauptmann?«

»Ich glaube nicht«, antwortete Scholten. »Sie lag vermutlich irgendwo auf der Erde, als wir sie zurück ins Grab hievten.«

»Hm«, brummte Bülow. »Die ist auch brennbar.«

»Eine Bibel verbrennen!«

Der General zuckte die Achseln. »Na ja, vielleicht nicht«, gab er nach. »Aber dann sollte sie auch nicht auf der Erde herumliegen, Scholten.«

Der junge Hauptmann wandte sich an mich. Etwas in seinem Blick sagte mir, dass er nicht daran dachte, selbst noch einmal zum Grab zu gehen, um nach der Bibel der toten Frau zu suchen. Ich nickte und stieg den Trauerberg hinauf.

Das kleine schwarze Buch lag auf dem Boden neben dem Grab, ich bückte mich und sammelte es auf. Es war trocken und sah teuer aus, es hatte wie das Gemälde auf ihrer Brust gelegen und war mit den Leichensäften nicht in Kontakt gekommen. Ich hob es an meine Nase und roch daran. Es stank ein bisschen. Trotzdem nahm ich die Bibel mit zur Hütte und gab sie Scholten. Wie ich roch er geistesabwesend daran und legte die Bibel dann neben seinen Tornister.

Es war Samstag, der 5. Februar. Wir verbrachten den Tag in der Hütte, spielten Karten und vergaßen mehr und mehr die enormen Unterschiede zwischen Königen und Untertanen; wir waren nur Männer, die verzweifelt versuchten, sich gegenseitig aufzumuntern und zu überleben. Und inmitten all des Elends und der wachsenden Angst lachten und sangen wir gemeinsam und erzählten uns, was und wen wir zu Hause liebten.

Und dann, am Sonntagmorgen, erwachten wir bei klarem, leisem Frost und einem stillen Belt, der zugefroren war wie eine Landstraße.

Endlich konnten wir heimkehren.

BRIEF: MARIA FREDERIKSEN AN PFLANZER JOHN ELLIS, SOLITUDE, SANKT THOMAS, 24. MÄRZ 1826

Lieber Mr. Ellis,

es ist jetzt bald vier Monate her, seit ich auf Sankt Thomas ankam, um Jan Marcussens Plantage Solitude zu übernehmen, die Sie vermutlich kennen werden. Die Plantage ist eine der größten der noch auf der Insel vorhandenen Plantagen, aber wie Sie sich möglicherweise vorstellen können, habe ich nicht die Absicht, den Zuckeranbau fortzusetzen. Ich beabsichtige hingegen, einen Teil der Gebäude Solitudes als Schule für die Kinder der schwarzen Bevölkerung von Sankt Thomas einzurichten.

Bevor Marcussen vor ungefähr anderthalb Jahren die Plantage verließ, um in sein Haus in Charlotte Amalie umzuziehen, ließ er sämtliche Sklaven Solitudes frei und stattete sie mit den notwendigen Papieren aus, damit sie ihre Freiheit behalten könnten. Eine dieser Sklavinnen war eine junge Negerin mit dem Namen Afi, die Marcussen laut seinen Unterlagen 1820 von Ihnen erworben hatte, in dem Jahr, in dem ich Sankt Croix verließ. Sie war damals vierzehn Jahre alt.

Ich unterrichtete sie mehrere Jahre in unserer Schule auf der Canaan Plantation, und sie hat einen besonderen Eindruck bei mir hinterlassen. Sie war ein stolzes, sehr intelligentes und im Übrigen auch sehr hübsches Mädchen. Können Sie sich an sie erinnern?

Marcussen meint, Afi sei zurück nach Sankt Croix gegangen, aber ich habe Angst um ihre Sicherheit: Wenn es wahr wäre, dass sie nach Hause zurückgekehrt ist, hätten Sie vermutlich davon gehört. Oder glauben Sie, dass sie es vermeiden würde, Canaan wieder zu betreten? Wenn Sie von ihr hören, würden Sie es mich wissen lassen? Ich denke mir, dass sie mit ihrer Intelligenz gut als Lehrerin meiner neuen Schule geeignet wäre.

Lassen Sie mich ein wenig von der Arbeit erzählen. Wir sind bereits recht weit gekommen. Als ich vor etwas über vier Monaten auf Solitude eintraf, stellte sich heraus, dass die meisten von Marcussens Negern die Plantage verlassen hatten. Es hat mich einerseits überrascht, andererseits aber auch nicht. Viele dieser armen Menschen haben hier einen so großen Teil ihres Lebens geschuftet, wohnten hier in elenden Hütten – die allerdings viel besser sind als die Unterkünfte, die man vielerorts auf Sankt Croix sieht – und wurden behandelt wie Vieh. Als sich ihnen die Chance bot, verließen sie die Plantage. Die Götter mögen wissen, wo und wie sie jetzt zurechtkommen!

Geblieben waren acht Feldarbeiter und ein einzelner Mann, der früher in Marcussens Ställen gearbeitet hatte. Er ist jetzt so eine Art Vormann hier. Gegen Kost und Logis und einen angemessenen Lohn, muss ich hinzufügen. Zwei der verbliebenen Feldneger sind alte Menschen, die nur noch leichte Arbeiten verrichten können, aber die sechs anderen und der Vormann arbeiten hart. Sie haben die Schule in einem großen Gebäude eingerichtet, das ehemals als Lagerraum für die Zuckertonnen und verschiedene Vorräte genutzt wurde. Es liegt gegenüber dem Wohnhaus der Plantage und verfügt nach Osten hin über eine Lattenwand, sodass durch die Schulräume immer ein angenehmer Wind geht. Viele andere kleinere Häuser sind zum Wohnen für Schwarze eingerichtet, die eine Wohnung brauchen, und den östlichen Flügel des Wohnhauses haben wir für einen Speisesaal vorgesehen, der momentan noch eingerichtet wird.

Als Zuckerrohrpflanzer fragen Sie sich sicher, was ich mit Solitudes Feldern vorhabe. Die Wahrheit ist, dass ich es noch nicht weiß. Es ist ziemlich viel Grund und Boden, und ich weiß, dass Bäume und anderer Wildwuchs bald das Zuckerrohr überwuchern werden, wenn man die natürliche Vegetation nicht niederhält. Aber vielleicht soll genau das passieren!

Auf der nördlichen Seite von Solitude haben ich ein paar Morgen Land roden lassen, auf denen wir Kaffeebüsche pflanzen wollen. Das ist eine Pflanze, die man mit bescheidener Arbeitskraft ziehen und ernten kann, außerdem ist sie ziemlich einträglich. Ich hoffe, mit der Kaffeeproduktion die laufenden Ausgaben der Schule finanzieren zu können. Natürlich weiß ich noch nicht, wie viele Schüler die Schule haben wird, aber ich hoffe, die Schwarzen sind verständig genug, Wissen erwerben zu wollen. Noch mehr hoffe ich allerdings auf die Einsicht der Weißen, dass auch Neger das Bedürfnis nach etwas anderem als Arbeit, Schlaf und Nahrung haben. Ob einem der Gedanke nun gefällt oder nicht, die Schwarzen werden in wenigen Jahren bestimmt ihre Freiheit bekommen, und mit der Freiheit ist eine Verantwortung verbunden. Wir müssen sie darauf vorbereiten, diese Verantwortung anzunehmen.

Mr. Ellis, ich hoffe wirklich, dass Sie mich nicht für naiv halten. Ich kann nicht anders handeln, dies ist, trotz des merkwürdigen Schicksals, das mich seinerzeit hierher trug, das Ziel, das mir auferlegt wurde. Davon bin ich überzeugt.

Ich hoffe, Sie finden die Zeit, mir zu antworten.

Mit freundlichen Grüßen
Maria Frederiksen

MARIA FREDERIKSENS TAGEBUCH, SOLITUDE, SANKT THOMAS, 11. DEZEMBER 1825

Ich habe Marcussen gefragt: »Wo sind Ihre Sklaven?« Einen Moment sah mich verwirrt an, als wüsste er nicht, wovon ich sprach. Oder als würde ihm erst in dem Augenblick klar, dass seine Antwort nicht einleuchtend gewesen war. Dann sagte er:

»Ich weiß es nicht. Waren Sie bei den Negern?«

Ich verstand nicht ganz, was er damit meinte, also erwiderte ich: »Nein, wo ist das?«

»Das Negerdorf. Es liegt auf dem Plateau nordwestlich des Hauptgebäudes.«

»Die Sklavenhütten. Doch, dort war ich. Sie haben Professor Eide mal mit dorthin genommen, vielleicht erinnern Sie sich. Er hat mir davon erzählt.«

Marcussen blickte auf seine mageren Hände. »Ich erinnere mich nicht daran«, antwortete er.

»Wir waren jedenfalls dort. Einige wenige Familien leben noch dort. Sie bauen Gemüse auf einem kleinen Feld hinter den Hütten an.«

»Ja. Ich habe ihnen auch erlaubt, Tiere zu halten. Sie haben Ziegen und Hühner.«

»Ich glaube, die Tiere wurden längst geschlachtet.«

Er saß schweigend vor mir. Wieder war ich ausgesprochen verwundert, wie sehr dieser kranke Mann sich von Mikkels Schilderung desjenigen Marcussen unterschied, den er einst gekannt hatte. Bucklig, eingefallene Wangen, weißes Haar. Nur in den Augen ahnte ich etwas, sein

Blick war lebendig und scharf. Marcussen sah noch immer mehr als die meisten.

»Ich habe sie freigelassen«, sagte er schließlich. »Die Sklaven. Sie alle haben Freibriefe bekommen.«

»Sind Sie sicher?«

Er zögerte.

»Ich habe es verfügt. Bei meinem Anwalt. Schumacher … kennen Sie Schumacher?«

Ich zuckte die Achseln. »Ich bekam einen Brief von ihm, als ich in Dänemark war. Auf Ihre Veranlassung.«

Marcussen hob eine Hand und fasste sich ans Kinn. Er ließ die Finger über die braune Haut gleiten, ich hörte, wie die Bartstoppeln unter seinen groben Fingern knisterten.

»Sie haben es verfügt, sagen Sie. Wer hat die Verfügung denn Schumacher überbracht?«

»Just. Mein Aufseher. Ivar Just.«

»Sie haben also nicht selbst mit Schumacher über dieses Anliegen gesprochen?«

Er schüttelte den Kopf. »Ich habe mich immer auf Just verlassen können. Ich bin überzeugt, dass er dem Anwalt die Mitteilung hat zukommen lassen.«

Ich teilte seine Überzeugung nicht. Ich hatte mit mehreren Schwarzen in Marcussens »Negerdorf« gesprochen, und niemand von ihnen hatte so reagiert, als besäße er einen Freibrief. Sie hatten sich benommen, wie sich Sklaven immer gegenüber einem neuen Massa oder einer neuen Herrin benehmen, auch wenn sie selbst nicht sehr viel hellere Haut hat und von einem Mann begleitet wird, der offensichtlich noch nie eine Peitsche in der Hand gehabt hat.

»Wo ist Ivar Just jetzt?«, wollte ich wissen. »Er wohnt nicht auf der Plantage.«

»Er ist gestorben«, sagte Marcussen tonlos.

Ich war Ivar Just nie begegnet, und nun war es nicht mehr möglich. Mikkel hatte ihn kennengelernt und mochte ihn nicht. Milde gesagt. Laut Mikkel war Marcussens Aufseher der Inbegriff von Brutalität gewesen.

»Ah ja«, sagte ich. »Wann?«

Marcussen seufzte. »Ich wollte ihm das Haus hier übertragen. Er wird wie Sie in meinem Testament erwähnt. Aber dann starb er. Vor drei Monaten. Er fiel vom Pferd und brach sich ein Bein.«

»Ein Bein? Davon stirbt man doch nicht.«

Marcussen spielte eine letzte raue Melodie auf den pfeffergrauen Stoppeln seines Kinns und sah mich einige Sekunden an. Dann sagte er: »Er starb an den Folgen.«

Ich fragte nicht nach. Mir war es eigentlich egal, wie Just gestorben war. Die entscheidende Frage war, ob er Hjalmar Schumacher über Marcussens Wunsch informiert hatte, die Sklaven freizulassen.

»Er war zwölf Jahre bei mir«, erklärte Marcussen. »Er war ein treuer Mann. Ich kann mir nichts anderes vorstellen, als dass er bei Schumacher gewesen ist.«

»Haben Sie etwas dagegen, wenn ich mich an Ihren Anwalt wende?«

Er schüttelte den Kopf. Ich sah, dass er müde war, und stand auf. Marcussen nahm seinen Stock und stützte beide Hände auf die Armlehne des Pflanzerstuhls. Es kostete ihn deutliche Anstrengungen, auf die Beine zu kommen.

»Ich begleite Sie hinaus«, sagte er. Langsam gingen wir durch das dunkle Haus. Ich musste daran denken, dass dieses Haus mein erstes Zuhause gewesen war; hier hatten meine Eltern gewohnt, als ich geboren wurde, hier hatten sie in der ersten Zeit auf mich aufgepasst, bis wir mit dem Schiff meines Vaters zurück nach Dänemark gefahren sind.

Die Veranda lag im Schatten des Halbdaches. Auf der Straße sah ich vereinzelte Flecken aus Sonnenlicht unter den großen Bäumen, wie Pfützen nach einem Regenschauer. Mikkel stand neben dem Wagen, doch als wir auf die Veranda traten, ging er über die Straße und blieb vor den beiden Stufen stehen.

»Marcussen«, sagte er, und in seiner Stimme hörte ich etwas Neues, etwas Herrisches. Der alte Mann blieb stehen und stützte sich auf seinen Stock. Er blickte zu Mikkel hinab. »Professor«, erwiderte er.

»Wo sind die Frauen?«, wollte Mikkel wissen.

Marcussen legte eine Hand aufs Geländer. »Sie sind nicht mehr hier.«

Die beiden Männer sahen sich an, und ich wusste, dass es mehr zwischen ihnen gab als gesagt wurde. Aber ich hatte keine Lust zu erfahren, was es war, jedenfalls nicht jetzt.

»Wissen Sie, wo sie hin sind?«, erkundigte sich Mikkel in einem ruhigeren Tonfall.

Marcussen lächelte. »Wohin fliegen Vögel, wenn man den Käfig öffnet, Professor? Das weiß man nie, oder? Wie Sie sich sicher erinnern werden, sind sie die Ursache für alle möglichen Unglücke.«

Mikkel sah mich an. Ich nickte ihm zu und wandte mich an den alten Mann. »Ich danke Ihnen für das Gespräch«, sagte ich. Er neigte den Kopf. »Sie müssen mich wirklich entschuldigen«, erklärte er dann. »Ich habe Ihnen ja nicht einmal etwas angeboten. Das ist nicht … ich vergesse es immer.«

Ich lächelte. Aus einem plötzlichen Gefühl der Fürsorge legte ich ihm eine Hand auf seinen hageren Unterarm. »Das macht doch nichts.« Ich verstand ihn; nach einem langen Leben, umgeben von Haussklaven, war es nicht leicht, selbstständig zu denken. Die Götter mögen wissen, was er zu essen bekam.

Wir fuhren die Kronprinsensgade hinunter und durch Charlotte Amalie fast bis Christiansfort, wo Marcussens Anwalt ein Kontor in einem alten Gebäude in der Nørregade besaß. Hier stellten wir den Wagen an einen Wassertrog für die Pferde und gingen die schmale Treppe hinauf. Schumacher war ein wenig überrascht, als wir sein Büro betraten, aber er bot uns beiden einen Stuhl an.

Der Anwalt war in Marcussens Alter und beinahe ebenso mager. Er sah aus, als hätten ihn die vielen Jahre in den Tropen ausgetrocknet, wie eine vergessene Frucht, die zu lange auf einem Fensterbrett gelegen hatte. Doch er lächelte freundlich, legte seine Fingerspitzen vor der Brust zusammen und sah uns durch seine Brille an.

»Freibriefe … Freibriefe«, wiederholte er, als ich ihm mein Anliegen vorgetragen hatte. »Ja, da war etwas mit Freibriefen. Warten Sie.« Er erhob sich und ging zu einem mit einem Rollladen verschlossenen Schrank, öffnete ihn und suchte etwas in einigen braunen Aktenmappen. Dann wandte er sich wieder dem Schreibtisch zu und öffnete eine der Mappen. Er ließ seinen Finger über das oberste Papier laufen, während er sich wieder auf seinen Stuhl setzte.

»Ja«, sagte er. »Ja, das steht hier: ›Meine Sklaven bekommen sich selbst als Geschenk. Nach meinem Tod sollen sie als freie Männer und Frauen gelten. Ich vertraue darauf, dass Sie Sorge tragen werden, dass ihnen allen ein Freiheitsbrief ausgestellt wird.‹«

»Ist das Herrn Marcussens Testament?«, fragte ich.

»Ja, so ist es«, erwiderte der Anwalt. »Man kann durchaus der Meinung sein, dass ich es Ihnen nicht vorlesen sollte, aber zum einen kommen Sie ja gerade von meinem Klienten, zum anderen werden Sie ja selbst in dem Testament erwähnt. Wie Sie wissen.«

Ich nickte. »Aber da steht ›Nach meinem Tod‹. Marcussen sagte mir, er hätte darum gebeten, dass allen Sklaven bereits jetzt Freibriefe ausgestellt werden. Also noch zu seinen Lebzeiten.«

Der Anwalt sah verwirrt aus. Er nahm die Brille ab, setzte sie sich aber sofort wieder auf seine fleischige Nase. »Davon weiß ich nichts. Ich erinnere mich nur, dass ein einziger Freibrief ausgestellt wurde, den ich anschließend an den Gouverneur zur endgültigen Bestätigung schickte. Das war letztes Jahr. Eine Frau, jung … ich erinnere mich nicht an den Namen.«

»Sie haben doch sicher eine Kopie?«

»Nein«, erklärte der Anwalt. »Freibriefe werden zur endgültigen Bestätigung an den Gouverneur geschickt. Wir hören nur wieder davon, wenn sein Kontor irgendwelche Einwände hat.«

»Aber Ivar Just … erinnern Sie sich, ob er hier war und über Freibriefe gesprochen hat?«

Schumacher runzelte die Stirn. »Just? Ja, er wird hier auch erwähnt …« Er warf einen Blick in das Testament. »Hier: ›Das Haus in der Kronprinsensgade soll Ivar Just gehören, der mir zwölf Jahre treu gedient hat.‹«

»Natürlich«, sagte ich. »Aber laut Marcussen hätte Just Sie vor einigen Monaten aufsuchen sollen, um Freibriefe für sämtliche Sklaven auf Solitude auszustellen. Können Sie sich erinnern, ob er hier war?«

Schumacher nickte ein paar Mal hintereinander. Aber das war offenbar nur als Geste gedacht, dass er meine Frage verstanden hatte, denn er antwortete: »Hier ist niemand aus Solitude gewesen. Nur Marcussen selbst. Sonst hätte ich mir einen Vermerk angelegt …« Er wies mit der Hand auf einen Papierstapel auf seinem Schreibtisch. Dann blickte er eine Weile auf Marcussens Testament, als würde er dort nach einem Vermerk suchen.

»Können Sie diesen Just nicht selbst fragen?«, erkundigte er sich schließlich.

»Er ist tot.«

»Tot?«

»Er fiel vom Pferde und brach sich das Bein.«

Schumacher riss die Augen auf. Dann sagte er nach einem Moment stiller Nachdenklichkeit: »Oh, der war das also …«

»Was meinen Sie?«

Der Anwalt verzog das Gesicht zu einer Grimasse, als würde er an etwas Unangenehmes denken. Dann zuckte er die Achseln. »Man sollte meinen, so hätte es sich zugetragen. Dass er vom Pferd gefallen ist. Und einige Zeit hilflos am Weg lag, bis jemand kam. Und dann ist es passiert.«

»Sie kamen zu spät, um ihm zu helfen?«

»Nein. Sie haben ihm mit einem großen Stein den Schädel eingeschlagen.«

BRIEF: PETER VON SCHOLTEN AN MARIA EIDE, KOPENHAGEN, AUGUST 1832

Der Sonntag, an dem ich das Eis verließ und den steinigen Strand vor der Eisbootstation bei Korsør betrat – an der Stelle, die die Einheimischen als das Riff bezeichnen –, war ein klirrend klarer, ruhiger Tag mit eisigem Frost, der im Gesicht brannte und alles unter den Stiefeln knirschen ließ.

Unsere Freude war unbeschreiblich; es war, als wagten wir es endlich, uns selbst einzugestehen, dass wir dort draußen auf der zugefrorenen Insel mit dem Schlimmsten gerechnet hatten. Uns erfüllte die größte Dankbarkeit, die Strapazen überlebt zu haben – gerettet durch ein nicht abgebranntes Pesthaus und den Sarg einer jungen, zu früh gestorbenen Kapitänsfrau.

Wir standen am Strand, dieser Kreis von Männern, der so ungleich war, wie man es sich nur vorstellen konnte: der König, aufrecht und flammend rot, mit Eis in den weißen Bartstoppeln und einem Lächeln um die sonst so strengen wasserblauen Augen. Er glich einem vereisten Meeresgott in seinem dunklen Bärenfellmantel und der vornehmen Pelzmütze, unter der sein weißes Haar hervorragte. Und Bülow, der mit den Armen schlug, um sich warmzuhalten, beleibt und prahlerisch; er stampfte mit den Füßen auf den Boden, um seine erfrorenen Zehen wieder zum Leben zu erwecken.

Und schließlich die vier Männer der Eisbootbesatzung, der junge Jacob und der etwas ältere Orla, der Schwarze über den Atlantik transportiert hatte, dazu die beiden anderen, an deren Namen und Gesichter ich mich nicht mehr erinnere. Vier Männer, die sich schon bald auf den entgegengesetzten Weg machen würden, über das gerade zugefrorene Eis zurück nach Fünen, vorbei an Sprogø.

Als wir dort an dem vereisten Strand standen, waren die angeborenen Unterschiede zwischen uns im Großen und Ganzen noch immer verschwunden. Wir waren lediglich neun Männer, die eine knappe Woche unter den primitivsten Verhältnissen zusammen verbracht hatten, Kameraden auf Zeit.

Doch dann ging König Frederik von Mann zu Mann, legte jedem eine Hand auf die Schulter und sagte nacheinander ihre Namen. Die Männer senkten den Kopf, und in diesem Augenblick war es, als ob der König wieder zur Majestät und zum Monarchen Dänemarks wurde, während die Seeleute der Eisbootstation von Nyborg wieder zur Besatzung des Eisbootes wurden. Jeder fand für sich zurück in seine Rolle.

Die Männer schoben ein Eisboot von der Rampe des weißen Hauses und zogen es aufs Eis. Sie hoben zum Abschied die Hände und brachen über die bucklige Eislandschaft auf. Eine Minute blieben wir am Strand stehen und sahen ihnen nach.

Dann ging ich hinauf zu dem weißen Gebäude der Eisbootstation von Korsør, die man ein Stück oberhalb des Strandes errichtet hatte. Ich betrat die leere Wärmestube, in der es nach feuchter Asche aus dem kalten Kamin stank. Mitten im Raum stand ein einfacher Tisch mit sechs Stühlen. Verschiedene Gegenstände lagen auf dem Tisch: ein paar Messer und Gabeln, vier Tonbecher, ein breites Hackbrett mit einer Vertiefung in der Mitte und ein Schleifstein. Ich stellte meinen Tornister auf den Tisch, öffnete ihn und nahm die Bibel der toten Frau heraus. Wieder roch ich daran, der Gestank war nicht mehr so schlimm, das Papier weiß und trocken. Das Buch öffnete sich in der Mitte, wo jemand ein zusammengefaltetes Blatt Papier zwischen die Seiten gesteckt hatte. Ich zog es heraus und las eine zufällige Stelle auf der Seite, auf der die Bibel aufgeschlagen war.

Viele Töchter halten sich tugendsam; du aber übertriffst sie alle. Lieblich und schön sein ist nichts; ein Weib, das den HERRN fürchtet, soll man loben.

Ich hielt das Buch in den Händen und blickte auf die letzten Zeilen im Buch der Sprüche. Ich schaute auf das Papier in meiner Hand und wollte es gerade auseinanderfalten, als Bülows Stimme von draußen polterte.

»Scholten! Kommen Sie? Wir müssen zurück nach Kopenhagen!«

In aller Eile steckte ich das Papier in die Dokumententasche im Inneren meines Tornisters, ich musste es später lesen. Dann ging ich zu den anderen, und wir begaben uns nach Korsør, um uns für die lange Reise über Seeland Pferde oder eine Kutsche zu beschaffen.

Es vergingen nur gut zwölf Tage, nachdem wir zurück in Kopenhagen waren, bis ich meine Ernennung zum Königlichen Waagemeister in Charlotte Amalie bekam, und noch einmal zwei weitere Wochen, bis ich meinen Abschied vom Kriegsdienst und der Armee nahm.

Ich erinnere mich, dass ich dachte, nun habe ich eine Brücke verbrannt, als ich das letzte Schreiben entgegennahm: Es würde nicht leicht werden, zum Militär zurückzukehren. Ich bekleidete den Rang eines Leutnants und erhielt einen ziemlich guten Sold, noch dazu eine kleine Abfindung aus meiner ersten Zeit in Westindien. Nun schnitt ich das Seil durch, das meinen Lebensstil bisher gesichert hatte; mich erwartete ein bescheidenes ziviles Amt auf einer fernen tropischen Insel.

Doch ich war nicht ängstlich, ich hatte einen Schimmer meiner Zukunft im Dienste des Königs aufblitzen sehen, und dieser Schimmer hatte vielversprechend ausgesehen.

Die Vorbereitungen meiner Abreise zogen sich indes hin. Lise, meine Ehefrau, machte Schwierigkeiten.

»Als deine Frau darf ich mich natürlich nicht über deine Ernennung beschweren«, erklärte sie. »Ich will dich lediglich daran erinnern, dass deine Töchter noch sehr jung sind, vielleicht zu jung, um eine lange Seereise auf einen anderen Erdteil zu unternehmen. Die kleine Adelgunde ist erst anderthalb Jahre alt, Peter!«

Ich bin ganz sicher, dass meine Frau von aufrichtiger Sorge um die Mädchen getrieben war. Wir hatten ja vor nicht einmal einem Jahr unseren Sohn Wilhelm im Alter von erst zwei Jahren verloren, und Lise fürchtete um die Sicherheit der Kleinen, wie es sich für eine Mutter gehört. Aber es gab einen noch ernsteren Einwand, den sie allerdings für sich behielt: Sie verstand nicht, warum ein Leutnant, der der Macht so nahe stand wie ich, diesen Posten verlassen wollte, um Waagemeister auf einer fernen Tropeninsel zu werden.

Sie wusste ja nichts von meiner Unterhaltung mit dem König an jenem Abend auf Sprogø; sie wusste nicht, dass dieses bescheidene Amt nur der Anfang von etwas weitaus Größerem war. Und ich konnte es ihr nicht sagen, ich hatte dem König versprochen, keine Silbe zu verraten.

»Liebste Lise, ich verspreche dir, dass den Mädchen nichts Böses geschehen wird. Es ist eine lange Reise, ja, aber Hunderte von Dänen segeln jedes Jahr auf dieser Route nach Westindien, und es kommt nur sehr selten zu einem Schiffbruch. Ich …«

»Schiffbruch! Du darfst dieses Wort nicht einmal aussprechen, Peter. Ich sehe die grauenvollsten Dinge vor mir.«

Ich spürte, wie sich meine leichte Irritation in etwas verwandelte, das an Zorn erinnerte. Ich bin selten zornig und nahezu niemals auf meine Familie. Aber es fiel mir so schwer, dass ich ihr nicht alles erklären konnte, es quälte mich.

»Lise, Lise, du übertreibst. Und wir müssen reisen. Ich habe zugestimmt …«

»*Du* hast zugestimmt«, unterbrach sie mich. »Und ich wurde nicht einmal gefragt.«

Ich war kurz davor zu antworten, dass ihr auch kein königliches Amt übertragen worden war, aber ich sagte es nicht. Ich ging zu ihr und nahm sie in den Arm. Und als ich ihre schmächtigen Schultern und ihren Busen an meiner Brust spürte, schmolz mein Herz wie immer dahin. Ich redete leise auf sie ein, als würde ich versuchen, ein Kind zu trösten.

»Du wirst Westindien lieben, Lise. Das verspreche ich dir. Es ist ein wunderbarer Ort … Stell dir ein Land vor, wo immer die Sonne scheint und die merkwürdigsten und wohlschmeckendsten Früchte wachsen, wo das Meer von den schönsten Fischen wimmelt, die du je gesehen hast. Und in der Nacht …«

Ich schwieg. Ich spürte, wie sie an meiner Brust leise schluchzte. Einen Augenblick drückte ich sie an mich und genoss ihren Duft, ihr weiches

Haar unter meinem Kinn. Dann hob ich sie hoch, trug sie in die Schlafkammer und legte sie aufs Bett.

Es war in unserem alten Haus in Østerbro, das Søholt genannt wurde. Ich hatte es zum Verkauf ausgeschrieben, aber noch gehörte es uns; es war ein hübsches, gemütliches kleines Haus, und ich mochte vor allem die Aussicht aus unserem Wohnzimmerfenster, ich hatte sie malen lassen. Ein norwegischer Künstler fertigte zwei Bilder an, lange hing eines in unserer Wohnung in der Bredgade – nachdem Lise und die Kinder zurück nach Dänemark gereist waren und dort wohnten –, während das andere bei mir in Westindien blieb. Nun hängen beide an der Wand meines Arbeitszimmers hier am Kongens Nytorv, und ich genieße ihren Anblick jeden Tag, obwohl sie mich immer auch an Lise und unsere langjährige Trennung denken lassen.

Ach, hätte ich mir all das vorstellen können, was passieren sollte, liebste Maria, als ich damals mit meiner Frau in unserem Ehebett in Østerbro lag! Die Zukunft lockte mit allen möglichen Versprechungen, aber wie hoch mich das Schicksal heben sollte, davon hatte ich keinerlei Vorstellungen.

Es war noch keine vier Jahre her, seit wir geheiratet hatten, und hätte ich an diesem Tag in die Zukunft blicken können und erfahren, dass meine Lise mich bald verlassen würde, um mit den Kindern allein in Kopenhagen zu leben, während ich in Westindien blieb, hätte ich da wohl anders gehandelt? Nein. Mit Sicherheit nicht, ich liebte Lise, aber um keinen Preis der Welt hätte ich mein westindisches Leben aufgeben wollen.

Im Oktober ließen wir uns auf die Passagierliste der Fregatte Perlen setzen, die am 31. Oktober von Kopenhagen ablegen sollte, in der zweiten Oktoberhälfte wurde ein Teil unseres Hab und Guts an Bord des Schiffes verladen. Es handelte sich um Möbel und den übrigen Hausrat, während wir die meisten Kleidungsstücke und persönlichen Habseligkeiten in unserem Gepäck verstauten, das erst am Abreisetag an Bord gebracht werden sollte.

Dies erwies sich als eine äußerst glückliche Entscheidung. Die Fregatte Perlen wartete ausgesprochen lange auf den richtigen Wind. Die erste

Novemberhälfte verging, ohne dass der Kapitän auch nur einen geeigneten Tag fand, um die Fregatte zu verhohlen und die Segel zu setzen. Ich verlor allmählich vollkommen das Vertrauen in ihn.

Am 28. November war ich die Wartezeit leid, wir brachen allein in Richtung Westen auf, und nach annähernd zehn Monaten kreuzte ich wieder den Großen Belt, diesmal über offenes Wasser segelnd. Lise, ich und unsere beiden Kinder wollten in Nyborg an Bord des Schoners Rachel gehen. Wie du dich erinnern wirst, war es das Schiff meines jungen Freundes aus den Tagen auf Sprogø, Jacob Faber, der in der Zwischenzeit Kapitän auf dem Schiff seines Vaters geworden war.

Jacob und ich hatten uns im Laufe der vergangenen Monate einige Briefe geschrieben. Nach Sprogø hatte der König mich gebeten, dafür Sorge zu tragen, dass der Schoner die Reise über den Atlantik antreten konnte, die der König Jacob versprochen hatte – mit einer Fracht nach Wunsch des Königs. Ein Teil dieser Fracht waren nun ich und meine Familie!

Als der junge Mann mich auf dem Kai sah, lief er über das Deck des Schoners und die Gangway hinunter. Erst verbeugte er sich respektvoll, dann richtete er sich auf und griff mit seinen kräftigen Seemannshänden nach meinen Schultern. Er blickte mir in die Augen und zeigte mit seinem breiten Lächeln, dass unsere alte Kameradschaft aus der Zeit des Pesthauses noch Bestand hatte.

»Hoffen wir, dass wir auf dieser Reise keine Totenruhe stören müssen!«

Ich lächelte ebenfalls, runzelte aber ein wenig die Stirn, denn meine Frau stand neben mir, und ich hatte ihr nicht alles erzählt, was wir auf Sprogø erlebt hatten. Ich war ziemlich sicher, dass die Geschichte der toten Frau, deren Sarg wir gestohlen hatten, um uns an seinen Flammen zu wärmen, meiner gottesfürchtigen Ehefrau nicht gefallen hätte.

Jacob ließ mich los und begrüßte Lise mit einem koketten Finger am Schirm seiner Mütze. Er verbeugte sich vor ihr, nahm ihre Hand und führte sie an seinen Mund, ohne sie mit den Lippen zu berühren. Lise lächelte ihm zu, ich sah, dass sie ihn mochte.

Aber kurz darauf, als wir unter Deck unsere Kajüte einrichteten, fragte sie: »Was hat er da gesagt, Peter? Über die Störung der Totenruhe?«

Ihr hübsches Gesicht war ernst; wenn Lise mich auf diese Weise ansah, wusste ich, dass ich ihr eine Antwort schuldig war.

»Jacob und ich haben eine Kiste ausgegraben. Auf Sprogø, während wir darauf warteten, dass das Eis endlich zu einem Entschluss kam.«

Sie runzelte die Stirn. »Zu einem Entschluss kam?«

»Ja. Ob es zufrieren oder tauen wollte oder nichts dergleichen. Wenn es so gekommen wäre, hätte es uns das Leben gekostet.«

Lise setzte sich auf ihre Koje, die untere, ich hatte die obere, die Mädchen bewohnten eine kleine Kajüte über unserer, nicht viel größer als unsere Speisekammer in Østerbro. Sie schüttelte leise den Kopf.

»Es gibt so viele Dinge, die du mir nicht erzählst«, sagte sie.

»Ich wollte dich nicht beunruhigen. Du weißt, wie schnell du dir Sorgen machst. Es gibt nun einmal einen Unterschied, wie Männer und Frauen die Dinge sehen.«

Sie sah zu mir auf. Ließen Zorn und Angst ihre Augen so dunkel werden?

»Vielleicht sollte es nicht so sein«, entgegnete sie. Sie schwieg einen Moment, dann fügte sie hinzu: »Und was für eine Kiste habt ihr da ausgegraben?«

»Einen Sarg.«

»Einen Sarg!« Sie riss die Augen auf. »Aber weshalb?«

Ich zuckte die Achseln. »Wir haben gefroren. Wir hatten einige Bretter, ein altes Beiboot, eine Menge Tang und eine tote Möwe verbrannt. Es gab kein Brennholz mehr.«

Sie sah mich an, als hätte ich Kreolisch mit ihr gesprochen.

»Wir wären gestorben«, wiederholte ich. »Es war notwendig.«

»Wer lag darin?«, fragte sie leise.

Ich drehte mich zu meiner Tasche um. Mein kleines Fernrohr lag auf meinen zusammengefalteten Hemden. Ich nahm es und steckte es in die Jackentasche.

»Irgendein Engländer, glaube ich. Es war nicht zu erkennen. Er war schon lange tot.«

Durch das Gespräch mit Lise erinnerte ich mich an die Bibel der toten Frau. Ich hatte eigentlich das Blatt lesen wollen, sobald sich die Gelegenheit dazu ergab, aber es war so viel geschehen; ich hatte das Blatt Papier vergessen, und nun war fast ein Jahr vergangen. Einen Moment konnte ich mich nicht einmal erinnern, wo sich das Blatt befand, doch dann fiel es mir ein. Es musste noch immer in meinem ledernen Tornister liegen, in dem ich meine Papiere und die persönlichsten Gegenstände aufbewahrte. Ich schloss meine große Reisetasche, öffnete die Klappe des Tornisters und steckte eine Hand in die Innentasche. Ja, da lag der Brief noch. Ich zog ihn heraus und steckte ihn ebenfalls in die Jackentasche. Dann sagte ich meiner Frau, ich würde an Deck gehen, um mit dem Kapitän zu sprechen, und sie lächelte mir zu und nickte müde, als ich die Kajüte verließ.

Jacob war nicht an Deck, und ich kannte sonst niemanden von der Besatzung. Zwei Männer standen am Achtersteven und diskutierten über irgendetwas, wobei sie zu den breiten Rahen des Besanmasts hinaufblickten. Ich ging zum Bug und stellte mich an die Reling. Es war ziemlich kalt, ich fror, aber ich wollte mir das Blatt Papier aus der Bibel ansehen, bevor ich wieder zu Lise und den Mädchen unter Deck ging.

Ich zog es aus der Tasche und hielt es mir unter die Nase. Es roch nach nichts anderem als dem Leder meines Tornisters. Vorsichtig faltete ich es auseinander; dunkelblaue Tintenschrift tanzte über die leicht vergilbte Seite. Ich las den Brief, während ich auf dem Vordeck des Schoners im Wind stand, und zitterte immer mehr in der Kälte. Es war eine ganze Erzählung, jedenfalls eine Geschichte über Glauben, Liebe und Hoffnung. Von einem Priester, dessen Bruder Seemann und nun Plantagenbesitzer auf Sankt Croix war. Dieser Mann, der Skipper der Brigg Caroline, hatte nicht am Grab seiner Ehefrau gestanden und getrauert. Er war in Westindien gewesen, als sie auf dem Weg zu ihm starb. Sein Name war Tue Gregers.

Am folgenden Tag löste die Rachel die Taue und verließ Nyborgs sicheren Hafen. Jacob hatte selbst das Ruder übernommen, und ich stand neben ihm und sah, wie die Männer über unseren Köpfen in die Wanten und auf die Fußpeerde kletterten, um die Segel zu setzen und zu trimmen. Als wir um die Spitze bei Slipshavn bogen, tauchte Sprogø an Steuerbord auf,

Jacob zeigte darauf und drehte sich mit einem Lächeln im Gesicht zu mir um. Ich lächelte zurück. Keiner von uns beiden sagte ein Wort.

Es war der 30. November 1814. Zwei Tage später lief die Fregatte Perlen, auf der wir wenige Wochen später eigentlich als Passagiere reisen sollten, von der Toldbodgade in Kopenhagen aus. Nach vier Tagen auf See erreichte die Perlen in der Nacht zum 6. Dezember Skagen und geriet auf nordwestlichem Kurs in einen üblen Schneesturm, der auffrischte, während das Schiff sich um Grenen kämpfte. Schnee und Eis überzogen das Rigg, das dem Druck des Windes schon bald nicht mehr standhielt. Zwei Masten gingen über Bord, die Fregatte lief am Skagen-Riff auf Grund und schlug leck.

Von Mitternacht bis zum Morgengrauen des nächsten Tages mussten die Mannschaft und die Passagiere sich an dem kenternden Rumpf in eisiger Kälte festklammern. Erstaunlicherweise überlebten alle die Strapazen, und mit Hilfe der ortsansässigen Fischer wurde sogar ein Teil der Fracht gerettet. Aber unser Hab und Gut, unsere Möbel, das Küchengeschirr und alles andere, was wir nach Westindien mitnehmen wollten, ging für immer verloren.

Wir hörten natürlich erst sehr viel später von diesen Widrigkeiten, als wir längst gesund und munter Charlotte Amalie erreicht hatten und vergeblich darauf warteten, dass die Perlen den Hafen mit unseren Sachen anlief. Meine Verärgerung verflog allerdings bei dem Gedanken, dass uns, meine Lise und unsere zwei kleinen Töchter, das Schicksal hätte ereilen können, das der Besatzung und den Passagieren der Fregatte zuteil geworden war. Die Mädchen hätten es nicht überlebt, und ihr Verlust hätte meiner Frau und möglicherweise auch mir vollkommen das Herz gebrochen.

Auch ich hätte ertrinken können. Ich bin nicht wie der dänische König, ein Mann, dessen Motto zu sein schien »was kümmert es mich«. Ich hätte bei dem Schiffbruch der Perlen ertrinken können; ich hätte auf Sprogø sterben können, wenn man die junge Ehefrau des Kapitäns in ihrem Leinenbetttuch begraben hätte und nicht in einem soliden Eichenholzsarg; ich hätte mein Leben auf so viele unterschiedliche Weisen verlieren können. Wenn ich heute zurückblicke, ist es merkwürdig, dass es nie geschehen ist.

Wie viel hätte sich dann anders entwickelt? Die Sklaven wären nicht frei, werden manche sagen. Weil ich an jenem Tag in Frederiksted diese Worte gesprochen habe. Ich aber weiß, Maria, dass die Neger sich selbst befreit haben. Die Weißen wollen nur bei allem, was von Bedeutung ist, gern den Namen eines Weißen sehen. Die Schwarzen liebten mich. Oder sie liebten den Mythos von Massa Peter. Aber an jenem Tag … Hätte ich die Worte an jenem Tag nicht gesagt, hätte ich mich nicht in meinem Wagen erhoben und die Worte über die Tausende von schwarzen Gesichtern hinweg gebrüllt, wäre ich garantiert tot. Wir alle wären tot.

Es ist kühler geworden; obwohl es noch Sommer ist, muss ich mir den Mantel anziehen, wenn ich spazieren gehe. Denn ich bin anfällig und geschwächt. Es ist keine leichte Erkenntnis: Einst war man nahezu allmächtig und aß Kirschen – oder vielleicht eher Guaven – mit den Mächtigen. Sie kamen zu mir, der König persönlich, sowohl Frederik als auch Christian, und baten mich um Rat, wenn es um Westindien ging. Jetzt bin ich ein alter Mann, der seine letzten Spaziergänge durch ein neues Kopenhagen unternimmt. Die Stadt des Königs – eines Königs, den ich nicht kenne, eine Stadt, die nicht länger meine Stadt ist, sondern über ihre Wälle hinauswächst.

Ich bin heute die Bredgade entlanggegangen. Hier wohnten Lise und die Kinder und zwischendurch auch ich, wenn ich zu Besuch daheim war. Zunächst ganz am Ende der Straße, dann in einer größeren Wohnung näher an meiner jetzigen Adresse. Die Paläste an der Bredgade wurden mit Geldern aus den Kolonien gebaut. So einfach ist das. Damals kamen die größten Reichtümer aus dem Osten sowie von den Zuckerrohrplantagen auf Sankt Croix und dem Handelsimperium auf Sankt Thomas. Die Sklaven schwitzten und bluteten, und die ausgeklügelte Politik der Regierung schuf die Vermögen, die man hier findet. Die feinen Häuser der vornehmen Familien und das Königsschloss Amalienborg, alles wurde gebaut mittels Einnahmen aus Ländern fern von Dänemark. Und in all den Jahren, die ich dort gelebt habe, waren Westindiens Reichtümer für tüchtige Leute leicht zu erwerben.

Ich bin darüber nicht ärgerlich, habe ich doch selbst von diesen Reichtümern so viele Jahre gelebt und wahrlich meinen Teil des Goldes bekommen. Aber es schmerzt mich, dass man nun die Inseln und euch, die dort leben, im Stich lässt. Zucker ist nicht mehr die wichtigste Handelsware des Reiches, Kopenhagen nicht mehr Nordeuropas wichtigstes Handelszentrum. Es heißt, es wäre das Beste, man würde die westindischen Kolonien los, würde sich »auf anständige Art« zurückziehen.

Auf anständige Art. Ich möchte wissen, was das heißen soll. Dass man verschwindet, bevor alles zusammenbricht? Dass man das Blut von seinen Händen wäscht, um wieder … anständig zu werden?

Heute ging ich durch mein Viertel, Frederikstad. Ich ging über den Schlossplatz von Amalienborg zum Kanal und am Kai weiter bis zum Westindischen Speicher, wo die Zuckertonnen und Kaffeesäcke gelagert werden. Vor dem Speicherhaus lagen zwei Handelsschiffe am Kai, und doch sah man so gut wie niemanden arbeiten. Die große Zeit des Zuckers ist vorbei.

Ich blieb eine Weile an der Hafeneinfahrt stehen, dem offenen Maul der Nation zur großen Welt, und betrachtete die wenigen Schiffe, die vorbeisegelten. Und ich erinnerte mich an die vielen Male, an denen ich selbst auf einem Schiffsdeck stand und mich von der Kälte und den Turmspitzen der Stadt verabschiedete, denn ich sehnte mich nur danach, wieder einen Fuß auf meine geliebten Inseln zu setzen – egal, ob es sich um Sankt Croix oder Sankt Thomas handelte.

Ich sehne mich immer noch. Westindien bleibt meine große Liebe, und es schmerzt mich, dass ich die Inseln nie wiedersehen werde. Ich bin zum letzten Mal von dort aufgebrochen, Maria. Aber ich empfinde seltsamerweise für die Inseln und ihre Bevölkerung noch immer eine Form von Verantwortung. Also sag mir, Maria, wie sieht es jetzt dort aus? Ich sehne mich nach Neuigkeiten.

BRIEF: CAROLINE GREGERS AN KAPITÄN TUE GREGERS, BRIGG CAROLINE, JULI 1813

Donnerstag, 15. Juli 1813

Mein geliebter Mann, lieber Tue,

ich schreibe Dir aus Kiel. Hier wohne ich mit Deinem Bruder Gert und seiner Ehefrau Agnete in einer Herberge, während wir darauf warten, dass die Galeasse Maja klar zum Auslaufen ist. Es sind recht angenehme Orte, sowohl die Herberge als auch das Hafenviertel, wo wir die vergangenen fünf Tage verbracht haben. Ich fürchte, dass Agnete nicht sonderlich glücklich ist über die prahlenden Seeleute, die jeden Abend durch die Gassen ziehen und sich nicht schämen, allem, was einen Rock trägt, hinterherzupfeifen und hinterherzurufen! Sie ist ja immerhin Pastorenfrau und vom Dorf und daher recht leicht aus der Fassung zu bringen.

Ich mache mir ein wenig Sorgen um sie. In einigen Wochen wird sie weit weg von zu Hause sein und soll die nächsten Jahre als Frau des Pastors in Frederiksted im fernen Westindien leben.

Liebster Tue, ich kann gar nicht ausdrücken, wie sehr ich mich danach sehne, Dich wiederzusehen. Aber ich weiß ja, dass der Entschluss richtig war: All die Reisen über die Weltmeere in dieser kleinen Brigg; ja, sicher ist die Caroline ein gutes Schiff, aber ich habe keinen Zweifel, dass wir beide glücklicher werden, wenn die ewigen Törns ein Ende finden und wir die ganze Zeit beisammen sein können. Ich freue mich schon so darauf, Sankt Croix zu sehen. Es ist unglaublich, dass wir jetzt auch Plantagenbesitzer sind!

Jetzt ist Essenszeit; täglich wird hier eine einfache Abendmahlzeit serviert. Bevor ich schließe, muss ich Dir noch etwas Komisches schreiben: Du weißt, wie wichtig es für Gert ist – und vielleicht noch wichtiger für Agnete –, dass ihre Schwägerin eine gottesfürchtige und fromme Frau ist. Daher trage ich stets meine kleine Bibel mit mir herum. Nun stecke ich diesen Brief hinein, um ihn jederzeit herausholen und weiterschreiben zu können, obwohl ich doch von den Taten der Apostel lesen sollte!

Freitag, 16. Juli

Der Skipper meldet, dass die Galeasse am Sonntag klar zur Abreise ist, aber heute fällt es mir schwer, mich darüber zu freuen. Ich bin ein wenig unpässlich, erkältet und habe Fieber. Aber so etwas geht ja gewöhnlich rasch vorbei, also warte ich geduldig und hüte das Bett. Agnete hat in einem der Wirtshäuser Hühnersuppe gekauft und in der Küche der Herberge aufgewärmt. Sie ist ein Engel. Wünsch mir gute Besserung, Liebster. Ich habe keine Zeit zum Kranksein!

Samstag

Leider noch immer unpässlich. Huste viel. Morgen Abreise. Ich liebe Dich, Tue. Deine Caroline.

BRIEF: KOMMANDANT LUDVIG VON HOLTEN, SANKT THOMAS, AN GENERALGOUVERNEUR PETER L. OXHOLM, SANKT CROIX, APRIL 1815

Hochverehrter Generalgouverneur,

ich möchte Eure Exzellenz hiermit darüber informieren, dass der vor dreizehn Monaten durch königliche Resolution ernannte Waagemeister und Postmeister Peter von Scholten, Dienstort Charlotte Amalie, Sankt Thomas, vor drei Tagen auf der Insel angekommen ist und sich in der Kommandantur eingefunden hat, um seine Ämter anzutreten.

Seine erste Amtshandlung war – ich muss zugeben, zu meiner Überraschung – zu beantragen, dass so bald wie möglich eine Waage *(sic)* zur Nutzung im Hafen von Charlotte Amalie angeschafft wird. Ich habe ihm natürlich erklärt, dass es seit Menschengedenken Usance sei, mit den Handelsschiffskapitänen zusammenzuarbeiten, sich in den weitaus meisten Fällen als kulant zu erweisen und der Zollberechnung die Auskünfte der Schiffspapiere zugrunde zu legen. Hierauf gab Scholten folgende Antwort (wörtlich zitiert):

»Ich habe bis zur letzten englischen Besatzung Jahre in Charlotte Amalie verbracht, wo ich als Leutnant Dienst tat. Mein Vater, Casimir von Scholten, war damals Kommandant auf Sankt Thomas, weshalb ich sehr vertraut bin mit allen Umständen, die den Hafen betreffen, darunter auch dem, den Eure Exzellenz gerade benannt hat. Ich bin nun hierher als Königlicher Waagemeister zurückgekehrt, und es ist meine Auffassung – das ergibt sich schließlich aus meinem Titel –, dass einem Waagemeister auch eine Waage zur Verfügung stehen sollte.«

Ich habe daraufhin eingewilligt, Ihnen die Angelegenheit zur Billigung durch die westindische Regierung zu einem passenden Zeitpunkt vorzulegen. Anschließend fügte Scholten hinzu, dass er außerdem darum bitten werde, am Hafen ein »Waagehaus« zu errichten, also ein Gebäude, in dem die betreffende Waage untergebracht werden kann, bis sie möglicherweise in Gebrauch genommen wird.

Ich überlasse es untertänig dem Generalgouverneur, eine Entscheidung zu treffen, inwieweit diesem einigermaßen ungewöhnlichen Ansinnen entgegenzukommen ist.

Ehrerbietig

L. v. Holten
Kommandant auf Sankt Thomas

BRIEF: GENERALGOUVERNEUR PETER L. OXHOLM, SANKT CROIX, AN KOMMANDANT LUDVIG VON HOLTEN, SANKT THOMAS, MAI 1815

Mein lieber Kommandant Holten,

danke für Ihr Schreiben vom 18. April, in dem Sie mir von Ihrer Zusammenarbeit mit dem frisch angetretenen Waage- und Postmeister Peter von Scholten berichten.

Wie Sie selbstverständlich wissen, ist Scholten aus dem Heer ausgetreten, in dem er bis zum letzten Jahr den Rang eines Leutnants innehatte und dem Adjutantenstab General Frantz Bülows angehörte. Und Sie erwähnen ja selbst, dass er der Sohn Oberst Casimir von Scholtens ist, des ehemaligen Kommandanten über zwei Amtsperioden.

Ich bemerke dies lediglich, um die möglichen impliziten Bedeutungen dieser Verhältnisse zu betonen.

Scholten hat nach meinen Informationen selbst darum angesucht, dieses einigermaßen bescheidene Amt als Waagemeister von Charlotte Amalie zu übernehmen. Es steht folglich einem jeden frei zu mutmaßen, welche Motive ihn zu einem derartigen Ansuchen getrieben haben, aber ich möchte daran erinnern, dass Scholten von Seiner Majestät persönlich ernannt wurde. Auch wenn dies möglicherweise eine ziemlich durchschaubare Vorgehensweise wäre, kann nicht ausgeschlossen werden, dass er, abgesehen von seinem offiziellen Amt, eine Art Beobachterrolle einnimmt. Dies natürlich in aller Vertraulichkeit gesprochen, doch es könnte Ihnen möglicherweise als Warnung dienen.

Was die Waage und ein »Waagehaus« angeht, so muss ich sagen, dass die Initiative von einer gewissen Umtriebigkeit des neuen Waagemeisters zeugt. Die Angaben der Tausenden von Schiffen, die jährlich Charlotte Amalies Hafen anlaufen, sollten höchstwahrscheinlich tatsächlich einmal genauer untersucht werden, und allein die Tatsache, dass der Waagemeister über eine Waage verfügt, wird vermutlich einen günstigen Einfluss auf die Angaben der Handelsskipper über die Fracht ihrer Schiffe ausüben.

Auch aus diesem Grund habe ich mich sofort mit den übrigen Mitgliedern der Regierung auseinandergesetzt und kann, obwohl das Gesuch offiziell noch nicht genehmigt ist, mitteilen, dass Scholten seine Waage bestellen und ein einfaches Gebäude errichten lassen soll, um die Waage darin unterzubringen. Die westindische Regierung wüsste es zu schätzen, wenn die Ausgaben für diese Anschaffungen insgesamt auf einem vernünftigen Niveau bleiben und in jedem Fall nicht 2500 Reichstaler übersteigen.

Hochachtungsvoll
P. L. Oxholm

AUSGABENBELEG BETREFFS DES ANKAUFS EINER WAAGE UND ERRICHTUNG EINER WAAGEBUDE IN CHARLOTTE AMALIE, SANKT THOMAS. DER WESTINDISCHEN REGIERUNG ZUR BILLIGUNG VORGELEGT IM JULI 1815

Waage mit Schalen, Ketten, Blei und Eisengewichten	700 Reichstaler
Errichtung eines Gebäudes zur Unterbringung dieser Waage	3900 Reichstaler
Gesamtausgabe	4600 Reichstaler

Die Waagebude wurde aus dänischen Ziegelsteinen und mit einem Dach aus dänischen Dachziegeln errichtet. Eingesetzt wurden zwei Fenster und eine Tür, hergestellt durch einen örtlichen Schreiner. Instandhaltung und die dafür notwendigen Ausgaben obliegen dem Amt des Waagemeisters.

BRIEF: PETER VON SCHOLTEN AN MARIA EIDE, KOPENHAGEN, SEPTEMBER 1852

Liebste Maria,

Deine fehlende Antwort auf meine Briefe beunruhigt mich; ich sorge mich nicht um Dich, denn ich weiß von anderer Seite, dass Du lebst und Deine Arbeit Fortschritte macht. Aber ich würde so unendlich gern etwas von Dir persönlich hören. In den letzten Wochen ist mein Zustand nicht besser geworden; es scheint, als ob meine Gesundheit sich parallel zu dem aufziehenden Herbst verschlechtert, und ich muss an den bevorstehenden Winter denken – die verdammte dänische Kälte –, der möglicherweise mein letzter Winter auf Erden wird.

Meine Tochter und mein Schwiegersohn, der Oberstleutnant Claude du Plat, haben mich mehrfach eingeladen, bei ihnen in Altona zu wohnen. Ich schätze ihr Angebot, und doch gefällt mir mein Leben hier am Kongens Nytorv auch sehr. Ich bin wieder ein freier Mann, keinerlei Verpflichtungen drängen mich. Nur ärgert mich, dass es um meine Gesundheit so schlecht bestellt ist. Das Alter ist wahrlich ein Fluch.

Dieses Gefühl von vollständiger Freiheit habe ich vermutlich nicht mehr erlebt, seit ich als junger Mann zurück nach Charlotte Amalie kam. Es verging nicht einmal ein Jahr auf Sankt Thomas, bevor meine Ehefrau Anna Elisabeth mir mitteilte, dass sie nach reiflicher Überlegung wünschte, nach Dänemark zurückzukehren. Und unsere Töchter mitzunehmen. Dies geschah zu Beginn des Jahres 1816.

Mein erstes Gefühl war Kummer, dass nach so kurzer Zeit unserer Ehe nun jeder allein leben sollte. Denn ich wusste, dass ich freiwillig Westindien nicht wieder verlassen würde. Aber dann kam ein überraschendes Gefühl der Erleichterung; ich kann und konnte mich nicht selbst belügen: Ich liebte Lise, aber in Charlotte Amalie war sie wie ein Fisch, den man an Land geworfen hatte. Und sie machte mich zu einem Vogel, der an einen Pfahl am Boden gebunden ist.

»Liebste Lise«, sagte ich. »Es tut mir unendlich leid. Ich kann nicht behaupten, dass es mich sonderlich überrascht, denn ich weiß, dass du dich nach Hause sehnst, aber es schmerzt mich, auf dich verzichten zu müssen.«

Sie sah mich mit ihren dunklen Augen an und strich sich eine Locke hinters Ohr.

»Wir könnten zusammen nach Hause fahren, Peter. Du, ich und die Mädchen. Du könntest wieder ins Heer eintreten.« Sie sagte es ohne die geringste Überzeugung, eigentlich nur, um es versucht zu haben – in der Hoffnung auf ein Wunder. Aber sie wusste, dass meine Liebe zu Westindien, mein abenteuerliches Leben unter der milden Sonne und mein Traum, hier alles zu verbessern, aus den stärksten Fäden gesponnen war. Stärker als die Fäden, die mich mit meiner Familie und wahrlich auch mit Dänemark verbanden.

Ich sah ihr in die Augen und verspürte eine innige Vertrautheit mit ihr, dieser Frau, die ich aus tiefster Liebe geheiratet hatte und die ich nun bereit war, im Stich zu lassen. Ich schüttelte traurig den Kopf.

»Es tut mir unsagbar leid, Lise. Aber ich habe hier Aufgaben, die ich nicht fallenlassen kann. So ist es, und es wird nicht anders werden. Aber wir werden uns natürlich regelmäßig sehen, ich werde so oft wie möglich nach Hause kommen.«

In all meinen Jahren in Westindien reiste ich insgesamt zwei Dutzend Mal nach Dänemark, mehrere Jahre meines Lebens habe ich somit auf See zugebracht. Es gab dafür viele Gründe – berufliche wie private –, aber die Sehnsucht nach meiner Frau und meinen Kindern war einer der wichtigsten.

Als der Entschluss getroffen war, weinte sie. Stolz und nahezu lautlos ließ sie die Tränen laufen, sie füllten ihre Augen und rollten bald die Wangen hinab.

Oh, Lise, wie habe ich dich geliebt!

Ich reiste mit ihr nach London, wo ich in aller Heimlichkeit wichtige Geschäfte zu tätigen hatte. Ich musste eine Absprache mit einem Bankier über die Investition des Vermögens treffen, das ich in den kommenden Jahrzehnten – bis zum Tode Frederiks VI. – regelmäßig persönlich in die englische Hauptstadt bringen würde.

Dies war der erste Schritt auf dem Weg, das Versprechen einzulösen, das ich dem König auf Sprogø gegeben hatte – als Gegenleistung für seine lebenslange Freundschaft und seine Hilfe in so gut wie jeder Beziehung.

Du bist wie gesagt die Einzige, der ich es je verraten habe. Und jetzt, da sowohl Frederik wie Bülow uns verlassen haben, sind wir beide die Einzigen, die die Wahrheit kennen.

Die Leute irrten sich gewaltig, wenn sie glaubten, ich wäre als bescheidener Waagemeister nach Charlotte Amalie gekommen, ohne jegliche andere Pläne für die nächste Zukunft. Ich kam, um den Wunsch des Königs zu erfüllen und hin und wieder die Hälfte meiner Einnahmen nach London zu bringen, wo der Bankier sie auf unterschiedliche Weise investierte, bis die unehelichen Kinder des Königs dieses Vermögen erbten.

Im Laufe der Jahre wuchs der Betrag auf zwei Millionen Reichstaler an.

Im Gegenzug sorgte der König dafür, dass meine Karriere mich stets zu neuen Höhen führte – ja, mit der Zeit zum allerhöchsten Amt Westindiens.

Lise starb vor dreieinhalb Jahren. Mich hätte es gefreut, wenn wir einige weitere Jahre zusammen gehabt hätten, aber das war von Gott nicht gewollt. Anna Elisabeth, meine Lise, starb als gebrochener und verzweifelter Mensch, in der letzten Zeit weinte sie ständig und verharrte in tiefer Trauer; allerdings glaube ich, dass sie nicht mehr genau wusste, warum sie eigentlich trauerte. Ich fürchte, es ging um mich und mein Vermächtnis, das noch immer nicht ganz reingewaschen ist: Ich galt als lascher, gemeiner Verräter, der Dänemark im Stich gelassen hat, indem er die Sklaven befreite. Als der Oberste Gerichtshof mich im letzten Jahr endlich rehabilitierte und mir volle Genugtuung verschaffte, kam dies zu spät für Lise. Meine geliebte Ehefrau starb in dem Glauben, dass man ihren Mann als Landesverräter abgestempelt hatte. Worte wie »Wackeln und Feigheit« und »ein Beispiel für Kraftlosigkeit und den Mangel an Energie, das einzigartig ist in der Geschichte« waren vom Obersten Gerichtshof noch nicht zurückgewiesen worden. Dass Lise starb, bevor dies geschah, schmerzt mich mehr, als ich sagen kann.

Ich denke oft: Was ist letztendlich wichtiger, unsere Taten im Leben und das Glück unserer Jugend oder das, was am Ende bleibt, der abschließende Stempel im Siegellack unseres Rufes? Ich weiß es nicht, aber ich weiß, dass ich an dem Tag, an dem ich meine Augen zum letzten Mal schließe, vor meinem inneren Blick die Inseln sehen werde. Ich werde ihre besondere Stimme in den Kronen der Palmen flüstern hören. Ich werde ein letztes Mal über das Meer der schwarzen Gesichter an jenem Nachmittag im Fort von Frederiksted blicken, an dem ich mich aus meinem Wagensitz erhob und die vier Worte rief, die die einzige Möglichkeit waren und die in nur einem Augenblick unsere gesamte Welt zu Staub zerfallen ließ.

BRIEF: MARIA EIDE AN PETER VON SCHOLTEN, SOLITUDE, SANKT THOMAS, WEIHNACHTEN 1852

Lieber Peter,

danke! Danke für Deine Briefe. Es tut mir aufrichtig leid, dass ich erst jetzt antworte, aber es ist zumindest nicht gänzlich meine Schuld. Natürlich hätte ich Dir auf eigene Initiative schreiben können, aber ein kleinerer Skandal in Charlotte Amalie hat mich daran gehindert, Deine letzten Briefe entgegenzunehmen. Der Mann, der im vergangenen Sommer zum Postmeister ernannt wurde (ein Amt, das Du selbst einmal innehattest, wie ich meine, nicht wahr?), war ein Sohn des Pflanzers Joachim Twist, an den Du Dich sicher erinnern wirst. In ihm nagte eine verbissene Bitterkeit über die Emanzipation der Schwarzen, in der er – ähnlich wie andere Pflanzer auf Sankt Croix – eine schreckliche Misere für geschäftstüchtige Männer sieht. Es sind eben schwere Zeiten für Sklaventreiber ohne Sklaven!

Als sein Sohn Phillip zum Postmeister ernannt wurde, begann dieser – höchstwahrscheinlich mit dem Wissen seines Vaters – alle Briefe zu sichten, die von der Insel abgingen oder auf ihr ankamen. Dazu gehörte auch die gesamte Post mit dem Namen Scholten darauf; ein Großteil meiner Briefe und der Schulpost wurde somit nicht ausgetragen, sondern stattdessen in ein altes Rumfass geworfen, das in Phillip Twists Kontor stand.

Eine Woche vor Weihnachten, als im Postkontor wegen der bevorstehenden Feiertage Hochbetrieb herrschte, wurden einige der Schwarzen, die in der Stadt leben, nachdem sie geschworen haben, nie wieder ein Zuckerrohrmesser anzufassen, angeheuert, im Postamt zu helfen. Und einer von ihnen, ein ganz belesener und ziemlich kluger Neger namens Benno, nahm den Deckel von der Tonne und öffnete sozusagen Postmeister Phillips private Büchse der Pandora.

Phillip ist inzwischen seines Amtes enthoben, ihn erwartet ein Urteil wegen Dienstvergehen, und mehrere hundert Briefe wurden den Empfängern ausgehändigt, denen man sie vorenthalten hatte. In meinem Fall geht es um mehrere Dutzend Briefe, darunter zwei von Dir.

Ebenso wie Du habe ich von den jüngsten Überlegungen gehört und gelesen: dass Dänemark die Westindischen Inseln verkaufen und somit einen gordischen Knoten durchtrennen könnte. Es lässt sich nicht verheimlichen, dass die Inseln zu einem Problem für das Königreich geworden sind. Nur mit Mühe ist mit dem Zuckerrohr noch Geld zu verdienen, es fehlt an Arbeitskräften, und in Europa wird ausgezeichneter Zucker aus Rüben gewonnen, warum sollte man ihn also von der anderen Seite der Erdkugel holen?

Es kam genauso, wie Du es vorhergesagt hast, Peter. Die Lebensumstände der Schwarzen haben sich als Freie nicht verbessert. Sie bekamen die Möglichkeit, die Plantagen zu verlassen, und viele taten es und banden sich nicht an Jahresverträge. Nun treiben sie sich herum und ernähren sich als Kleinhändler und Prostituierte, oder sie fangen ein paar Fische und versuchen auf diese Weise, ihre Familien zu ernähren. Einige bauen Gemüse an. Es sieht nicht so aus, als würden sich die Umstände in absehbarer Zeit verbessern.

Die Pflanzer auf Sankt Croix sind verzweifelt. Sie bekommen keine Arbeitskräfte. Viele investieren in Maschinen, in Dampfmühlen und Pflüge, die von Eseln gezogen werden, anstelle von Männern und Frauen mit Hacken, aber der Zuckerrohranbau, der so viele hat reich werden lassen, ist nur noch ein Schatten seiner selbst.

Ich fürchte um die Zukunft der Inseln und der vierzigtausend Seelen, die hier wohnen, weitaus die meisten Schwarze. Mir geht der Gedanke nicht aus dem Kopf, dass ihr Schicksal so unglaublich ungerecht ist. Diejenigen, deren Vorfahren aus ihren Heimatländern entführt wurden, schuften für die dänische Oberklasse, und nun, da die Zuckerproduktion und mit ihr die Inseln ein zweifelhaftes Geschäft geworden sind, überlegen die Herren der Kolonie, alles fallen zu lassen und die Verantwortung für die jahrhundertelange brutale Ausbeutung zu leugnen.

Bei klarem Wetter kann ich hier vom Berg aus sehen, wie schwarzer Rauch über Sankt Croix aufsteigt, wo die Dampfmühlen die früher von so vielen Menschen bevölkerten Plantagen in kleine Zuckerfabriken verwandelt haben. Der Totengräberwind weht den Rauch aufs Meer hinaus, aber meine Freunde auf Sankt Croix sagen, dass sich in der Nacht, wo es oft windstill ist, die schlechte Luft wie ein erstickendes Leichentuch über die hübsche Insellandschaft legt.

Doch schon bald könnten andere Brände neuen und weit schlimmeren Rauch über der Insel aufsteigen lassen: Die Schwarzen, die trotz allem noch immer auf den Plantagen der Inseln arbeiten, gebunden an einjährige Verträge mit miserablen Löhnen und Arbeitsverhältnissen, die sich nicht sonderlich von der Zeit der Sklaverei unterscheiden, murren vor Unzufriedenheit. Und nach dem, was ich höre – und ich höre viel und rede selbst mit den Schwarzen in ihrer kreolischen Sprache, so wie Du es auch getan hast –, schwelt der Drang nach Aufständen auf den Plantagen, selbst jetzt, wo die Unfreiheit abgeschafft sein sollte. Die Insel ist eine Pulverkammer.

Hin und wieder habe ich daran gedacht aufzugeben und nach Hause zu reisen. Ich bin, wie Du richtig erwähnt hast, eine alte Frau, obwohl ich mich im Grunde – wie Du ebenfalls anmerkst – nicht so fühle. Die junge Maria, die auf der Fregatte ihres Vaters in Kopenhagen aufbrach, erlebt ihren vierundsechzigsten Sommer. Weitaus die meisten Jahre habe ich in Westindien verbracht, ich *bin* weiß Gott Westindierin, und ich glaube nicht, dass es sich je ändern wird. Hier will ich meine letzten Jahre verbringen, und hier will ich zur Ruhe gebettet werden, hier im Garten von Solitude, meinem Zuhause.

Es tut mir leid zu hören, dass Dich Deine Gesundheit im Stich lässt. Ich erinnere mich an den absolut unerschütterlichen Mann in dieser flotten Uniform, Du mit Deinem Wappen und Deinem goldenen Degen! Du hast nie jemanden Deine Ehre beflecken lassen, Peter. Aber es lag eine solche Herzlichkeit in Deinem Blick, eine Heiterkeit, und die Schwarzen haben Dich geliebt. Ich weiß, dass viele von ihnen sich heute zurücksehnen – nicht nach der Sklaverei, aber doch nach der Zeit, als Du die Inseln regiert hast und immer auf ihrer, auf der Seite der Schwachen warst. Daran sollst Du immer denken. Wenn Du eines Tages nicht länger auf Erden wandelst, wird man sich auf ewig an Dich und Deine Taten erinnern. Die Handlungen, die in Erinnerung bleiben, werden mit den Augen einer neuen Zeit beurteilt. Eines Tages werden Männer, die Dich nie gekannt haben, Bücher über Peter von Scholten schreiben.

Die Schule hatte letztes Jahr ihr fünfundzwanzigjähriges Jubiläum, und hier wohnen inzwischen mehr Menschen als je zuvor; bisweilen frage ich mich selbst, ob all diese Schwarzen wirklich so gern lesen, schreiben, rechnen und ihr Land auf einer Landkarte wiedererkennen wollen, oder ob Solitude nur ein guter Ort ist, bequem durch schwere Zeiten zu kommen. Hier gibt es viele Münder zu füttern, und die Bank spricht davon, dass mein Geschäft nur von Krediten lebt. Wenn ich Dich recht kenne, lächelst Du jetzt: Du warst schließlich so tüchtig, ein Vermögen aufzubauen, und dann hast Du es ebenso leicht sich verflüchtigen lassen!

Peter, ich vermisse Dich! Ich habe viele Freunde hier, aber mir fehlt Deine Unterstützung in Stunden, in denen ich beinahe den Glauben verliere. Ich würde mich so gern als einen Menschen sehen, der wie Du ein beachtliches Lebenswerk hinterlässt, aber manchmal frage ich mich, ob nicht alles vergebens ist, ob Westindien oder besser gesagt die gesamten karibischen Inseln nicht für die Welt verloren sind und niemals so reich werden, wie es die schwer geprüfte Bevölkerung verdient hätte. Ich fürchte, dass es genau so kommen wird. Wenn die Kolonialherren ihre Hände in Unschuld waschen und abziehen, bleibt nur Armut zurück. Die dänischen Könige haben uns unsere besten Jahre genommen, und nun gibt es wieder einen Frederik, und er sähe am liebsten die Inseln im Meer versinken.

Das haben wir beide gemeinsam, Peter: unsere große Liebe zu den

Inseln und ihrer Bevölkerung und unseren Zorn über die Art und Weise, wie sie behandelt wurden.

Meine ergebensten Grüße
Deine Maria

MIKKEL EIDES TAGEBUCH, JANUAR 1826

Nach Weihnachten brach ich eines Morgens nach Charlotte Amalie auf, um mit Marcussen zu reden. Maria sagte ich nichts. Ich ließ sie in dem Glauben, dass ich nun endlich mit meiner eigentlichen Arbeit beginnen und mir Informationen über die Leiden der Schwarzen beschaffen wollte. Was ich auch tatsächlich beabsichtigte. Denn für den Anfang ist es doch eine recht gute Frage, welches Schicksal den Mädchen aus Marcussens Hurenhaus zuteilwurde.

Kurz nach Sonnenaufgang ritt ich auf einem Andalusier, den Zach für mich aus dem Stall ausgewählt hatte, den Berg hinunter und kam schon bald zu dem Haus in der Kronprinsensgade.

Marcussen saß nicht wie beim letzten Mal im Schatten auf der Veranda, alles war vollkommen leer. Ich hielt mein Pferd vor dem Haus an und band es ans Geländer der Veranda. Dann ging ich die drei Stufen hinauf. In diesem Moment stieß ein Vogel auf dem Friedhof einen Schrei aus, bei dessen Geräusch ich zusammenzuckte.

Die Tür stand offen. Ich klopfte an den Rahmen, und da niemand antwortete, schob ich den Perlenvorhang beiseite und trat in den kleinen Vorraum. Nach der grellen Morgensonne war es darin nahezu dunkel. Weiter hinten im Haus hörte ich eine Stimme, eine ziemlich laute Frauenstimme, und ging leise durch den langen Flur in den hintersten Raum des Hauses. Dieses Zimmer, das größte, war leer, aber die Tür zum Wintergarten mit der bemalten Decke stand offen. Ich hatte das Gefühl, dass alles, was jemals in diesem Haus passiert war, sich in diesem Raum abgespielt hatte.

Ich ging zur Tür und blickte hinein. Marcussen saß in einem Pflanzerstuhl, die Ellenbogen auf seine mageren, braunen Knie gestützt. Er trug lediglich eine Unterhose, die möglicherweise einmal weiß gewesen war, jetzt war sie bestenfalls grau. Auf dem Boden vor ihm saß eine dunkelhäutige Frau im Schneidersitz, und mein Herz tat einen Sprung bei ihrem Anblick, denn ich dachte im ersten Moment, es sei Afi. Aber ich sah sehr schnell, dass diese Frau älter war, sogar erheblich älter. Ihr schwarzes, gekräuseltes Haar war von grauen Strähnen durchzogen, am Hals zeigten sich Falten.

Einen kurzen Augenblick dachte ich, dass keiner der beiden mich bemerkt hatte, doch dann wandte die Frau den Kopf und hob einen Arm. Sie streckte ihn in meine Richtung aus und zeigte mir ihre rosafarbene Handfläche – ein Zeichen, dass ich sie in Ruhe lassen sollte. Marcussen blickte nur kurz auf, dann richtete er seinen Blick wieder auf irgendetwas vor der Frau, das ich nicht erkennen konnte.

Die Frau drehte sich wieder um und senkte die Hand. Ich blieb vor der Tür stehen und sah die beiden an, die alte Frau und den noch älteren Mann. Marcussen war nicht wiederzuerkennen; ja, ich glaube wirklich, ich wäre einfach an ihm vorbeigegangen, wenn ich ihn auf der Straße getroffen hätte. Er schien nur noch die Hälfte seines ehemaligen Gewichts auf die Waage zu bringen, sein Haar war schlohweiß und strähnig, sein Gesicht zerfurcht und abgezehrt. Die Augen waren in ihre Höhlen unter den kräftigen, weißen Augenbrauen gesunken. Er war ein durch und durch alter Mann.

Ich dachte an die merkwürdige Tatsache, wie ich mit ihm vor nicht einmal zwei Jahren dieses Haus besucht hatte. Nach einem Abend in Emily's Hotel, wo wir einiges getrunken und Opiumzigarren geraucht hatten, endeten wir hier in den Armen von schwarzen Konkubinen. Und hinterher hatte ich in meinem benebelten Zustand Marcussen verzweifelt weinen gesehen, es war mir lange Zeit vollkommen unerklärlich gewesen. Heute weiß ich, dass er über den brutalen Tod seiner Ehefrau durch die Hände verzweifelter Schwarzer während eines Sklavenaufstands auf der Fregatte Hoffnung trauerte. Ein Verlust, den er nie überwunden hatte.

Die Frau murmelte ein paar Worte, die ich nicht verstand, und stand vom Fußboden auf. Einen Moment hielt sie den Gegenstand, den ich nicht hatte erkennen können, in den Händen, bevor sie ihn in ein rotes Tuch wickelte, das über ihrer Schulter hing. Ich erkannte eine kleine schwarzgekleidete Figur. Die Frau sah mich mit einem hitzigen Blick an, ihre Augen waren kohlschwarz, sie brannten sich in meinen Schädel, dass ich den Blick niederschlug.

Sie blieb einen Moment stehen und hielt ihr rotes Bündel in den Händen, dann kam sie auf mich zu, hob eine Hand und legte sie auf meine Brust, direkt unter das Schlüsselbein. Sie blickte mich mit einem ausdruckslosen und für einen Moment völlig unbewegten Gesicht an, dann sagte sie etwas, das wie eine Art melodisches Französisch klang: *»Dwè chwazi.«*

Sie hob die Hand und bewegte die offene Handfläche vor meinem Gesicht, bis ich direkt auf die rosafarbene Haut mit den feinen dunklen Linien starrte – eines der Dinge bei Schwarzen, die mich schon immer verwundert haben: Warum haben selbst die Schwärzesten von ihnen hellrote Handflächen und Fußsohlen? Sie hielt mir ihre Hand vors Gesicht, als könnte sie damit meine Gedanken lesen. Vielleicht war es auch so.

»Blan moun. Dwè chwazi«, wiederholte sie. Dann senkte sie ihre Hand und huschte lautlos wie ein Wind an mir vorbei und verschwand im Halbdunkel des Hauses. Ich schaute auf Marcussen, der noch immer in seiner Unterhose auf dem Stuhl saß. Er richtete sich auf und brummte irgendetwas, wobei er auf einige Kleidungsstücke zeigte, die auf dem Bett lagen. Ich betrat das Zimmer und brachte sie ihm. Ein weißes Leinenhemd, ungewöhnlich weit und lang. Mit einiger Mühe zog er es über einen mageren Arm und die Schultern. Er quälte sich lange mit dem zweiten Ärmel, bis es ihm endlich gelungen war, das Hemd anzuziehen. Dann lehnte er sich in dem Stuhl zurück und sah mich an. Schweigend und ernst. »Wer war die Frau?«, erkundigte ich mich.

Er schob den Unterkiefer vor und wandte den Blick ab. Antwortete nicht. Ich setzte mich auf den Pflanzerstuhl auf der anderen Seite des Tischs und blickte an die Decke, die einst mit einem schönen, handgemalten Sommerhimmel dekoriert war. Nun war sie einfarbig weiß. Die Wolken hatte man übermalt.

»Was hat sie gesagt?«

Marcussen hatte noch immer den Unterkiefer vorgeschoben, als wollte er seinen Trotz demonstrieren. Dann seufzte er und wandte mir den Kopf zu.

»Warum sind Sie nach Sankt Thomas zurückgekommen?« Seine Stimme hatte sich ebenso verändert wie sein Körper, es war die Stimme eines alten Mannes.

»Ich bin nicht fertig geworden«, antwortete ich.

Marcussen schnaubte. »Fertig? Sie werden nie fertig, Eide. Es steckt nicht in Ihnen.«

»Was ist aus den Mädchen geworden?«

Er schüttelte den Kopf.

»Sie werden niemals klüger, was?«

Seine Worte waren beleidigend, aber ich ging nicht darauf ein; ich war nicht mehr der Mann, den er wie damals mit seinen harten Worten einschüchtern konnte. *Er* war nicht mehr dieser Mann.

»Was meinen Sie?«

Er starrte mich einige Sekunden an. Dann schüttelte er langsam den Kopf und murmelte ein einziges Wort: »Missionar.«

Ich zuckte die Achseln. Einen Moment lang schwiegen wir beide. Dann sagte ich, was mir am Herzen lag: »Ich weiß, was damals passiert ist. An Bord der Fregatte. Ihre Frau …«

Ruckartig hob er den Kopf und blickte mich an.

»Maria hat mir davon erzählt. Über den jungen Schiffsarzt, der auf einer Sklavenfregatte arbeitete. Über den Aufstand. Über Ihre Rosa … eine furchtbare Geschichte. Ich fühle mit Ihnen, wirklich. Das können Sie mir glauben.«

Seine Augen wurden schmal, sein Gesicht verzerrte sich. Zu meiner Überraschung sah ich, dass er mit den Tränen kämpfte.

»Marcussen …«, begann ich, wusste aber nicht, was ich sagen sollte. Ich wandte meinen Blick ab, um ihn in Ruhe trauern zu lassen. Nach einer Weile stieß er ein lautes Schluchzen aus, und ich sah ihn wieder an.

»Ein schlechter Mensch würde nach so vielen Jahren nicht mehr über den Verlust eines geliebten Menschen trauern«, sagte ich. »Wir beide waren doch einmal Freunde. Jedenfalls dachte ich es. Was ist dann passiert?«

Er schluchzte noch einmal und drückte ein Handtuch an sein Gesicht. Dann ließ er die Hände fallen und blickte zu mir hinüber.

»Sie haben mich enttäuscht, Mikkel.«

»Ich habe mich selbst enttäuscht«, erwiderte ich und erhob mich. Ich ging zur Tür.

»Kommen Sie wieder?«, fragte Marcussen.

Ich drehte mich in der Tür um und schaute an die weiße Decke. »Warum haben Sie den Himmel übermalen lassen?«

Er folgte meinem Blick.

»Nichts währt ewig, oder?«

FREIBRIEF DER SKLAVIN AFI ELLIS, AUGUST 1824

Ich, Gouverneur Peter Carl Frederik von Scholten, gebe hiermit bekannt, dass die Negerin Afi Ellis kraft der beigefügten Freigabe frei von jeglicher Sklaverei und Leibeigenschaft ist. Da sie beabsichtigt, sich durchs Nähen zu ernähren, wünscht sie meine Bestätigung ihrer Freigabe. Somit erkläre ich die obengenannte Negerin Afi Ellis für frei und verspreche und gelobe ihr sämtliche Privilegien, die anderen freien Negern dieses Landes bereits vergönnt sind oder künftig vergönnt sein werden. Hingegen hat sie sich an die Gesetze und Verordnungen Seiner Majestät sowie die Erlasse und Ordonnanzen dieses Landes zu halten und sich im Übrigen zu benehmen und zu verhalten, wie es einem ehrenhaften und rechtschaffenen freien Neger ansteht und ziemt.

Dieser Freibrief ist den zuständigen Polizeimeistern der Jurisdiktion vorzuweisen.

Gegeben unter dem Siegel Seiner Königlichen Majestät und meiner Hand
Gouverneursgebäude, Sankt Thomas, 16. August 1824

P. v. Scholten

BRIEF: PFLANZER JOHN ELLIS AN MARIA FREDERIKSEN, CANAAN PLANTATION, SANKT CROIX, 3. MAI 1826

Liebes Fräulein Frederiksen,

vielen Dank für Ihren Brief, und willkommen zurück in Westindien! Ich habe bereits vor einiger Zeit vom Skipper des Gouverneursschoners Vigilant gehört, dass Sie Ende November in Begleitung eines dänischen Professors in Charlotte Amalie angekommen und die künftige Eigentümerin von Marcussens Plantage sind. Ich kenne Marcussen seit einer Reihe von Jahren, allerdings nur peripher. Bis zur Jahrhundertwende war er ein regelmäßiger Gast in Christianssted. Das war zu der Zeit, in der häufig Negerauktionen im Fort abgehalten wurden und Marcussen sich regelmäßig mit neuen Arbeitern versorgte. So war das damals – bevor die dänische Regierung auf die Idee kam, dass die Sklaven nicht länger übers Meer gebracht, sondern in westindischen Negergestüten gezüchtet werden sollten. Weder Marcussen noch ich taten damals etwas anderes als das allgemein Übliche.

Ein einziges Mal handelten wir miteinander, und darüber will ich Sie gern informieren, da Sie nun so direkt nach der Negerin fragen, um die es damals ging. Lassen Sie mich vorab mein Bedauern darüber ausdrücken, dass es mir nicht möglich ist, die betreffende Affäre mit größerem Feingefühl zu behandeln, aber die Situation verlangt ein deutliches Wort. Möglicherweise werden Sie böse auf mich sein, zumindest aber können Sie nicht behaupten, ich hätte Ihnen etwas verschwiegen.

Afi, die junge Negerin, die Sie erwähnen, war ungefähr vierzehn Jahre alt, als Sie die Mitteilung vom Tod Ihrer Mutter bekamen und beschlossen, zurück nach Dänemark zu reisen. Es kann Ihrer Aufmerksamkeit nicht entgangen sein, dass Afi sich Ihnen sehr verbunden fühlte, da Sie seit ihren Kindertagen ihre Lehrerin waren. Alle Kinder fühlten sich zu Ihnen hingezogen, aber einige in besonderem Maß. Vielleicht fühlten auch Sie sich, ohne es zu wollen, von einigen Kindern mehr angezogen als von anderen.

Wie auch immer, Afi wurde geradezu aufsässig, als sie erfuhr, dass Sie die Plantage verlassen hatten. Sie rannte zur Zuckermühle, fluchte, stieß Verwünschungen aus und drohte mit Mord, Selbstmord und allem möglichen Unheil. Ein neuer Vormann, der an diesem Tag die Arbeiten an den Walzen überwachte, lief daraufhin aus der Mühle und versuchte sie aufzuhalten. Er schlug sie nieder und schleppte sie zur Mühle, um sie zu fesseln und nach Hause zu bringen, sie aber biss ihm in die Hand, und als er sie erneut schlug, stieß sie ihn, gerade als hinter ihm die Windmühlenflügel über den Boden strichen, mit einer solchen Kraft zurück, dass er von den Flügeln hart getroffen wurde und sich die Schulter brach. Und als er am Boden lag und um Hilfe rief, hockte sich Afi neben ihn und spuckte ihm ins Gesicht!

Was sollte ich mit diesem verrückten Wesen anstellen, Fräulein Frederiksen? Eine junge Negerin, knapp vierzehn Jahre alt, alt genug für jede Art von Arbeit. Ich wollte sie nicht behalten; sie heulte vor Wut und hörte nicht auf, Drohungen gegen alle weißen Männer auszustoßen, allen voran gegen mich.

Ich versuchte ihr zu erklären, dass ihre Lehrerin freiwillig abgereist war, dass Sie beschlossen hatten, Sankt Croix zu verlassen, weil Ihre Mutter gestorben war, aber sie glaubte mir nicht. Sie brüllte mich an, dass Sie solch eine Entscheidung in der Schule mitgeteilt hätten. Sie war kurz davor, vollkommen wahnsinnig zu werden.

Daher sperrte ich sie ein und verkaufte sie anschließend an Marcussen. Er war einige Tage vorher nach Christianssted gekommen, um Geschäfte zu tätigen, und wir trafen uns zufällig in der Stadt und tranken ein paar Gläser in einem Wirtshaus am Hafen. Ich erzählte ihm die Geschichte, und Marcussen fragte mich nach allerlei Details: nach Afis Intelligenz und ihrem sonstigen Wesen, ihrer Konstitution, ihrer Größe und ihrer Figur. Und noch bevor wir das Wirtshaus verließen, hatte er sie mir für dreihundert Reichstaler abgekauft. Es war billig, aber ich war froh, sie los zu sein.

So, Fräulein Frederiksen, nun habe ich Ihnen erzählt, wie es sich zugetragen hat, und Sie können mich verurteilen oder nicht. Ich weiß nicht, was seither aus dem Mädchen geworden ist.

Ich hoffe wahrlich, Sie schon bald auf Sankt Croix zu sehen, und vielleicht auch den Professor. Durch die neuen Dampfschiffe ist es außerordentlich einfach geworden, zwischen Charlotte Amalie und Christiansted hin und her zu kreuzen, und auch mit der Vigilant ist es nur eine kurze und sehr angenehme Seereise. Aber all dies wissen Sie natürlich, außerdem haben Sie ja gerade auch eine etwas längere Reise überstanden.

Ich sende Ihnen meine besten Wünsche für die Zukunft und für die Pläne, die Sie mit Solitude haben. Obwohl ich Ihnen nicht dabei helfen kann, die junge Afi zu finden, stehe ich Ihnen natürlich jederzeit mit Rat und Tat zur Verfügung.

Meine herzlichsten Grüße
John Ellis

INVENTAR DER SKLAVEN DER CANAAN PLANTATION, KÖNIGINNENVIERTEL, SANKT CROIX, MAI 1809

MÄNNER

Andreas, Bomba der übrigen Neger, gesund und stark.
Pieter, Zuckerkocher, jung und stark.
Toni, Böttcher der Zuckerfässer, jung und stark.
Qvamina, Böttcher, an den Pocken erkrankt, sonst stark.
Jeppe, alt und mit Leistenbruch, arbeitet im Garten.
Causu, arbeitet in den Pflanzungen, gesund.
Cæsar, geschwollene Beine, arbeitet in den Pflanzungen.
Codjo, gesund und munter, arbeitet in den Pflanzungen.
Cipido, gesund, momentan in den Busch geflohen.
Coffe, arbeitet in den Pflanzungen.
Kipido, arbeitet in den Pflanzungen, gesund und stark.
Printz, hat eine Wunde am Bein und es faustdick hinter den Ohren, sowohl beim Stehlen als auch beim Lügen.
Goliath, Rückenprobleme, schlechte Beine, sieht lediglich nach den Tieren.
Manina, an den Pocken erkrankt, arbeitet sonst in den Pflanzungen.
Marcus, an den Pocken erkrankt, auf dem Wege der Besserung.
Isak, arbeitet in den Pflanzungen, stiehlt, ein großer Schelm.
Samba, arbeitet in den Pflanzungen, gesund.
Mathias, Schwellungen am ganzen Körper, arbeitet wenig in den Pflanzungen.

Coffe, Rasierneger, verliehen nach Frederiksfort.
Thama, arbeitet in den Pflanzungen, jung und stark.
Sica, dto.
Cassa, dto.
Codio, dto.
Mathamba, dto.
Quaku, verliehen an die Princess Plantation, um dort das Maurerhandwerk zu erlernen.
Kadan, arbeitet in den Pflanzungen, gesund und stark.
Jonga, dto.
Akra, in Eisen gelegt wegen Flucht in den Busch, ungeachtet seines kranken Beins, arbeitet angekettet in der Mühle.
Christian, an Pocken erkrankt, flüchtet häufig in den Busch.
Emmanuel, faul und schon einmal geflohen, arbeitet in den Pflanzungen.
Loubouk, liegt im Krankenhaus mit Ruhr.
Sambo, arbeitet in den Pflanzungen, gesund und stark.

FRAUEN

Cicilia, im Haus, um zu dienen, gesund.
Susanne, gichtige Hände, arbeitet im Garten.
Santie, alt, arbeitet ein wenig in den Pflanzungen.
Odea, arbeitet in den Pflanzungen, gesund und jung.
Flora, dto., gesund und jung.
Magdalena, dto., geschwollene Beine.
Aba, alt, geschwollene Beine, taugt nicht zur Arbeit.
Mariana, Wunde am Bein, arbeitet in den Pflanzungen.
Sebeina, dto., dto.
Maritke, arbeitet in den Pflanzungen, jung und gesund.
Fiba, Aushilfe im Krankenhaus.
Marthe, kränklich, taugt nicht zur Arbeit.

Jungen und männliche Säuglinge:
Emmanuel, klein, kann noch nichts tun.
Francis, dto., dto.
Abraham, halb erwachsen, bei den Maurernegern, um das Handwerk zu lernen.
Nathael, klein, kann nichts tun.
Thoni, dto., dto.
Barnabas, dto., dto.
Cornelius, Säugling.
Wandomingo, dto.
Thomas, klein, kann nichts tun.

MÄDCHEN UND WEIBLICHE SÄUGLINGE

Mintkis, erwachsen, arbeitet in den Pflanzungen.
Annika, versorgt die kleinen Tiere.
Afi, klein, kann nicht arbeiten.
Johanna, dto., dto.
Cathrina, Säugling.
Anna, klein, kann nichts tun.
Susanne, dto., dto.
Mariana, dto., dto.
Norra, dto., dto.
Christina, Säugling.
Anna Maria, kann nichts tun.
Cennina, dto.

BRIEF: PETER VON SCHOLTEN AN MARIA EIDE, KOPENHAGEN, SEPTEMBER 1852

Liebe Maria,

was würde ich nicht darum geben, wenn ich meinen Ruhestand und mein Alter auf Bülowsminde zusammen mit meiner geliebten Nanan verbringen könnte. Oder bloß noch ein einziges Mal sehen könnte, wie die Sonne über den Bergen von Sankt Croix untergeht. Statt hier dahinzusiechen, wo die Kälte mir bereits im Spätsommer in die Knochen kriecht und mich in ein allzu frühes Grab zu schicken droht.

Ich habe mir niemals vorgestellt, meine letzten Jahre in diesem ungastlichen Klima verbringen zu müssen. Ich erinnere mich so oft daran, wie ich als junger Waagemeister meinen täglichen Gang in den Hafen von Charlotte Amalie absolvierte. Dort musste ich kraft meines Amtes mit jedem einzelnen Skipper sprechen, der angelegt hatte oder Waren an Bord nahm, um sie auszuschiffen. Der Krieg war vorbei, die Engländer waren abgezogen, und die Schiffe liefen Charlotte Amalies Hafen wieder an, fünf, sechs neue jeden Tag, das ganze Jahr über, mehr als zweitausend Schiffe pro Jahr. Und alle hatten Fracht im Laderaum, und alle füllten die Kassen des Königs und des Waagemeisters. Ich glaube, niemand hatte damals einen Begriff davon, über welch gewaltigen Summen wir hier sprechen.

Eine spanische Galeasse kam mit einer Ladung voller Portwein, portugiesischem Madeira, Fässern mit gepökeltem Schinken, Kleiderballen und Eisenwaren. Ich stand am Kai, als das Schiff anlegte, und war der

Erste, der an Bord ging. Und der Skipper wusste, wer ich war, begrüßte mich voll Hochachtung. Wenn er etwas weniger Respektvolles in seiner Muttersprache sagte, lernte er rasch, dass ich mehr verstand, als er glaubte. Du weißt, ich verstehe die eine oder andere Sprache.

Der Skipper gab die Fracht an und zeigte mir seine Schiffspapiere, die ich mir mehr oder weniger genau ansah. Dann bat ich häufig darum, die Fracht inspizieren zu dürfen, was ebenfalls mehr oder weniger genau geschah, je nach meinem Eindruck von der Besatzung. In den meisten Fällen errechneten wir anschließend eine Summe, die einem Prozent des Werts der Ladung entsprach. Aber Waagemeister wie Skipper wussten, dass die Fracht immer größer und mehr wert war als angegeben. Die Differenz war variabel, wiederum je nach Zusammenarbeit mit der Besatzung, aber immer lief es so ab. Und ein Teil der Ersparnis, die der Skipper durch die niedrigeren Zollgebühren hatte, wurde direkt aus der Schiffskiste in die Tasche des Waagemeisters überführt.

In einigen Fällen war ich unzufrieden mit den Angaben der Schiffspapiere. Dann verlangte ich die korrekten Informationen oder eine wesentlich höhere Zollabgabe. Wenn der Skipper Schwierigkeiten machte, hatte ich etwas in der Hinterhand.

»Dann müssen wir die Fracht durch die Waagebude gehen lassen«, erklärte ich. Ich hatte längst gelernt, dass es ein »Waagehaus« nicht gab.

»Die Waagebude?« Vor allem in der ersten Zeit waren die Skipper stets ziemlich überrascht.

Ich wies mit der Hand auf das weißgekalkte Gebäude am Kai. Über dem breiten Holztor hing eine stilisierte Waage aus Schmiedeeisen an der Mauer, als sichtbares Symbol des unparteiischen Werkzeugs, das sich hinter dem Tor verbarg, eingelassen in den Steinboden.

Daraufhin wurden wir uns über die Zollabgaben stets einig.

Zweitausendzweihundert Schiffe im ersten Jahr. Und jedes einzelne von ihnen trug zum Vermögen des Waagemeisters bei. Stell dir vor, liebe Maria, selbst wenn es vielleicht nur zehn Reichstaler pro Schiff waren. Zweiundzwanzigtausend Reichstaler pro Jahr als zusätzliche Einkunft. Und es waren nicht nur zehn Reichstaler pro Schiff, es waren weit mehr.

Ja, der Waagemeister wurde reich. Er war zeitweise so vermögend, dass er regelrecht Schwierigkeiten hatte, das Geld an einem Ort aufzubewahren, wo es niemandem in die Augen sprang. Aber wie der arglistige Postmeister Twist, den Du in Deinem letzten Brief erwähnt hast – dieser junge Trottel, der glaubte, er könne einen privaten Rachefeldzug gegen die Feinde seines Vaters unternehmen –, hatte der Waagemeister Scholten eine Tonne oder zumindest ein Fass, eine gute Elle hoch und noch den Duft des Rums ausströmend, den es enthalten hatte. Nur stand diese Tonne nicht offen herum, weder im Kontor des Postmeisters noch in der feinen, neuen Waagebude des Waagemeisters. Nein, sie stand in meiner Dienstwohnung, zeitweise bis zum Rand gefüllt mit Reichsbanktalern, Dublonen und Sovereigns, den Goldmünzen der Freibeuter. Es sah tatsächlich aus wie ein wahrer Seeräuberschatz.

Diese Wohnung war übrigens eine interessante Facette des bescheidenen Waagemeisteramts. Und eine weitere Quelle für einen netten zusätzlichen Gewinn, über den Sold und das Waagemeistergeld hinaus.

Die mir zur Verfügung gestellte kostenfreie Wohnung entsprach nicht ganz dem, was ich erwartet hatte; das Haus war offen gesagt ein wenig heruntergekommen. Aber es stand auf einem großen Grundstück, und ich hatte keine Schwierigkeiten, mir vorzustellen, wie hübsch es werden könnte, wenn man es instand setzte und ausbaute. Diese Gedanken trieben mich bereits unmittelbar nach meiner Ankunft in Charlotte Amalie um, bevor ich die Stadt gut genug kannte, um zu wissen, dass kein vernünftiger Mann auf Sankt Thomas in dem niedrig gelegenen Gelände hinter dem Hafen wohnen wollte. Die meiste Zeit ist es brütend heiß. Nein, die Klugen bauen ihre Häuser auf einer der drei Anhöhen, die sich über die Stadt erheben.

»Bestimmt ist das Haus ganz nett«, sagte Lise, als wir es zum ersten Mal sahen. Zwei Schwarze aus dem Fort trugen unser Gepäck in das Vorzimmer, während zwei andere Frauen noch den Steinfußboden im Inneren des Hauses schrubbten. Unser neues Kindermädchen Asta, eine hübsche Mulattin, nahm die Mädchen mit in den ersten Stock, um ihnen das Zimmer zu zeigen, das sie sich teilen sollten. Elisabeth Catharina und Adelgunde waren erst zwei beziehungsweise drei Jahre alt.

Das Haus war vollkommen leer, und die wenigen Möbel, die wir in Dänemark abgeschickt hatten, trieben zusammen mit dem Wrack der Fregatte Perlen bei Skagens Riff im Meer. Die Zimmer waren gähnend leer. Lise ging vom Vorzimmer in einen geräumigen, hohen Salon. Ihre Stimme hallte an den verputzten Wänden wider, als sie sprach.

»Man bekommt hier viele hübsche Möbel. Hier könnte eine Anrichte stehen …« Sie zeigte auf eine Wand im dunkelsten Teil des großen Raums. »Und hier … ein kleiner Tisch am Fenster. Du kennst doch diese Pflanzerstühle. Die mit den komischen Armlehnen. Und hier drinnen …« Sie ging in ein anderes, etwas kleineres Zimmer, von dem aus zwei französische Türen zu einer überdachten Veranda hinter dem Haus führten. Draußen war es grün.

»Das Esszimmer«, entschied Lise. Sie drehte sich zu mir um und lächelte, reizend in ihrem weißen Kleid mit den hochgesteckten braunen Haaren. Ihre großen Augen wanderten hin und her, ihr Gesicht glänzte ein wenig in der Hitze. Plötzlich verspürte ich einen heftigen Drang, auch den Rest von ihr sehen zu wollen, ich wollte sehen, wie der Schweiß auf ihrer perfekten Haut perlte. »Lise«, sagte ich und ging einen Schritt auf sie zu. Sie lachte. Sie kannte mich genau!

»Hier ist es zu heiß, um … irgendetwas zu unternehmen«, erklärte sie. Sie warf der Schwarzen einen Blick zu, die in dem anderen Zimmer auf allen vieren putzte. Sie trug nur ein Tuch um den Leib, ihre vollen Brüste hingen beinahe auf dem nassen Boden. Ich sah ebenfalls hin, wandte meinen Blick aber sofort wieder ab.

Ich nahm Lise in den Arm und drückte sie an mich. Ich küsste sie. »Ja«, sagte ich dann. »Das ist ein schönes Haus, das kann richtig hübsch werden. Du und die Mädchen, ihr werdet euch hier wohlfühlen. Komm.«

Wir gingen auf die Veranda und in den großen Garten. Auf jeder Seite der vier Treppenstufen stand der ranke Stamm einer großen Königspalme. Ich legte die Hand auf den Stamm und ließ den Blick die vollkommen senkrechte, gerade Säule hinauf bis in die struppigen Palmblätter der Krone wandern.

»Wie viel Platz es hier gibt«, staunte Lise beeindruckt. »Und diese üppige Bepflanzung.«

»Du meinst, es ist zugewuchert«, entgegnete ich lächelnd. Hohe Pflanzen und blühende Büsche machten sich den Platz streitig. »Wir können den Garten roden lassen, damit die Mädchen hier spielen können. Vielleicht eine Schaukel …«

»Ja! Es könnte ein wunderbarer Platz für sie werden«, stimmte Lise zu. Sie drehte sich zu mir um und strahlte vor Glück. Dann sah sie einen giftgrünen Kolibri und schlug sich vor Begeisterung die Hand vor den Mund.

Ich sagte es nicht, aber als ich den Garten sah, wusste ich bereits, dass wir in diesem Haus nicht lange wohnen würden. Es sei denn, die Spielregeln in Charlotte Amalie wären sehr viel anders als in Kopenhagen oder London, Städten, die ich gut kannte – das große Grundstück, auf dem das Haus stand, war viel zu wertvoll, um als Spielplatz für kleine Mädchen genutzt zu werden.

Aber ich sagte nichts, um den Zauber des Augenblicks nicht zu zerstören. Lise war so unglaublich glücklich, als wäre sie selbst noch ein kleines Mädchen.

»Wunderbar, ja«, flüsterte ich. »Wir werden hier so glücklich werden.«

Und ich sah sie nicken, die Bedenken, die sie zu Hause vorgebracht hatte, schienen verschwunden zu sein. Geschmolzen wie der Schnee im Mai.

Vier Monate später kaufte ich dem dänischen Staat das Haus ab, nachdem ich eine Absprache mit einem Schiffsmakler aus Charlotte Amalie getroffen hatte, der das Haus gern übernehmen wollte, um es instand zu setzen und in dem großen Garten neue Lager- und Kontorräume zu bauen. Wir einigten uns auf einen Preis von achtundzwanzigtausend Reichstalern. Ich erwarb das Haus zu einem Schätzpreis, der unrealistisch niedrig war – nur ungefähr sechzehntausend Reichstaler –, aber da ich selbst über einen so bescheidenen Betrag nicht verfügte, bat ich darum, im Grundbuch eine Hypothek auf die Kaufsumme einzutragen und dazu eine weitere Summe von neuntausend Reichstalern für Reparaturarbeiten und die Errichtung eines neuen Gebäudes auf dem großen Grundstück.

Summa summarum bekam ich damit neuntausend Reichstaler bar ausgezahlt, sobald der Handel abgeschlossen war, woraufhin ich umgehend das Anwesen dem Schiffsmakler übertrug, der auch den öffentlichen Kredit ablöste. Hinterher hielt ich den Vorschuss von neuntausend plus einen Gewinn am Verkauf des Hauses von zwölftausend Reichstalern in den Händen, insgesamt also einundzwanzigtausend Reichstaler.

Daraufhin mietete ich ein Haus, das etwas höher lag – ein hübsches kleines Palais mit gemauertem Parterre und einem ersten Stock aus soliden Balken –, und zog mit meiner kleinen Familie dort ein. Die Zimmer waren groß und hell, und von dem breiten Balkon oder Schwalbengang aus konnte man über das Meer und die grünen Holme blicken. Und ich war bereits dabei, unser neues Heim in der Dronningensgade zu bauen, ein standesgemäßeres Gebäude, das ausgezeichnet geeignet wäre für den Kommandanten von Sankt Thomas, wenn die Zeit dafür gekommen ist. Und ich wusste ja, liebe Maria, dass diese Zeit kommen würde!

Doch obwohl diese vollkommen legalen und ganz durchsichtigen Transaktionen den Wohlstand unserer Familie ganz beträchtlich erhöhten, war meine Lise nicht sehr glücklich über meine Geschäftstüchtigkeit.

»Das sieht nicht ehrenhaft aus, Peter!«, erklärte sie vorwurfsvoll an dem Abend, an dem ich sie in meine Pläne eingeweiht und ihr das halb fertige Haus auf dem Kommandantenhügel gezeigt hatte.

»Aber das ist es«, erwiderte ich. »Es ist nichts Gesetzeswidriges daran, ein Haus zu kaufen und es wieder zu verkaufen, liebste Lise. Die Leute machen das jeden Tag … ja, wir haben es doch auch getan. Du erinnerst dich an Søholt, oder? An dem Verkauf haben wir auch ein paar nette Schillinge verdient.«

»Aber das haben wir gekauft, um darin zu wohnen, nicht um es weiterzuverkaufen. Das Haus am Hafen hast du bereits verkauft, ehe du es vom dänischen Staat erworben hattest!«

»Na ja«, wandte ich ein. »Søholt haben wir tatsächlich auch nur knapp zwei Jahre besessen. Und es war immer mein Bestreben, es mit Gewinn zu verkaufen.«

Sie schüttelte resignierend den Kopf. »Ich finde trotzdem …«, begann sie, beendete den Satz aber nicht, und ich nutzte ihr Schweigen, um sie am Arm zu fassen und sanft auf den Bauplatz zu führen.

»Sieh mal«, sagte ich und zeigte auf die große Öffnung in der Steinmauer, von der aus man die schönste Aussicht über die Reede vor der Stadt hatte. Ein Dutzend große Schiffe, Zwei- und Dreimaster schwojten dort, die Steven und die strammen Ankertaue zeigten alle nach Osten.

Lise nickte, aber sie war niedergeschlagen, sie lächelte nicht. Ich küsste sie auf die Stirn.

»Lass mich die Geschäfte erledigen, mein Liebes«, sagte ich. »Es wird dir gefallen. Ist es nicht schön hier?«

Sie runzelte die Stirn. »Geschäfte? Und die Frauen sollen sich um die Küche und das Kinderzimmer kümmern?« Sie befreite sich aus meiner Umarmung, deutlich verärgert. Dann trat sie durch eine Seitentür, die bisher ebenfalls nur eine Maueröffnung war, auf das Grundstück.

»Der Garten ist nicht annähernd so groß wie in dem anderen Haus«, stellte sie fest. »Und sieh nur, wie steil es hier ist, die Mädchen könnten die Böschung hinunterfallen.«

»Wir lassen einen Zaun ziehen«, erwiderte ich. »Und Lise, du weißt, wie heiß es dort unten ist. Es ist im Garten kaum zu ertragen.«

»Es gibt Schatten«, widersprach sie. Aber ich hörte an ihrem Tonfall, dass sie mir in diesem Punkt recht gab.

Sie sah mich an und zuckte leicht die Achseln. Dann gingen wir über die Straße zu unserem gemieteten Palais. Es war kurz nach Mittag, und wir legten uns hin, um in der größten Hitze auszuruhen. Aber berühren durfte ich sie nicht. Wieder entzog sie sich, und zum ersten Mal überhaupt hatte ich Angst, dass wir uns voneinander entfernten.

AUS JOHAN FREDERIK BARDENFLETHS WISSENSCHAFTLICHEM WERK »ÜBER ORKANE«, 1831

Dass ein Orkan viele Häuser umwirft und nahezu alles beträchtlichen Schaden nimmt; dass eine große Menge Bäume, zuweilen ganze Wälder, mit Wurzeln herausgerissen werden; dass der größte Teil der aufgezogenen Pflanzen von der Erdoberfläche fortgerissen wird, sodass Hungersnöte häufig die Folge sind; dass viele Schiffe untergehen, sowohl im Hafen als auch auf See – dies wird von nahezu allen Autoren angeführt. Aber einzelne Exempel geben einen viel deutlicheren Begriff von der Gewalt. Damper berichtet, dass bei dem Orkan im August 1681 Kapitän Gadbury in dem Moskitoloch St. John's auf Antigua sein Schiff nicht nur mit Ankern vertäut hatte, sondern auch noch mit schwersten Tauen an großen Bäumen, und danach mit seiner Mannschaft an Land gegangen war. Um 8 Uhr am Abend erhob sich ein schrecklicher Sturm aus Nordost, der mit schwerem Regen nach Norden und Nordwesten übersprang. Nach vier Stunden wurde es still und trocken. Das Schiff lag an Land, mit der Spitze des Masts im Sand. Der Wind begann daraufhin aus Südost zu wehen, mit großer Heftigkeit und schwerem Regen. Das Dach des Hauses, in dem sie Zuflucht gesucht hatten, wurde weggerissen, und als sie am Morgen zu ihrem Schiff kamen, fanden sie es nahezu aufrecht auf dem Kiel stehend vor. Der Strand war bedeckt mit Fischen, Schweinswalen, Haien und einer Menge toter Seevögel.

PETER VON SCHOLTENS PRIVATES TAGEBUCH, CHARLOTTE AMALIE, SANKT THOMAS, NOVEMBER 1819

Der Sturm, der Charlotte Amalie am 21. und 22. September heimgesucht hat, war der heftigste, den ich je erlebt habe. Er zerstörte die Stadt und große Teile der Insel und hätte mich beinahe das Leben gekostet. Aber ich glaube, dass diese Kalamität letzten Endes doch von großem Vorteil für mich sein kann. Denn ich habe schon immer gern gebaut, und diesmal habe ich mich wirklich ins Zeug gelegt, um einen raschen und ordentlichen Wiederaufbau der zerstörten Häuser der Stadt zu gewährleisten.

Da ich während Holtens Urlaub in Dänemark als amtierender Kommandant eingesetzt bin, habe ich im Augenblick den Posten des obersten Beamten auf Sankt Thomas inne. Es ist ein berauschendes Gefühl! Niemand hat mir etwas zu sagen. Einzelne subalterne Beamte haben ergebenst darauf hingewiesen, dass meine Bau- und Reparaturarbeiten ohne vorherige Genehmigung der Generalzollkammer vorgenommen werden, aber ich weiß es besser als sie: Ich handle in der sicheren Gewissheit, dass die höheren Mächte daheim in Kopenhagen über den raschen und effektiven Einsatz dankbar sein werden; sie werden einen Mann zu schätzen wissen, der handelt, ohne bei jedem Nagel oder Ziegelstein um Erlaubnis zu fragen.

Der Orkan überfiel uns wie ein Wegelagerer in der Nacht. Ich habe bisher nur einige wenige Male diese tropischen Stürme aus der Nähe erlebt, und nie zuvor habe ich die volle Stärke eines Orkans gespürt. Ich glaube, die früheren Orkane, denen ich ausgesetzt war, hatten ihr Zentrum weit draußen auf dem Meer, sodass wir es hier in Charlotte Amalie nur mit ihren Ausläufern zu tun hatten. Aber dieser, ja, Herrgott, traf den geschlossenen und eigentlich so geschützten Naturhafen der Stadt wie Thors Hammer!

Bereits in der Nacht hatte es aufgefrischt, und wir wussten, dass ein Unwetter aufzog. In der Luft lag ein Duft nach offenem Meer, den man sonst an Land niemals bemerkt. Während eines Unwetters auf See spürt man es wie ein salziges Brennen in der Nase und im Rachen; als wäre die Atmosphäre nichts Leichtes und Luftiges, sondern eher ein salziger Nebel, der alles durchdringt. Ein Gestank nach Tang, toten Fischen, Schwefel und Meersalz. So roch es in Charlotte Amalie in dieser Nacht gegen Morgen, und bald übertönte auch das Rauschen des Windes alle anderen Geräusche.

Ich stand auf und trat durch die breite Tür auf die Veranda hinter dem Haus, von dort konnte ich über das Meer sehen. Die Sonne war noch nicht aufgegangen, aber es war auch nicht mehr ganz dunkel. Ich sah weiße Schaumkronen auf dem sonst so ruhigen Wasser, und gegen Südost war der Himmel dunkelviolett und so massiv, als wäre er aus einem dicken, klebrigen Material gegossen. Ich wusste sofort Bescheid: Ich sah dem schlimmsten Orkan ins Gesicht, den ich bisher erlebt hatte.

Ein paar Stunden später befand sich die Stadt im Ausnahmezustand. Die Feuerwehr und das Militär waren längst gewarnt, aber die Männer mussten jetzt einsehen, dass sie nichts ausrichten konnten. Wir alle mussten Schutz suchen. Mein neues Haus auf dem Kommandantenhügel, das ich kurz nach meiner Ankunft in Westindien hatte bauen lassen, war ein solide gemauertes Gebäude: Die erste Etage war mit sturmfesten Fensterläden versehen, außerdem hatte das Haus ein Ziegeldach. Hier konnten meine Bediensteten und ich – ich war ja ohne Familie – den Sturm abreiten; es war beinahe egal, wie heftig er war.

Aber das Amtsgebäude Kommandant Holtens in der Dronningensgade unten am Fort war nicht annähernd so solide gebaut. Ich kannte das Haus aus der Zeit meines Vaters – es war das erste Haus, in das ich meine Füße gesetzt hatte, als ich vor fünfzehn Jahren auf der Insel ankam –, und ich wusste, dass es baufällig war; das Dach war so undicht, dass es überall durchtropfte, und bereits zur Zeit meines Vaters hatte es besondere Vorsichtsmaßnahmen gegeben, um wichtige Unterlagen zu sichern, damit sie nicht von Feuchtigkeit und Nässe zerstört wurden.

Und genau diese Papiere waren nun meine größte Sorge. Während Holtens Urlaub hielten sich nur wenige Bedienstete in der Kommandantur auf, und ich konnte nicht darauf vertrauen, dass sie die Wertsachen des Hauses sichern würden oder konnten.

Kurz nach Sonnenaufgang wagte ich mich daher aus meinem eigenen Haus, obwohl ich wusste, dass es eigentlich bereits zu spät war: Der Sturm war über uns, und nur mit knapper Not konnte ich mich über die Straße kämpfen. Ich klammerte mich an eine Hecke und sammelte meine Kräfte, um zu dem weiter unten liegenden Haus in der Dronningensgade zu gelangen. Der Wind und der Regen trafen in schweren Stößen auf die Anhöhe, es erinnerte mich am ehesten an die Wellen, die Schiffe an Land schleudern und Häuser in niedriggelegenen Gebieten einreißen können. Der Lärm war unbeschreiblich; über mir flogen große Gegenstände mit enormer Geschwindigkeit durch die Luft, um weiter oben am Berg aufzuschlagen. Die Häuser der Stadt sangen im Chor – ein Schwanengesang. Ich hatte in diesem Moment nicht um mich selbst Angst, sondern um die gesamte Existenz von Charlotte Amalie.

Mein Diener öffnete die Tür meines Hauses einen Spalt und warf einen Blick nach draußen. Mit weit aufgerissenen Augen öffnete er seinen Mund und rief mir etwas zu; die weißen Zähne leuchteten im Halbdunkel des Morgengrauens, aber ich hörte ihn nicht, nicht ein Laut drang durch das Brüllen des Sturms. Dann ging ich den steilen Weg hinunter zur Kommandantur, gebückt und eine Hand an den Zaun geklammert.

Es dauerte sicher zwanzig Minuten oder noch länger, um zur Kommandantur zu gelangen. Irgendwann fiel nur wenige Schritte von mir entfernt eine große Blechplatte herab, und ich sah, wie ihre rostige Kante sich an dem niedrigen Wall, der die Nordseite der Straße begrenzte, in den Boden schnitt. Hätte sie mich getroffen, wäre ich wie ein Wurm von einem Spaten in zwei Teile zerschnitten worden.

Der Regen nahm zu. Ich wusste, dass es bei Orkanen stets heftig regnet, der Regen spielt bei den Zerstörungen eine große Rolle. Das Wasser arbeitet von unten und spült die Erde und den Lehm von den Fundamenten der Häuser und den Wurzeln der Bäume und Palmen, und der Wind vollendet dieses zerstörerische Werk mit seinem ungeheuren Toben und Reißen. Der Regen peitschte mich wie ein Hagelsturm, aber ich kämpfte mich stetig weiter, denn noch hatte ich das alte Haus meines Vaters nicht erreicht.

Dann war ich dort, und ich sah, dass die gesamte nördliche, windabgewandte Seite des Daches abgerissen war, sodass der Regen ungehindert ins Innere des Hauses dringen konnte. Viele Fensterläden waren verschwunden, die Scheiben durch den Druck des Windes zerbrochen; das Haus stand ungeschützt im Wüten des Windes.

Ich duckte mich unter einen herabgefallenen Balken und griff nach der Tür. Sie klemmte, vielleicht war sie auch verschlossen, doch dann wurde sie von innen geöffnet, und ich blickte in die verängstigten Augen einer jungen Mulattin. Ihr Kleid klebte auf der Haut, sie war vom Regen durchnässt. Ich trat ein und warf die Tür hinter mir zu. Der Lärm nahm ein wenig ab, allerdings nicht viel. Über uns raste der Sturm und riss die letzten Reste vom Dach.

»Massa!«, rief die Frau vollkommen außer sich. Sie sah mich mit offenem Mund und weit aufgerissenen Augen an. Aus den merkwürdigsten Augen, die ich je bei einer Farbigen gesehen habe. Die Pupillen waren groß wie die einer erschrockenen Katze, aber um die Pupillen lag der Ring einer hellen Iris. »Massa!« Ich packte sie am Arm und schüttelte sie. »Wer ist noch hier?«, rief ich. »Gibt es noch andere als dich?« Ich musste ihr ins Gesicht schreien, um sicherzugehen, dass sie mich hörte. Sie schüttelte heftig den Kopf und schrie zurück: »Sie sind weg! Sie sind fortgegangen! Ich weiß nicht, wohin.«

Feiglinge! Die anderen Schwarzen hatten die Kommandantur und die junge Frau im Stich gelassen.

»Ich muss die Papiere haben!«, rief ich. »Holtens Archiv. Die Bücher mit den Abschriften, seine Briefe. Alle Unterlagen!«

Sie nickte eifrig und wies mit der Hand in den angrenzenden Raum. Als ich mich der offenen Tür näherte, sah ich das graue Licht, das durch das zerstörte Dach und die Fenster auf das spärliche, feuchte Mobiliar und eine Reihe von Kisten fiel, auf die die Frau nun zeigte. Sie standen im Schutz der trockensten Seite des Raums, sie hatte einen schweren, zusammengerollten Teppich darauf gelegt und ihn mit drei Stühlen beschwert.

»Die Papiere des Kommandanten!«, rief sie. »Aus dem Kontor.« Sie wies mit dem Kopf auf eine weitere Tür. Dort drang der Regen ein, diesen Teil des Hauses gab es nicht mehr.

»Ist das alles?«, wollte ich wissen, erleichtert und einigermaßen beeindruckt von ihrem Einsatz. »Ja, Massa«, nickte sie. »Das ist alles.«

Wieder griff ich nach ihrem Arm. »Und der Keller?«, rief ich. »Es gibt einen Keller.«

Ich erinnerte mich an den Keller aus der Zeit, als mein Vater das Haus bewohnte. Unter der Küche und der Speisekammer gab es einen tiefen Keller. Mein Vater hatte dort einen Teil seines Weins gelagert.

Wir schleppten die Kisten in den Flur und in Richtung Küche. Mitten in einem dunklen Gang, in dem es überraschend trocken war, öffnete ich die alte Klappe im Boden, dann halfen wir uns gegenseitig, die Kisten die Treppe hinunterzutragen. Mit einem Mal ging mir durch den Kopf, dass ich zum zweiten Mal in meinem Leben die Unterlagen des Kommandanten in diesem Haus rettete. Erst die Papiere meines Vaters während des Stadtbrandes, jetzt Holtens mitten in einem Orkan. Sehr sonderbar. Als wir endlich fertig waren, lehnte ich mich an die Wand und atmete ein paar Mal tief durch. Zum ersten Mal seit mehr als einer Stunde hatte ich das Gefühl, einen Augenblick ausruhen zu können.

Die Frau ging zu einem kleinen Tisch und zündete eine Kerze an. Sie setzte das Lampenglas auf die Sturmlampe und ließ sich auf einer der Kisten nieder. Dann sah sie zu mir auf. Der Wind brüllte über uns, aber weiter entfernt und auch weniger bedrohlich. Ich kletterte die Treppe hinauf und schloss die Bodenklappe. Umgehend wurde es beinahe still, zumindest hatte ich das Gefühl. In diesem Augenblick schien es, als würde uns der Orkan nicht weiter betreffen; er tobte in einer Welt, die wir nun verlassen hatten.

Ich sah mich in dem Keller um. Den Raum kannte ich gut, ich war, als ich das erste Mal in Charlotte Amalie wohnte, relativ oft dort gewesen, um eine Flasche Wein zu holen. Ab und an hatte mein Vater mich darum gebeten, manchmal hatte ich mir selbst eine Flasche geholt. Nun lag hier der Wein des alten Holten. Ich trat an den Tisch mit der Lampe und fand eine Kerze. Da es nur einen Leuchter gab, schmolz ich sie auf dem Tisch fest, nachdem ich sie angesteckt hatte. Dann griff ich nach einer Flasche Madeira und drückte den Korken in den Flaschenhals. Es gab keine Gläser, daher setzte ich die Flasche direkt an den Mund. Mit geschlossenen Augen blieb ich eine Weile stehen und lauschte dem fernen Sturm. Das Haus über uns ächzte in seinen Fugen. Hin und wieder hatte ich das Gefühl, als würde der Steinboden beben, aber das musste Einbildung sein: Der Keller war in den Fels des Berges geschlagen.

Die Frau saß noch immer auf der Kiste. Ich ging zu ihr hinüber und reichte ihr die Flasche. »Danke«, sagte ich. »Für deine Hilfe.«

Sie nickte stumm und nahm mir die Flasche aus der Hand. Ihre Augen waren nicht nur merkwürdig hell, sie waren in dem schwachen Licht blau, blau wie bei einer Nordeuropäerin. Nachdem sie aus der Flasche getrunken hatte, schnitt sie eine rasche Grimasse, als würde ihr der Wein nicht wirklich schmecken. Sie sah mich an und schob die vom Wein feuchten Lippen auf eine nahezu kokette Weise vor, sodass ich auf Gedanken kam, die ich, das schwöre ich, vorher nicht gehabt hatte. Ich lächelte ihr zu. »Wie heißt du?«, erkundigte ich mich.

Über uns gab es einen gewaltigen Schlag, der durch den Keller dröhnte. Staub und Dreck rieselten wie Schnee herab, ich musste mir eine Hand vor den Mund und die Nase halten.

Sie hustete. Dann nieste sie. Zwei Mal. Ihre Stimme war belegt, als sie schließlich antwortete.

»Annie.«

Ich fasste mir ans Kinn. »Und du arbeitest im Haus von Holten?« Sie schüttelte den Kopf und sah mich nach ihrem Niesanfall mit blanken Augen an.

»Nein«, erwiderte sie mit einem kleinen Lächeln. »Ich glaube nämlich nicht, dass Massa Holten noch ein Haus hat.«

Wir sahen uns einen Moment an. Dann verstand ich, was sie meinte. Das Mädchen war aufgeweckter als die meisten. Und ihr Gesicht war reizend. Alles an ihr. Während der Orkan die Kommandantur über uns zerschmetterte, streckte ich eine Hand aus und berührte vorsichtig die weiche Haut ihrer Wange.

Diese Frauen haben etwas, das ich auch nach einigen Jahren in Westindien nur sehr schwer erklären kann. Dass sie sich so leicht einem Mann hingeben. Ursprünglich dachte ich, sie fänden uns, die weißen Männer, anziehend anders, aber jetzt weiß ich, dass sie sich Schwarzen ebenso willig ergeben. Und ich muss daraus schließen, dass sie ganz einfach dem Akt nicht so viel Gewicht beimessen wie die Frauen, die ich in Dänemark kannte. Diese schmachtenden Blicke und dieser permanente, stillschweigend vorausgesetzte Traum von Hochzeit und Ehe nach einem einzigen Kuss. In meiner Jugend war dies das ewige Problem: Wie machte man jemandem den Hof, ohne sich gleich an Händen und Füßen durch ein Eheversprechen binden zu lassen oder gar zum Ehebrecher zu werden, ganz abgesehen von der gefährlichen Verärgerung rasender Väter und Brüder.

Ja, das romantische Gemüt der Frauen hat mich schon häufig in Schwierigkeiten gebracht! Ich habe vor allem in meiner Jugend mehr Frauen gekannt als die meisten anderen, aber von all diesen Frauen war Lise bisher die einzige, die ich heiraten wollte. Die hübsche Lise! Sie war – sie ist – eine leidenschaftliche Frau, und sie ist meine Ehefrau, ich liebe sie. Doch bisweilen erwacht diese Begierde plötzlich in mir, und nicht zuletzt hier in Charlotte Amalie, in diesem heißen Klima, wo die Leidenschaft stärker ist als daheim im kalten Norden.

Hierher zu kommen war eine Offenbarung für mich. Diese Frauen! Die dunklen, die hellen und die farbigen, alle haben diese lockere Leidenschaft; ja, man kann ihnen den Hof machen und sie erkennen, wie es in der Bibel im 1. Buch Mose 4.1 heißt, ohne nach ihrem Namen zu fragen. Man begegnet sich, wie zwei Schiffe, die einander eine Weile auf dem Weg über den Atlantik folgen, und trennt sich wieder, um eine Freude und eine Leidenschaft reicher. Warum sollte jemand etwas dagegen haben?

Ich glaube, die dunklen Frauen brachten diese leichte Form der Liebe aus Afrika mit. Ich weiß es nicht, aber ich glaube, das ist die Erklärung:

Sie betrachten diese flüchtige Liebe ganz einfach als etwas Reizvolles und Leichtes. Wie einen Händedruck unter Freunden, wie einen flüchtigen Kuss auf die Wange einer Freundin. So etwas kann durchaus die Eifersucht einer Ehefrau oder des Vaters oder Bruders eines dänischen Mädchens wecken, eine farbige Frau aber stört es überhaupt nicht. Sie lächelt, sie öffnet ihren Mund und ihren Schoß einem Mann, der ihr gefällt. Jetzt. Nicht gestern und vielleicht auch nicht morgen. Jetzt. Das ist das Wort. Und in diesem Weinkeller unter der alten Kommandantur kam jetzt die Zeit für mich und das Mädchen Annie.

Hinterher sahen wir uns nicht wieder. Oder, vielleicht taten wir es, aber wir begegneten uns nicht bewusst und wir haben auch nie wieder miteinander gesprochen. Es war keine Liebe, nur ein Augenblick, in dem wir dasselbe wollten und Zeit für uns hatten, weil die Welt außerhalb unseres geschlossenen Raums unter der Luke im Chaos versank. Ich legte mehrere Lagen Jutesäcke auf den Steinboden, die in einer Ecke gestapelt waren. Mehr brauchten wir nicht. Wir tranken abwechselnd aus der Flasche von Holtens Madeira, während sein Haus in dem Orkan über uns einstürzte; und eigentlich verlieh mir das Wissen, dass wir nichts gegen die Elemente unternehmen konnten, der Sturm uns aber auch nicht erreichen konnte, eine gewisse Ruhe, als wir uns auf das grobe Sackleinen legten und ich die Haut dieser fremden Frau auf meiner spürte und alles vergaß, was nicht mit dem unmittelbaren Moment zu tun hatte.

Viele Stunden später nahm der Wind ab, und wir konnten den Keller verlassen. Wir standen dort, wo die Küche der Kommandantur gewesen war. Um uns herum sah ich zerbrochene Balken und mannshohe, nackte Steinmauern; das eigentliche Haus war verschwunden, auseinandergerissen und fortgeweht von dem Orkan. In der Stadt war es nahezu unheimlich still. Weit entfernt erklang der Schrei einer verzweifelten Person, und ich hörte ein sinnloses Klingeln wie von der Schiffsglocke eines Geisterschiffes.

Wir gingen ein paar Schritte bis zum Rand des Fundaments des verschwundenen Gebäudes und sahen hinunter zum Hafen und dem Fort. In den Häuserreihen gab es klaffende Lücken, wo Dächer fortgeweht und ganze Häuser dem Erdboden gleichgemacht waren. Aber die Stadt gab es noch, und das Fort stand vollkommen unbeschädigt in seiner anderthalb Jahrhunderte alten, gedrungenen Würde. Das Meer hatte die merkwürdigste metallgraue Farbe; ich hatte es so nie gesehen, als kalte, dünne, in einem Kochtopf schwappende Grütze. Und der Himmel. Bleischwer und farblos dunkel, doch als ich den Blick hob, war da direkt über uns eine Öffnung, ein Loch in der aschgrauen Wölbung, eine Aussicht in ein blasses Blau.

Und ich verstand.

Wir befanden uns im windstillen Auge des Orkans. Schon bald, in einer Stunde, in einer halben Stunde oder in zwei Stunden, würde der Sturm zurückkehren und von der entgegengesetzten Seite wehen, von Nordwesten, und alles, was nicht schon beim ersten Mal zerstört worden war, würde dann zerstört werden.

Wir hielten uns mitten in dem verschwundenen Haus an den Händen, und sie sah mich mit Tränen in ihren eigentümlich hellen Augen an. Sie öffnete den Mund, sagte aber nichts. Die ersten Worte kamen von mir:

»Der Sturm kehrt irgendwann zurück. Komm mit mir. Mein Haus ist sicher. Es ist neu und stabil. Dort sind wir in Sicherheit.«

Wir gingen die Straße hinauf, noch immer hielten wir uns an den Händen, und kurz darauf klopfte ich an die Tür meines eigenen Hauses, und mein Diener öffnete die Tür und sah mich mit einem ungläubigen Blick an. Er hatte geglaubt, ich sei tot.

Und der Orkan kam zurück. Als es überstanden war, ging ich durch die schmale Gasse zum Hafen, um mir die Schäden anzusehen. Charlotte Amalie sah aus wie nach einem Bombenhagel. Ein Drittel der Hauser schien heftig beschädigt zu sein. Es war ein trostloser Anblick, und doch verspürte ich keine Hoffnungslosigkeit. Sondern Erwartung und eine eigentümliche Erleichterung und Freude über all das, was ich nun ausrichten konnte und tun musste, um die zerstörte Stadt wieder aufzubauen.

BRIEF: STADTHAUPTMANN PETER VON SCHOLTEN AN GOUVERNEUR CARL WILHELM JESSEN

Herr Gouverneur!

Indem ich Ihnen zur Ernennung und Beförderung vom Kommandantenamt zum Titel des Gouverneurs auf Sankt Thomas gratuliere und Sie in Charlotte Amalie willkommen heiße, möchte ich mich Ihnen hiermit empfehlen, sollten Sie Rat und Tat in Verbindung mit Ihrem Amtsantritt benötigen. Wie Sie wissen, wurde ich vor ungefähr einem Monat zum Zollinspekteur auf Sankt Thomas ernannt, darüber hinaus bestreite ich die Ämter des Stadthauptmanns, Postmeisters und königlich ernannten Waagemeisters, ebenso wie ich zwischenzeitlich als Kommandant eingesetzt war. Ich habe eingehende Kenntnisse sämtlicher Aspekte und Geschäftsvorfälle, die diese Ämter betreffen.

Ich habe einen Vorschlag, der mit Diskretion bedacht werden sollte, und bitte, dass wir darüber so bald als möglich eine Entscheidung treffen: Es ist meine Überzeugung, dass Sankt Thomas und damit der dänische Staat den Anteil des Schiffsverkehrs im Frachthafen von Charlotte Amalie ganz beträchtlich erhöhen könnte, wenn die Zollabgaben herabgesetzt würden. Die Handelsschiffe entrichten derzeit sechs Prozent Zoll, hinzu kommt das Wiegegeld. Aufgrund des geltenden Gesetzes können die Sätze natürlich nicht nominell herabgesetzt werden, aber ich würde vorschlagen, dass die zukünftigen Schätzungen der Fracht der eingelaufenen Schiffe um das Sechsfache reduziert werden, was in der Praxis dasselbe Resultat ergibt wie eine Herabsetzung des Zollsatzes von sechs auf ein Prozent.

Dies wird neue, größere Anforderungen an die Administration des Waagemeisteramts stellen, und ich möchte daher untertänigst darum bitten, das Wiegegeld um das Fünffache zu erhöhen, von dreißig auf einhundertfünfzig Schilling pro tausend Pfund Gewicht.

Die niedrigere Taxierung der Schiffsgüter und der daraus folgende Rückgang der Einnahmen pro Schiff werden meiner Meinung nach durch den erhöhten Verkehr im Hafen als Folge des niedrigeren Zolls aufgewogen.

Meine ehrerbietigsten Grüße
P. v. Scholten

BRIEF: GOUVERNEUR CARL WILHELM JESSEN AN DEN STADTHAUPTMANN UND ZOLLINSPEKTEUR PETER VON SCHOLTEN, CHARLOTTE AMALIE, SANKT THOMAS, JULI 1822

Lieber Scholten,

wie Sie vermutlich wissen, bin ich recht gut vertraut mit den Verhältnissen auf den Westindischen Inseln. Ich hatte während des Krieges mehrere Begegnungen mit den Engländern hier vor den Inseln und hielt mich auch häufig an Land auf, sowohl in Charlotte Amalie als auch in Christianssted.

Ohne dass ich die Angelegenheit näher studiert habe, meine ich allerdings auf der vorliegenden Grundlage eine gewisse Vernunft in Ihrem Vorschlag zu erkennen, wie der Schiffsverkehr zu erhöhen ist. Ich denke, wir sollten so bald wie möglich die vorliegenden Möglichkeiten besprechen.

Ich bin allerdings zurzeit einigermaßen damit beschäftigt, mich in der Kommandantur einzurichten. Sie werden sehr bald von meinem Sekretär hören.

Meine wohlwollendsten Grüße
C. W. Jessen

BRIEF: PETER VON SCHOLTEN AN ANNA ELISABETH VON SCHOLTEN, CHARLOTTE AMALIE, SANKT THOMAS, MÄRZ 1823

Meine liebste Lise!

Der Gouverneur ist tot! Du hast es möglicherweise bereits in der Zeitung gelesen, Neuigkeiten reisen ja inzwischen schneller als unsere Briefe. Der gute Jessen war nicht einmal ein Jahr im Amt.

Allerdings kann man es auch anders darstellen: Genau in diesem Moment schreibt Dir der Gouverneur! Ich bin natürlich in meiner Eigenschaft als nächsthöchster Beamter auf Sankt Thomas kommissarisch auf dem Posten als Gouverneur eingesetzt. Ja, der Titel ist jetzt Gouverneur, nicht Kommandant wie einst Holten. Es ist bekannt, dass Jessen aufgrund seines hohen militärischen Rangs sich nicht mit dem Titel eines Kommandanten begnügen konnte.

Lise, ich bin Gouverneur!

Kommissarisch, aber es wird sicher sehr bald zu einer offiziellen Ernennung kommen. Niemand kennt die Insel und die Verhältnisse hier wie ich. Jetzt wird unser schönes Haus in der Dronningensgade also zum Gouverneurssitz, so wie es die ganze Zeit mein Gedanke und meine Hoffnung war. Ich habe nur einen einzigen Kummer, den Du kennst und den ich Dir gegenüber schon oft erwähnt habe.

Bist Du vollkommen sicher, Lise, dass Du nicht herkommen und doch mit mir, den Mädchen und dem kleinen William zusammen leben willst? Wir könnten es sehr schön haben. Mit dem Gedanken, dass ich außer der hübschesten Ehefrau vier Kinder habe, die durch Kopenhagen wandeln, lässt es sich nicht leicht leben. Ich weiß, Du kommst mit der Hitze hier nicht zurecht, und Du hast gesagt, dass Du Dich hier niemals heimisch fühlen wirst, aber ich weiß, dass es nicht wahr ist. Du glaubst nur, dass es so ist, aber der Ort hier verführt alle im Laufe der Zeit.

Mehr denn je vermisse ich eine Frau im Haus. Eine Gouverneursfrau! Ich sehe wirklich vor mir, wie die Zukunft aussehen könnte, golden, sinnvoll und auf der Sonnenseite des Lebens. Ich empfinde eine große Lust – und Pflicht, ja, auch Pflicht, zum Besten der Inseln zu arbeiten. Hier gibt es viel Ungerechtigkeit und Schlechtes, aber auch, wie Du weißt, ungeheuren Reichtum. Er müsste mehr Menschen nützen, als es heutzutage der Fall ist. Die Schwarzen – nein, ich will jetzt nicht über die Schwarzen sprechen.

Ich bin jetzt die oberste Autorität auf Sankt Thomas, und ich spüre den erneuerten Respekt der Menschen hier, der reichen wie der armen Menschen. Niemand geht mehr an mir vorbei, ohne zu wissen, wer ich bin, und es ist vollkommen normal, dass die Leute sich anstrengen, um mir zu gefallen. Aber ich höre auch das Flüstern hinter meinem Rücken: über mein junges Alter im Verhältnis zu meiner Karriere, über meine Verbindungen, über unheilige Allianzen mit dem König.

Doch jetzt ruft die Arbeit, Lise. Es ist nicht mit einer neuen, vornehmen Uniform und einer schwarzen Kalesche getan. Es sind tatsächlich Arbeiten zu erledigen, wahrlich, so ist es.

Dein ergebener Mann
Peter

BRIEF: PETER VON SCHOLTEN AN MARIA EIDE, KOPENHAGEN, SEPTEMBER 1852

Mit Jessens Tod bekam meine Karriere einen ernsthaften Schub. Ich muss sagen, dass ich bis dahin unter einem glücklichen Stern gewandelt war, seit ich acht Jahre zuvor mit meiner Frau und meinen zwei Kindern an Land gegangen war. Der König hatte mir meine Laufbahn gesichert, doch dazu kamen der Abschied des ehemaligen Stadthauptmannes, der Tod des ehemaligen Zollverwalters am Klimafieber, Kommandant Holten, der die Hitze nicht ertrug und zur Unzeit seinen Abschied nahm, und ein Orkan, der Sankt Thomas in Schutt und Asche legte und mir die Gelegenheit gab, beim Wiederaufbau meine Fähigkeiten unter Beweis zu stellen. Dann wurde ein neuer Gouverneur ernannt, Carl Wilhelm Jessen. Und am 30. März 1823 fiel Jessen plötzlich vor der jüdischen Synagoge um, als er die steile Krystalgade in Charlotte Amalie hinaufging – angeblich ein Schlaganfall. Eine Reihe von Ereignissen, die nach und nach meine Karriere beförderten und mich zu meinem Schicksal trugen. Eine merkwürdige Geschichte, nicht wahr?

Meine Frau, die ich, wie Du weißt, liebte, ging daheim durch das kalte und regennasse Kopenhagen und zog allein meine vier Kinder auf. Und ich? War ich einsam?

Maria, Du kennst die Antwort auf diese Frage. Du weißt, dass es vor Nanan viele Frauen gab. Ich erinnere mich sogar an eine Zeit, in der Du milde und – so hoffe ich – ergeben die Stirn gerunzelt hast über mein unzüchtiges Leben. Aber es ist nun mal nicht leicht für einen Mann, keusch zu sein.

Als Jessen starb, fand sich in seinen Papieren der seltsamste Wunsch: Der Admiral, der Held von Sjællands Odde und den Vogelklippen, wollte in seinem Vaterland begraben werden. Sein Wunsch war es, in einem bleiernen Sarg nach Dänemark gebracht zu werden, der mit Rum gefüllt und anschließend hermetisch versiegelt werden sollte. Diese Praxis ist, wie Du möglicherweise weißt, auf See nicht ungewöhnlich, wenn es aus irgendeinem Grund wünschenswert ist, den Verstorbenen an Land zu bringen, zum Beispiel aus persönlichen Gründen, um die hinterbliebenen Trauernden zu trösten oder um eine gerichtliche Obduktion des Toten vorzunehmen.

Es geschah, wie Jessen es gewünscht hatte: Seine mit der Uniform bekleidete Leiche wurde samt seinen vielen Orden und seinem Säbel in einen Bleisarg gelegt, dann wurde der Sarg bis zum Rand mit weißem Rum gefüllt – Kildevil –, woraufhin ein Spengler aus Charlotte Amalie den Deckel verlötete. Der bleierne Sarg wurde daraufhin in eine gewöhnliche Holzkiste von entsprechender Größe gelegt, um darin über den Atlantik transportiert zu werden.

Die Kiste mit Jessens in Schnaps eingelegter Leiche, die in einem halben Fass Rum schwappte, wurde zunächst im Hinterzimmer des Leichenbestatters abgestellt, der die reichlich eigentümliche Prozedur vorgenommen hatte. Seltsamerweise sollten einige Jahre vergehen, ehe der Sarg mit dem zu diesem Zeitpunkt bereits stark abgelagerten Rum endlich von Sankt Thomas nach Kopenhagen gebracht werden konnte. Dies geschah mittels einer königlichen Brigg, auf der ich zufällig selbst Passagier war, aber davon später mehr.

Wie bei einer normalen Beerdigung wurde ein Leichenschmaus abgehalten, und das Beisammensein entwickelte sich für viele der beteiligten Herren in eine eher muntere Richtung. Der offizielle Teil – einige Reden und ein Glas Madeira im Gouverneursgebäude – war ziemlich rasch überstanden, und bevor Generalgouverneur Bardenfleth die wenigen Schritte zu seinem Schiff ging, um zurück nach Sankt Croix zu segeln, nahm er mich beiseite und legte mir eine Hand auf die Schulter.

»Alles, was ich von hier höre, Scholten – nun ja, beinahe alles, was ich höre –, sagt mir, dass Sie ein braver, fleißiger und ausgesprochen initiativenreicher Mann sind. Und ich verspreche Ihnen, dass die guten Bürger hier Ihren Einsatz während des Orkans zu schätzen wissen.«

Ich nickte. »Seine Majestät hat mir gerade die Zusage übermitteln lassen, dass ich ein Geschenk zu erwarten hätte«, sagte ich bescheiden.

»Natürlich«, erklärte Bardenfleth. »Einen goldenen Säbel und … waren es fünftausend Reichstaler?«

»Dollar, Eure Exzellenz.«

»Oh, nun ja. Genau das Doppelte also. Aber in jedem Fall ein schönes Geschenk von dankbaren Bürgern.« Bardenfleth ließ seinen Blick über die blankgeputzten silbernen Knöpfe meiner recht vornehmen Uniformjacke gleiten. »Nun ja, das ist ja alles sehr erfreulich«, sagte er dann. Er nickte würdevoll, auf seinem Gesicht zeigte sich ein flüchtiges Lächeln. Dann nahm er seine Hand, die in einem weißen Handschuh steckte, von meiner Schulter und verabschiedete sich.

Ich wusste nun bereits zwei Dinge über den einzigen ranghöheren Mann in Westindien: Er würde niemals mein Freund werden, und er würde niemals mein Feind werden.

Als der General zu seiner Zuckerinsel aufgebrochen war, trank ich mit den anderen Herren weiter Madeira und rauchte eine gute Zigarre. Als ich mich in dem Kreis umsah, wurde mir klar, dass noch etwas ganz sicher war, eine dritte Wahrheit: Es gab tatsächlich niemanden außer mir, um den Posten zu übernehmen, wenn Bardenfleth irgendwann einmal seinen Geldbeutel gefüllt hatte und heimreisen würde, um wieder Hofmarschall bei Prinz Ferdinand zu werden.

Nach dem offiziellen Teil des Leichenschmauses für den in Rum einbalsamierten Gouverneur Jessen verließ ich die Gesellschaft mit dem Gefühl, die Nase recht tief nicht in Rum, aber in Madeira gesteckt zu haben. Aber es war ein angenehmes Gefühl, und ich hatte keine große Lust, zu meinem hübschen Haus auf dem Kommandantenhügel zu fahren. Ich wusste, dass ich dort nur in meinem Bett schlummern würde, bis die Dunkelheit kam. Daher bat ich den Kutscher – einen hochgewachsenen, hageren Neger, der früher dem verstorbenen Gouverneur gehört hatte und dessen Gesichtsausdruck daher ungewohnt traurig war –, am Hafen entlang in westlicher Richtung aus der Stadt zu fahren.

Ich setzte mich in den Wagen unter den leichten Baldachin und genoss dessen schaukelnde Bewegungen und die Ruhe, die ich in meinem Inneren verspürte – die Stille nach der Gesellschaft wie den Gedanken daran, was Jessens Tod für meine Karriere bedeutete.

Der Schwarze fuhr die Kais und Speicher entlang und bog dann auf die Straße, die bei Crown Bay von der Küste wegführte. Wir folgten dem primitiven, sandigen Weg zwischen zwei der Anhöhen, die charakteristisch sind für die Gegend um Charlotte Amalie, und ließen die Stadt hinter uns. Ich lehnte mich mit halb geschlossenen Augen im Sitz zurück. Der Neger auf dem Kutschbock saß vollkommen still und schwieg. Ich wusste aus früheren Begegnungen, dass er nicht sonderlich mitteilsam war, ja, tatsächlich konnte ich mich nicht erinnern, jemals ein einziges Wort von ihm gehört zu haben. Ich hatte ihn für eine bescheidene Summe übernommen, als ich Holten längere Zeit vertrat. Danach hatte ich ihm einen Freibrief ausgestellt und ihn für einen sehr bescheidenen Wochenlohn als Kutscher angeheuert. Einige wenige Reichstaler hatten mir die Treue dieses schweigsamen Mannes gesichert. Er hieß wie sein ehemaliger Besitzer: Ludvig.

Nach einigen Minuten Fahrt sah ich zu meiner linken Seite das Meer. Bäume und Palmen wuchsen verhältnismäßig nah an dem breiten Strand, und zwischen den Stämmen blinkte das leuchtende blaue Wasser der Lindbergh Bay, einer tiefen Bucht zwischen zwei Felsvorsprüngen.

»Fahr hier hinunter, Ludvig«, sagte ich. »Ich will den Strand sehen.«

Der Schwarze nahm die Zügel aus dem Schoß und zog leicht an der linken Seite, und das Pferd gehorchte und lief durch das struppige Gras zum Wasser. Die Palmen standen so dicht, dass die Kutsche gerade so zwischen die ersten Stämme passte. Auf der Erde lagen Kokosnüsse, grüne Früchte von der Größe eines Kopfes. Einige waren bereits aufgeplatzt, und neue kleine Palmen sprossen aus der harten Schale.

Ludvig hielt die Kutsche auf einer Lichtung an und zog die Bremse, ich sprang auf die Erde. Vor den Felsen von Grambokola Hill, dem westlichen Kap, tauchte eine Schar Pelikane nach kleinen Fischen. Es sah aus, als würden sie zusammenarbeiten: Auf ihren breiten Flügeln schwebten sie hoch über dem Strand, dann tauchte einer nach dem anderen hinab, als würden sie sich reihum die Kehlsäcke füllen. Ein tauchender Pelikan stürzt zunächst abwärts wie ein Schaf, das von einem Felsvorsprung fällt, doch dann zieht er die Flügel ein und navigiert blitzschnell durch die Luft, um sich schließlich zu einer Art Keil zusammenzufalten, der sechs Mal so klein wie der ganze Vogel wirkt. Wie ein Pfeil trifft er auf die Wasseroberfläche und fliegt kurz danach wieder auf, den Kehlsack gefüllt mit Sardinen.

Ich blieb eine Weile stehen und bewunderte diese Technik. Die Vögel waren zu weit entfernt, ich konnte das Platschen nicht hören, wenn sie eintauchten, aber rechts von mir fiel eine Kokosnuss hinunter und traf mit einem dumpfen Geräusch auf den Sand. Einige Insekten schwärmten unter den Kronen, ein Vogel kreischte. Irgendetwas bewegte sich unten am Strand, dicht bei den Felsen an der rechten Seite. Ich kniff die Augen zusammen und schaute in das grelle Sonnenlicht. Eine große Echse lief über den Strand ins Wasser. Sie schwamm einige wenige Klafter mit krokodilartigen Schlägen ihres langen Schwanzes, dann tauchte sie. Hinter mir schnaubte das Pferd, sein Zaumzeug knarrte. Dann war es wieder ruhig.

Bis zu dem Schrei.

Eine Frau lief unter den Kronen der Kokospalmen an einer Gruppe niedriger Büsche vorbei auf den Strand. Ich sah dort das Dach einer einfachen Hütte. Die Frau war ein Mischling, ihre Haut war dunkelbraun. Sie hatte kurzgeschnittenes Haar, wie einige junge Negerinnen es gern haben, und trug ein dunkelrotes Kleid, das aber nur eine Schulter bedeckte, es sah aus, als hätte man es ihr von hinten heruntergerissen.

Mit aufgerissenen Augen und offenem Mund lief sie auf mich zu, ich sah das Entsetzen in ihrem Gesicht. Weil es um mich herum so still war und alle Geräusche nur aus der Natur gekommen waren, dachte ich zunächst, dass sie vor einem Tier davonlief. Ich drehte mich um und wollte zur Kutsche laufen, um die Pistole zu holen, die immer in dem Kasten unter meinem Sitz liegt. Aber ich blieb stehen, als mir klar wurde, dass sie nicht vor einem Tier davonlief, sondern vor einem Mann. Er schrie irgendetwas mit lauter, wütender Stimme, vielleicht ihren Namen. Claire?

Die Frau war jetzt auf meiner Höhe und blieb bei meinem Anblick ratlos stehen. Es war vermutlich auch erschreckend: ein weißer Mann mit einem großen schwarzen Hut und einer Uniformjacke mit glänzenden Orden und goldenen Epauletten, einer zitronengelben Seidenschärpe und goldgesticktem Laub am Kragen.

Sie starrte mich einen Moment an und schlug dann ihren Blick nieder. Ihr Kleid war ihr ganz von der Schulter gerutscht und hing an ihrem schlanken braunen Arm. Eine kleine spitze Brust ragte heraus, mit einer Warze wie ein dunkler Schokoladenknopf. Ich blickte über ihre Schulter. Ein schwarzer Mann mit Strohhut und nacktem Oberkörper, kräftig, fett und schweißglänzend, mit Oberarmen wie die Schenkel eines Maultiers. Und da ich schon einmal beim Maultier bin, hielt er eine lange Peitsche in den Händen, die aussah, als sei sie bestens geeignet für diese Kreuzung aus Pferd und Esel.

»Claire!«, brüllte er erneut mit dieser eigenartig schrillen Stimme. »Komm her, du verdammte *bitch*!«

Ich sah mich nach meiner Kutsche um. Ludvig saß nicht auf dem Bock, er war abgestiegen und stand daneben. Ich erkannte seinen länglichen, schwarzen Kopf über dem Wagenkasten.

Der wütende Mann ließ die Peitsche knallen, und bei dem Geräusch fuhren sowohl ich als auch die Frau zusammen. Ich ging einen Schritt auf sie zu und griff nach ihrem Arm. Sie sah mich an und kniff die Augen zusammen, als ob ich sie schlagen wollte.

»Geh hinter die Kutsche«, sagte ich. »Bleib dort.«

Sie zögerte einen kurzen Moment, dann lief sie zu Ludvig und der Kutsche. Einen Augenblick später stand ich direkt vor dem wütenden Neger. Er sah mich mit rotunterlaufenen Augen und schweißnassem Gesicht an. Aus irgendeinem Grund sabberte er unmäßig; sein Kinn glänzte vor Nässe wie das Kinn eines zahnenden Säuglings.

»Wer sind Sie?«, fragte er mit belegter Stimme und hob die Peitsche. Ein Gestank nach billigem Rum und Fäulnis ging von ihm aus. Ich blickte ihn eine Weile an, bevor ich mich zu einer Antwort herabließ.

»Wie sehe ich denn aus, Boy?«, erwiderte ich schließlich. »Wie ein Mann, dem ein Neger drohen sollte?«

Er funkelte mich böse an und schob den Unterkiefer vor. Ein paar Tropfen Speichel fielen in den Sand. Ich verspürte ein gewisses Unbehagen bei der Aussicht auf näheren Kontakt mit ihm. Doch während wir uns ansahen, tauchte so etwas wie Verständnis in seinem Blick auf, etwas, das ihn eher ängstlich als wütend erscheinen ließ. »Massa?«, sagte er.

Ich lächelte. »Amtierender Gouverneur, Stadthauptmann, Zollinspekteur, Postmeister, königlich ernannter Waagemeister, ehemaliger Leutnant und königlicher Adjutant Peter von Scholten«, stellte ich mich vor. »Und wer bist du?«

Er zog den Unterkiefer zurück. Die Peitsche hing noch immer in seiner Hand. »Öh«, antwortete er.

Ich nickte. »Das dachte ich mir.« Ich drehte mich zu meiner Kutsche um. Ludvig saß wieder auf dem Bock, in der Hand hielt er meine Pistole. Er zielte auf den Mann. Das Mädchen stand hinter dem Wagen, ich sah nur ihr Gesicht, die erschrockenen Augen, das kurze Haar.

Der Mann stand mit der Peitsche in der Hand da, ganz offensichtlich hatte er sich beruhigt. Ich betrachtete ihn: ein schwarzer Mann und eine braune Frau. Seine Tochter? Seine Ehefrau? Wer sie auch war, sein Vorgehen war nicht zu billigen.

»Geh nach Hause«, befahl ich ihm und marschierte zur Kutsche. Ich war sicher, dass er in irgendeiner Form reagieren würde, aber nichts geschah. Ludvig richtete noch immer die Pistole auf ihn. Ich stieg in die Kutsche und setzte mich. »Komm«, forderte ich die Frau zur anderen Seite hin auf. Sie zögerte einen Moment, dann setzte sie ihren nackten Fuß auf das Trittbrett. Ich blickte hinüber zu dem Mann. Er hatte sich nicht gerührt, war noch immer klatschnass am Kinn und auf der Brust. Ein zutiefst verachtenswertes Wesen. Und dann ein armer Tropf wie alle Schwarzen. Ich steckte die Hand in die Westentasche und zog ein paar Münzen heraus. Ein Wochenlohn, nein, zwei, für meinen Kutscher.

»Komm her«, forderte ich den sabbernden Neger auf. Er schien mich nicht zu hören, starrte lediglich die Frau an, die jetzt neben mir saß. Ich warf ihm die Münzen zu.

Dann fuhren wir los, zurück in die Stadt. Als wir die Küste bei Crown Bay erreichten, beugte ich mich vor und bedankte mich bei Ludvig. »Und fahr den anderen Weg hoch zu meinem Haus«, sagte ich. »Hinten herum.«

Ich wollte nicht, dass allzu viele von Charlotte Amalies Bürgern sahen, dass der Gouverneur eine junge Mulattin in seiner Kutsche transportierte.

PETER VON SCHOLTENS PRIVATES TAGEBUCH, CHARLOTTE AMALIE, SANKT THOMAS, APRIL 1823

Als dieses Mädchen in mein Leben trat – in mein Haus einzog –, änderte sich alles. Ich vermisste Lise nicht mehr so sehr. Ist das so schwer zu verstehen? Wohl kaum für einen Mann. Ich sage ausdrücklich »nicht mehr so sehr«. Denn ich vermisste sie schon. Aber Claire – Klara, wie ich sie schon bald nannte – erlaubte mir, meine physische Sehnsucht nach meiner Frau zu vergessen, und bereitete mir große Freude, auch in anderer Hinsicht. Sie war nett und aufgeweckt und gefiel mir sehr.

Ich brachte sie zunächst im Gästeflügel unter, wo sie blieb, bis sie sich ein wenig erholt hatte. Aber ein farbiges Mädchen konnte damals nicht wie ein Gast bei einem Gouverneur wohnen, und so gehörte sie schon bald zu meinen Bediensteten. Keiner der anderen Neger fiel auf diese plumpe List herein, sie wussten, worin ihre Pflichten bestanden, aber sie waren diskret. Sie hatten es gut in meinem Haus, besser als in den meisten anderen.

Klara! Sie vermisse ich auch. Bevor ich ihr an diesem merkwürdigen Tag nach Jessens Leichenschmaus begegnete, hatte ich nur kurze Affären mit verschiedenen Frauenzimmern gehabt, einigen weißen, aber überwiegend farbigen. Bei den anderen Weißen in der Stadt erregte das kein größeres Aufsehen; alle wussten, wie es sich ergab, alle praktizierten es. Viele, vielleicht die meisten Ehefrauen der Beamten verließen die Inseln nach einiger Zeit. Den Frauen fiel es weitaus schwerer, sich an die Tropen zu gewöhnen, als den Männern.

Aber Klara! Sie war mehr als diese Mätressen, die ich gekannt hatte.

Nachdem sie sich in der Dronningensgade frisch gemacht hatte, ein Bad genommen und ein neues Kleid und ein Paar feine Schuhe bekommen hatte, verwandelte sie sich von einem erschrockenen Naturkind in eine außerordentlich hübsche, ranke Frau. Ihr breites Gesicht mit den gleichsam ständig erstaunten schrägen Augen, ihr schlanker junger Leib, ihre feine braune Haut, alles an ihr versprach die wunderbarsten Schäferstunden.

Sie war weder die Tochter noch die Ehefrau des sabbernden Negers aus der Lindbergh Bay. Sie hatte ihm gehört! Er war ein freier Neger von der Plantage Solitude, einer der wenigen, der die sogenannte »Freiheits-Lotterie« des Pflanzers Marcussen gewonnen hatte. Allerdings war er nicht auf der Plantage geblieben, um für einen elenden Lohn weiter zu schuften, sondern hatte stattdessen beschlossen, sich als Fischer zu versuchen. Er hatte sich im Schatten der Palmen eine Hütte gebaut und fuhr jeden Tag hinaus aufs Meer auf einem Floß, das er sich aus Bambusrohren und vier Zuckertonnen gezimmert hatte, um so viele Fische und Langusten wie möglich zu fangen. Er hatte sich damit ein Auskommen geschaffen und konnte nach ein paar Jahren die sechzehnjährige Claire einem französischen Missionar abkaufen, der sie zu seinem Privatvergnügen aus Martinique mitgebracht hatte. Diese frommen Männer!

An jenem Tag, an dem ich ihr begegnete und sie durch einen seltsamen Zufall aus ihrem erbärmlichen Dasein in der Gewalt eines freien Negers rettete, hatte sie ihm gerade in einem Akt der Verzweiflung eine Mahlzeit aus würziger Maisgrütze und einigen Algen zubereitet, die an den Steinen im Meer wuchsen und von denen sie wusste, dass sie sehr giftig waren. Offenbar aber nicht giftig genug. Der Neger hatte sich übergeben und angefangen, wie ein Wahnsinniger zu sabbern, aber er hatte überlebt, und als ihm der Zusammenhang klar wurde, war er dazu übergegangen, sie zu verprügeln. Er hatte gerade zur Peitsche gegriffen, als ich und mein Kutscher Ludvig auftauchten.

Jetzt gehörte Klara mir. Wenn Marcussens freier Neger auf die Idee gekommen wäre, mich anzuzeigen und sie zurückzufordern, hätte ich ihn in die Kasematten unter Christiansfort werfen lassen. Aber dazu kam es nicht, er war nicht ganz so dumm, wie er unwiderlegbar aussah.

»Mass*aaa*«, sagte Klara den ersten Tag. Sie sprach eine Mischung aus Dänisch, Englisch und französischem Kreolisch, die ebenso einnehmend war wie der Rest von ihr. »Ich muss *remercie* … Ihnen danken, dass Sie mich vor Fischer-Ben gerettet haben.« Sie wand sich auf eine Weise, die sicher ihre dankbare Bereitwilligkeit ausdrücken sollte.

»Aha, Fischer-Ben«, erwiderte ich und lächelte ihr zu, während ich damit kämpfte, die Regungen in meinem Körper zu ignorieren. Ich schaute an mir herunter, noch trug ich meine Uniform. Neben ihrer jungen und einfachen Erscheinung fühlte ich mich wie ein alter, vollgefressener Pfau.

Ich zeigte Klara ihr Zimmer, und sie schaute sich mit großen Augen um. Die Sonne stand tief im Westen und warf ihre warmen Strahlen schräg durch die lackierten Lamellen der halb geschlossenen Fensterläden.

»Was mache ich *ici?*«, fragte sie und sah mich beinahe erschrocken an. Ich zuckte die Achseln und nickte freundlich.

»Du kannst dich eine Weile ausruhen. Erst einmal. Heute Abend besprechen wir dann, wie es weitergeht.«

Und in gewisser Weise taten wir das auch. Als am späten Abend im Haus Ruhe eingekehrt war, saß ich allein in meinem Arbeitszimmer und las einige Berichte über Seeleute im Delirium und verfaulten Mais sowie Bettelbriefe um Geld und Versetzungen, als ich ein Rascheln an der Tür hörte. Ich drehte mich um und sah sie im weichen Licht der Wachskerze, die unter dem Sturmglas der Lampe brannte, eintreten. Klara schlüpfte ins Zimmer und zog leise die Tür hinter sich zu. Ich saß in meiner Hausjacke an meinem Schreibtisch mit einem Glas dunklem Rum neben den langweiligen Papieren. Gerade noch war ich müde gewesen und wollte schlafen gehen. Doch nun stand Klara am ersten Abend, den sie in meinem Haus verbrachte, in meinem Arbeitszimmer und blickte mich mit großen Augen an, und ich wusste genau, weshalb sie gekommen war.

MIKKEL EIDE: »DAS VERBRECHEN« (MANUSKRIPT), MÄRZ 1826

Die Sklavin Ella

Ella, Haussklavin bei Theodor Dickinson, einem unverheirateten Kaufmann und Schiffsmakler, erkaufte sich ihre Freiheit 1822. Viele Jahre lang hatte Ella – die sich nicht daran erinnern kann, irgendeinen weiteren Namen zu tragen – als Näherin für die Damen aus Charlotte Amalies feineren Vierteln gearbeitet. Sie war tüchtig und wusste ihre Finger zu gebrauchen, ihre Stiche waren in den feinen Stoffen kaum zu erkennen.

Als Ella in Mr. Dickinsons Besitz und im Haus des Kaufmanns reichlich beschäftigt war – Kochen, Einkauf, Putzen, Befriedigung der besonderen Gelüste des Kaufmanns –, musste sie ihre Näharbeiten in ihrer Freizeit erledigen. Wenn man sie denn so nennen konnte, zumal sie ständig arbeitete. Ihre Finger waren blutig von Nadel und Faden, sie selbst ständig müde, schuftete jedoch weiter, ihr Haar, das ehemals die Farbe frisch gebrannter Holzkohle hatte, wurde grau wie die Asche, die nasses Holz in einer kalten Feuerstelle hinterlässt.

Die Schillinge, die sie mit ihrer Näharbeit verdiente, musste sie mit ihrem Massa teilen, dem Mann, vor dem sie sich regelmäßig drei Mal in der Woche in dem kalten Weinkeller ausziehen musste, in dem er mit einem Glas Portwein saß und sie mit den Augen auffraß, wenn sie ihre einfachen Kleider auf den Steinfußboden fallen ließ.

Aber nach einer langen Reihe von Jahren – ja, nun habe ich zwei Mal diesen Ausdruck benutzt, und doch wissen weder Ella noch ich, wie viele Jahre es tatsächlich waren – hatte sie dennoch dreihundertfünfzig Reichstaler gespart und hätte sich freikaufen können.

Sie hätte sich selbst kaufen können.

Denn der Preis betrug ursprünglich dreihundertfünfzig Reichstaler. Als Mr. Dickinson jedoch sah, wie fleißig sie war und wie relativ schnell sie die Summe gespart hatte, erhöhte er ihren Preis um einhundert Reichstaler und verlangte gleichzeitig zwei Drittel ihrer Einnahmen und nicht mehr nur die Hälfte.

Ella nickte nur. »Ja, Massa, wie der Massa es will«, sagte sie. Und sie schuftete weiter im Haus, nähte für die Damen, ließ ihr zerschlissenes Kleid auf den Steinfußboden fallen und stand zitternd und nackt vor ihrem Herrn.

Tag für Tag für Tag.

Lassen Sie mich einschieben, dass hier nicht die Rede ist von brutalen Grausamkeiten oder physischer Bestrafung, wie wir sie früher auf den Plantagen gesehen haben und von der wir noch immer hören, sogar noch jetzt, wo das Schlimmste bereits verboten ist. Dickinson schlug sie nicht, er fesselte ihr nicht die Hände über dem Kopf und peitschte nur zum Vergnügen ihren Körper blutig; er ließ kein glühendes Siegelwachs auf ihre empfindlichsten Hautpartien tropfen, zwang sie nicht, ihren Kopf in ein Rumfass voller Wasser zu stecken, er verbrannte sie auch nicht mit glühenden Eisen. Er vergewaltigte sie nicht einmal. Er saß lediglich mit seinem Portwein da, in seinen vornehmen Kleidern, brennende Kerzen im fünfarmigen Leuchter, und schaute ihr zu, wie sie sich entkleidete. Bisweilen erhob er sich und schritt um sie herum, während sie frierend auf dem Steinfußboden stand. Manchmal fasste er sie an, allerdings nie so, dass es ihr wehtat, eher in einer Art bewundernder Ohnmacht.

Und eines Tages war sie frei.

Ich treffe Ella am Hafen von Charlotte Amalie am Dreikönigstag. Als freie Farbige hat sie Arbeit bei einem anderen Kaufmann angenommen. Obwohl der Unterschied nicht sonderlich groß ist, wird sie für ihre Arbeit bezahlt und muss sich nicht mehr drei Mal die Woche im Keller ausziehen. Noch immer näht sie für die Damen der Stadt, sie wird geschätzt und ist tüchtig.

Aber ist sie auch glücklich?

Als ich sie frage, scheint sie meine Frage gar nicht zu verstehen. Als wüsste sie überhaupt nicht, was Glück ist. Ich bitte sie, mir ihre ganze Geschichte zu erzählen, blicke in ihre schwarzen Augen und versuche, ihr begreiflich zu machen, dass ich nur Gutes will.

»Massa«, sagt sie. »Massa Mikkel. Ich wohne hier fast schon mein ganzes Leben. Ich weiß nicht, wie alt ich bin, aber ich kam damals als kleines Mädchen. Mit meiner Mutter und meinem Vater. Nach Santa Cruz. Ich war noch klein, als ich fortgeschickt wurde. Als ich an Massa D. verkauft wurde. Meine Mutter …«

Sie wendet sich von mir ab und blickt über den in der Sonne liegenden Hafenplatz. Wir sitzen an einem Teehaus in Frenchtown, unter einem Baldachin, der aussieht, als sei er aus einem alten Focksegel genäht. Ella trägt ein lavendelblaues Kleid und vornehme kleine Schuhe, die mich an chinesische Damen denken lassen. Sie ist jetzt selbst eine Art Dame, ähnlich denen, deren Kleider sie noch immer näht, und wird doch nie eine von ihnen werden. Ihr ganzes Leben hat sie mit diesem Wissen gelebt. Ich sehe ihr ernstes Gesicht und fühle so sehr mit ihr, dass ich es in meinem Herzen spüre.

»Meine Mutter lief an jenem Tag der Kutsche nach. Wir waren auf einer Plantage – Justice heißt sie –, und mein Vater war bereits verbraucht; seine Arme und Beine waren schwach, sie taten ihm weh, eine Krankheit fraß seine Muskeln. Er war so dünn, so dünn, aber jeden Tag mussten sie im Morgengrauen aufstehen, die Männer, die den Zucker ernteten. Eines Tages konnte er nicht aufstehen. Der Bomba und der Massa schlugen und schlugen ihn, bis er schließlich nichts mehr konnte …«

Sie sieht mich über den kleinen Tisch hinweg an. Wir trinken Wasser mit Zitrone. Vor mir steht ein kleines Glas Rum. Von weitem sehen wir möglicherweise wie Freunde aus, vielleicht wie ein Ehepaar.

»Ich habe meinen Vater geliebt«, fährt sie fort. »Ich habe ihn sehr geliebt. Ich verstand nicht, warum die anderen ihn nicht mochten.«

»Deine Mutter lief hinter dir her, sagst du?«

Ella nickt. »Als ich an Massa D. verkauft wurde. Er wohnte damals in Christianssted, und die Plantage lag weit draußen bei The Centerline, beinahe ganz am Ende im Westen der Insel. Wir ahnten nichts. Eines Tages kam der Bomba von Justice zu uns und nahm mich mit. Meine Mutter rannte der Kutsche hinterher. Sie schrie und schrie …«

Es war das Letzte, was die kleine Ella von ihrer Mutter hörte. Ein Schmerzensschrei. Ich weiß nicht, was ich sagen soll. Hier sitzen wir, die schwarze Frau und ich, und teilen miteinander das Grauen der Welt bei zwei Gläsern Wasser. Wie alt ist sie? Vierzig? Fünfundvierzig? Eine freie Frau. Sie hat ihre Mutter nie wiedergesehen.

MARIA EIDES TAGEBUCH, SOLITUDE, SANKT THOMAS, SEPTEMBER 1826

Wir sind fertig, Solitude ist jetzt eine Schule. Und nun? Ich weiß es nicht. Neben Mikkel und mir wohnen hier ungefähr achtzehn freie Neger, die meisten von ihnen sind erwachsen, und beinahe alle waren Sklaven auf Marcussens Plantage. Sie wechseln sich mit der Bestellung des kleinen Kaffeefeldes ab, auch Mikkel und ich schauen dort hin und wieder vorbei. Der Kaffee wächst auf Büschen oder vielleicht eher kleinen Bäumen: knallrote Früchte, die wie Trauben oder kleine Pflaumen aussehen und in dichten Trauben zwischen den lorbeerartigen Blättern hängen. Es ist eine dankbare Frucht, sie wächst gern und verlangt nur wenig Pflege. Die Arbeit ist angenehm.

Trotzdem sollten wir weitaus mehr sein. Als ich anfing, von einer Schule auf Sankt Thomas zu reden, sah ich ein großes, hübsches Gebäude vor mir, in dem es von glücklichen Negerkindern nur so wimmelte. Eine sehr naive Vorstellung. Ich muss mich zusammenreißen, um Mikkel nicht vorzuwerfen, dass er mich nicht gewarnt hat. Er kennt die Insel ja besser als ich. Allerdings muss ich zugeben, dass ich es selbst hätte sehen müssen.

Sankt Thomas ist überhaupt nicht wie Sankt Croix, wo ich so viele Jahre gelebt habe. Und Solitude befindet sich darüber hinaus in einer recht unwegsamen Gegend. Nur ein schmaler Weg führt den Berg hinauf, und die anderen Plantagen – die wenigen, die es auf Sankt Thomas noch gibt – liegen weit von hier entfernt, die meisten sogar am östlichen Ende der Insel. Von den vielen Schwarzen, die ich gern in meiner Schule hätte, bräuchten die meisten eine Tagesreise, um hierher zu kommen.

In Charlotte Amalie gibt es viele Schwarze, auch schwarze Kinder, aber die Kaufleute und wohlhabenden Bürger, die sie besitzen, sind nicht dazu zu bewegen, sie auch nur einen einzigen Tag in der Woche von ihren Pflichten zu entbinden. Wenn die Schwarzen ausgebildet werden sollen, ist die Kooperation der Weißen notwendig – und ich fürchte, das ist nur sehr schwer zu erreichen.

Vorläufig unterrichte ich die Schwarzen, die hier sind, und das bereitet mir große Freude. Wissbegierde ist ein starker Trieb bei allen Menschen, und bei den schwarzen Sklaven in Westindien wurde dieser Trieb so viele Jahre unterdrückt. Es ist ein Quell großer Freude, zu sehen, wie begeistert sie von unserer neuen Schule sind. Sie saugen den Lehrstoff auf wie Kolibris den Nektar!

Ich habe mich mit Geduld gewappnet. Früher oder später werden die Schwarzen ihre Freiheit bekommen. Früher oder später werden die Weißen erkennen, dass die Schwarzen auf sie vorbereitet werden müssen.

Die Erwachsenen, die hier wohnen, haben sich in den Hütten des alten Sklavendorfs eingerichtet, deren Häuser sie ständig renovieren und ausbessern. Solitude ist eine Arbeitsgemeinschaft: Wir bestellen den Boden. Wir ziehen Kaffee, Tabak und Kakaobäume, Obst und Gemüse, Papaya, Mango, Ananas. Alles kann hier wachsen. Nur eines bauen wir nicht an: Zuckerrohr.

Die meisten von Marcussens Zuckerrohrfeldern, die sich von den Gebäuden der Plantage bis zum Meer erstreckten, sind heute offen für die wilde Flora der Insel. Die steilen Hänge, die Sankt Thomas' erste Sklaven vor hundertfünfzig Jahren unter unmenschlichen Anstrengungen gerodet und mit Zuckerrohr bepflanzt haben, kehren allmählich in ihren ursprünglichen Zustand zurück: Wilde Bäume sprießen inmitten des Zuckerrohrs, alle möglichen Kräuter und Unkräuter greifen die ehemals ausschließlich mit Zuckerrohr bepflanzten Felder von außen, von den Wegen und Rändern her an, Stürme und Regen drücken die Halme nieder, niemand erntet den letzten Zucker, niemand kümmert sich um diese Felder.

Die Schwarzen, die jetzt freie Menschen sind, wollen nie wieder ein Zuckerrohrmesser anfassen. Lieber hungern sie. Aber mit den anderen

Feldfrüchten arbeiten sie. Der Kaffee gedeiht, der auf niedrigen Büschen hinter dem Haus wächst. Rote Beeren, die jeweils zwei weiße Bohnen enthalten. Die Bohnen machen ziemlich viel Arbeit, und wir kämpfen auch mit Bohrkäfern und anderen Schädlingen, aber es ist eine gute Ernte, die zu hohen Preisen verkauft werden kann.

Jede einzelne Kaffeebeere muss geteilt, die Bohnen müssen herausgepult werden. Danach trocknen wir sie in der Sonne. Erst ließen wir sie auf dem Boden liegen und wendeten sie mit langen Rechen, aber einer der Männer kam auf die Idee, sie in rundum aufgeschnittenen Säcken zu lagern, die auf Tischhöhe zwischen mehrere Ständern gespannt werden, sodass die Bohnen auch Luft von unten bekommen. Auf diese Weise vermeidet man auch, dass kleine Steinchen zwischen die Bohnen geraten.

Die Erwachsenen, Mikkel und ich arbeiten oft Seite an Seite, für einen Außenstehenden sieht das sicher merkwürdig aus. Welcher Massa hat je gemeinsam mit Negern gearbeitet? Aber so ist es hier, und viele der Schwarzen zähle ich zu meinen Freunden.

Und doch stehen meinem Herzen die Kinder am nächsten. So war es, seit ich Lehrerin auf der Plantage von John Ellis auf Sankt Croix war.

Die Kinder sind unsere Hoffnung. Sie sollen die Inseln einmal erben. Im Laufe der Jahre habe ich die grausamsten Dinge gesehen und gehört, aber am schlimmsten war es, wenn es Kinder betraf. Die Unschuldigen. Stell dir nur vor, als Sklave geboren zu werden. Kann man es sich überhaupt vorstellen? Sobald sie laufen können, müssen sie arbeiten. Erst leichte Arbeiten, damit sie sich gar nicht erst daran gewöhnen, frei zu sein oder über ihren eigenen Körper zu verfügen. Dann die härteren Aufgaben. Und schließlich die Plackerei, die Arbeit, die sie umbringt. Die Felder, die Zuckermühle, die Erschöpfung.

Hier auf Solitude spielen die Kinder um mich herum. Ich übertrage ihnen keine Pflichten, für die sie zu klein sind. Sie sollen lernen, das ist das Wichtigste. Lernen ist ihr Ziel, ihre Zukunft. Und die Zukunft der Insel. Ich weiß es, ich wusste es, seit ich das erste Mal die Kinder in meiner Schulstube auf der Canaan Plantation habe lächeln sehen.

BRIEF: MIKKEL EIDE AN DEN REDAKTEUR THOMAS DE SOUZA, SOLITUDE, SANKT THOMAS, MÄRZ 1826

Lieber Thomas,

nun habe ich Maria endlich Peter von Scholten vorgestellt! Als ich das letzte Mal nach Charlotte Amalie gefahren bin, um bei Sklaven und Sklavenhaltern für mein Buch »Das Verbrechen« zu recherchieren, verabredete ich mit dem Gouverneur ein Gespräch – die englischen Zeitungsleute nennen es ein *Interview*. Und kaum saß ich ihm im Gouverneursgebäude in der Dronningsgade an seinem Schreibtisch gegenüber, als das Gespräch auf Maria kam. Scholten erinnerte sich daran, dass er mir vor zwei Jahren eine Tasche mit persönlichen Papieren überreicht hatte, die ich ihr in Dänemark hatte überbringen sollen. Er fragte mich, wie das abgelaufen sei. Ich glaube, ich war ein wenig verwirrt, denn ich war nicht darauf vorbereitet, dass es bei unserem Gespräch um mich gehen sollte.

»Es verlief so, wie Sie es sich erhofft haben«, antwortete ich. »Ich habe Maria die Tasche in ihrem Haus auf Thurø übergeben.« Ich spürte, wie meine Wangen brannten, eine in gewissen Situationen entlarvende Reaktion, die mich seit meiner Schulzeit gequält hat.

»Nun gut, ja«, erwiderte Scholten, und ich spürte seinen scharfen Blick auf meinem erröteten Gesicht. »Und war es eine angenehme Begegnung?«

Es war eigentlich keine Frage, doch ich nickte. »Ja. Außerordentlich. Wir sind enge Freunde geworden. Ohne sie wäre ich wohl kaum nach Sankt Thomas zurückgekehrt. Sie ist eine einmalige Frau.«

Als sei das das Stichwort gewesen, erklang ein gedämpftes Klopfen an der Tür, und eine Frau, beziehungsweise eher ein junges Mädchen, trat mit einem Silbertablett ein, auf dem zwei Gläser und eine Kanne standen. Ich sah sie an, und es fiel mir schwer, meinen Blick von ihr abzuwenden: Sie war eine der hübschesten Schwarzen, die ich jemals gesehen habe, mit sehr feinen Zügen und einer makellosen braunen Haut. Sie lächelte höflich, aber mit einer Selbstsicherheit, die mir verriet, dass sie mehr als eine einfache Bedienstete war, und stellte das Tablett zwischen uns.

»Danke, Klara«, sagte Scholten, stellte mir ein Glas hin und nahm selbst das andere. Dann lehnte er sich im Stuhl zurück und legte seine schmalen Hände vor die Brust, sodass die Spitzen seiner Zeigefinger das Kinn berührten. Er sah mich an oder durch mich hindurch, genau konnte ich es nicht sagen. »Und Maria hat Marcussens Plantage übernommen, höre ich, und will dort eine Schule errichten?«

»Ja. Allerdings befürchten wir, dass sie sich verrechnet hat.«

»Weshalb?«

»Es gibt keine Schüler.«

»Aha.«

»Maria hatte ja schon eine Schule … nein, sie arbeitete als Lehrerin auf einer Plantage in Sankt Croix.«

»Canaan.«

»Ja. Sie war dort über zwanzig Jahre und hatte großen Erfolg mit ihrem Unterricht für schwarze Kinder. Hin und wieder hat sie auch erwachsene Sklaven unterrichtet.«

Scholten schmunzelte. »Komisch, wie manche Kreise sich manchmal schließen«, sagte er.

»Was meinen Sie?«

»Mein Vater hat ihr diese Stellung verschafft. 1804 war das … einer seiner Pflanzerfreunde brauchte eine Gouvernante.«

»John Ellis.«

»Aber das hier ist natürlich etwas anderes«, fuhr Scholten fort. »Eine Schule in den Bergen. Und die Weißen sehen nicht, welchen Nutzen sie daraus ziehen können, wenn die Unfreien unterrichtet werden.«

»Nein.«

Der Gouverneur stand auf und trat ans Fenster, von dem aus man die schönste Aussicht über die Bucht und die Stadt hatte. Er blieb dort eine Weile wortlos stehen. Dann seufzte er und drehte sich zu mir um.

»Ich will sehen, was ich tun kann«, erklärte er und ging zurück an seinen Platz hinter dem Schreibtisch. »Aber Sie wollten eigentlich mit mir über Ihr Buch sprechen?«

Ich nickte. »Ja. Ich sammele westindische Stimmen.«

»Was wollen Sie hören?«

»Sie erinnern sich vielleicht, dass ich an einem Buch gearbeitet habe, als ich das letzte Mal auf Sankt Thomas war. Das habe ich jedoch verworfen. Das meiste von dem, was ich damals geschrieben habe, hätte ich auch zu Hause in Kopenhagen erdichten können. Die Geschichte der Sklaverei. Die Unmenschlichkeiten der frühen Kolonialherren. Aber eines Tages wurde mir klar, wie man es ganz einfach richtig machen kann: Das Buch muss von den Menschen erzählt werden, die hier leben, von den Weißen wie den Schwarzen.«

»Westindische Stimmen …«

»Genau.«

»Ist ein ziemlich guter Titel. Soll das Buch so heißen?«

»Nein. Es heißt ›Das Verbrechen‹. Eigentlich hieß es ›Das dänische Verbrechen‹. Aber es gibt hier ja nicht nur Dänen, sondern auch Franzosen, Engländer, Holländer, Schweden, Spanier …«

»Das ist wahr.«

Ich schwieg einen Augenblick. Westindische Stimmen.

»Mit wie vielen Leuten haben Sie bisher geredet, Eide?«

»Ungefähr einem Dutzend. Ich lerne ständig neue Menschen kennen. Ich besuche die Plantagen und die Höfe der Kaufleute oder klopfe an die Türen der vornehmen Häuser in der Stadt. Es ist erstaunlich, wie oft ich eingelassen werde und die Möglichkeit bekomme, ungestört mit den Sklaven zu reden. Eigentlich ist das Interessanteste an dem Leben hier, wie das Unnormale zur Norm werden konnte. Wie die Weißen ihre Rolle als eine Art … Übermensch angenommen haben.«

»Wenn Sie mit Weißen sprechen, informieren Sie diese Menschen darüber, dass Ihr Buch ›Das Verbrechen‹ heißen soll?«

Ich runzelte die Stirn. »Nein. Das werden sie im Laufe der Zeit schon selbst herausfinden. Wenn es erschienen ist.«

Wieder legte er die Fingerspitzen zusammen und blickte mich mit einem listigen Lächeln an.

»Aber mir erzählen Sie es. Und bitten mich um einen Beitrag.«

»Ich kenne Ihren Standpunkt, Herr Gouverneur.«

Er lachte. »Das bezweifele ich. Ich kenne ihn ja selbst kaum.«

»Wie bitte?«

»Es gibt so vieles zu berücksichtigen. Ich bin Gouverneur auf Sankt Thomas und habe damit die Aufgabe, für alle das Beste zu erreichen. Für die dänische Regierung, für die Schwarzen, für die weißen Pflanzer und alle anderen, die hier ihr tägliches Brot verdienen. Für …«

»Sie verdienen nicht nur Ihr tägliches Brot, sondern auch einen daumendicken Belag.«

Scholten lächelte.

»Wie auch immer, meine Position ist jedenfalls schwieriger als die der meisten anderen Menschen. Humanisten wie Sie und Maria möchten die Schwarzen als Herren ihrer eigenen Insel sehen. Doch es gibt eine Tatsache, die Ihnen möglicherweise bisher nicht aufgefallen ist: Allgemein herrscht der Glaube, die Plantagenbesitzer würden die Sklaverei um jeden Preis und für alle Zeiten beibehalten wollen. Aber so einfach ist das nicht. In den letzten Jahren ist der Zuckerpreis gefallen; andere Länder – Ostindien, USA, Brasilien – drücken die Preise, und wir haben Jahre der Dürre erlebt, die den Wert der Zuckerernte auf weniger als die Hälfte reduziert haben. Doch die Pflanzer haben weiterhin dieselbe Anzahl Sklaven, die etwas zu essen und ein Dach über dem Kopf brauchen. Die Schwarzen essen nicht weniger, nur weil die Einkünfte ihrer Herren sinken. Also, was glauben Sie, wie denken die Pflanzer jetzt?«

»Ich habe wirklich keine Ahnung.«

»Sie denken, es wäre schön, anstelle der lästigen Sklaven ein paar Tagelöhner zu haben. Leute, denen sie einen schäbigen Lohn zahlen, aber nicht weiter verpflichtet sind. Leute, die in schlechten Zeiten selbst zusehen müssen, wie sie zurechtkommen, und denen sie je nach Bedarf Arbeit geben können.«

»Wenn die Pflanzer so denken, warum lassen sie dann ihre Sklaven nicht einfach frei?«

Der Gouverneur lachte laut auf.

»Lieber Eide, Sie müssten mittlerweile doch gelernt haben, dass sich in Dänisch-Westindien alles ums Geld dreht. Bekämen die Pflanzer eine großzügige Entschädigung vom dänischen König, täten sie das ausgesprochen gern. Nur streitet man sich um die Höhe des Betrags. Es herrscht, gelinde gesagt, keinerlei Einigkeit über den Wert eines Sklaven.«

»Wie verhält sich der König in dieser Frage?«

Scholten zuckte die Achseln.

»Der König will die Sklaven nicht freilassen, noch nicht. Vielleicht eines Tages, wenn klar ist, dass das System nicht länger rentabel ist. Vorläufig möchten der dänische König und seine Regierung, und damit auch die dänische Bevölkerung, am liebsten vergessen, dass es Westindien gibt. Aber das Zuckergeld nehmen sie gern.«

»Sie müssen doch eine persönliche Ansicht all dieser Dinge haben?«

»Bestimmt. Aber ich kann mir nicht erlauben, sie in einem Buch eines kontrovers denkenden dänischen Abolitionisten abgedruckt zu sehen. Und schon gar nicht in einem Buch, das den Titel ›Das Verbrechen‹ trägt.«

Ich nickte. Ich war enttäuscht, aber nicht überrascht. Es wäre ein Gewinn für mein Buch gewesen, wenn der Gouverneur darin vertreten wäre, aber ich verstand ihn gut. Und Scholten war – abgesehen von allem anderen – auch ein gewiefter Politiker.

Ich steckte mein Notizbuch wieder in die Tasche.

»Können Sie mir etwas im Vertrauen raten? Etwas, das ich für meine weitere Arbeit verwenden kann?«, fragte ich ihn.

Er erhob sich und sah mich eine Weile an. »Ja«, antwortete er dann. »Ich möchte Ihnen einen Rat geben: Reden Sie nicht nur mit den Unfreien. Die Stimmen der Weißen gehören auch zu Westindien. Möglicherweise wird es Sie überraschen, was sie zu sagen haben.« Er lächelte, machte eine kurze Pause und fügte hinzu: »Und gestatten Sie mir endlich, Ihre Maria kennenzulernen. Sind Sie mit der Kutsche gekommen, Professor?«

»Nein, ich reite.«

»Dann lassen Sie uns meine nehmen.«

Peter von Scholtens Wagen war eine glänzende schwarze Kutsche mit seinem persönlichen Wappen an den Türen, die von einem spanischen Pferd gezogen wurde. Auf dem Bock saß der private Kutscher des Gouverneurs, ein hagerer Schwarzer mit einem sonderbar länglichen Pferdegesicht.

Wir fuhren den Berg hinauf, inzwischen kannte ich jede Kurve des Wegs, schweigend genossen wir die Fahrt. Die Bewegungen der Kutsche waren beruhigend, wie das sanfte Schaukeln eines Schiffs im ruhigen Meer. Ich schloss die Augen und hörte den Vögeln und dem Scharren der Räder auf dem steinigen Weg zu. Beinahe wäre ich eingenickt, doch ich schreckte auf, als Scholten dem Kutscher etwas auf Kreolisch zurief.

Wir fuhren auf den großen Hofplatz vor Solitudes Hauptgebäude. Auf der breiten, tiefen Veranda erkannte ich Marias weißes Kleid. Sie saß im Schatten, auf demselben Stuhl, auf dem Marcussen gesessen hatte, als ich zum ersten Mal hier gewesen war. Als sie uns kommen sah, hob sie die Hand, und ich bemerkte, dass ihr Gruß ein wenig zögerlich zu sein schien. Schließlich war ich auf einem Pferd aufgebrochen und kehrte nun in einer Kutsche zurück.

Der Kutscher hielt vor dem Gebäude, und Maria stand auf. Scholten blieb einen Moment in der Kutsche sitzen und betrachtete sie – ich verspürte einen Anflug von Eifersucht. Ich wusste, dass er ein Frauenheld war, und da er zudem gut aussah, äußerst charmant und intelligent war und den Posten als oberster Beamter von Sankt Thomas bestritt, war es nur allzu verständlich, wenn ich ihn meiner Geliebten ein wenig verunsichert vorstellte.

Er stand auf und sprang aus der Kutsche. Die Sonne fiel auf seine goldenen Epauletten und die braune Haut seines spärlich behaarten Schädels. Ich erhob mich von meinem Sitz und sprang neben ihn. Maria kam auf uns zu, sie sah Scholten an, nicht mich. Und er betrachtete sie. Eine Weile schien es, als sei ich nicht anwesend, als gäbe es mich überhaupt nicht. Sie sagte: »Herr Gouverneur?«

Und er verbeugte sich leicht und nahm ihre Hand. Er küsste sie nicht, sondern hob sie lediglich an und verbeugte sich erneut. Scholten war – das sollte ich schon bald erfahren – der höflichste Mensch, den ich je gekannt habe. Er war stets zuvorkommend, herzlich, häufig sogar munter, aber er konnte auch ernst sein. Er blickte den Menschen in die Augen, wenn er sich mit ihnen unterhielt, und er hörte sich an, was sie zu sagen hatten.

»Scholten«, stellte er sich vor, »Peter. Und Sie müssen Maria Frederiksen sein. Endlich darf ich Sie kennenlernen.«

Sie lächelte ihn an. Ich wusste nicht, was ich sagen sollte. Doch dann wandte sie sich an mich.

»Das war eine gute Idee, den Gouverneur mitzubringen, mein Lieber. Ich möchte ihm so gern die Schule zeigen und seine Meinung über die Ausbildung der Schwarzen hören.«

»Der Gouverneur spricht nicht so gern über seine Ansichten«, erklärte ich spöttisch. Doch dann ging mir durch den Kopf, dass Maria ja nicht wissen konnte, was ich meinte, und fügte hinzu: »Wir hatten gerade ein längeres Gespräch, in dem mir klar geworden ist, welchen delikaten Posten Herr von Scholten bekleidet.«

Maria runzelte ein wenig die Stirn, lächelte aber sogleich wieder. Ich glaube, sie verstand, was ich meinte: Für Privatpersonen ist es einfach, diese und jene Meinung zu vertreten, aber weitaus komplizierter für einen Mann, der dem dänischen König gegenüber verantwortlich ist. Doch dann sagte Scholten:

»Ich spreche sehr gern über die Ausbildung der Schwarzen. Es ist meiner Meinung nach absolut notwendig, dass man dafür Sorge trägt. Das meine ich sowohl als Gouverneur als auch als Privatperson.«

Wir betraten das stattliche Haus, in dem sich seit Marcussens Zeit nur sehr wenig verändert hat. Die Schwarze, die sich mit ihrer Tochter und ihrem kleinen Sohn um die Küche kümmert, kochte uns einen Tee, dann unterhielten wir uns an Marcussens Esstisch über die Zukunft der Insel.

Ich wusste damals nicht, wie wichtig dieser Nachmittag für mich werden sollte. Peter von Scholten, der gut ein Jahr nach unserem Treffen auf Solitude den allerhöchsten Posten Westindiens einnehmen und mit der Zeit beinahe zu einem absolutistischen Fürst der Inseln werden sollte, wurde unser lebenslanger Freund. Doch als wir uns an jenem Tag verabschiedeten, sagte Scholten etwas, das uns vollkommen verblüffte. Er stand an seiner Kutsche, und nachdem er meine Hand geschüttelt und Marias Hand erneut vor sein Gesicht gehoben und sich verbeugt hatte, erklärte er:

»Ich reise in einer Woche nach Dänemark. Möglicherweise bleibe ich dort etwas längere Zeit als gewöhnlich, es gibt wichtige Fragen mit Seiner Majestät zu besprechen. Aber ich möchte sehr gern etwas für Ihre Schule tun. Vielleicht wird es gelingen, Fräulein Frederiksen. Die Zeit wird es zeigen.«

Ich dachte nicht nach, als ich daraufhin mit meiner Neugierde herausplatzte – ich fürchte, auf eine geradezu unschickliche Art und Weise. »Das ist eine lange Reise, Herr Gouverneur. Es müssen wirklich Fragen von größter Wichtigkeit sein.«

Scholten sah mich an. Das wohlbekannte Lächeln spielte um seinen Mund. Er nickte.

»Von allergrößter Wichtigkeit, Professor.«

PETER VON SCHOLTENS PRIVATES TAGEBUCH, CHARLOTTE AMALIE, SANKT THOMAS, MÄRZ 1826

Morgen verlasse ich dieses hübsche Haus, das Gouverneursgebäude von Sankt Thomas am oberen Ende der Dronningensgade, und ich hoffe, dass ich nicht hierher zurückkehren muss. Das Haus ist schön, niemand könnte sich ein besseres oder hübscheres Heim wünschen, auch gehört es weiterhin mir. Vor sechs Jahren bot ich dem dänischen Staat an, es zu einem ausgesprochen vorteilhaften Preis zu übernehmen, aber die Generalzollkammer und das Kommercekollegium lehnten es schließlich ab.

Da man aber ein Gouverneursgebäude brauchte, hat der Staat es damals für dreitausend Reichstaler im Jahr von mir gemietet.

Eigentlich hätte ich es am liebsten verkauft. Und der Handel war mit einer Verkaufssumme von vierundvierzigtausend Reichstalern auch so gut wie perfekt. Ich betonte gegenüber der Regierung, dass dieser Preis weit unter dem Schätzwert von einundfünfzigtausend Reichstalern lag.

Ich hatte nicht mit einer Ablehnung gerechnet, doch da ich immer auf alle Eventualitäten vorbereitet bin, legte ich sofort einen anderen Vorschlag nach: Da das Haus mir gehört, führte ich an, sei es doch nur recht und billig, wenn der Staat Miete zahle, damit ich es als Kommandantur nutzen könne. Und gleichzeitig könne man mir, mit dem Gebäude als Sicherheit, risikofrei ein Darlehen von vierzigtausend Reichstalern auszahlen.

Voilà, wie man anderenorts sagt!

Und ich hatte sogar noch eine weitere Idee: Eine Kommandantur kann nicht ohne Möbel sein, daher schlug ich dem Kollegium vor, mein hübsches Meublement für die bescheidene Summe von vierzehntausend Reichstalern zu übernehmen. Wieder lehnte man dankend ab, und ich hatte durchaus den Eindruck, dass die ehrenwerten Mitglieder des Kollegiums diesen Scholten allmählich für einen etwas zu gerissenen Herrn hielten.

Ich weiß jedoch, dass mein Freund, der König, sich diskret an den Vorsitzenden des Kollegiums wandte, woraufhin der Staat meine Möbel doch noch übernahm. Ohne mein Haus verloren zu haben und ohne weitere Ausgaben als den bescheidenen Zins von drei Prozent pro Jahr war ich innerhalb von wenigen Wochen um vierundfünfzigtausend Reichstaler reicher geworden. Und wohnte dort, wo ich die ganze Zeit über schon gewohnt hatte.

Hintergrund dieser Transaktionen war natürlich, dass die alte Kommandantur während des Orkans vor sieben Jahren dem Erdboden gleich gemacht worden war.

Ich war Kommandant *ad interim*, aber ich war noch immer sowohl Post- als auch Waagemeister, Zollverwalter und Stadthauptmann. Nur den letztgenannten Posten verlor ich bei meiner Ernennung zum amtierenden Gouverneur von Sankt Thomas.

Die anderen – einträglicheren – Ämter behielt ich alle.

Nun hoffe ich wie gesagt, dass ich nicht hierher zurückkehren muss. In einigen Wochen oder Monaten treffe ich mich mit dem König, um meine und die Zukunft der Inseln zu erörtern, und ich glaube, dass Frederik noch einmal seinen Einfluss zu meinem Vorteil geltend machen wird.

Generalgouverneur Bardenfleth muss abtreten. Ich weiß, dass er mit der Regierung über seine Abfindung verhandelt, und bestimmt wird er eine unverschämte Summe für seinen Rücktritt verlangen. Bardenfleth will gern zurück auf seinen ehemaligen Posten als Hofmarschall bei Prinz Ferdinand und kann daher nicht länger auf Sankt Croix bleiben.

Sankt Croix, genau. Dort lebt der Generalgouverneur, Westindiens mächtigster Mann. Daher gehe ich davon aus, dass ich nicht hierher zurückkehre, abgesehen von gelegentlichen Besuchen. Aber ich werde Sankt Thomas und Charlotte Amalie vermissen.

BRIEF: PETER VON SCHOLTEN AN MARIA EIDE, KOPENHAGEN, OKTOBER 1852

Liebe Maria,

der 14. Juli 1827. Ich habe das Gefühl, als sei das gerade erst ein paar Jahre her, dabei spielte sich der wichtigste Teil meines Lebens nach diesem Datum ab.

Es war der Tag, an dem ich als frisch ernannter Generalgouverneur das Kommando auf Sankt Croix übernahm. Ich erinnere mich an das Gefühl: Nichts konnte mich mehr aufhalten, es gab niemanden, der ranghöher war als ich.

Ich fühlte mich wie ein König!

Vor diesem Tag hielt ich mich lange in Dänemark auf und erlebte dort so einiges. Ich brach am 22. März 1826 von Charlotte Amalie auf, eine Woche nachdem wir uns zum ersten Mal begegnet waren. Oh, ich erinnere mich so gut an diesen Tag: Ich fuhr zusammen mit Mikkel den Berg hinauf, und als ich Dich sah, dachte ich wirklich: Wo ist diese Frau mein ganzes Leben lang gewesen? Nachdem ich nach und nach Deine Geschichte erfahren hatte – Deinen unglaublichen Weg nach Westindien als Gefangene auf dem Sklavenschiff Deines Vaters, Deine Begegnung mit meinem Vater in Christiansfort, Dein langjähriger Einsatz für die Schwarzen auf John Ellis' Plantage –, wurde meine Zuneigung immer größer, und Du bist, das weißt Du, nun meine allerliebste Freundin. So viele meiner wahren Freunde sind tot, und diejenigen, die ich noch habe, sind meist eitle Streber aus der Kopenhagener Bourgeoisie.

Aber meine Gedanken geraten auf Abwege, wie immer bei der Erinnerung an die hübschen und klugen Frauen, die mein Dasein erfüllt haben. Lass mich vom Frühjahr 1826 erzählen, als ich nach zwölftägigem Aufenthalt in London – den ich nur gegenüber Seiner Majestät erwähnte – wieder meinen Fuß auf dänischen Boden setzte. Fast ein Jahr blieb ich in Kopenhagen.

Es regnete und war ziemlich kühl, obwohl es Mitte Mai war, und ich erinnere mich, dass ich dachte, vielleicht geht es nur mir so, weil ich die ewige Wärme der Tropen gewöhnt war. Vielleicht stimmte es auch: Um mich herum sah ich kleine Mädchen und junge Männer, die in leichten Kleidern auf den Wällen spazieren gingen, während ich tagsüber die Uniformjacke und abends ein leichtes Wams trug.

Das Schiff setzte mich am Westindischen Speicherhaus ab, wo eine hektische Geschäftigkeit herrschte. Ein gewaltiger Klipper mit drei Masten und sechzehn Rahen war am Vortag angekommen und löschte Dutzende von Tonnen, Fässern und Baumwollballen vom amerikanischen Festland. Ausländische Seeleute kletterten in dem Spinnennetz der Takelung und riefen sich etwas in einer Sprache zu, die wie Portugiesisch klang.

Ich hatte nur eine einzige Kiste und ein paar Taschen dabei und rief nach einem Wagen, der mich und mein Gepäck in die Bredgade bringen sollte, zu unserer Wohnung in der Hausnummer 146. Das Schicksal wollte es, dass meine Ehefrau in genau dem Moment zusammen mit meiner ältesten Tochter Elisabeth Catharina aus der vornehmen Haustür trat, als mein Wagen vor dem Haus hielt. Elisabeth Catharina war vierzehneinhalb, hellblond und hübsch, aber ich hätte ihr durchaus auf der Straße begegnen können, ohne sie zu erkennen. Die Kinder werden rasch so groß, und es schnitt mir ins Herz, dass ich nicht die Möglichkeit hatte, sie heranwachsen zu sehen.

Ich selbst aber hatte mich nicht verändert. Kathy erkannte mich sofort und rief, dass ihre helle Mädchenstimme von den Fassaden der Bredgade zurückgeworfen wurde: »Vater!«

Sie lief über den breiten Bürgersteig und schlang ihre Arme um meinen Hals. Über ihrer Schulter sah ich Lise mit einem breiten Lächeln im

Gesicht. Sie trat in einem würdigeren Tempo näher, und mit einer Hand zog ich meine Frau in unsere innige Umarmung.

Wir lachten, und Lise sagte:

»Der Herr Gouverneur ist heimgekehrt, Gott sei gepriesen! Ob er diesmal wohl etwas länger bleibt?«

Ich küsste sie und sagte ja, das hätte ich mir tatsächlich gedacht, es gäbe viele Dinge zu erledigen, und ich sei mir recht sicher, dass ich schon bald gute Neuigkeiten verkünden könnte.

Ich stand in der kalten dänischen Frühjahrssonne an Kopenhagens vornehmster Straße, hielt meine Lieben im Arm und dachte daran, dass ich wirklich unter einem glücklichen Stern geboren worden war.

In der Zeit, als wir beide in Westindien ein Amt verwaltet hatten – ich (unter anderem) als Kommandant und späterer Gouverneur auf Sankt Thomas und Bardenfleth als Generalgouverneur auf Sankt Croix –, waren wir nur einige wenige Male aneinandergeraten. Größtenteils war die Zusammenarbeit ausgezeichnet gewesen. Es verlief so, wie ich es an dem Tag vorhergesehen hatte, als man Jessen in seinem Rumfass begrub: Wir wurden niemals Feinde und niemals Freunde. Letzteres wäre vermutlich auch kaum möglich gewesen, da wir uns nur wenige Male begegneten, immer *ex officio*.

Bardenfleth versuchte vor knapp dreißig Jahren einmal, mich dazu zu bringen, Jan Marcussen und eine Bande anderer Pflanzer, die auf Maroon-Jagd gehen wollten, mit Soldaten zu unterstützen. Mikkel nahm übrigens an dieser Aktion teil, die wirklich unschön endete; ich bin sicher, dass er Dir irgendwann davon erzählt hat. Ich gab der Forderung des Generalgouverneurs nicht nach, und ich glaube, dass er mich im Grunde dafür respektierte.

1826 war Bardenfleths westindische Karriere zu Ende, er war bereit, auf seinen Altersposten als Prinz Ferdinands Hampelmann nach Hause zurückzukehren.

Aber er war zu klug, um einfach sein Amt aufzugeben und heimzureisen. Bardenfleth wollte die Zitrone ein letztes Mal auspressen. Er schrieb an den König und ersuchte um Demission, er wollte anderthalb

Jahre Urlaub von seinem Amt als Generalgouverneur haben und ging davon aus, dass er in dieser Zeit weiterhin seine Bezüge bekommen könnte. Er wies darauf hin, dass es bei Generalgouverneur Bentzon auch so gegangen sei, als dieser sieben Jahre zuvor des Betrugs angeklagt und aus dem Amt entlassen worden war. Doch der König – der möglicherweise ein paar Worte mit seinem Neffen Prinz Ferdinand gewechselt hatte – lehnte ab. Bardenfleths jährliche Bezüge beliefen sich auf sechzehntausend Reichstaler, Bentzons lediglich auf neuntausend.

Ich war fest entschlossen, der nächste Generalgouverneur zu werden. Und ich war in anderen Dingen ebenso entschieden, unter anderem, dass der Posten des obersten westindischen Beamten nicht jedes zweite oder dritte Jahr mit einem neuen Mann besetzt werden sollte. Wenn ich den Posten bekam, hatte ich vor, ihn auch zu behalten.

Doch vorerst musste ich abwarten, was bei den Verhandlungen des alten Bardenfleth mit dem König herauskam. Wenn diese Vereinbarung unter Dach und Fach war, konnten wir alle anfangen, an die Zukunft zu denken – eine Zukunft, die, wie ich hoffte, interessant und vergoldet sein würde.

Vorläufig genoss ich es, zu Hause zu sein. Kopenhagen – oder jedenfalls der Teil der Stadt, wo die vornehmen Häuser standen und die Nachtmänner die Lokustonnen nicht in den Rinnstein kippten – zeigte sich von seiner schönsten Seite. Das Wetter war besser und erträglicher geworden, Sonne, recht warm und eine leichte Brise vom Øresund. Die ersten paar Wochen genoss ich es, zu Hause bei Lise und den Kindern zu sein und lediglich ein bisschen zu arbeiten. Ich suchte den Hofmarschall des Königs auf und teilte mit, dass ich nach Hause gekommen sei und so bald als möglich mit Seiner Majestät sprechen müsse. Mein Ersuchen war sicherlich deutlich weniger demütig oder untertänig als bei gewöhnlichen Bürgern, die um eine Audienz beim König baten, aber ich hatte mir während all der Jahre ein freundschaftliches Verhältnis zu Frederik bewahrt, und seit Sprogø verband uns schließlich ein besonderes Band.

Wie ich schon erwähnte, hatte ich mich einige Tage in London aufgehalten, bevor ich nach Kopenhagen weiterreiste. Unter anderem hatte ich dort annähernd achtzigtausend Reichstaler bei dem Bankier deponiert, mit dem ich genau zehn Jahre zuvor eine Vereinbarung getroffen hatte. Es handelte sich nicht ganz um die Hälfte der Summe, die ich im Hafen von Charlotte Amalie und durch andere Nebengeschäfte in Westindien akkumuliert hatte, aber es war unter allen Umständen eine Summe, mit der ich mich sehen lassen konnte. Ich verfügte über eine unterzeichnete Quittung und eine Aufstellung des Gesamtvermögens bei der englischen Bank; Papiere, die ich dem König übergeben wollte, um meinen Fleiß in seinen heimlichen Diensten zu dokumentieren.

Eines späten Abends, als die Kinder sich zur Ruhe begeben hatten, fragte Lise mich plötzlich und unerwartet, sodass ich keine andere Antwort wusste als die reine Wahrheit:

»Wie kommst du dort allein zurecht, ohne eine Frau an deinem Tisch? Und in deinem Bett?«

Wir hatten in unserem hübschen, geräumigen Schlafzimmer gerade ein ungewöhnlich schönes Schäferstündchen gehabt, und Lise lag mit dem Kopf an meiner Schulter, gekleidet wie an dem Tag, als sie geboren wurde. Die Bettdecken waren auf den Fußboden gefallen, und ehe ich ihr antwortete, streckte ich den Arm aus und erwischte einen Zipfel der Decke. Ich zog sie aufs Bett und legte sie über uns.

»Du weißt doch, dass ich so etwas nicht gut kann«, antwortete ich. »Aber das hat für uns beide nichts zu bedeuten. Du bist meine Ehefrau.«

Sie schwieg lange, blieb aber liegen. Ich nahm sie in den Arm.

»Und ich liebe dich«, fügte ich hinzu.

»Wer ist sie?«

Als der wahrheitsliebende Mensch, der ich bin, hätte ich jetzt antworten können: Welche von ihnen? Denn es gab ja einige. Alles ganz unschuldige Affären, in denen man sich gegenseitig Freude bereitete, nichts, was irgendeine Spur im Herzen hinterließ. Eventuell mit Ausnahme von »ihr«. Klara.

»Du kennst sie ja doch nicht«, sagte ich. »Bloß ein farbiges Mädchen, das ich kennengelernt habe.«

»Ein Mädchen?« Sie setzte sich am Kopfende auf und entzog sich mir.

»Na ja, eine Frau. Ich weiß nicht, wie alt sie ist.«

»Aber du hast Mädchen gesagt.«

»Das könnte ich von dir auch sagen, Liebes.«

Sie seufzte. Ich spürte, wie es in ihrem Kopf rumorte. Lise war immer eine vernünftige Frau gewesen. Kurz darauf sagte sie:

»Ich schätze es, dass du so ehrlich bist. Viele Männer hätten nicht so offen geantwortet.«

»Das ist sicher richtig. Aber ich wollte dich nie belügen, Lise. Das Wichtigste ist, die Wahrheit zu sagen.«

Sie wandte mir den Kopf zu und sah mich an. Ich tat dasselbe. Wir saßen nebeneinander und blickten uns an. Ihr Gesicht war hübsch und ernst in dem schwachen Licht einer einzigen Kerze. Dann lächelte sie.

»Danke«, sagte ich. »Dass du verstehst.«

Sie schüttelte den Kopf. »Es ist mein Schicksal geworden, Peter. Und man kann natürlich sagen, wäre ich dort geblieben ...«

Ich legte die Arme um sie. »Ja, dann hätte ich es nicht nötig. Und du weißt, dass du jederzeit auf Sankt Thomas als meine Ehefrau willkommen bist. Oder ... vielleicht wird es auch Sankt Croix.«

Ich war mir nicht mehr wirklich sicher, ob es mir tatsächlich gefallen hätte, wenn Lise sich entschlossen hätte, nach Westindien zurückzukehren. Wäre es für mich eine Enttäuschung oder eine Erleichterung gewesen? Ich liebte Lise, aber ich glaube, vielleicht hätte ich sie weniger geliebt, wenn wir all unsere Zeit zusammen verbracht hätten. Die Liebe stirbt selten an Hunger, aber häufig an Übersättigung.

Im Sommer und Herbst 1826 traf ich mich mehrfach mit dem König und sprach mit ihm über Westindien. Ich wollte ihn davon überzeugen, dass es einen gewissen Reformbedarf gab. Die letzten Generalgouverneure – Bentzon, Rothe, Bardenfleth und eine ganze Reihe anderer – hatten lediglich versucht, auf den Inseln den Status quo zu bewahren. Mehr als alles andere fürchteten sie, sich mit Sankt Croix' vulgären Wohlhabenden anzulegen, den Pflanzern.

Ich wollte der erste Generalgouverneur sein, der Schritte unternahm, das Leben der schwarzen Bevölkerung der Inseln zu verändern und zu verbessern. Dies erklärte ich dem König, während ich gleichzeitig um Verständnis dafür warb, dass Veränderungen ohnehin unumgänglich waren.

Als die Verhandlungen mit Bardenfleth gegen Ende des Jahres abgeschlossen waren, teilte mir Frederik VI. mit, dass er mich zum nächsten Generalgouverneur Westindiens ernennen würde. Ich verbeugte mich vor ihm und dankte für die versprochene Ernennung, und bevor ich das private Arbeitszimmer des Königs verließ, wo wir bisher alle unsere Gespräche unter vier Augen geführt hatten (nur an diesem Tag war ein Sekretär zugegen), sagte Frederik so leise zu mir, dass es der Sekretär kaum gehört haben dürfte:

»Sie haben den Posten bekommen, Scholten. Und sagen Sie nicht, dass Sie das nicht bereits wussten, als Sie im vergangenen Frühjahr aufbrachen.«

Er sah mich mit seinen wasserblauen Augen an, und wieder erinnerte ich mich an den Vormittag an dem vereisten Strand bei Korsør, als er von Mann zu Mann ging und seine Hand auf die Schulter eines jeden Einzelnen legte. Nach fünf Tagen als Gleicher unter Gleichen hatte er in sein Schicksal und seine Rolle als absolutistischer Monarch zurückgefunden.

MIKKEL EIDE: »WESTINDISCHE STIMMEN« (MANUSKRIPT), JULI 1826

Der Sklave Kofi

Um die Jahrhundertwende gab es noch keinerlei Beschränkungen des Sklavenhandels, ja, er wurde von der dänischen Regierung gefördert, die eifrig bemüht war, die »Negerställe« in Westindien aufzufüllen, bevor das Verbot des transatlantischen Sklavenhandels am 1. Januar 1803 in Kraft trat. Die Regierung hatte eine zusätzliche Million Reichstaler in den Sklavenhandel investiert und ihn freigegeben, damit Schiffe fremder Nationen ebenso wie dänische Schiffe Neger nach Westindien transportieren konnten.

In einem dieser Jahre – entweder Ende 1799 oder Anfang 1800 – kam ein junger Sklave mit der französischen Fregatte La Désirade auf Sankt Thomas an. Er war siebzehn Jahre alt und stammte von der Küste Guineas. Kofi hieß er damals. Seine Eltern waren ebenfalls auf der Fregatte gewesen, beide waren aber während der Überfahrt gestorben. Seine fünfzehnjährige Schwester hatte den größten Teil der Überfahrt in unterschiedlichen Quartieren der Mannschaft zugebracht, da sie zwar schmächtig, aber hübsch war und bereits einer Frau glich. Auch sie war inzwischen tot. Eine knappe Woche bevor sie Land sahen, hatte sie ein betrunkener Matrose erwürgt.

Obwohl Kofi die achtwöchige Seereise auf dem Zwischendeck der Fregatte verbrachte, hörte er von den anderen Schwarzen an Bord vom Tod der Schwester. Die Eltern hatten wie er im Zwischendeck gelegen, er hatte mitansehen müssen, wie die weißen Seeleute ihre Leichen innerhalb einer Woche hinausschleppten. Jeden Vormittag gingen ein paar Matrosen oder Jungmänner das Zwischendeck ab und inspizierten die dicht gedrängt liegenden Schwarzen. Hatten sie Zweifel, ob der eine oder andere noch lebte, benutzten sie ihre Messer und stachen den Betreffenden in die Fußsohlen, um eine Reaktion zu provozieren. Die Toten wurden dann von den Pritschen gezogen und an den Beinen über den Boden geschleift, sodass ihre Hinterköpfe oder Gesichter gegen die Planken schlugen.

So hatte Kofi seine Eltern zum letzten Mal gesehen, als schlaffe, abgemagerte Kadaver, die in Richtung des schwachen Lichts gezerrt wurden, hin zu der offenen Luke und der frischen Meeresluft. Er war zu schwach gewesen und konnte nur mit stiller, tiefer Verzweiflung reagieren.

Doch als sein Nebenmann ihm vom Schicksal seiner Schwester berichtete, fand er die Kraft, sich wie ein Berserker aufzuführen. Er tobte in seinen Fußfesseln und riss sich an dem rostigen Eisen die Haut und das Fleisch in blutige Fetzen. Nach einiger Zeit kamen zwei Matrosen und schlugen ihn mit einer Keule, bis er still dalag. Dann schleppten sie ihn an Deck, wo der Schiffsarzt seine Wunden verband, weil er trotz allem einen gewissen Wert darstellte.

Er verstand nicht, was die Männer sagten, denn er sprach nur seine eigene Sprache, aber bei ihrem Gelächter und ihren anzüglichen Gebärden, als sie herausfanden, wer er war – der Bruder des schwarzen Mädchens, das so vielen Seeleute seit der Abfahrt von Principe als Spielzeug gedient hatte –, musste er die Augen schließen, um nicht vor Trauer und Kummer wahnsinnig zu werden. Nachdem sie ihn ausgepeitscht hatten, weil er sie gestört hatte, gingen sie unter Deck, um ein neues Mädchen zu finden, das sie an Deck schleppen und abspülen konnten, um sich mit ihm zu vergnügen.

Kofi kam auf Sankt Thomas an und wurde auf einer Auktion in Charlotte Amalie verkauft. Er befand sich in übler Verfassung und erzielte lediglich zweihundert Reichstaler. Der Käufer war ein Missionar der Brüdergemeinschaft der Herrnhuter, die, wie seltsam es auch klingen mag, zu den größten Sklavenhaltern der Insel gehörten. Sie dienten Gott dem

Herrn und hatten einstmals davon gesprochen, die Sklaven zu Christen zu machen und ihre Lebensbedingungen zu verbessern, ja, sie wollten sich sogar selbst als Sklaven verkaufen lassen, um am eigenen Leib die Not der Schwarzen zu erleben. Doch nun waren sie ihrerseits Sklavenhalter. Sklavenpeitscher. Zuckerproduzenten. Allerdings von der gottesfürchtigen Sorte. Menschliche Ideale und Schicksale ändern sich auf den Inseln, das weiß ich besser als mancher andere!

»Ich hörte von Gott, dem Herrn, zum ersten Mal an Bord des Schiffs«, erzählt Kofi. »Jeden Morgen und Abend beteten die weißen Männer laut zu ihrem Gott, und die Gebete wurden für uns von einem Bomba übersetzt, der die Sprache der Weißen und die der Schwarzen sprach.

Als ich nach Sankt Thomas kam, kauften mich die Brüder und sagten zu mir: ›Gott ist gut. Gott hat dich erwählt, über das Meer ins gelobte Land zu segeln. Es ist Gottes Wille, dass du leiden musst, dass du deine Liebsten verloren hast, dass du nun für uns arbeiten musst, für Gottes Diener. Gottes Wege sind unergründlich, es ist keinem Mann beschieden, seine Wege zu verstehen. Gott ist gut‹. Sagte er. ›Du bist böse gewesen. Daher musst du nun gereinigt werden. Und fortan sollst du Josef heißen, das ist ein guter biblischer Name. Der Name, den deine Eltern dir gegeben haben, ist heidnisch und böse.‹«

Die Herrnhuter Bruderschaft hängte den siebzehnjährigen Josef an einen Baum und peitschte ihn mit einer Lederpeitsche aus, die sie euphemistisch die Seidenwindel nannten. Solch eine Windel hat erst kürzlich so viel Haut von einem erst zweijährigen, unartigen Negerjungen heruntergerissen, dass er an den Misshandlungen starb.

»Die Brüder sagten, die Haut eines Negers sei wie die eines Ochsen, so dick, dass er die Schläge kaum spüren würde«, erzählt Kofi. »Und sie sagten, die anderen Pflanzer – die keine Diener Gottes sind – würden weitaus härter und häufiger zuschlagen. Das sei an den Schreien überall auf der Insel zu hören, sagten sie.«

Kofi diente zwölf Jahre auf der Plantage Bethel der Herrnhuter. Dann meinten die Brüder, er sei verbraucht und könne nicht mehr arbeiten – er zog ein Bein nach und litt an einer Art Schüttelkrankheit –, sie gaben ihm den Freibrief und schickten ihn ohne einen Schilling in der Tasche fort. Jetzt sitzt Kofi am Hafen und bettelt, oder er verdient ein bisschen, indem er die Pferdewagen der Leute wäscht oder andere anfallende Arbeiten übernimmt. Er ist frei, und er ist arm. Wie eine Schiffsratte. Aber dumm ist er nicht.

»Ich frage mich oft selbst«, sagt er, »ob die Brüder recht haben. Bin ich böse, dass ich so ein Schicksal verdient habe? Als junger Mann habe ich mit meiner Familie in Afrika gelebt, mit meinem Vater, meiner Mutter und meinen Geschwistern, und wir waren glücklich. Der weiße Mann und sein Gott haben uns unser Leben gestohlen.«

BRIEF: PETER VON SCHOLTEN AN MARIA EIDE, KOPENHAGEN, WEIHNACHTEN 1852

Kopenhagen ist von einer dicken Schicht frisch gefallenen Schnees überzogen; vor meinen Fenstern ist die Weihnachtsstimmung geradezu perfekt. Pferdeschlitten gleiten in dem tiefen Schnee lautlos durch die Straßen, sogar das Geräusch der Hufe ist gedämpft, alles ist so still. Ich höre Kirchenglocken und Schlittenglöckchen, fernen Psalmengesang von munteren Weihnachtsgästen.

Ich verbringe Weihnachten allein, aber das ist mir egal. Ich habe ja keine Familie mehr, mit der ich das Fest feiern könnte; von meinen Kindern wohnt nur noch William in der Hauptstadt, der Kavalleriehauptmann und Karrieresoldat. Er feiert Weihnachten vermutlich nicht. Isst möglicherweise ein Stückchen Schmalzgebäck mit seinen Leuten, wenn er denn einen Schilling zusammenkratzen kann, um es sich zu kaufen.

Fünf Kinder habe ich mit Lise bekommen. Nur zwei leben noch. Der kleine Wilhelm, unser Erstgeborener, wurde nur zwei Jahre alt, ich habe ihn nie richtig kennengelernt. Adelgunde, meine hübsche, blasse Tochter, wurde achtundzwanzig, bevor sie uns verließ. Francisca, meine jüngste Tochter, starb vor acht Jahren im Alter von nur zweiundzwanzig Jahren.

Kathy wohnt mit ihrem Mann in Altona, er ist dort Gouverneur. Ich glaube, sie ist glücklich. Vielleicht können wir Weihnachten im nächsten Jahr gemeinsam feiern. Vielleicht nehme ich das Angebot von ihr und ihrem Mann an, meine letzten Jahre in ihrem Heim in Altona zu verbringen. Von meinen Kindern ist Kathy sicherlich diejenige, die mich am meisten liebt; ich denke oft daran, wie sie sich jedes Mal unendlich gefreut hat, wenn ich aus Westindien nach Hause kam. Ihre Hochzeit mit Claude du Plat war das letzte große Fest, das die Familie gemeinsam gefeiert hat. Vor vier Jahren im Herbst, Lise war noch am Leben. Für eine kurze Zeit waren wir beinahe glücklich, obwohl ich mitten in diesem aufreibenden Prozess steckte, der mich meinen Ruf und meine Pension kostete.

Die Menschen sind dazu geboren, zu feiern und sich am Glück ihrer Kinder zu erfreuen, nicht um sie zu begraben und von Kummer und Sorgen erdrückt zu werden. Nichts ist schlimmer, als an einem offenen Grab zu stehen, das darauf wartet, das eigene Kind aufzunehmen, einen Menschen, den man auf Erden hätte hinterlassen sollen.

Ich hätte gern eine größere Kinderschar gehabt. Keines von meinen und Lises Kindern hat jemals eine ähnliche Liebe zu den Inseln entwickelt wie ich; keines von ihnen kehrte als Erwachsener nach Westindien zurück.

Als ich an Bord der Brigg Sankt Jan ging, die mich zurück nach Westindien bringen sollte, war ich frisch ernannter Generalgouverneur mit umfassenden Machtbefugnissen auf den Inseln. Ich war noch nicht wirklich sicher, wie ich diese Macht einsetzen sollte, wusste aber, dass ich sie nutzen würde. Meine Vorgänger als Generalgouverneure hatten, soweit ich es sehen konnte, lediglich versucht, den Status quo zu bewahren. Niemand hatte sich für die Schwarzen interessiert. Darin lag der größte und ernsteste Widerspruch der gesamten westindischen Regierung: Als König Christian VII. – oder vielmehr seine Ratgeber und Minister, denn der König besaß den Verstand eines achtjährigen Knaben – seinerzeit die »Verordnung über den Neger-Handel« erließ und damit das Verbot des transatlantischen Sklavenhandels ab Silvester 1803 verfügte, geschah dies auch zum Wohle der Pflanzer. Die Zahl der toten Schwarzen auf den verheerenden Überfahrten aus Afrika war extrem hoch – in einigen Fällen kam mehr als die Hälfte um –, und die Neger, die tatsächlich auf den Inseln ankamen, waren halbtot vor Unterernährung, Misshandlungen und Bewegungsmangel. Die Sklaventransporte waren nicht nur eine Schande; sie waren – isoliert betrachtet – auch ein defizitäres Geschäft.

Die Idee war also, in einer Übergangsphase von zehn Jahren Schwarze aufzuziehen, sie zu züchten. Als die zehn Jahre vergangen waren, hatte man ungefähr zehntausend neue Bussalneger – afrikanische Wilde – über das Meer transportiert. Das Ziel wurde allerdings nicht erreicht und konnte auch nicht erreicht werden: Um das Jahr 1800 überstieg die Zahl der Todesfälle von Sklaven auf Sankt Croix die Geburtenzahl um das Doppelte. Obwohl die Pflanzer gern Sklaven züchten wollten, waren sie nicht bereit, deren Lebensumstände zu verbessern, sodass sie überleben konnten. Vor allem die Kleinen starben wie die Fliegen.

1827 war eine Verbesserung der Lebensumstände der Schwarzen nicht nur aus einem humanistischen Blickwinkel wünschenswert; sie war zwingend notwendig, wenn die Inseln weiterhin über Arbeitskräfte verfügen wollten.

Doch ich will ganz ehrlich sein, Maria: Als ich während der achtwöchigen Überfahrt nach Sankt Croix über die Zukunft und die Lebensbedingungen der Farbigen nachdachte, spielte für mich der zweite Aspekt die größte Rolle. Ohne schwarze Arbeiter, Negersklaven, waren die Tage der Inseln gezählt. Niemand sonst kam für die Arbeiten auf den Zuckerrohrfeldern in Frage. Wenn der Generalgouverneur ein Land haben wollte, über das er herrschen konnte, dann musste Zucker angebaut werden.

Lise weinte, als ich aufbrach, und ihr Kummer übertrug sich auf die Mädchen, denen ebenfalls die Tränen liefen. Ein Jahr lang war ich in Kopenhagen gewesen, als ich am 12. Mai 1827 die Kutsche mit meinem Gepäck zum Kai am Westindischen Speicher fahren ließ. Es nieselte und war kühl, das Wetter war so ganz anders als bei meiner Ankunft an jenem Maitag ein Jahr zuvor, daher versuchte ich Lise zu überreden, zu Hause zu bleiben. Doch sie zog ihren Mantel über und griff ihren Regenschirm, und so gingen wir im Regen durch die vornehmen Straßen in Richtung Kastell, vorbei an Amalienborgs Palais bis zum Kai vor dem alten Spital. Lise sprach unterwegs nicht viel, allerdings hatte sie sich bei mir untergehakt – doch unsere Schweigsamkeit schuf zusammen mit dem Regen und dem Gedanken an unseren baldigen Abschied eine Missstimmung, die mich plötzlich betrübte.

Wir hätten uns doch eigentlich längst an die besonderen Umstände unseres Lebens gewöhnen müssen, doch diesmal schien uns die Trennung schwerer zu fallen als gewöhnlich. So seltsam es auch klingen mag, lag es möglicherweise in meinem Fall daran, dass ich mich nach Westindien sehnte – und nach Klara. Dass ich hier neben meiner Ehefrau ging, die ich liebte, und mich dennoch nach einer anderen sehnte, ließ mich besonders melancholisch werden.

Vor dem Speicher lag die Brigg und wartete. Auf dem breiten, frisch kalfaterten Achterspiegel stand ihr Name mit Goldbuchstaben in einem Kranz aus Eichenlaub: Sankt Jan. Es handelte sich um eines der königlichen Schiffe, mit denen ich bisher nicht gesegelt war; es war immer ein seltsames Gefühl, ein Schiff zu sehen, auf dem man so lange an Bord sein sollte. Es sollten noch über zwanzig Jahre vergehen, bis zwischen Charlotte Amalie und Kopenhagen regelmäßig Dampfschiffe verkehrten, eine Fahrt, die laut Plan nur neunzehneinhalb Tage dauerte – in meiner Zeit als Regent in Westindien habe ich das Dampfschiff mehrfach genutzt.

Aber die kurze Reisezeit war auch der einzige Vorteil an den Dampfschiffen; ihr ständiger Lärm und der schwarze Rauch aus den hohen, hässlichen Schornsteinen sind dem Menschen widerwärtig. Ein Segelschiff liegt fest in der See und erzeugt nur die Geräusche, die nun einmal im Zusammenspiel zwischen Wind, Tauwerk, Segeltuch und dem Flüstern des Meeres an den ordentlich kalfaterten Planken eines soliden Schiffsrumpfes entstehen.

Wir standen neben der Gangway, während zwei Matrosen meine Kiste und meine Taschen an Bord der Brigg schleppten. Lises Augen waren blank vor Kummer, und ich fürchtete, dass sie lange unglücklich sein würde. Warum fiel es Frauen so viel schwerer, Abschied zu nehmen und der Einsamkeit der nächsten Monate und vielleicht Jahre ins Auge zu sehen? Vermutlich weil meine Lise keinen heimlichen Liebhaber aufsuchte, sobald mein Schiff die Leinen gelöst hatte; sie hatte keine Affären, keinen Freund, der sie trösten konnte, wie Klara mich trösten würde. Das wusste ich. Aber könnte es dazu kommen? Der Gedanke traf mich wie eine herabfallende Mastspitze aus dem Rigg der Brigg. War es überhaupt denkbar, dass eine treue Ehefrau das Bett eines anderen aufsuchte, weil sie ihren Mann so vermisste? Für mich war es nur schwer vorstellbar.

Ich umarmte sie und flüsterte ihr ins Ohr, dass ich sie liebte, dass ich meine Familie liebte, dass ich bald wiederkäme und dass sie immer – immer! – auf den Inseln willkommen wäre. Und noch während ich es sagte, wusste ich wieder nicht so genau, ob ich es auch wirklich meinte.

Wir nahmen Abschied am Kai, und ich ging über die Gangway, die Schritte fielen mir plötzlich schwer. Ich stand an der Reling der Sankt Jan und sah, wie meine Frau den Kai entlangging. Ihr heller Regenschirm wirkte in dem Nieselregen wie eine welkende Blume, und in meinem Herzen regten sich widersprüchliche Gefühle: Verlust, Erleichterung, Sehnsucht, Liebe.

MARIA FREDERIKSENS TAGEBUCH, SOLITUDE, SANKT THOMAS, AUGUST 1827

Vor einigen Tagen fuhren Mikkel und ich nach Charlotte Amalie in Marcussens altem Dogcart, einer leichten, zweirädrigen Kutsche, die der Pflanzer laut Mikkel häufig benutzte, wenn er über die Insel fuhr. Wir glitten am Fort vorbei in Richtung Osten und folgten der Küste bis Southside, dem öden Hinterland der Stadt. Hier bogen wir auf einen steilen Hohlweg hinunter zur Küste ab. Wir hielten unter einer hohen Königspalme und banden das Pferd daran fest. Aus einer Böschung sickerte Wasser und sammelte sich in einem kleinen, klaren Becken. Das Pferd senkte den Kopf und trank.

Der leere Sandstrand, der sich vor uns erstreckte, trug den Namen Frenchman's Bay. Das flache Wasser auf dem Grund der Bucht war still und blau und so klar, dass ich einen Schwarm größerer Fische sehen konnte, wie ein rasches Aufblitzen von Silber in der Sonne. Es war ein ungewöhnlich schöner Tag.

Ich hatte dieses Ziel gewählt. Bereits vor langer Zeit hatte ich Mikkel von dem Schiffbruch der Fregatte Hoffnung an den Felsklippen erzählt, die eine Kabellänge von der Spitze des östlichsten Endes der Frenchman's Bay aus dem Wasser ragten; damals kam ich rechtzeitig wieder zu mir, um mit anzusehen, wie das Flaggschiff meines Vaters vom Meer verschlungen wurde.

Es musste noch als Wrack dort draußen auf dem Riff liegen, rostige Eisenkanonen, geteerte Planken, Reste ihres zerfetzten Riggs, das an jenem Tag die Speicherhäuser überragte, an dem ich als Vierzehnjährige am Asiatisk Kompagnis Plads in Kopenhagen an Bord ging. Und auch mein Vater lag dort draußen, er war bis zuletzt an Bord geblieben.

Vor dreiundzwanzig Jahren.

Mikkel stand in einem weißen, weiten Leinenhemd am Strand. Er zog den Strohhut in die Stirn, um seine Augen gegen das Licht abzuschirmen, und blickte über die Bucht. Ich stellte mich neben ihn.

»Das war hier, oder?«, sagte er leise.

Ich nickte. Er legte mir einen Arm um die Schulter und zog mich an sich.

»Das muss merkwürdig für dich sein«, meinte er. »Diesen Ort wiederzusehen. Nach so vielen Jahren.«

»Sehr merkwürdig. Mein Leben wäre hier beinahe zu Ende gegangen. Doch in Wahrheit sollte es hier erst beginnen.«

»Zu meinem Glück«, erwiderte er und hielt mich fest.

So standen wir eine Weile. Der kleine Holm dort draußen sah ziemlich unscheinbar aus: ein brauner Felsen, bedeckt von grünem, flachem Bewuchs. Er hieß Green Cay, wie ich inzwischen wusste.

»Komm!«, forderte ich Mikkel auf. Ich lief ans Wasser. Von hier aus konnte ich den Strand in beide Richtungen überblicken, er war vollkommen leer. Ich trat zurück auf den trockenen Sand und fing an, mein Kleid aufzubinden; ich löste die Schnüre, zog das Kleid über den Kopf und legte es zusammengefaltet in den Sand. Ich richtete mich auf und sah zu Mikkel. Er hatte sich nicht von der Stelle gerührt und starrte mich mit großen Augen an.

»Komm schon«, forderte ich ihn noch einmal auf. »Hier ist niemand außer uns, Professor!« Ich trat ans Wasser, lief ein paar Schritte durch den weichen Sand und warf mich kopfüber ins Meer, schwamm hinaus. Ein Schwarm großer Fische mit dunklen Rücken flüchtete, als wäre ich ein großes Raubtier. Nach wenigen Augenblicken konnte ich den Grund nicht mehr berühren. Ich drehte mich um. Mikkel war auf dem Weg ins Wasser. Er trug noch immer seine Unterhose, die sich weiß auf seinem beinahe ebenso weißen Körper abzeichnete. Ich schwamm auf den Felsen zu.

Ich wollte es wiedersehen.

Das Wasser war ruhig, vielleicht ruhiger, als ich es in den anderthalb Jahren gesehen hatte, die ich auf Sankt Thomas war. Damals, als die Hoffnung unterging, hatte es hier an der Küste eine gewaltige Dünung gegeben. Sie hatte die Fregatte wieder und wieder angehoben und ihren Rumpf auf das Riff an der anderen Seite des felsigen Holms geschlagen. Wir waren in die Boote gestiegen und hatten zu dem Holm übergesetzt, und von dort sah ich die Hoffnung untergehen in einem Meer von Schwarzen, die aus dem Zwischendeck drängten. Mein Vater war unter Deck geblieben.

Hier war sein Grab.

Ich trauerte nicht mehr über seinen Tod, wie ich es damals getan hatte. Alles war so unwirklich gewesen: der Schiffbruch, mein kurzer Aufenthalt in den Kasematten unter Christiansfort, mein neues Leben als Gouvernante für Pflanzer Ellis' Kinder, die Negerschule in Christianssted. Nach und nach hatte ich mich der neuen Wirklichkeit angepasst, ich wurde rasch erwachsen und begann mit der Zeit, mein Leben zu schätzen.

Ein Leben, das an diesem Strand begonnen hatte.

Ich näherte mich der größten Klippe, die mit der Spitze der Bucht durch einen schmalen Saum brauner Felsen unter der Wasseroberfläche verbunden war. Als ich näher kam, hatte ich Angst, dass ich beim Schwimmen daran stoßen könnte. Vorsichtig versuchte ich, festen Grund unter den Füßen zu finden. Das Wasser reichte mir bis zur Schulter. Aufrecht stehend bemühte ich mich, das Gleichgewicht zu halten, als ich mich umdrehte, um nach Mikkel Ausschau zu halten. Ein paar Dutzend Ellen hinter mir kam er hundepaddelnd nach. Ich schwamm weiter bis zu den großen Klippen. Jetzt sah ich, dass tatsächlich einige niedrige Büsche auf ihnen wuchsen.

Ich war mir nie ganz sicher, ob mein Vater damals die unter Deck angeketteten Schwarzen befreit hat. Ich weiß nur, dass er in einer Luke verschwand, kurz bevor die Hoffnung im Meer versank, und dass daraufhin Neger an Deck kamen und sich ins Meer stürzten. Ich möchte gern glauben, dass mein Vater, der ehemalige Sklavenkapitän, sich am Ende selbst opferte, um die Ärmsten aller Wesen, die angeketteten Sklaven, zu befreien.

Ich erreichte die Felsen und kletterte vorsichtig auf einen niedrigen Absatz, der aus dem Wasser ragte. Wieder an der Luft, wurde mir meine Nacktheit bewusst, und ich sah mich erneut nach Mikkel um. Er kämpfte sich noch immer in meine Richtung, ganz offensichtlich gehörte Schwimmen nicht zu seinen bevorzugten Fähigkeiten. Ich hob eine Hand und winkte, er winkte zurück. Bei diesem Manöver geriet sein Kopf unter Wasser, prustend tauchte er wieder auf, spuckte Meerwasser, lachte und hustete.

»Pass auf die Haie auf!«, rief ich und kletterte auf die flachen Klippen.

Nun war ich dort. Am selben Ort, aber bei klarem Sonnenschein und ruhigem Wetter. Vor mir lag das offene Meer. Weit im Süden erkannte ich Sankt Croix am Horizont, ich erahnte es durch den Meeresdunst.

Aber es war und blieb unwirklich. Hier auf dem Felsen, auf dem die Sonne meinen nackten Körper wärmte, konnte ich mich kaum des Morgens entsinnen, als die Hoffnung unterging. Ich schaute zum Strand, wo das Pferd apathisch unter der Palme stand. Noch immer war kein Mensch zu sehen. Mein Kleid leuchtete noch weißer als der Korallensand. Ich setzte mich auf einen großen Stein, auf dem man mich dank des Gebüschs nicht sehen konnte, und hörte Mikkel hinter mir, der jetzt ebenfalls auf die Klippen kletterte. Vollkommen außer Atem kam er in seiner Unterhose zu mir.

»Du bist verrückt«, sagte er. »Was willst du hier?«

Ich zuckte die Achseln und schaute zu ihm auf. Er wich meinem Blick aus. Ich kannte ihn. Wir unternahmen so viel gemeinsam, wir schliefen beinahe jede Nacht zusammen, er hatte mich schon oft nackt gesehen. Aber dies war etwas anderes, etwas Neues.

Allein, dass ich im Meer schwamm. Ich kannte Menschen, die auf Sankt Croix geboren und aufgewachsen waren, ohne je im Meer gebadet zu haben. Es gibt Mythen von giftigen Quallen und menschenfressenden Haien. Außerdem heißt es, dass es unsittliches Verhalten fördere, wenn man sich auszieht und ins Wasser geht.

Und doch ist es die wunderbarste Art, den Körper abzukühlen, wenn die tägliche Hitze ihren Höhepunkt erreicht. Ich habe immer gebadet, als Kind auf Thurø bin ich in dem schmalen Gürtel mit der starken Strömung zwischen Tåsinge und Mårodde geschwommen, und als Erwachsene in dem warmen Meer rund um Sankt Croix. Mikkel hat mir erzählt, dass er manchmal bei der Hütte, die ihm Marcussen zur Verfügung gestellt hatte, ins Wasser gegangen ist. Aber er ging nur so weit hinein, bis das Wasser ihm an den Bauch reichte.

Ich streckte den Arm aus, griff nach seiner Hand und zog ihn zu mir herab. Er hockte sich vor mich, und ich legte ihm einen Arm auf die Schultern. Seine Haut begann sich in der Sonne bereits zu röten. Mir passiert das nicht, meine Schultern sind hellbraun, ihre Farbe verändert sich nicht. Mein ganzer Körper ist hellbraun, auch an Stellen, die nie der Sonne ausgesetzt sind. Meine Haut ist wie die der Schwarzen, bloß nicht so dunkel wie bei den meisten. Ich bin ein Mischling, eine Farbige. Aus dem Mund mancher Menschen klingt das abschätzig – man spricht von farbigen Frauenzimmern, von freien Farbigen –, aber für mich ist es eine Auszeichnung. Ich bin, wie ich bin: eine Farbige.

Mikkel ist ein schamhafter Mann. In der Schlafkammer von Solitude löscht er stets sämtliches Licht, aber wenn ich mich durchsetze, lasse ich eine Lampe brennen. Ich will die Begierde in seinen Augen sehen, es weckt meine.

Wir lagen zusammen auf dem warmen Felsen, auf dem ich vor dreiundzwanzig Jahren wieder zu mir gekommen bin. Ich wälzte ihn auf den Rücken und ritt auf ihm, er schaute zu mir auf, und ich sah in seinen Augen, wie sehr er mich mochte, wie sehr er mich liebte, mich, die farbige Frau. Ich weiß nicht, wie ich es erklären soll, aber genau das ist mir das Wichtigste. Genau deswegen begehrt zu werden, wegen meiner hellbraunen Hautfarbe und meiner schwarzen, dicht gelockten Haare. Vielleicht weil mir das als Kind nie passiert ist; keinem meiner Gleichaltrigen gefiel mein Aussehen. Sie hielten sich fern von mir, und ich wusste nicht einmal, warum ich anders war.

Ich hatte nie einen Schwarzen, einen Farbigen oder einen Mischling gesehen, jedenfalls nicht, bevor ich an Bord der Hoffnung kam, der Fregatte meines Vaters; dort gab es jede Menge von ihnen, Sklaven, angekettet unter unserem Deck.

Mit den Sonnenstrahlen im Rücken beugte ich mich vor und küsste

Mikkel, und so lagen wir noch eine Weile beieinander, bis ihm die Sonne zu heftig wurde. Ich stand auf und warf einen letzten Blick auf die Stelle, wo die Hoffnung im Meer begraben lag, dann ging ich zum Ende des Holms und glitt Kopf voran ins Wasser.

Als ich den Strand erreichte, sah ich, dass wir nicht länger allein waren: Zwei Männer standen an unserem Wagen, ihre Pferde hatten sie ein Stück entfernt an eine andere Palme gebunden. Die beiden Männer hielten Ausschau nach mir. Eine heftige Angst packte mich – als würde mir eine Hand den Hals zudrücken.

Ich schwamm den Strand entlang und sah mich nach Mikkel um. Er war erst jetzt ins Wasser gesprungen und begann neben dem Felsen, auf dem wir gelegen hatten, wieder mit seinem Hundepaddeln. Es würde dauern, bis er den Strand erreichte, außerdem wollte ich ihn nicht vorausgehen lassen und mich hinter ihm verstecken. Normalerweise habe ich keine Angst. Doch nun schlug mir das Herz in der Brust. Die Männer verließen den Wagen und kamen auf mich zu. Sie blieben bei meinem im Sand liegenden Kleid stehen. Einer der beiden bückte sich und hob einen Zipfel an, während er mich im Auge behielt.

Es war eine unmögliche Situation. Was sollte ich machen?

»Lassen Sie die Sachen liegen!«, rief ich und versuchte, keck und furchtlos zu klingen. Der Mann ließ das Kleid los und schritt langsam auf das Wasser zu. Er war sehr groß und beinahe schlaksig, die breiten Schultern steckten in einem gewöhnlichen Leinenhemd, auf dem Kopf trug er einen breitkrempigen Pflanzerhut. Der andere Mann war kleiner und dicker, aber ebenso gekleidet. Jetzt kam auch er näher. Ich dachte an Don Quichote und Sancho Pansa, doch die Situation hatte nichts Komisches. Beide Männer waren weiß, nach vielen Jahren in Westindien aber braungebrannt. Der Große blieb jetzt am Wasser stehen. Er schirmte die Augen mit einer Hand gegen die Sonne ab und sah mich aus schmalen Augen an.

»Sag mal, ist das nicht ein farbiges Frauenzimmer dort draußen, Jackson?«, rief er.

Der Dicke schaute in meine Richtung und hob ebenfalls die Hand, um besser sehen zu können.

»Ja, sieht wahrhaftig aus wie eine hellhäutige *bitch*«, antwortete er laut.

Ich weiß nicht, warum ich so auf ihre Worte reagierte. Ich hatte das Gefühl, als würde ein heftiger Zorn meine Angst vertreiben. Zwei Flegel, die vermutlich in ihrem ganzen Leben noch nie etwas Sinnvolles getan hatten! Ich machte ein paar Schwimmzüge, bis ich mit den Fingern den Grund erreichen konnte. Dann griff ich eine Handvoll von dem feinen, feuchten Sand. Ich richtete mich auf, spürte, wie mir das Wasser die nackte Haut herunterrann, als ich mit durchgedrücktem Rücken zu meinen Kleidern ging.

Der Dicke stieß einen lauten Pfiff aus und lief mir nach. Er packte mich so hart am Arm, dass ich beinahe das Gleichgewicht verlor, und drehte mich um, sodass wir uns direkt gegenüberstanden. Er betrachtete mich mit gierigem Blick. Ich hob meinen rechten Arm und schleuderte ihm den Sand in sein glänzendes Gesicht. Der Mann stieß ein erschrockenes Geheul aus und hob beide Hände an die Augen. Dann schlug ich ihm mit aller Kraft auf seine fleischige Nase, sodass er hintüber taumelte und auf dem Hintern landete. Wie er dort saß, nahm ich Anlauf und trat ihm gegen den Unterkiefer. Der Tritt schleuderte ihn zurück, er drehte sich auf die Seite, landete im Sand und rieb sich die untere Gesichtshälfte, wobei er heulte wie ein Schwein, dem die Kehle durchgeschnitten wurde.

Jetzt erwachte der Schlaksige. Mit wenigen Schritten war er bei mir und holte aus. Erst traf er die eine Seite meines Kopfes, dann die andere, zwei rasche Ohrfeigen, von denen mir schwindlig wurde. Ich taumelte zurück, dann war der Mann plötzlich über mir und warf mich in den Sand. Ich spürte seine groben Hände auf meinem Körper, auf der Haut; er kniff mit einer Hand in meine Brust und hielt mit der anderen mein Handgelenk fest. Mit meiner freien Hand versuchte ich, ihn im Gesicht zu kratzen, doch er ließ meine Brust los, packte auch meine andere Hand und drückte mich zu Boden. Dann griff er mit einer seiner Pranken meine Handgelenke und führte die andere Hand an seinen Hosenlatz. Ich wand mich und spuckte ihm ins Gesicht. Er lachte und starrte mich mit einem Grinsen aus seinem von der Sonne zerfurchten Gesicht an, während er sich meine Spucke von den Lippen leckte.

Mikkel hatte jetzt den Strand erreicht. Aus den Augenwinkeln sah ich, wie er angelaufen kam. Auch der Schlaksige hatte ihn bemerkt. Er sprang auf und drehte sich um. Groß, breitschultrig und Prügeleien sicherlich gewohnt. Mikkel hatte keine Chance. Als sie sich gegenüberstanden, hielt er jedoch plötzlich inne.

»Matcher!«, rief Mikkel. Und noch einmal, wütend, als riefe er einen ungehorsamen Hund: »Matcher!«

Mikkel kannte ihn.

Ich stand auf und lief zu meinen Kleidern. Zog mir rasch das Kleid über meinen noch halbnassen Körper.

Der große Mann sagte kein Wort, sondern stand mit gespreizten Beinen reglos da. Mikkel blickte ihm direkt ins Gesicht. Dann ging der Fremde mit erhobener Hand einen Schritt zurück. Und noch einen Schritt. Und mit einem Mal drehte er sich um und rannte über den Strand davon.

Einige Schritte hinter Mikkel hockte der dicke Mann noch immer jammernd im Sand. Ein gebrochener Kiefer, vielleicht. Mikkel ging an ihm vorbei und kam auf mich zu, die weiße Unterhose klebte an seinem hageren Körper. Wir wollten nur noch fort. Wir rafften unsere Sachen zusammen, liefen rasch zu unserem Wagen und verließen die Frenchman's Bay.

Zunächst sagten wir beide kein Wort. Ich hielt die Zügel, während Mikkel sich Hemd und Hose anzog. Nach einer Weile reichte ich ihm die Zügel und warf ihm einen Seitenblick zu. Wir sahen uns an. Ein kleines Lächeln zeigte sich auf seinem Gesicht.

»Das war großartig«, sagte er. »Du hast einen ordentlichen Schlag.«

Ich lächelte zurück. »Wenn ich will. Du kanntest ihn? Wer war das?«

Mikkel zuckte die Achseln. »Ein Mann, der für Marcussen gearbeitet hat. In Marcussens Hurenhaus.«

Ich sah ihn an, nein, vielleicht starrte ich ihn sogar böse an. »Du bist in Marcussens Hurenhaus gewesen?«

Er antwortete nicht sofort. Wir fuhren den steilen Hohlweg hinauf, der vom Strand wegführte. Mikkel ließ das Pferd traben. Dann wandte er sich mir zu und sagte: »Nur ein einziges Mal.«

Ich hatte erwartet, dass er mir mehr darüber erzählen würde, aber er tat es nicht. Wir fuhren durch Charlotte Amalie und den Berg hinauf nach Solitude, und am Abend hielt Mikkel um meine Hand an. Und ich habe ja gesagt.

CHRISTANSSTED
SANKT CROIX
1827 – 1848

BRIEF: PETER VON SCHOLTEN AN KÖNIG FREDERIK VI., CHRISTIANSSTED, SANKT CROIX, 14. JULI 1827

An den König!

Indem ich alleruntertänigst meine Ankunft mit Eurer Majestät Brigg Sankt Jan hier am 8. Juli mitteile, bitte ich Eure Majestät um die allergnädigste Erlaubnis, Eurer Majestät für die Gunst zu danken, die Eure Majestät mir gegenüber erwiesen haben, indem Ihr mir allergnädigst gestattet habt, die Überfahrt auf Eurer Majestät Brigg vorzunehmen.

Ich habe unterwegs, ungefähr zwei Wochen vor meiner Ankunft, das Missgeschick eines Fehltritts an Bord erlebt, ich fiel und renkte mir die Schulter aus. Obwohl ich den Eindruck der Besserung habe, so hindert dieses Missgeschick mich momentan daran, diese Schulter zu gebrauchen.

Damit ich nun so bald als möglich für den Dienst Eurer Majestät wiederhergestellt bin, halte ich mich zwischenzeitlich auf dem Lande auf, in der Nähe von Christianssted, und hoffe, dass dies einen guten Einfluss auf meine Gesundheit haben wird.

Ich habe heute von Admiral Bardenfleth das Kommando über Eurer Majestät Besitztümer hier übernommen – und indem ich Eurer Majestät alleruntertänigst dafür danke, versichere ich Eurer Majestät mit ungetrübter Kraft und tiefster Dankbarkeit, dass ich all mein Sinnen und Streben anwenden werde, um in diesem Geist die Interessen Eurer Majestät zu fördern, solange ich lebe.

Sankt Croix, 14. Juli 1827
alleruntertänigst
P. v. Scholten

ANNA ELISABETH HEEGAARDS TAGEBUCH, BÜLOWSMINDE, SANTA CRUZ, AUGUST 1848

In diesen letzten Monaten – der Zeit des Jahres, die weiße Europäer Sommer nennen würden – wurde alles gewonnen und alles verloren. Und obwohl ich noch hier bin, so bin ich es doch allein. Mein Peter ist nach kürzestem Abschied aufgebrochen. Wir werden uns nie wiedersehen. Aber es ist uns gelungen, das Wichtigste zu erreichen. Am Ende hielt er das Versprechen, das er mir vor so vielen Jahren gegeben hatte.

Die Schwarzen sind frei! Der drohende Aufstand, der Krieg, ist abgewehrt. Es gab nur wenige Tote. Darf man auf eine reichere, auf eine glücklichere Zukunft für die Inseln hoffen? Vielleicht ist das naiv. Vielleicht sind die bösen Kräfte, der Schmerz und die Bosheit, die Gier und die Unmenschlichkeit so tief in diesem hübschen Ort verankert, dass sie niemals an Kraft verlieren werden. Ich sehe also eine andere Zukunft vor mir, eine weniger hoffnungsvolle Wirklichkeit: Armut, Elend und Hunger. Vielleicht kommt es so, das werden nur unsere Nachkommen wissen. Ich kann über das Schicksal der Inseln nur Mutmaßungen anstellen. Mehr kann ich nicht tun, und in aller Bescheidenheit habe ich ja auch bereits eine Menge getan.

Diese Zeilen sind nicht für jemanden aus meinem Umkreis gedacht. Ich weiß nicht einmal, für wen überhaupt. Für einen weißen Leser? Einen farbigen, wie ich einer bin? Einen schwarzen Leser? Wollen die ehemals Unfreien denn überhaupt lesen lernen? Werden sie jemals wirklich frei sein?

Wenn irgendwann, in einigen Jahren, meine letzte Stunde schlägt, wird man sicher davon ausgehen, dass die Geschichte mit mir stirbt. Dass niemand die Wahrheit über Peter und mich erfahren wird. Doch so wird es nicht kommen. Es werden diese Worte bleiben, die ich an einem Augustabend auf Bülowsminde aufschreibe, während die Frösche draußen in der Dunkelheit ihre monotone Melodie singen, die mir mein ganzes Leben als Wiegenlied gedient hat.

Ich heiße Anna. Peter nannte mich nie anders als Nanan. Wir waren genau zwanzig Jahre zusammen, er wird sicher meine letzte Liebe sein. Es gab Männer vor ihm, sehr viele, aber keiner wird nach ihm kommen. *Après toi le déluge.*

Vor ihm … darauf komme ich noch zurück. Zunächst will ich über mich erzählen, Anna Elisabeth Heegaard, das dunkle und doch hellhäutige Mädchen, das am selben Tag in Christianssted zur Welt kam, als sein Vater eine Frau heiratete, die nicht seine Mutter war.

Wie so viele andere hier war ich ein uneheliches Kind, ein *Bastard.* Das Abenteuer meines Vaters mit meiner fünfzehnjährigen Mutter Susanna brachte diese farbige Frucht hervor, die sich niemand gewünscht hatte. Ich weiß nicht, ob meine Mutter jemals die Lügen vergessen konnte, die der weiße Beamte Jacob Heegaard ihr erzählt hat, um seinen Willen bei ihr durchzusetzen. Es kam durchaus vor, dass ein verliebter Mann eine Sklavin von einem anderen Mann kaufte, um sie anschließend freizulassen. Und obwohl meine Mutter niemals eine Sklavin war, hätten sich ihre Lebensumstände doch sehr leicht verbessern lassen.

Hier war ich nun, frisch geboren und fast weiß. Ich war ein kränklicher Säugling und wurde bereits nach zwei Wochen getauft, doch dann kam ich wieder zu Kräften und besitze seither eine robuste Gesundheit und einen scharfen Verstand. Als Kind nannte mich meine Großmutter *la poulette de combat,* das Kampfküken.

Sie, Charlotte Bernard hieß sie, lebte ihre ersten vierzig Jahre als Haussklavin bei dem französischen Baron Uytendahl, der nicht nur ihre Arbeitskraft nutzte, sondern sich auch eifrig mit ihr paarte und seine Söhne dasselbe machen ließ. Das Schicksal meiner Großmutter war äußerst eigentümlich: Der Baron oder vielleicht einer seiner Söhne schwängerte sie, und sie gebar meine Mutter, die den Namen Susanna Uytendahl bekam. Meine Mutter war somit die Tochter einer Haussklavin und eines Adligen, trug einen adligen Nachnamen und gehörte damit wohl zum Halbadel. Westindiens tiefe Gegensätze vereinigt in einer einzelnen Frau.

Ihre Geburt führte unterdessen zu einer gewissen Unruhe in der französischen Adelsfamilie, und der Baron verkaufte Charlotte bald darauf an einen königlichen Buchhalter in Christianssted. Sie diente ihm, vermutlich in der Küche wie in der Schlafkammer, bis er als betrügerischer Schurke entlarvt wurde: Er hatte in die Schatulle des Königs gegriffen und musste Hals über Kopf auf die englische Insel Tortola fliehen.

Er hinterließ meine Großmutter und ihre fast erwachsene Tochter in seinem Haus in der Kompagnigade von Christianssted. Dort ging Charlotte ihrer täglichen Arbeit nach, nur jetzt ohne Massa. Sie kümmerte sich um das Haus und genoss vermutlich das Leben als freie Frau. Aber natürlich besaß sie nicht den damals erforderlichen Freibrief, und das bereitete ihr schon bald Probleme.

Einige Wochen nach der Flucht des Buchhalters ging sie die Dronningens Tværgade hinunter ans Wasser, um Fisch zu kaufen, als sie von einem fremden Weißen aufgehalten wurde. Laut meiner Großmutter trat er in Anbetracht seines Anliegens ausgesprochen höflich auf. Er zog den Hut und legte eine Hand auf ihren Arm, als sie auf der Straße aneinander vorbeigingen.

»Ist das nicht Charlotte Bernard, die ehemalige Hausnegerin von Baron Uytendahl?«, sprach der Mann sie an.

Meine Großmutter erzählte, dass ihr bei der Frage beinahe das Herz stehenblieb. Ihr war, als würde sich der Boden unter ihren Füßen öffnen, aber sie zeigte es nicht. Sie trug ihre besten Kleider und glich wohl beinahe einer Dame, obwohl sie zu drei Vierteln schwarz war.

»Wer sind Sie?«, erkundigte sie sich in ihrem würdevollsten Ton.

»Nørager, Anwalt am Reichsgericht«, antwortete der Mann und verbeugte sich mit ausgesuchter Höflichkeit. »Zu Diensten.«

»Ich habe keinen Bedarf an Ihren Diensten, Herr Rechtsanwalt«, erklärte Charlotte. Die noch immer eine Sklavin war, das dürfen wir nicht vergessen, wenn auch in diesem Moment eine herrenlose Sklavin.

Der Anwalt beugte sich ein wenig vor und sagte sehr leise: »Dann wollen Sie mir vielleicht Ihren Freibrief zeigen?«

Charlotte seufzte. »So etwas besitze ich nicht, wie Sie vermutlich wissen«, sagte sie. »Mein Herr hat ein Verbrechen begangen und hält sich nicht mehr in Santa Cruz auf. Ich gehöre keinem weißen Mann mehr.«

»Aber Sie haben keinen Freibrief«, stellte der Anwalt fest.

»Nein.«

»Dann muss ich Sie bedauerlicherweise bitten, mir zu folgen. Die Sache ist nämlich die, dass jeder Teil des Eigentums Ihres früheren Besitzers einzuziehen ist, um die Unterschlagung des königlichen Geldes auszugleichen.«

Meine Großmutter war keine Närrin, sie wusste ganz genau, worauf es hinausliefe: auf eine Sklavenauktion, auf der sie an einen neuen Massa verkauft würde. Der Gedanke war erschreckend und fast nicht zu ertragen; nach vierzig Jahren eines verhältnismäßig erträglichen Daseins lief sie nun Gefahr, mit harter Arbeit zu enden oder als – wenn auch etwas betagte – Konkubine ausgenutzt zu werden. Sie protestierte und erklärte, sie habe zu Hause eine Tochter und ein kleines Enkelkind, beides freie Farbige, und könne keine Sklavin mehr sein.

Und der kultivierte Rechtsanwalt erbarmte sich der nicht weniger kultivierten Negerin. Er ließ sie bis zur Versteigerung in dem Haus des betrügerischen Buchhalters in der Kompagnigade wohnen, und einige Tage vorher besuchte er sie in Gesellschaft eines Fremden, eines Schiffskapitäns mit Namen Hans Cappel. Er stellte die beiden einander eher wie ein paar Gäste einer Gesellschaft vor, nicht wie einen künftigen Besitzer und seine Sklavin.

»Herr Cappel befährt die Weltmeere und wird sich künftig sechs Monate am Stück in Santa Cruz aufhalten. Er hat ein Haus in der Dronningensgade erworben, und ihm fehlt eine Haushälterin«, erklärte Nørager.

Cappel nickte Charlotte zu, ohne sie richtig anzublicken. Er versuchte, sich in der Wohnung umzusehen. Er wirkte leicht nervös.

»Wo ist die Tochter?«, fragte der Seemann und schaute den Anwalt an.

Dieses unhöfliche Benehmen empörte meine Großmutter. Und die Frage verwunderte sie.

»Meine Tochter ist frei geboren«, erklärte sie. »Sie steht nicht zum Verkauf.«

Cappel wandte seinen verlegenen Blick von Nørager ab und sah zu ihr. »Das weiß ich«, sagte er. »Aber ich vermute doch, dass sie zu jung ist, um allein zu wohnen.«

Susanna war neunzehn Jahre alt und sehr hübsch. Charlotte dachte vollkommen vernünftig, dass es schlimmere Schicksale gäbe, als Haushälterin eines Kapitäns zu sein, der sie nur sechs Monate im Jahr herumkommandieren würde. Cappel sah aus, als wäre er in ihrem Alter oder vielleicht ein bisschen älter.

Der Besuch in der Kompagnigade endete mit einem besonderen Handel: Hans Cappel kaufte meine Großmutter für zweihundert Reichstaler und versprach, ihr so bald als möglich die Freiheit zu schenken. Als der Kapitän gerade dem Anwalt am Reichsgericht Nørager die Summe in bar auszahlte, kam Susanna nach Hause, sie stand an der Tür, jung, langgliedrig und braun wie eine Mulattin, und starrte einige Sekunden auf die Szenerie, bis sie begriff, sich umdrehte und aus dem Haus lief, als wären ihr sämtliche Dämonen der Insel auf den Fersen.

Doch schon bald besann sie sich. Sie musste sich schließlich um ihre Tochter kümmern – um mich, ich war damals drei Jahre alt. Und die Schwarzen und Mulatten hatten zu dieser Zeit nicht viele Möglichkeiten, weshalb es damit endete, dass wir alle vier in Kapitän Cappels Haus in der Dronningensgade wohnten, bis er nach ein paar Jahren ein Haus in der Bjergegade kaufte, in dem meine Großmutter wohnen durfte. Möglicherweise ein ganz anständiger Handel. Vielleicht war er es aber auch leid, sie zu sehen und zu hören, denn sie wurde in diesen Jahren immer lauter, möglicherweise als Folge ihrer zunehmenden Schwerhörigkeit.

In jedem Fall stieß er vermutlich an dem Tag einen Seufzer der Erleichterung aus, als sie auszog und er mit Susanna allein sein konnte. Und Charlotte seufzte sicher aus einem anderen Grund. Sie war jetzt frei und hatte es schriftlich, sie konnte endlich anfangen, ihr eigenes Leben zu führen. Auch dank Baron Uytendahls Großzügigkeit war sie eine wohlhabende Frau, und als Cappel starb, erbten sie und meine Mutter sein nicht unbedeutendes Vermögen und mehrere Gebäude in Christianssted. Außerdem meinte meine Mutter, dass Charlotte noch immer etwas von dem Gold besaß, das der flüchtige Buchhalter unterschlagen hatte. Irgendjemand musste schließlich etwas davon haben, wie sie sagte.

Das alles ist nun über ein halbes Jahrhundert her, und meine Großmutter wohnt unglaublicherweise noch immer in dem Haus in der Bjergegade. Als ich sie am letzten Neujahrstag besuche, erwartet sie mich in vollem Staat, einem weinroten Brokatkleid mit Goldtressen, das sie von einer der Damen aus der Familie des Barons übernommen hat. Sie sitzt mit einer Flasche Rum an ihrem kleinen Tisch im Wohnzimmer, und als ich eintrete, neigt sie den Kopf, als handele es sich bei mir um eine königliche Person. Dann hebt sie ihr Glas und ruft so laut, dass ich zusammenzucke: »Komm herein, Anna! Lass uns auf das neue Jahr trinken!« Sie stellt das Glas wieder ab, ohne davon getrunken zu haben, und geht zur Anrichte, um ein Glas für mich zu holen.

Ich setze mich ihr gegenüber auf einen wackligen Stuhl. Sie ist nicht arm, interessiert sich bloß nicht mehr für weltliche Dinge.

»Skål, Granny!«, proste ich ihr zu und hebe mein Glas. Ich blicke in ihr altes Gesicht mit der verblüffend glatten Haut. Sie ist dunkler als ich, und ihr Haar ist fast ganz weiß und ziemlich dünn. Sie hält es im Nacken mit einer Spange aus dunklem Holz zusammen.

Wieder nickt meine Großmutter. Sie hebt ihr Glas, erst prostet sie mir zu, dann dem Bild des dänischen Königs, das an der Wand hängt – nicht des jetzigen Königs, sondern des vorherigen, Peters Freund, Frederik VI. Sie ruft, wieder so laut, dass ich das Gesicht verziehe: »Ein prächtiges und glückbringendes neues Jahr, Eure Majestät!« Dann sieht sie mich an und setzt das Glas an ihre dünnen, trockenen Lippen, legt den Kopf in den Nacken und leert es in einem Zug.

Sie schüttelt den Kopf, füllt das Glas erneut – meins ist noch fast voll – und wiederholt den Neujahrsgruß, indem sie das Glas vor einem großen Gemälde des Barons und seiner beiden Söhne erhebt, das unterhalb des Porträts des Königs hängt. Einer der drei Männer, die wie mittelalterliche

Waffenbrüder Seite an Seite stehen, ist der Erzeuger meiner Mutter. Wir wissen nicht, welcher es war. Ich sehe sie an und denke, es ist auch nicht von Bedeutung. Ob einer dieser Barone mein Großvater oder vielleicht sogar Urgroßvater ist oder nicht, wir sind nicht verwandt und werden es nie sein.

Cappel und Susanna, meine Mutter, sind längst tot, aber manchmal denke ich, dass Großmutter beschlossen hat, ewig zu leben. Sie ist nun ungefähr fünfundneunzig – ihr genaues Geburtsjahr ist unbekannt, aber sie selbst meint, dass sie Mitte des 18. Jahrhunderts geboren wurde, und das passt gut zum Rest der Geschichte – und sitzt jeden Tag vor dem Haus. Mit einem Turban um den Kopf, auf den sie zum Sonnenschutz einen Strohhut gesetzt hat, grüßt sie lautstark die Kinder auf dem Weg in die Schule. Antwortet eines ihr nicht höflich, hebt sie ihre Stimme und ruft: »Komm mal her, *young rascal*!«

Diese Schule würde es vermutlich kaum geben, wenn mein Peter nicht so fest entschlossen gewesen wäre, den Kindern eine Zukunft zu schenken. Ich selbst bin als kleines Mädchen nicht in die Schule gegangen, aber meine Mutter und meine Großmutter und manchmal auch andere im Haus des Barons haben mir einiges beigebracht.

Ich glaube, meine früheste Erinnerung stammt aus der Zeit, als meine Großmutter endlich frei wurde. Ich war damals drei oder vier Jahre alt. Wie so oft ist es nur eine kurze Erinnerung, kaum mehr als der Hauch eines Tages, an dem mir ein besonderer Gedanke durch meinen kleinen kraushaarigen Kopf ging.

Meine Mutter hatte mich mit zum Hafen genommen, wo sie etwas erledigen musste, vermute ich, wir standen hinter der Waagebude am Ende der Kongensgade, das Sonnenlicht fiel auf die Schiffe am Kai und das Wasser der Lagune. Eine größere Gesellschaft vornehm gekleideter Menschen kam von Bord eines großen Schiffs. Alles Weiße, die Damen trugen Kopftücher unter ihren breiten Hutkempen und hielten Sonnenschirme in munteren Pastellfarben und mit weißen Bordüren an den Kanten in den Händen. Ich glaube, mir fiel zum ersten Mal auf, dass

Menschen unterschiedliche Hautfarben hatten und ganz verschieden aussehen konnten.

Später verstand ich die einfache Erklärung: Die Weißen kamen alle aus Ländern, in denen die Sonne nur selten schien. Daher waren sie so bleich und blieben es im Großen und Ganzen auch, selbst wenn sie viele Jahre in Santa Cruz gelebt hatten.

Ich war selbst weiß. Nahezu. Meine Haare waren schwarz, aber sie waren eher gelockt als kraus, und meine Gesichtszüge waren anders als die der schwarzen Kinder. Meine Nase war schmal, ebenso meine Lippen. Wenn ich mich im Spiegel sah, sah ich ein weißes Mädchen mit meergrauen Augen, die weit auseinander standen. Aber meine Leser mögen mir glauben: Ich war nicht stolz darauf, im Gegenteil. Die anderen Kinder waren schwarz und braun und hatten teerschwarzes, verfilztes Kraushaar; ich hatte in ihrer Gesellschaft oft das Gefühl, nicht dazuzugehören. Wie eine Kröte unter Fröschen.

Mein Staunen blieb, und es war wirklich nützlich. Denn wenn man staunt, sucht man Antworten, und wenn man zu suchen versteht, findet man sie möglicherweise auch. Ich ging oft hinunter ans Wasser und entdeckte Muscheln, Schalen und bisweilen eine Münze, die der Sand mir offenbarte. Ich saß am Kai in Christianssted und blickte übers Wasser, während meine Gedanken auf große Fahrt gingen, zu Orten außerhalb meiner Welt; zu Orten, an denen Schnee in den Straßen lag, an denen die Bäume jeden Winter starben und an denen es manchmal so kalt war, dass das Meer zufror und man nicht von einer Insel zur anderen segeln konnte.

Ich erinnere mich an einen anderen Gedanken, den ich damals hatte: Ich wollte gern fort, jedenfalls für eine Weile, ich wollte fort aus Santa Cruz und diese fremden Orte sehen. Und obwohl ich in gewisser Weise viel erreicht habe, obwohl ich hier auf meinem eigenen Berg sitze und von dem Haus, das der Generalgouverneur und ich uns bauen ließen und das mir nun allein gehört, auf Christianssted herabblicke, habe ich Westindien nicht einen Tag in meinem Leben verlassen.

PETER VON SCHOLTENS PRIVATES TAGEBUCH, CHRISTIANSSTED, SANKT CROIX, MÄRZ 1828

Im Dienste Seiner Majestät des Königs übe ich nun seit acht Monaten das höchste Amt in Westindien aus. Wie heißt es doch gleich – wie ein Fisch im Wasser? Dieses Gefühl habe ich zumindest. Das Amt fordert mich, es gibt viel zu tun: unzählige Interessen müssen tagtäglich gegeneinander abgewogen werden, Beschlüsse sollen gefasst, Streitigkeiten entschieden, Menschen belohnt oder bestraft werden. Aber ich bin … wie ein Fisch!

Vor kurzem begegnete ich der phantastischsten Frau! Eine Viertelnegerin, ungefähr, aber nicht, wenn man ihr Glauben schenkt. Sie sagt, sie sei drei Sechzehntel schwarz, was bekanntlich weniger ist als ein Viertel. Am ehesten gleicht sie einer Frau aus einem südeuropäischen Land, einer Pariserin oder einer Señora. Ich habe nicht nach ihrem Alter gefragt, das gehört sich nicht, aber obwohl sie alterslos scheint, ist sie doch eine erwachsene Frau.

Seit ich Lise, meine Ehefrau, vor zwanzig Jahren kennengelernt habe, ist mir so etwas nicht widerfahren: dass eine Frau vom ersten Moment an in mich hineinblickte und ertrug, was sie sah. Ich erinnere mich an meine erste Begegnung mit Lise – an dieses Gefühl, dass sie mich kannte –, vor drei Monaten habe ich es bei einer Gesellschaft auf der Plantage Liberty wiedererlebt, deren Besitzer, der Pflanzer C. F. Madsen, für seine lukullischen Abendessen und großartigen Gastmahle bekannt ist. Madsen ist ein Mann, der sich gern mit den Spitzen der Gesellschaft umgibt, und er hat es bereits bei einigen Gelegenheiten für opportun gehalten, mich zum Abendessen auf Liberty einzuladen. Ich fand jedoch erst im Februar

Zeit dazu, als er mich – ganz geduldig, das muss ich ihm zugestehen – zum vierten Mal einlud.

Als ich auf die südwestlich von Christianssted gelegene Plantage kam, wurde ich auf dem Hof vom Pflanzer persönlich empfangen. Ich fuhr in der frisch gewienerten Kutsche des Gouvernements, die so schwarz und glänzend aussah wie mein treuer Kutscher Ludvig, der mir von Sankt Thomas gefolgt ist.

Madsen reichte mir mit einem verhaltenen Lächeln die Hand und begrüßte mich in einem Tonfall, der ans Servile grenzte.

»Herr Generalgouverneur von Scholten! Es ist mir eine unbeschreibliche Freude, endlich Eure Exzellenz in meinem bescheidenen Domizil willkommen zu heißen«, sagte er, wobei sich seine korpulente Gestalt als Silhouette an der üppigen weißen und strahlend erleuchteten Steinfassade abzeichnete.

Ich nickte, eine Spur reserviert. Servilität ist keine Eigenschaft, die ich schätze, mit Ausnahme von Situationen, in der sie für mich der einzig vernünftige Weg ist. Sie ist in jedem Fall eine Medizin, die sparsam verabreicht werden sollte.

»Herr Madsen«, erwiderte ich. »Ihre Plantage bescheiden zu nennen, grenzt wohl ans Blasphemische.«

»O ja«, stimmte er sofort zu, um mir zu gefallen. Er schaute stolz auf das Haus. »Aber das ist ja auch eher so eine Redensart.« Er lachte kurz auf, kokett. Dann blickte er zu Ludvig auf dem Kutschbock, und seine Hand beschrieb eine abfertigende Bewegung, als würde er eine Fliege von seinem *Punch* verscheuchen. Ludvig sah mich an, ich hatte ihm beigebracht, Befehle ausschließlich von mir entgegenzunehmen.

»Danke, Ludvig«, sagte ich so freundlich, wie es mir überhaupt nur möglich war. »Fahr du nur die Kutsche in Madsens Stall. Ich denke, dann wird man dir eine Erfrischung in der Küche servieren.« Ich sah Madsen an.

»Natürlich«, sagte er und wiederholte ein wenig lauter. »Aber selbstverständlich.«

Der Empfang seitens des Pflanzers erhöhte nicht gerade meinen Respekt vor seiner Person. Es gab vom ersten Moment an einen Missklang zwischen uns, der das nahezu diametrale Gegenteil des unmittelbaren Gefühls war, das mich erfüllte, als ich seiner Freundin und Haushälterin vorgestellt wurde, Fräulein Heegaard.

Sie stand an der Tür, würdig wie die junge Dame des Hauses, was sie, wenn man es recht beurteilte, wohl auch beinahe war. Während wir auf die leuchtende Fassade zugingen, zeichnete sich ihre kleine, ranke Gestalt vor dem Licht aus der Diele ab; ich hatte keine Ahnung, wer sie war. Ich hatte mich nie nach Madsens Familienverhältnissen erkundigt und hatte auch kein Interesse daran. Doch als ich sie dort stehen sah, hatte ich bereits so etwas wie eine Vorahnung.

Madsen schätzte sie ganz offensichtlich sehr, er behandelte sie mit Respekt, Hingabe und einer gewissen Portion Stolz; schließlich war sie sehr hübsch. Als wir die Tür erreichten, trat sie zur Seite und ließ mich als Ersten eintreten, damit ich sie begrüßen konnte. Ich blickte ihr in die Augen – ich bin kein großer Mann, und sollten andere Männer mich bisweilen gefürchtet haben, dann nicht aufgrund meiner körperlichen Größe – und spürte, was ich gerade beschrieben habe: eine Seelenverwandtschaft, obwohl wir uns überhaupt nicht kannten. Ich wusste, dass ich diesen Augenblick nie vergessen würde, dieses erste Mal, als ich in Nanans Augen sah und vollkommen sicher war, dass wir früher oder später Freunde und Geliebte würden.

Es wurde früher. Und die daraus resultierende Feindschaft seitens des Pflanzers C. F. Madsen wurde zu einem der Dolche, die in der Zeit danach inständig versuchten, ihre Stahlklinge in mein Glück und meinen Erfolg zu treiben.

BRIEF: PETER VON SCHOLTEN AN MARIA EIDE, KOPENHAGEN, MÄRZ 1853

Wie Du weißt, haben mich in den ganzen letzten Jahren die Gicht und verschiedene andere unangenehme Krankheiten geplagt – Cholera und Klimafieber, doch am meisten habe ich unter Podagra gelitten. Und in meinem Fall schien es, als könne dieses schmerzhafte Leiden in meinem Körper keine Ruhe geben, sondern müsse ständig darin rumoren, sodass ich Schmerzen mal an der einen, mal an der anderen Stelle habe, sehr oft auch im Kopf.

In kürzeren Phasen hatte ich das Glück, sowohl Gicht als auch Podagra durch die Einnahme von Holzkohlepulver niederzuhalten, sowie insbesondere durch regelmäßige Reisen zur Insel Nevis, die ungefähr auf der Hälfte zwischen Sankt Croix und Guadeloupe liegt. Auf dieser Insel gibt es, wie auf Guadeloupe, einige mineralische Badestellen mit einem hohen Anteil unter anderem an Schwefel; das Wasser dieser Bäder hat eine heilende Wirkung bei vielen Leiden, nicht zuletzt der Gichtkrankheiten.

Ich weiß nicht, ob du dieses Phänomen kennst? Das Wasser, das häufig durch eine bescheidene Quelle aus der Erde gedrückt wird, ist vulkanischen Ursprungs, es riecht stark nach verdorbenen Eiern und hat dieselbe Temperatur wie der menschliche Körper. Man kann also direkt ins Wasser sinken und dort so lange liegen, wie man mag, und nach einiger Zeit gewöhnt man sich an den Geruch und döst in der angenehmen Wärme beinahe ein.

Auf Nevis liegen die Badestellen teils unter offenem Himmel, teils unter einem Halbdach aus Palmblättern oder Dachschindeln, und meiner

Einschätzung nach gibt es sie schon sehr viele Jahre, vielleicht gab es sie schon zur Zeit der Indianer. Es sind große rechteckige Bassins, durch die das Wasser aus den warmen Quellen der Berge strömt und sich somit ständig erneuert. Dadurch wird der Schmutz und vielleicht auch alles andere Schlechte fortgespült, jedenfalls fühlt man sich von so einem Bad nach einiger Zeit ausgesprochen erfrischt.

Ich besuchte Nevis einige Male in den Jahren nach 1830, die im Übrigen eine hektische Zeit für das Gouvernement waren. Wie Du Dich sicher erinnerst, beschloss England 1833 ein Gesetz zur Freigabe aller englischen Sklaven. Es trat erst ein Jahr später in Kraft, aber da der Wortlaut auf den dänischen Inseln bereits bekannt war, forderte die schwarze Bevölkerung ernsthaft etwas Ähnliches. In derselben Zeit kam es zu zahlreichen Fluchten, und die Frage, ob die Flotte eingreifen sollte, wenn Schwarze mit Booten von Sankt Jan nach Tortola flohen, wurde brennend aktuell.

Es war eine schwere Zeit, in der die künftigen Ereignisse abgesteckt wurden. Und ich erinnere mich, dass ich, wenn ich zum Beispiel nach Nevis reiste, um die mineralischen Bäder zu genießen, jedes Mal den König informierte und ihm versicherte, dass ich umgehend heimkehren könnte, sollte dies erforderlich sein.

In dieser Zeit kauften wir – Nanan und ich – endlich unser geliebtes Bülowsminde auf dem Berg vor Christianssted. Es war damals nur ein einfacher und etwas vernachlässigter Landsitz, wenngleich auch recht herrschaftlich in seiner Architektur, aber Du weißt ja, dass wir in den kommenden Jahren weitere Gebäude errichten ließen, bis es beinahe ein ganzes kleines Dorf war. Wir waren dort so viele Jahre glücklich.

Ich bin oft gefragt worden, warum ich dem Ort den Namen General Bülows gegeben habe – Bülowsminde, Gedenken an Bülow –, aber ich fürchte, ich habe nie wirklich ehrlich darauf geantwortet. Du jedoch kennst inzwischen meine ganze Geschichte und weißt, wie das Märchen auf dem Eis mitten im Großen Belt seinen Anfang nahm; Du wirst verstehen, dass Frantz Bülow mein ganzes Leben lang einen ganz besonderen Platz in meinem Herzen hatte.

Als ich Nanan bei dem abstoßenden Pflanzer Madsen begegnete, war ich ein wohlhabender und mächtiger Mann. Im ganzen westindischen

Reich wagte niemand, mir zu widersprechen. Die sogenannte westindische Regierung war ein Puppentheater, das den Einkauf von Maismehl zur Versorgung der Sklaven auf den königlichen Plantagen regelte und ansonsten nur entscheiden durfte, welches Geschenk zum Geburtstag des Generalgouverneurs gekauft werden sollte. Über alle wichtigen Fragen hatte ich zu entscheiden. Ich riss die Macht in kleinen, verdaulichen Häppchen an mich und hatte sie schon bald komplett übernommen, während sich die »Lakaien« in der Regierung um Bagatellen kümmerten.

Damals hatte ich keine großen Vorstellungen, wie ich diese Macht einsetzen wollte. Dies änderte sich mit Nanan. Sie rief die Bewegung ins Leben, die zwanzig Jahre später die Grundpfeiler des Reiches erschüttern und mich meine Macht in Westindien kosten sollte.

Nanan. Ich weiß, Du bist ihr häufig begegnet. Und doch muss ich Dir erzählen, dass es noch etwas gab, wovon Du bisher nichts wissen konntest. Ihre heftige Leidenschaft, sowohl in unserem persönlichen Verhältnis als Mann und Frau als auch in ihrem Einsatz für die Sache der Schwarzen und Mulatten. Ihren brennenden Wunsch, eine freie Gesellschaft zu hinterlassen. All diese Dinge, über die ich unmöglich mit irgendjemandem reden konnte: aufrührerische Gedanken, die sie nährte, aufrührerische Kontakte und Freunde, die sie hatte. Sie selbst war eine Aufrührerin, eine Gegnerin, wenn nicht sogar eine Feindin des dänischen Establishments. Und schlief in einem Bett mit dem obersten Repräsentanten dieses Establishments.

Eine Situation, die eigentlich hätte explosiv sein müssen und doch zwanzig Jahre währte.

Unsere erste gemeinsame Zeit war geprägt vom Zorn ihres bisherigen, verschmähten Beschützers. Pflanzer Madsen nahm es ganz und gar nicht leicht, dass seine Freundin von der Liberty Plantation ins Gouverneursgebäude nach Christianssted umzog. Bereits an dem Abend, an dem ich Nanan zum ersten Mal begegnete – bei einer reichlich vulgären Gesellschaft in Madsens Haus – änderte sich sein Verhalten, als ihm klar wurde, was sich zwischen uns abspielte: So schwer ließ sich dies also verbergen.

Wir standen auf der überdachten Terrasse hinter dem Hauptgebäude. Öllampen brannten in einem Halbkreis um die Veranda und verteilt in dem großen Garten, bei dem es sich eher um einen Park handelte. In dem erleuchteten Salon waren die Herren zum Cocktailtisch gegangen, wo sie von zwei blutjungen Mulattinnen bewirtet wurden, deren leichte Bekleidung eher auf ein Bordell als auf das Heim eines bekannten Pflanzers schließen ließ.

Ich bin wahrlich Manns genug, um an einem festlichen Gelage mit Mädchen und Kartenspiel teilzunehmen, aber an diesem balsamischen Tropenabend zog ich es vor, mit Fräulein Heegaard zu plaudern. Ich bat sie, mir von sich zu erzählen, aus aufrichtigem Interesse und weil ich wusste, dass der Weg in das Herz einer jeden Frau gerade durch dieses Interesse geebnet wird – auch in diesem Fall, in dem mein Interesse nicht unbedingt aufrichtig war.

»Wo soll ich bloß anfangen?«, erwiderte sie munter. Ihre Stimme hatte einen melodischen Klang, tief und anziehend.

»Mit dem Anfang«, erklärte ich. »Wo sind Mademoiselle geboren?«

Sie stutzte einen Moment bei der französischen Bezeichnung. Glaubte möglicherweise, dass ich irgendwelche französischen Wurzeln in ihrem Gesicht gesehen oder etwas gehört hatte. Aber Mademoiselle benutzte ich nur zum Spaß als Anrede, seit ich Klara mit ihrem charmanten französischen Akzent begegnet war. Klara, die auf Sankt Thomas geblieben war, nachdem ich ihr einen Freibrief ausgestellt und eine bezahlte Arbeit bei einem Schiffsmakler in Charlotte Amalie beschafft hatte.

»Hier«, antwortete sie. »In Christianssted. Meine Mutter war Susanna Cappel, frühere Uytendahl. Ihr Vater war Baron de Bretton.« Sie blickte mir in die Augen und lächelte verzaubernd. »Oder auch einer seiner Söhne. Aber die waren auch Barone.«

Ich lächelte zurück. Ihr Humor war unwiderstehlich.

»Meine Mutter ist frei geboren. Ich ebenfalls. Ich habe meine Kindheit zusammen mit meiner Mutter und ihrem Mann Hans Cappel in der Dronningensgade verbracht.«

Wieder lächelte ich, sagte aber nichts; ich wollte sie ermuntern fortzufahren. Der Klang ihrer Stimme und die lebendige Mimik ihres Gesichts war alles, was ich brauchte.

Sie sah mich an.

»Aber weshalb wollen Sie etwas über mich erfahren, Herr von Scholten? Welches Interesse kann der mächtigste Mann der Inseln an meiner bescheidenen Geschichte haben?«

Sie sagte es mit dieser Selbstsicherheit, die sich auch in ihren Augen und ihrer aufrechten Haltung widerspiegelte. Sie hielt weder sich noch ihre Geschichte für bescheiden. Aber ich wusste auch, dass sie Opfer gebracht hatte, um diese Position zu erreichen. Hatte sie wirklich je einen Mann wie Madsen geliebt?

Ich sah ihr direkt in die Augen und antwortete leise: »Ich glaube, Sie kennen die Antwort ganz genau, Fräulein Heegaard.«

Erst reagierte sie ernst, dann lachte sie kurz auf. Sie hob eine Hand und legte sie mir auf die Brust, genau dorthin, wo mein Herz schlug. Und es schlug! Möglicherweise hätte ich ihre intime und unschuldige Geste erwidert und meine Hand auf die helle Haut ihrer Brust gelegt, doch in diesem Moment traten zwei Männer auf die Veranda: der Gastgeber C. F. Madsen und sein Vormann über die Schwarzen, der Verwalter der Plantage, ein großer, breitschultriger Mann.

Madsen sah uns, Nanans Hand auf meiner Brust und unsere Blicke, die in einer Art geistiger Umarmung miteinander verschlungen waren. Einen kurzen Augenblick runzelte er die Stirn, dann polterte er los, offensichtlich betrunken: »Sie haben ja gar kein Glas, mein guter Scholten. Arthur, hol doch einen *Punch* für den Herrn Generalgouverneur. Aber einen ordentlichen.«

Auf seinem Gesicht zeigte sich ein künstliches Grinsen, und seine bisherige Zuvorkommenheit war umgeschlagen in einen schakalartigen Galgenhumor. »Meine Freundin ist hoffentlich nicht zu anmaßend, Herr Generalgouverneur? Ich sehe, dass sie ihre kleine schwarze Hand auf Sie gelegt hat.«

Anna Heegaards Hand hatte nichts Schwarzes, und in diesem Augenblick beschloss ich, dass Madsen niemals mein Freund werden könnte. Vermutlich eher das Gegenteil. Allerdings schien ihm das Spiel mit dem Feuer bewusst gewesen zu sein, als Generalgouverneur hätte ich ihm das Leben sehr sauer werden lassen können.

Nanan stieß ein kleines nervöses Lachen aus, das mehr über ihr Verhältnis zu dem Pflanzer sagte als viele Worte. Innerhalb von wenigen Minuten waren die Masken gefallen. Wir warfen uns Blicke zu, der Mann war betrunken, aber er wusste, dass er zu weit gegangen war. Er lachte.

»Tja, meine Anna ist nun mal ausgezeichnete Gesellschaft«, sagte er begütigend und legte seine große Hand auf ihre Schulter. Er war einen halben Kopf größer als wir. Und doch stand ich vier Gesetzbücher und einen Generalgouverneurstitel über ihm!

»Unbedingt«, erwiderte ich. »Und wir haben gerade eine kleine Exkursion nach Christianssted verabredet, Fräulein Heegaard möchte gern Christiansværn besichtigen. Und mein Quartier befindet sich im Fort.«

Das Lächeln verschwand aus seinem langen, sonnengebräunten Gesicht.

»Jetzt?«, fragte er ungläubig. »So spät?«

Ich warf ihm ein Lächeln zu. »Besser spät als nie.«

Der Vormann kehrte mit meinem *Punch* auf die Veranda zurück. Er reichte ihn mir, und ich hob das Glas mit einem gekünstelt höflichen Skål auf den Gastgeber. Dann stellte ich es auf den Tisch. In diesem Moment trat eine größere Gruppe, zwölf Männer und Frauen, auf die Veranda. Ich legte eine Hand auf Nanans Arm, sie blickte zu mir auf. Dann nickte ich C.F. Madsen zu, und wir gingen in dem Strom fröhlicher, betrunkener Gäste durch das Haus zu der Kutsche, die auf uns wartete.

BRIEF: MARIA EIDE AN GENERALGOUVERNEUR PETER VON SCHOLTEN, SOLITUDE, SANKT THOMAS, DEZEMBER 1827

Lieber Generalgouverneur, lieber von Scholten!

Indem ich bedauere, nicht schon früher geschrieben zu haben, möchte ich Sie mit diesem Brief kurz über die Situation des Unterrichts für die Schwarzen hier vor Ort ins Bild setzen: Er findet sporadisch statt und dank des Wohlwollens einzelner Pflanzer und der übrigen Bürger. Wenn ich versuche, hoffnungsvoll zu sein, würde ich sagen, dass eine wachsende Zahl der in Charlotte Amalie ansässigen Sklavenbesitzer angefangen hat, das Nützliche an der Ausbildung der Neger zu sehen; zumindest wenn sie in der Weise vonstattengeht, dass es sich nicht schmerzhaft auf ihren Geldbeutel auswirkt!

Bei den Pflanzern verhält es sich leider in der Regel genau umgekehrt. Sie und ihre Verwalter, die den Arbeitstrupp der Schwarzen auf den Plantagen von Sankt Thomas leiten, sind harte Männer, denen es nicht leicht fällt, sich in die Rolle Schwächerer zu versetzen. Ihr alles überschattendes Ziel ist kurzfristiger Profit; sie zeigen keinerlei Nervosität bei dem Gedanken an die Zukunft, wie erschreckend sie auch aussehen mag.

Ich habe genügend Schüler an der Schule, mein Vorhaben ist also durchaus sinnvoll; in jedem Fall sind es zu viele, um aufzugeben. Leider ist das Geld jedoch knapp, und ich fürchte, dass ich doch gezwungen sein werde, wieder einige der Zuckerfelder zu bestellen. Es hat sich herausgestellt, dass Kaffee doch schwieriger anzubauen ist, und der Zucker ist ja tatsächlich eine sichere Einnahmequelle.

Aber ich weiß momentan nicht genau, was ich tun soll, denn die freien Schwarzen und Mulatten empfinden großen Widerwillen gegen die Arbeit mit dem Zuckerrohr: Es ist für sie Sklavenarbeit, egal wie viel ich ihnen dafür zu bezahlen bereit bin.

Professor Eide – Mikkel – und ich haben geheiratet! Er hielt im August um meine Hand an, nicht allzu lange nach Ihrer Dänemarkreise und Ihrem Besuch hier. Wir haben einen Ausflug zur Frenchman's Bay unternommen und sind zu den Felsen hinausgeschwommen, die Green Cay heißen, und als wir nach Solitude zurückkamen, fragte er mich, ob ich seine Frau werden wollte. Es hat mich vollkommen überrascht, muss ich gestehen, und ich dachte einen Moment lang, ob es wirklich das Richtige sei. Man kann durchaus sagen, dass ich ein wenig im Zweifel war, doch dann entschied ich mich, meinem Verstand zu folgen. Und meinem Herzen. Beiden, ja.

Ich weiß wirklich nicht, warum ich Ihnen all dies schreibe. Als einziger Grund fällt mir ein, dass ich Ihnen gegenüber – seit wir uns das erste Mal begegnet sind und nach allem, was ich von Mikkel und anderen gehört habe – immer das größte Vertrauen empfunden habe. Sie müssen mir glauben, wenn ich Ihnen sage, dass ich nicht die Angewohnheit habe, Fremde in Einzelheiten meines persönlichen Lebens einzuweihen. Aber die Wahrheit ist leider auch, dass es im Augenblick nicht allzu viele Menschen gibt, denen ich mich anvertrauen kann – ja, und dass Sie in meiner Welt vielleicht gar nicht so fremd sind.

Auf Sankt Croix, wo ich einen so großen Teil meiner Jugend verbracht habe, hatte ich mehrere Freunde, nahezu alles Schwarze oder Mischlinge. Ich fühlte mich dort zu Hause, und das sogar auf eine Weise, wie ich sie in meiner Heimat nie empfunden habe – also auf Thurø, wo ich als Kind lebte. Als ich nach dem Tod meiner Mutter dorthin zurückkehrte und eine Weile im Haus meines Vater in Mårodde wohnte, hatte ich dasselbe Gefühl: Als ob ich nicht dorthin gehörte, als ob ich ganz allein wäre, obwohl häufig Menschen um mich herum waren.

Doch nun will ich Sie nicht länger mit meinen persönlichen Angelegenheiten belästigen, nur noch eine Sache von einer gewissen Wichtigkeit:

An dem Tag, als Mikkel und ich zur Frenchman's Bay fuhren, ist etwas vorgefallen. Als wir aus dem Wasser kamen, wurden wir von zwei Männern belästigt – ja, im Grunde überfallen. Der Vorfall wurde nur dadurch beendet, dass Mikkel einen der Männer erkannte, und als der Mann es begriff, gab er sein Vorhaben auf und ergriff die Flucht. Er heißt Matcher. Mikkel sagt, er hätte in Marcussens Haus in Charlotte Amalie gearbeitet, in dem Haus, in dem Frauen sich zum Zwecke der Unsittlichkeit aufhielten. Haben Sie von diesem Mann gehört oder sind ihm möglicherweise sogar schon einmal begegnet?

Ich schicke Ihnen meine herzlichen Grüße!
Maria Eide

MIKKEL EIDE: »WESTINDISCHE STIMMEN« (MANUSKRIPT), DEZEMBER 1827

Die Sklavin Gertrude

Sie kam 1790 auf dem Sklavenschiff Kronprinsen zur Welt, geboren auf dem Achterdeck unter freiem Himmel von einer Mutter, die sich nicht mehr auf den Beinen halten konnte. Andere Negerinnen zogen die Kleine heraus und schützten sie vor der Sonne und den Schaumspritzern, während sie sie an die Brust ihrer Mutter legten. Dort lag sie auch, als die Mutter kurz darauf starb. Die Geburt hatte sie gebrochen. Die Blutungen, die Erschöpfung und der Kummer, noch ein Kind in diese böse Welt gesetzt zu haben.

Die anderen Sklavinnen nahmen sich des Kindes an. Auf den Sklavenschiffen war es damals so, dass die Männer den größten Teil der mehrwöchigen Überfahrt auf dem stinkenden Zwischendeck verbringen mussten, wo sie inmitten ihrer Ausscheidungen und ihres Erbrochenen zwischen toten und halbtoten anderen Schwarzen lagen. Die Frauen hingegen durften sich die meisten Tage auf dem Achterdeck aufhalten. Hier konnten sie einfache Mahlzeiten zubereiten, sich die Beine vertreten und sich mit Meerwasser aus den Eimern pflegen, die mit einem Strick am Henkel über die Reling geworfen wurden. Und hier konnten die Seeleute sie beobachten und sich die Schönsten aussuchen, um sich an ihnen zu vergreifen.

Die kleine Gertrude bekam von ihren Pflegemüttern zunächst einen anderen Namen, an den sie sich jedoch nicht mehr erinnern kann.

Gertrude war seit ihrem zwölften Lebensjahr Feldsklavin auf der Plantage Elysium gewesen. Aus dieser Zeit stammt auch die Kenntnis von ihrer Geburt und dem Tod ihrer Mutter während der Überfahrt. Die Fregatte Kronprinsen war Christianssted 1790 zur Weihnachtszeit angelaufen, und zwei andere, inzwischen verstorbene Frauen desselben Transports arbeiteten einige Jahre ebenfalls auf Elysium – von ihnen erfuhr Gertrude von ihrer Geburt und ihrem Alter, das sie bis dahin nicht gekannt hatte.

Ich lerne sie in einer Hütte im Negerdorf der Plantage kennen – dem Sklavendorf –, wo sie mit drei anderen Frauen wohnt, zwei jungen Schwestern und ihrer Mutter. Sie selbst hat keine eigene Familie. Eine Tochter, die sie gebar, als sie ungefähr fünfzehn Jahre alt war, und ein weiteres Mädchen, das sie zwei Jahre später bekam, sind beide tot. In den Jahren nach 1803, als die offiziellen Sklaventransporte eingestellt wurden, war es natürlich von größter Wichtigkeit, dass so viele Kinder wie möglich überlebten. Die Inseln sollten sich ja möglichst selbst mit schwarzen Arbeitskräften versorgen können, das zumindest war die Absicht der Königlichen Verordnung von 1792, in der die transatlantischen Transporte mit einer Übergangsfrist von zehn Jahren verboten worden waren.

Und was taten die Pflanzer, um das Überleben der kostbaren Kinder zu gewährleisten? Die wohlgemerkt häufig genug ihre eigenen Nachkommen oder die der Vorarbeiter waren.

Elysiums Pflanzer ließ die Mutter weiterhin harte Feldarbeit verrichten – zwölf, vierzehn Stunden am Tag bis kurz vor der Niederkunft. Gertrude verlor keines ihrer Kinder, aber bei anderen Frauen geschah dies häufig. Nach der Geburt wurden ihr nur zwei Tage gewährt, um wieder auf die Beine zu kommen, dann wurde sie zurück aufs Feld geschickt. Von vor Sonnenaufgang bis nach Sonnenuntergang.

Und das Kind? Es musste in den kurzen Pausen zwischen den vielen Stunden der Plackerei gestillt werden, auf dem Boden eines Schuppens, der nur zu diesem Zweck gebaut worden war: zur Verwahrung von Säuglingen und Kleinkindern, die von ihren ersten Tagen an Sklaven waren. Viele Säuglinge starben. Die Hälfte? Ich kenne ihre Zahl nicht. Ich kenne einige andere Sklavenzählungen. Einfache Mathematik:

1789 wurden auf Sankt Croix vierhundertsiebenundzwanzig Kinder von Schwarzen und Mulatten geboren. Es starben dort eintausendzweihundertneunundachtzig Schwarze, durch einen entsetzlichen Zufall beinahe exakt drei Mal so viele, wie geboren wurden. Zahlen, die dokumentieren, unter welch schrecklichen Verhältnissen die Schwarzen leben, aber auch, wie nah am Abgrund sich die westindische Pflanzergesellschaft befindet. Ohne eine stabile, permanente Zuführung neuer Neger wird der Bestand innerhalb einer überschaubaren Reihe von Jahren altern und aussterben. Dies erklärt, weshalb trotz der Königlichen Verordnung noch immer Schwarze über den Atlantik transportiert wurden und werden.

Die Verordnung von 1792 gab den Pflanzern und Sklavenhändlern eine Frist von zehn Jahren, sozusagen um ihre Ställe aufzufüllen. Und dies geschah auch. Doch es ist klar, dass der enorm gestiegene Import von »wilden« Schwarzen aus Afrika eine strengere Disziplin erforderte als bei den schwarzen Kreolen, die als Sklaven auf den Inseln geboren und aufgewachsen waren. Daher wurden die zehn Jahre bis zum Eintritt des Verbots eine Zeit des Schreckens, sowohl auf dem Meer als auch auf den Plantagen. In diesem Spiel hatten Säuglinge, die in die Sklaverei geboren wurden, nur bescheidene Chancen, zu guten Arbeitskräften heranzuwachsen.

Gertrudes Töchter starben beide kurz nach ihrer Geburt. Gertrude hatte wenige kurze Stunden mit ihnen in den Pausen, die ihr gestattet wurden; sie stillte sie und versuchte, ihnen in dem Backofen des Schuppens ein wenig Luft zuzufächeln. Sie saß mit ihnen im Halbdunkel, erst mit der einen Tochter, als sie fünfzehn war, dann mit siebzehn mit der anderen. Und sie spürte, wie ihre Töchter immer schwächer wurden, bis sie schließlich zurück in die glühende Sonne gerufen wurde, zu dem wispernden Zuckerrohr und dem schweren Kappmesser, das die Haut in ihrer Handfläche hatte hart wie Leder werden lassen.

Gertrude ist groß und mager. Sie sieht unterernährt aus, und ich weiß nicht, ob ihre blanken Augen vor Sehnsucht, Entbehrung oder Hunger von nagender Leere erfüllt sind. Sie schaut geradewegs an mir vorbei, sie sieht etwas, das nicht da ist; hier gibt es nur die nackten Bretterwände der Hütte, vier Strohmatratzen und einen niedrigen Tisch, auf dem einfaches Kochgeschirr steht.

Während unseres Gesprächs sitzt sie ganz still – ich glaube, ich habe noch nie einen so reglosen Menschen erlebt –, und mit einer leisen, gebrochenen Stimme erzählt sie in einer Mischung aus Englisch, Dänisch und Kreolisch über ihr Leben. Das niemals ein richtiges Leben gewesen ist.

»Ich muss auf dem Feld arbeiten«, sagt sie. »Das muss ich. Das mache ich. *The only thing. Ever.*«

Sie sieht mich an, rührt sich nicht. Ihre Worte sind keine Offenbarung für mich. Oder doch?

»Hast du nie etwas anderes getan?«, erkundige ich mich.

Sie bewegt den Unterkiefer, als würde sie sich vorstellen, etwas zum Kauen zwischen den Zähnen zu haben. Dann schüttelt sie den Kopf.

»Hast du Hunger, Gertrude?«

Langsam nickt sie. Ich verspreche, ihr ein wenig Essen zu bringen, aber ich weiß, dass es schwierig werden wird. Ich bin nur wenige Tage auf Sankt Croix, und es ist weit von Christianssted bis Elysium. Zudem erscheint es hoffnungslos, einem Einzelnen helfen zu wollen, Gertrudes Hunger zu stillen, aber nicht den Tausender anderer. In gewisser Weise ist es beinahe schlimmer, als nichts zu tun. Unvermittelt sagt sie es noch einmal.

»Ich muss auf dem Feld arbeiten. Ich kann nichts anderes.«

Sie hat nie etwas anderes kennengelernt. Sie ist kein Mensch mehr. Sie war es nie. Sie ist eine Sklavin. Bewegliches Hab und Gut. Eigentum eines weißen Mannes.

Nicht Gertrude hat mir von ihren toten Kindern erzählt. Sondern Elysiums weißer Verwalter erwähnte es, als er mir erlaubte, mit ihr zu sprechen. Ich weiß nicht, was solch ein Mann sich vorstellt. Dass ich ihn und die Plantage in einem verklärenden Licht zeichne? Was denkt er – dass ich auf die Inseln gekommen bin, um über die barmherzigen Taten der Aufseher zu schreiben?

BRIEF: PETER VON SCHOLTEN AN ANNA ELISABETH HEEGAARD, CHRISTIANSSTED, SANKT CROIX, MÄRZ 1828

Mein liebstes Fräulein Heegaard,

bei allem, was ich tue, zu jeder Zeit des Tages und nicht selten in der Nacht, sehe ich Ihr Gesicht vor mir. Wenn ich an meinem Schreibtisch sitze oder an einer Besprechung im Gouverneursgebäude teilnehme, stehe ich mit einem Mal wieder auf der Veranda von Liberty und sehe Ihr Gesicht im Schein der Lampe! Ich blicke in Ihre Augen, Anna, und ohne genau zu wissen, warum, erkenne ich beinahe entsetzt, dass es sich nur um einen Tagtraum handelt, dass Sie weit weg sind.

Ich wusste es in dem Moment, als ich Sie an jenem Abend sah. Es passiert so selten im Leben eines Menschen, den meisten vermutlich niemals, wenigen nur ein einziges Mal: dieses Gefühl, das ich nur als wahre Liebe beschreiben kann. Ohne dass ich Sie überhaupt richtig kenne, weiß ich, worüber ich spreche, und ich empfinde nicht die geringste Scham, es zu bekennen. Ich kann nur hoffen und beten, dass Sie etwas Ähnliches für mich empfinden. Unsere Begegnung muss einen tieferen Sinn haben, davon bin ich aufrichtig überzeugt. Ich bin sicher, dass die Vorsehung uns bald offenbaren wird, worin er besteht.

Können wir uns bald wiedersehen? Ich denke kaum noch an etwas anderes als an Sie, und widerstrebende Gefühle wetteifern darin, mich zu verwirren: Ratlosigkeit und Angst, Glück und Leidenschaft, Entbehrung – Letzteres vielleicht mehr als alles andere.

Ihr ergebener
Peter von Scholten

BRIEF: PETER VON SCHOLTEN AN MARIA EIDE, CHRISTIANSSTED, SANKT CROIX, JANUAR 1828

Meine liebe Frau Maria Eide!

Ich beeile mich, Ihnen meine herzlichsten Glückwünsche zu überbringen. Und ich danke Ihnen für Ihr Angebot der Freundschaft, denn so begreife ich Ihre Worte über das Vertrauen, das Sie meiner Person gegenüber empfinden. Dass ich für Sie kein Fremder mehr bin. Ich kann nicht ausdrücken, wie glücklich mich Ihre Worte gemacht haben; ich spüre selbst, dass wir so vieles gemein haben, und es wäre mir eine Ehre, Ihr Vertrauter zu sein. Sie dürfen niemals zögern, mir alles anzuvertrauen, was Ihnen am Herzen liegt.

Professor Eide, der nun Ihr Ehemann ist und damit ein, wenn ich so sagen darf, wahrer Glückspilz, ist ein braver und menschenfreundlich eingestellter Mann, den zu kennen ich stolz bin. Es ist, wie Sie wissen, bereits einige Jahre her, seit ich zum ersten Mal seine Bekanntschaft gemacht habe, und er hat sich seit damals sehr weiterentwickelt. Was Westindien betrifft, so glaube ich, dass er allmählich anfängt, die Bewohner dieser Inseln zu verstehen!

Seine Arbeit, die Ansichten zu versammeln, die hier unter den Menschen sämtlicher Hautfarben herrschen, ist äußert lobenswert, und ich hoffe für ihn, dass er die Form von Wahrheit findet, die er sucht, und viele sein Werk lesen werden. Wie ich höre, soll das Buch »Westindische Stimmen« heißen.

Ich hatte gerade das Vergnügen seiner Gesellschaft hier auf Sankt

Croix, als er einige Tage im Gouverneursgebäude wohnte, um sich tagsüber mit den Menschen auf einigen Plantagen zu unterhalten. Ich riet ihm, Sorge zu tragen, dass auch die weiße Bevölkerung in seinem Buch zu Wort komme: Es würde die Diskussion befördern, wenn ihre Stimme dasselbe Gewicht bekäme wie die der Schwarzen, und ich bin ganz sicher, dass die politische Elite daheim in Dänemark es schwerer haben wird, seine Schrift als weichherzige Propaganda abzutun, wenn auch die Weißen zu Wort kommen. Es war ein wohlmeinender Rat, den er, wie ich glaube, beherzigt hat. Ich hoffe, dass seine Heimreise mit der Vigilant gut verlaufen ist und er sich nun wohlbehalten in Ihrem gemeinsamen Heim auf Solitude befindet.

Was diese Episode angeht, den feigen Überfall an der Frenchman's Bay, so kann ich Ihnen mitteilen, dass der Mann, von dem Sie berichten, in der Tat in Marcussens berüchtigtem Haus in der Kronprinsensgade gearbeitet hat. Ja, er war wohl eher eine Art Pächter des Hauses, denn soweit ich weiß, hatte Marcussen selbst nichts mit dem Betrieb dieses zweifelhaften Etablissements zu tun. Man darf annehmen, dass Allan Matcher, der von der englischen Insel Tortola stammt, der Zuhälter der farbigen Prostituierten im Haus war.

Ich kann meiner Erleichterung gar nicht genug Ausdruck verleihen, dass Sie diesen Überfall einigermaßen unbeschadet überstanden haben. Matcher ist ein hinterhältiger Bursche, den ich mehrmals gern ins Loch geworfen hätte, als ich Gouverneur und Stadthauptmann in Charlotte Amalie war. Ich fand jedoch nie einen wirklichen Anlass dafür, und Prostitution mit Schwarzen und Mulattinnen ist bekanntlich nicht direkt verboten.

Ich verspreche Ihnen, die Angelegenheit so bald als möglich persönlich in die Hand zu nehmen. Ich werde mich umgehend mit den örtlichen Behörden in Verbindung setzen und anordnen, nach Matcher suchen zu lassen.

Bis dahin sende ich Ihnen meine herzlichsten Glückwünsche und außerdem meine ergebensten Grüße.

Peter von Scholten

BRIEF: PFLANZER C. F. MADSEN AN SEINEN BRUDER, DIREKTOR W. F. MADSEN, LIBERTY PLANTATION, SANKT CROIX, AUGUST 1828

Mein lieber Bruder,

trotz gewisser Ärgernisse leben wir hier noch gut. Nach einigen schweren Jahren mit fehlgeschlagenen Ernten und fallenden Zuckerpreisen – zwei Phänomenen, die einem westindischen Pflanzer leicht das Genick brechen können! – hat der Markt sich erholt, und wir verdienen wieder gutes Geld. Ich habe die Anzahl der Neger auf Liberty reduziert und einige andere notwendige Sparmaßnahmen getroffen. Und jeden Abend, wenn ich das abstoßende Gehackte sehe, mit dem die Schwarzen sich nach einem Tag auf den Feldern mästen, sende ich einen freundlichen Gedanken an Dich und die Salzheringsfabrik, die Du schon so viele Jahre so erfolgreich leitest. Maisgrütze und Deine Salzheringe sind wahrscheinlich der wichtigste Teil der Ernährung der Sklaven, gute und gesunde Kost, wenngleich ich es mir verbitten würde, wollte man mir diese stinkenden Delikatessen Tag für Tag servieren.

Der neue Generalgouverneur bereitet mir gewisse Probleme, wenn auch keine geschäftlichen, so doch persönliche. Meine bisherige Mätresse, Miss Heegaard, an die Du Dich von Deinem Besuch erinnern wirst, ist nach Christianssted gezogen, auf dass Generalgouverneur Scholten ihre Gesellschaft genießen kann. Ich bin mir ziemlich sicher, dass dieses gerissene Weibsstück darauf sinnt, den Einfluss des Mannes zu nutzen, um die Ziele zu erreichen, die ihr so am Herzen liegen. Obwohl sie in jeder Hinsicht einem weißen Fräulein ähnelt und auch so spricht und auftritt, ist sie doch in ihrem Herzen schwarz und gäbe gern einen oder zwei Finger, um ihre Brüder und Schwestern vor der Ausbeutung durch die gemeinen Pflanzer zu erretten. Das ist ein dermaßen lächerlicher Gedanke, und doch fürchte ich, dass sie den Generalgouverneur davon überzeugt, hat sie ihm erst einmal den Kopf verdreht.

Aber ich weiß, dass sie nur mich liebt, und anders wird es niemals sein!

Mein Kontakt im Gouvernement – einer dieser Federfuchser, der das Ausgangsbuch des Generalgouverneurs verwaltet – hält mich auf dem Laufenden über den Bau eines neuen Gouvernementsgebäudes, das Scholten in der Kongensgade von Christianssted in Auftrag gegeben hat. Es ist ein gewaltiger Skandal, der zu seiner Entlassung führen müsste! Der Lump hat dem König, dem Kollegium und der heimischen Regierung weisgemacht – den westindischen Autoritäten hat er längst die Flügel abgeschnitten! –, dass das bisherige, äußerst vornehme und taugliche Gebäude aus der Mitte des vorigen Jahrhunderts sich in einem so erbärmlichen Zustand befinde, dass es sich nicht zum Wohnen eigne.

Der neue Generalgouverneur hätte daher in gemietete Räume in der Hauptstadt der Insel ziehen müssen, schrieb er in einem famosen Brief an den König im November des letzten Jahres. Lächerlich!

Er hat eine Summe von fünfzigtausend Piastern beantragt, und laut meinen Informationen wurden sie auch bewilligt, also einhunderttausend Reichstaler Kurant, zum Umbau und Anbau des alten, schönen Gouverneursgebäudes. Einhunderttausend! Ich wüsste gern, wie viel davon in Scholtens Privatschatulle landet! Oder hat er vor, einen Palast in der Kongensgade zu bauen? Ein Schloss mitten in Christianssted, auf dem er mit seiner Konkubine wohnen kann – allen zur freien Bewunderung.

Ich gedenke, Scholten und seine lichtscheuen Unternehmungen genauestens zu beobachten, und ich werde zuschlagen, sobald ich genügend Wissen angesammelt habe, um ihn zu kompromittieren. Und wenn ich nach Dänemark reisen und mit dem König persönlich reden muss. Möglicherweise kannst Du mir aber auch helfen, mein Bruder, wenn es sich als die beste Vorgehensweise herausstellen sollte. Sicherlich wird der König einem Mann sein Ohr schenken, der seine Schwarzen im fernen Westindien füttert und somit dafür sorgt, dass der Zuckerstrom nicht unterbrochen wird!

Meine ergebenen Grüße
Dein Bruder Carl

BRIEF: GENERALGOUVERNEUR PETER VON SCHOLTEN AN KÖNIG FREDERIK VI., CHRISTIANSSTED, SANKT CROIX, NOVEMBER 1827

An den König!

In einem der Berichte, die ich alleruntertänigst die Ehre hatte, Eurer Majestät zu senden, habe ich mir die Freiheit genommen, das Gebäude des Generalgouvernements auf Sankt Croix zu erwähnen, da ich, in einem so unbewohnbaren Zustand das Haus auch ist, mir nicht erlauben wollte, die höchst notwendigen Reparaturen vornehmen zu lassen, ohne Eurer Majestät zuerst meinen alleruntertänigsten Vorschlag vorzulegen.

Es geschieht aus allertiefster Untertänigkeit, dass ich diese Gelegenheit nutze, Eurer Majestät meinen alleruntertänigsten Vorschlag zur allergnädigsten Entscheidung zu erläutern:

Das baufällige Gebäude verfällt vollständig – wie auch andere öffentliche Gebäude, insbesondere das Generalgouvernementshaus, das sich in einem Zustand befindet, der es unbewohnbar werden lässt. Ich bitte Eure Majestät daher alleruntertänigst, mir allergnädigst zu erlauben, nach diesen Bemerkungen, die meiner redlichen Fürsorge für Eurer Majestät allerhöchste Interessen geschuldet sind, zu erklären, dass ich die für die Jahre 1825 und 1827 vorgeschlagenen Reparaturen in Höhe von 4101,13 Dollar für gänzlich verloren halte, sollten sie bei dem gegenwärtigen Zustand des Generalgouvernementsgebäudes zur Anwendung kommen.

Ich habe nicht länger im Haus des Generalgouvernements wohnen können und musste in Christiansted Zimmer anmieten – für einen jährlichen Betrag von 2400 Dollar. Im Haus fehlen Fenster und Jalousien, auf allen Etagen regnet es herein, und durch die ständige Feuchtigkeit haben die Dielen des Fußbodens beträchtlichen Schaden genommen. Die Mauern sind durch und durch feucht, da nichts das Eindringen des Regens hat abwehren können; das Gebäude ist dadurch in höchstem Maße ungesund. Hier in Westindien hat eine trockene, sichere, bequeme und gute Wohnung entscheidenden Einfluss auf die Gesundheit, und ich versichere Eurer Majestät alleruntertänigst, dass meine Gesundheit im Generalgouvernementsgebäude in den Monaten, in denen ich mich dort aufgehalten habe, vor allem nach dem Orkan am 17. August, deutlichen Schaden genommen hat. Sowohl für den Dienst Eurer Majestät als auch in meinem eigenen Interesse erachtete ich es daher als notwendig, dort auszuziehen – so viele Unannehmlichkeiten das Anmieten neuer Räumlichkeiten für einen Mann in meinem Amt auch mit sich bringt.

Um Eurer Majestät den Verlust der erwähnten 4101,13 Dollar zu ersparen (…), wage ich alleruntertänigst, Eurer Majestät folgenden Vorschlag zu unterbreiten:

Unter der Voraussetzung, dass es Eurer Majestät allergnädigster Wille ist, dass ich auf dem Posten verbleibe, den Eurer Majestät Vertrauen mir hat zukommen lassen, bitte ich Eure Majestät untertänigst, dass ich für weitere fünf Jahre über die Mietkosten verfügen kann, die ich nun für die Wohnung zahle, in die ich gezogen bin – insgesamt also 12 000 Dollar, zusätzlich zu den bereits gezahlten circa 4100, also alles in allem 16 000 Dollar. Ich werde mich verpflichten, für diese Summe das Haus des Generalgouvernements in einen ordentlichen, bewohnbaren Zustand zu bringen.

Ich füge noch meine alleruntertänigste Bitte um Eurer Majestät Beschluss hinzu; ich wage in allertiefster Untertänigkeit aufgrund der Umstände darum zu bitten, dass Eurer Majestät allergnädigster Beschluss mir so bald als möglich mitgeteilt wird, da dies in Anbetracht der Miete für meine Wohnung und der Einrichtung in jedem Fall sehr wichtig für mich ist.

Generalgouvernement, 6. November 1827
Alleruntertänigst
P. v. S.

BRIEF: PETER VON SCHOLTEN AN ANNA ELISABETH VON SCHOLTEN, CHRISTIANSSTED, SANKT CROIX, WEIHNACHTEN 1827

Liebste Lise,

fröhliche Weihnachten, meine Geliebte! Erst ein halbes Jahr ist seit meiner Abreise aus Dänemark vergangen; obwohl Hochsommer war, regnete es und war bitterkalt. Wenn ich jetzt die Augen schließe, sehe ich Deine kleine Gestalt am Kai vor mir. Deinen weißen Sonnenschirm, der vor meinen Augen verschwand wie eine Schneeflocke in der Sonne, als wir am Westindischen Kai ablegten.

Du warst so traurig an jenem Tag, als wir voneinander Abschied nahmen, unter Schmerzen denke ich oft daran. Ja, ich hatte sogar kurzfristig erwogen, ob es möglicherweise das Beste wäre, meinen Posten hier in Westindien aufzugeben, doch das geht nicht. Meine Arbeit hier ist zu wichtig, als dass ich sie aufgeben könnte.

Es geschieht recht häufig, wenn ich meinen vielen Verpflichtungen hier im Gouvernement nachkomme, dass ich einen Stich in der Brust verspüre bei dem plötzlichen Gedanken an unsere kurze gemeinsame Zeit, bevor Du Westindien verlassen hast. Ich glaube, Du verstehst meine Sehnsucht und meinen Schmerz, dass wir die Sorgen und noch mehr die Freuden nicht teilen können, die mein Leben hier erfüllen.

Liebste Lise, wie oft habe ich mich gefragt, ob ich damals etwas anders hätte machen können, hätte machen sollen? Hätte ich etwas sagen oder tun können, das Deinen Entschluss ins Wanken gebracht hätte? Hätten wir, trotz alldem, was Dir damals am Leben in Westindien missfiel, ein gemeinsames Ziel finden können? Du hast Sankt Croix ja nie gesehen, wo ich jetzt lebe; vielleicht würde Dir die Insel besser gefallen als Sankt Thomas. Hier ist es nicht so heiß, die Stadt Christianssted liegt im Norden, am offenen Meer. Die Stadt ist ruhiger als Charlotte Amalie, das Land besteht aus lauter Zuckerfeldern, Produktivität und Schönheit gehen Hand in Hand.

Es geschieht oft, dass ich mitten in einer Verhandlung oder einer Sitzung im Gouvernementsgebäude plötzlich Dein Gesicht vor mir sehe und nicht verstehe, warum Du nicht zu Hause auf mich wartest wie einst. Ich kann mich des Gedankens nur schwer erwehren, dass ich mehr hätte unternehmen sollen, um Dich hier zu behalten; es war falsch, dass Du nach Dänemark zurückgekehrt bist. Ich mache mir Vorwürfe, dass es mir nicht gelungen ist.

Hier feiern wir Weihnachten, so gut es geht. Ich bin in den Tropen nie in eine wirkliche Weihnachtsstimmung gekommen, aber dennoch haben wir ganz vergnügliche Stunden. Doch ich weiß, dass Weihnachten in der Bredgade immer eine ganz besondere Zeit ist, und ich kann Dir nicht sagen, wie sehr ich es vermisse.

Ich wünsche Dir und den Kindern aufrichtig frohe Weihnachten! Ich zähle die Tage, bis wir uns wiedersehen. Allerdings glaube ich, dass noch ein Jahr vergehen wird, ehe ich wieder die Gelegenheit haben werde, an Bord eines Schiffes zu gehen, und wir wieder einige Monate zusammen verbringen können.

Meine liebsten Grüße und Gedanken
Dein Mann Peter

PETER VON SCHOLTENS PRIVATES TAGEBUCH, CHRISTIANSSTED, SANKT CROIX, MÄRZ 1828

Der Augenblick, als Anna Heegaard und ich allein mit unseren Blicken und ohne ein Wort verabredeten, dass wir die muntere Gesellschaft bei C. F. Madsen verlassen würden – und sie bei dieser Gelegenheit auch sein Leben –, war einer jener Momente, in denen sich der gesamte Kurs eines Menschen ändert. Nichts sollte von da an mehr sein wie zuvor.

Als wir hinüber zu den Ställen der Liberty Plantation gingen, hatte ich das Gefühl, als würden wir uns schon viele Jahre kennen, in gewisser Weise schon immer. Wir traten aus der erleuchteten Diele auf den dunklen Hof, wo nur vereinzelte Öllampen auf der Veranda brannten und ihren warmen Schein auf die Fassade warfen, und mit einem Mal waren wir allein. Das hektische, berauschte Plaudern der Gesellschaft wurde abgelöst vom Gesang der Frösche, einem Geräusch, das keiner von uns mehr hörte, weil man das eintönige Quaken der Frösche schon nach kurzer Zeit auf den Inseln verinnerlicht hat. Über uns hing das einen Tag alte Lächeln des Neumonds wie ein dünner Riss am Firmament. Ludvig saß auf dem Kutschbock und war eingenickt. Ich hatte ein schlechtes Gewissen beim Anblick seiner gebeugten Gestalt auf dem harten Sitz der Kutsche. Er ist eine treue Seele, und seine Bedürfnisse sind schlicht. Bot dieses einfache Leben gewisse Freuden?

Ich half Nanan in den Wagen. Bevor sie sich auf das weiche, mit Öl behandelte Lederpolster setzte, streckte sie eine Hand aus und legte sie auf Ludvigs Schulter – eine so intime und persönliche Geste, die mich daran erinnerte, wie sie mir im Haus die Hand auf die Brust gelegt hatte.

Ludvig drehte seinen langen Kopf um und nickte ihr zu, ein wenig – oder doch sehr – überrascht. Es war wie der Kontakt, den manche Menschen sofort zu einem Pferd aufbauen, wenn sie es zum ersten Mal sehen: eine Ruhe in der Bewegung, eine natürliche Hingabe in der Berührung, die Sicherheit und Geborgenheit signalisiert. Und damit meine ich nicht, dass Ludvig ein Pferd ist, nur dass er mit seinem ewigen Schweigen ebenso unzugänglich und rätselhaft ist wie ein großes, stummes Tier.

Als wir den Hof verließen und in die Dunkelheit hinausfuhren, drehte ich mich noch einmal zu dem imposanten Hauptgebäude um. An der Tür zeichnete sich eine kräftige Gestalt als schwarze Silhouette gegen die erleuchtete Diele ab. Der Blick des Pflanzers C. F. Madsen folgte uns, und obwohl ich sein Gesicht nicht sehen konnte, hatte ich keine Schwierigkeiten, mir seine Verbitterung vorzustellen.

Wir fuhren durch den duftenden Abend in Richtung Norden, auf Christianssted zu, vor uns der schweigsame Ludvig. Eine kleine Laterne, die in einem schmiedeeisernen Beschlag hing, sandte an der rechten Seite der Kutsche einen beinahe schwelenden Schein aus. Ansonsten waren wir von einer Dunkelheit umschlossen, die mich kaum das Gesicht der Frau neben mir erkennen ließ. Sie lächelte mich an, streckte ihre Hand aus und legte sie mir auf die Schulter, und ich wusste, dass Anna von diesem Augenblick an in mein Leben treten und es mit etwas gänzlich Neuem erfüllen würde; etwas, das ich bisher nicht kannte, aber schon immer vermisst hatte.

BRIEF: STELLVERTRETENDER GENERALGOUVERNEUR JOHANNES SØBØTKER AN KÖNIG FREDERIK VI., CHRISTIANSSTED, SANKT CROIX, JULI 1829

An den König!

Hiermit habe ich die Ehre, Eurer Majestät alleruntertänigst mitzuteilen, dass ich aus Anlass der Abreise des Generalgouverneurs und Kammerherrn Peter von Scholten nach Europa das Kommando über Eurer Majestät Westindische Inseln übernommen habe. Der Kammerherr ist hier am 11. und von Sankt Thomas am 12. Juli auf Seiner Majestät Brigg Sankt Thomas abgereist. Regierungsrat Rosenørn wurde wieder als Gouverneur auf Sankt Thomas eingesetzt, Justizrat Pontoppidan auf den verwaisten Regierungsratsposten.

13. Juli 1829
Alleruntertänigst
J. Søbøtker

BRIEF: PETER VON SCHOLTEN AN MARIA EIDE, KOPENHAGEN, MÄRZ 1853

Die Brigg Sankt Thomas Seiner Majestät war nicht unbedingt das schönste Schiff, auf das ich meine Füße gesetzt habe: Ein wenig breit um die Hüften, schwer – an die zweihundert Kommerzlasten – und über einhundert Fuß lang. Es gab viel Platz für die Ladung, außerdem war die Brigg auf dem offenen Deck mit sechzehn Achtzehnpfündern bestückt. Ich schreibe in der Vergangenheitsform, aber sie ist wohl noch immer im Einsatz. Ein solides Schiff, muss man sagen, das den Atlantik jedenfalls mehrere Dutzend Male überquert hat (so wie *moi*) und sogar als Kriegsschiff eingesetzt wurde, obwohl sie meines Wissens nie an Kampfhandlungen beteiligt war.

Die Brigg wurde 1827 auf der Werft von Gammelholm in Kopenhagen gebaut. Sie befand sich auf ihrer Jungfernreise über den Atlantik, als ich zwei Jahre später am 12. Juli in Charlotte Amalie an Bord ging, wo ich am Vortag mit dem hübschen Schoner Vigilant des Generalgouvernements angekommen war. An Bord der Brigg war außer mir und dem Gepäck von ein paar anderen Passagieren auch die schwere Kiste mit dem Bleisarg des toten Admiral Jessen, der – eingelegt in eine halbe Tonne weißen Rum – bis zu diesem Tag ungefähr sechs Jahre in der Obhut eines Leichenbestatters gewesen war. Die unglaublich schwere Holzkiste, in deren Innerem es schwappte, wurde mit größter Vorsicht an Bord der Brigg getragen und im Laderaum verstaut. Mir wies man eine Achterkajüte auf der Höhe der Wasserlinie zu, eng und mit niedriger Decke, aber mit einem angenehmen Geruch nach frischem Holz, Teer und Salz. Ich bin an Bord so vieler Schiffe gewesen und kann daher bezeugen, dass nur die wenigsten sich bemühen, den Geruchssinn zu befriedigen!

Den Skipper der Brigg, Kapitänleutnant M. C. Klaumann, hatte ich bereits begrüßt, und nachdem wir abgelegt hatten, lud er mich in seine Kajüte ein, die vier, fünf Mal so groß wirkte wie mein Verschlag auf der Backbordseite des Großmasts. Aber der Kapitän an Bord eines königlichen Schiffs hat natürlich vielerlei Pflichten und muss in seinem Quartier Besprechungen abhalten und Passagiere und Gäste bewirten können. Meine Pflichten an Bord der Schiffe, mit denen ich gesegelt bin, haben sich hingegen immer darauf begrenzt, die Möwen zu zählen und nicht vor Langeweile zu sterben.

Ich erklärte dem Kapitän, ich hätte eine wichtige, jedoch sehr rasch zu erledigende Angelegenheit in London zu besorgen, und bat ihn, aus diesem Grund die Themse-Mündung anzusteuern. Er beging den Fehler, mich nach der Art meines Anliegens zu fragen.

»Ich bin ein Repräsentant des Königs. Ich habe auf Veranlassung Seiner Majestät etwas in London zu erledigen«, antwortete ich in einem bestimmten, aber nicht unfreundlichen Ton.

Klaumann nickte. »Jawohl, ja«, sagte er und schwieg einige Sekunden. Dann nickte er erneut und fügte hinzu:

»Und ich bin Kapitän auf Seiner Majestät Brigg. Ich habe etwas in Kopenhagen zu erledigen. Aber wenn die Überfahrt problemlos und ohne Unglücksfälle verläuft, werde ich mein Bestes tun, um Ihren Wunsch zu erfüllen.«

Er sagte es mit einem kleinen Lächeln, und ich dankte ihm und nahm seine Zusage als ein bindendes Versprechen, die Themse hinaufzusegeln; wir sprachen nicht weiter über dieses Thema. Ich war nicht einen Moment im Zweifel, dass der König sehr verdrießlich reagieren würde, wenn ich gezwungen wäre, mich im Schloss mit einem Rumfass voller Gold zu melden. Wenn Frederik das Fass nicht in seine Privatgemächer stellen wollte, hatte er keine andere Möglichkeit, als es der königlichen Schatzkammer zu übergeben, und obwohl Frederik durchaus absolutistisch regierte, konnten derartige Dispositionen doch zu Fragen und hochgezogenen Augenbrauen führen.

Ich muss gestehen, dass ich während der Überfahrt alles tat, um nicht den Unmut des Kapitäns zu wecken. Es ist bemerkenswert und vielleicht auch eigenartig, aber nichtsdestotrotz wahr, dass ein Kapitän der Ranghöchste auf seinem Schiff ist. Und selbst ein Generalgouverneur, der nur dem König verpflichtet ist, hat keinerlei Möglichkeit, bei Entscheidungen des Kapitäns zu intervenieren oder seine Erwägungen in Zweifel zu ziehen. Das Wort des Kapitäns ist Gesetz, so ist das.

Wir hatten indes eine sehr angenehme und ereignislose Reise, und nach weniger als einem Monat – am Montag, dem 10. August – durchquerte die Brigg den Ärmelkanal mit Frankreich an Steuerbord. Als wir unsere Abendmahlzeit in der hellen, geräumigen Kajüte des Kapitäns einnahmen, hob Klaumann den Blick von seinen gelben Erbsen mit weißer Soße und Speck und blickte mich an.

»Wir umrunden die Landspitze gegen Ende der Abendwacht. Ich will nicht in der Dunkelheit in die Flussmündung segeln, daher ankern wir vor der Küste von Sheerness. Morgen segeln wir dann die Themse bis Gravesend hinauf. Von dort können Sie eine Kutsche nach London nehmen. Wir warten zwei Tage. Sind Sie bis Mittwochabend nicht zurück, müssen Sie mit einem anderen Schiff nach Dänemark segeln. Es sollte kein Problem sein. Kennen Sie London?«

»Ziemlich gut. Ich habe dort während des zweiten Kriegs mit den Engländern ein halbes Jahr gelebt. Und bin seither mehrfach dort gewesen.«

»Sie waren interniert?«

»So könnte man es nennen. Mein Vater und ich wohnten unter vorzüglichen Verhältnissen und richteten sehr zivilisierte Gesellschaften für angesehene dänische und ausländische Gäste aus.«

»Das klingt nach einer vergnüglichen Art und Weise, sich die Zeit der Kriegsgefangenschaft zu vertreiben«, bemerkte der Kapitän.

Ich lächelte und sah mich am Tisch um. Neben mir saßen die Offiziere des Schiffs, der Arzt und zwei weitere männliche Passagiere, deren mangelhafte Qualitäten als Kartenspieler ich bereits innerhalb der ersten Woche kennengelernt hatte. Außerdem die blasse und flachbrüstige

Ehefrau des einen, die scheu wie ein Höhlenbewohner war und sich sehr selten blicken ließ.

Wenn man es genau nimmt, hielt ich mich 1808 während der »Kriegsgefangenschaft« von meinem Vater und mir gar nicht in London auf. Wir waren in den westlichen Vorort Reading gebracht worden, wo man uns dank des Adelstitels unserer Familie und der herausragenden Stellung meines Vaters in der dänischen Kolonie in eine ausgezeichnete Pension einquartierte, deren Wirtin – eine etwas ältere, propere Frau – uns in jeder Hinsicht verwöhnte. Ich erinnere mich an eine muntere und – in Anbetracht unseres Status als Kriegsgefangene – einigermaßen unbekümmerte Zeit. In unserem Bekanntenkreis nannte man uns die »Gentleman Danes«, und mein Vater hatte seinen Lieblingssklaven mitgenommen, sodass wir standesgemäß bedient wurden.

Während unserer Internierung in England starb zu Hause in Dänemark der alte König, und der Kronprinz, der bereits seit einigen Jahren an der Spitze des Landes gestanden hatte, wurde endlich als Frederik VI. gekrönt. Welch wichtige Rolle dieser Monarch in meinem Leben spielen sollte, hätte ich mir niemals vorstellen können.

Das war im März 1808. Maria, und nun denke ich daran, wo Du damals warst; ich weiß es ja. Du hattest zu diesem Zeitpunkt bereits fünf Jahre auf der Canaan Plantation verbracht – in der Stellung, die mein Vater Dir verschafft hatte. Wie eigentümlich sich im Leben der Menschen doch alles verknüpft! Du warst … wie alt? Zwanzig Jahre. Eine junge, erwachsene Frau. Mir wird erst jetzt klar, wie wenig ich über Dein damaliges Leben weiß. Eines Tages musst Du mir mehr erzählen. Es ist ein merkwürdiger Gedanke, dass wir uns zeitgleich auf den Inseln aufhielten, als wir noch ganz jung waren.

Wären wir uns doch nur begegnet!

Wir schwojten bis zum Sonnenaufgang am Dienstagmorgen vor Sheerness. Dann segelte die Brigg die breite Flussmündung bis Gravesend hinauf, wo der Kapitän an einer alten Landungsbrücke anlegte und das Schiff vertäuen ließ. Zum ersten Mal seit dreißig Tagen konnte ich meine Füße wieder auf festen Boden setzen.

Mit mir führte ich das Fass mit Gold und Kuranten, die bei dem Bankier Mr. Lawrence in der Londoner Bond Street deponiert werden sollten. Es war kein Gepäckstück, das ich selbst hätte tragen oder von den Planken der Landungsbrücke heben können, nachdem der Kapitän es mit dem Ladebaum hatte an Land hieven lassen. Ich heuerte am Kai zwei starke Schauerleute an und trug ihnen auf, einen Wagen mit Pferd und Kutscher zu beschaffen. Sie versicherten mir, dass wir London in vier, fünf Stunden erreichen könnten, verluden meine Rumtonne und ließen sich mit ein paar Schillingen bezahlen, bevor der Kutscher die Peitsche schwang und ein kräftiges Pferd uns das südliche Themse-Ufer entlang in Richtung Westen zog.

Ich verbrachte die Reise dösend und betrachtete die langweilige graue Umgebung. Der ewige Nieselregen hüllte die wenigen Höfe am Fluss in einen schweren, diesigen Schleier, in dem einige Gestalten so traurig einhergingen, dass ich an das Elend in Dantes Hölle denken musste. Das Geräusch der Hufe verriet die erbärmliche Beschaffenheit des Weges; wir fuhren durch eine Suppe aus Morast und Flussschlamm, hier und da gab es einzelne gepflasterte Abschnitte und vereinzelt auch etwas höher gelegenes Terrain, wo die Erde etwas fester zu sein schien.

Ich schloss die Augen und erinnerte mich an meine Zeit in Reading vor über zwanzig Jahren. Mein Vater hatte natürlich den höchsten Rang von uns allen, und er verstand die Kunst, sowohl den militärischen Personen als auch den Zivilisten gegenüber, mit denen wir zu tun hatten, mit Autorität und Freundlichkeit aufzutreten. Ich selbst lernte schnell: Wir hatten uns noch nicht lange in Reading aufgehalten, als ich bereits den tüchtigsten Schneider der Stadt gefunden hatte und mir einige Anzüge nähen ließ, da ich die Uniform allmählich leid war.

In Reading begegnete ich auch Hans Birch Dahlerup zum ersten Mal, dem später so hochgeschätzten Admiral; und mit Blick auf meine wachsenden Schulden bei dem Schneider in der Baker Street war das genau der richtige Zeitpunkt: Obwohl Dahlerup ein Mann war, der umgehend meine Sympathie gewann, muss ich zugeben, dass ich seine jugendliche Naivität an einem der ersten Tage ein wenig ausnutzte, als ich ihm meine nicht sonderlich wertvolle vergoldete Taschenuhr für fünf Pfund verkaufte! Ich weiß, dass er sie später zu seinem Ärger für nur zwei Pfund weiterverkaufte, was wohl ihrem wahren Wert eher entsprach.

Dann starb der König, und viele andere Ereignisse nahmen unsere Aufmerksamkeit in Anspruch. Mein Vater und ich kehrten heim nach Dänemark, ich lernte meine Ehefrau kennen, mein Vater ging dahin, wir bekamen einen Sohn, der ebenfalls starb. Beide wurden in dem neuen Mausoleum auf dem Assistens Kirkegård beigesetzt; Casimir in seinem Sarkophag, der kleine Wilhelm unter der Bodenplatte. Ich wurde in Bülows Adjutantenstab aufgenommen. Danach Sprogø und Sankt Thomas.

Nun war ich zurück in England, als einer der mächtigsten Männer des dänischen Reiches auf dem Weg von Gravesend in die Bond Street, mit einem Rumfass voller Gold und Kuranten für den König.

Ich war König Frederiks Vertrauter und Verschworener! Unsere Schicksale waren an jenem Tag auf Sprogø zusammengeschmiedet worden. Ein berauschender Gedanke! Und ich fühlte mich vollkommen sicher. Ich wusste nicht, ja, ich konnte mir in meiner Unerschütterlichkeit nicht vorstellen, dass das Geheimnis von mir und Seiner Majestät möglicherweise bereits gelüftet worden war: An Bord der Brigg Sankt Thomas waren außer mir noch andere Passagiere gewesen. Und einer von ihnen hatte während der Überfahrt viele Nachtstunden damit verbracht, in den Sachen des Generalgouverneurs zu schnüffeln. Er hatte auch an dessen Tonne gerüttelt, überrascht über deren Gewicht.

Ein paar bettelnde Burschen aus der Bond Street liefen neben dem Wagen her, nachdem ich den Kutscher aus Gravesend nach dem Besuch bei Mr. Lawrence gebeten hatte, mich zum nächsten Wirtshaus zu fahren, wo ich eine bescheidene Mahlzeit einnahm – Sülze mit Sahnekartoffeln und englischem Senf –, ehe ich die Rückfahrt zur Themse-Mündung antrat. Ich sah keinen Grund, Kapitän Klaumanns Frist von zwei Tagen auszunutzen, sondern wollte so rasch wie möglich zu meiner Familie nach Dänemark zurückkehren. Gegen neun Uhr abends war ich wieder an Bord der Brigg. Klaumann war verblüfft.

»Der General ist bereits zurück«, stellte er fest, als ich den Kutscher bezahlte und ihm für die Fahrt dankte. Er war ein zuverlässiger und wunderbar wortkarger Helfer gewesen und bekam reichlich Trinkgeld. Geld war für mich etwas, das ich in einer Tonne durch die Gegend rollte!

Du magst Dich vielleicht fragen, Maria, wie ich auf die Idee kam, als Generalgouverneur eine Tonne in meinem Gepäck mitführen zu können, ohne bei den Männern, mit denen ich es zu tun hatte, Aufsehen zu erregen. Und Du wunderst Dich zu Recht. Nur war es so, dass ich mich in einem Zustand befand, der so viele meiner Handlungen als Generalgouverneur bestimmte: Ich glaubte, auf dem Wasser gehen zu können, ich war überzeugt, dass meine Position und meine Verbindungen mich jederzeit gegen die Hinterhältigkeit meiner Feinde schützen würden. Das war selbstverständlich zu einem gewissen Grad naiv, denn mein König konnte sterben und meine Titel konnten mit ihm verloren gehen. Und beides ist ja bekanntlich auch passiert.

Ich berichtete Kapitän Klaumann genauestens von meinem Ausflug. So war es damals üblich, vor den Telegraphen und den schnellen Dampfschiffen: Die Reisenden teilten ihr Wissen und ihre Erlebnisse mit den Zurückgebliebenen. »Die Engländer waren so viele Jahre unsere Feinde«, sagte ich, als wir in seiner Kajüte unter dem Achterdeck saßen, »aber ich habe es eigentlich nie so empfunden. Doch, eine Weile vielleicht, als sie auf Sankt Thomas landeten und unsere Kapitulation forderten. Aber es war ein unwirkliches Gefühl, einem Feind zu begegnen, der so zivilisiert auftrat. In Charlotte Amalie waren wir die Überfälle und Schikanen der Piraten gewohnt: Wahnsinnige, denen brennende Lunten unter den Hüten hervorlugten, als wären ihre dreckigen Köpfe Bomben; Verrückte, die einerseits handeln, die Inseln aber gleichzeitig mit ihrer Schreckensherrschaft überziehen wollten. Die Engländer hingegen gingen mit gepuderten Perücken und weißen Handschuhen an Land und sprachen meinen Vater mit ›Your Excellency‹ an. Trotzdem hatte er seine Macht verloren. Drei englische Linienschiffe, sechs Fregatten und weitere zwanzig Schiffe lagen auf der Reede und in Charlotte Amalies Hafen. Es war eine wahre Übermacht, doch keiner der Schiffsoffiziere hatte einen Dolch zwischen den Zähnen.«

Ich machte eine kleine Pause, und bevor er das Wort übernahm, sah mich der Kapitän an, beinahe listig, wie mir schien.

»Und London?«, fragte er. »Wie steht's mit London? Was hatten Sie dort zu erledigen?«

Die letzte Frage, die er nun bereits zum zweiten Mal während unserer gemeinsamen Zeit an Bord stellte, war beinahe eine Beleidigung. Wie konnte sich der Kapitän einbilden, dass ihn die Geschäfte des Generalgouverneurs in der englischen Hauptstadt etwas angingen? Aber Klaumann war – genau wie ich – ein Mann, der es nicht gewohnt war, einen Vorgesetzten zu haben. Wenn er eine Antwort auf eine Frage wollte, dann stellte er die Frage. Im Grunde war es eine Vorgehensweise, die ich respektierte, daher nutzte ich die Gelegenheit nicht, ihn zurechtzuweisen.

»Obliegenheiten des Königs«, antwortete ich. »Ich wurde von Seiner Majestät bestallt und genieße sein Vertrauen. Viele Angelegenheiten, die ich für ihn erledige, würden Menschen außerhalb des vertrauten Umgangskreises des Königs kaum verstehen.«

Was den Grad der Arroganz betraf, war dies natürlich eine glänzende Antwort, doch Klaumann reagierte nicht ganz wie erwartet. Er legte seinen großen Kopf ein wenig schräg, kniff ein Auge zusammen und erwiderte:

»Ich habe das Kommando auf einer Brigg Seiner Majestät und erledige somit selbst Angelegenheiten im Dienste des Königs, augenscheinlich allerdings auf eine etwas andere Art: Der Generalgouverneur rollt ein altes Rumfass umher, während ich sein Schiff um die halbe Welt führe.«

Er lächelte entwaffnend, und obwohl seine Worte einigermaßen respektlos waren, gefiel mir der Mann. Seine Skepsis erschreckte mich nicht, aber wie gesagt, es gab damals ohnehin nicht viel, wovor ich mich fürchtete.

15. März 1853

Eine Woche später liefen wir Kopenhagen an. Bereits in der Hafeneinfahrt sah ich, dass es am Kai ungewöhnlich geschäftig zuging: Vom Westindischen Speicher bis zur Kvæsthusbro lagen zwei, drei Frachtschiffe nebeneinander. Es war ein klarer, kühler Frühjahrstag, und die Vormittagssonne ließ in den Takelagen der Schiffe die Spinnweben aus Leinen und Tauen in einem goldenen Licht flimmern.

Unsere Brigg machte südlich des großen Speichers an einem Toppsegelschoner mit einem breiten Heck fest, die Besatzung des anderen Schiffs half uns beim Vertäuen. Taue aus Sankt Thomas wurden um Poller auf dem Schoner festgezurrt, und schon bald konnten wir über eine Planke und das Deck des anderen Schiffs an Land gehen.

Ich schauderte in der Sonne, die tief über dem Wasser stand und unsere Augen mit einem boshaften Schimmer blendete. Es war nur ein kurzer Spaziergang bis zu meinem Kopenhagener Heim, aber ich wollte gern mein Gepäck mitnehmen. Außerdem empfand ich eine gewisse Verantwortung, dass der Sarg meines Vorgängers sicher an Land kam, daher blieb ich in der kalten Frühjahrssonne stehen und vertrieb mir die Zeit, mich auf dem geschäftigen Kai nach einer Kutsche umzusehen, die mich und meine Taschen in die Bredgade fahren konnte.

Damals wusste ich es noch nicht, aber die Familie des Admirals – seine Frau und seine Kinder – hatte Jessen überredet, die testamentarische Verfügung zu erlassen, die nun zu seiner absolut letzten Reise über den Atlantik geführt hatte. Ich könnte mir vorstellen, dass Jessen, der ein durchaus praktisch denkender Mann gewesen war, sich gegen dieses eigenartige Arrangement zur Wehr gesetzt hat. Aber dann hatte er offenbar beschlossen, dass es so sein sollte, wenn er damit seiner Familie eine Freude machte. Ihm durfte es schließlich egal sein. Im Übrigen hatte es sechs Jahre gedauert, bis dem Wunsch der Familie entsprochen werden konnte!

Heute liegt Jessen in der Holmens Kirke begraben, und ich glaube, dass sein Grab auch in kommenden Jahrhunderten bewahrt werden wird. Er war trotz allem etwas ganz anderes als nur ein kurzfristiger Gouverneur auf Sankt Thomas, er war der Held von Sjællands Odde und den Vogelklippen, ein bekannter Admiral. Ich stelle mir vor, dass einst ein historisch Interessierter unter seinen Nachkommen – möglicherweise ein großer, schlanker Mann, der im nächsten Jahrhundert selbst im Dienste des Königs zur See fährt – an Jessens Grab seiner gedenkt. Dann wird allerdings kein Rum mehr in seinem Sarg sein. Der größte Teil ging auf ziemlich schändliche Weise an dem Tag verloren, an dem die Brigg Sankt Thomas am Kai vor dem Westindischen Speicherhaus anlegte.

Schon als ich auf mein Gepäck wartete, hatte ich bemerkt, dass viele der Hafenarbeiter, die halfen, die Schiffe zu löschen, ziemlich exaltiert wirkten. Als würde am Kai eine muntere, festliche Stimmung herrschen, obwohl es noch recht früh am Tag war. Die Schauerleute sangen, während sie Fässer und Kisten über das Pflaster zum Ladebaum des Speichers transportierten. Die Lieder wurden von den Hausmauern zurückgeworfen, ihre Verse und Töne waren gröber als die weichen Arbeitsgesänge der Schwarzen, die nur summen und dabei kaum den Mund öffnen.

Schon bald stiegen einige dieser Betrunkenen über das Deck des Schoners, um mitzuhelfen, die Ladung der Sankt Thomas zu löschen. Mein Gepäck stand auf dem Deck der Brigg bereit, zwei Männer schleppten meine Taschen erst über die eine, dann über die andere Gangway. Ich bedeutete ihnen mit Handzeichen, dass sie meine Sachen auf das Pflaster stellen sollten, und fragte einen von ihnen, ob er mir eine Kutsche besorgen könne. Er nickte, drehte sich zu dem Speicherhaus um, steckte zwei Finger in den Mund und pfiff, dass es mir in den Ohren gellte. Ein Mann sah von einem Stapel Säcke auf, die er zusammen mit ein paar anderen aus dem Laderaum einer Brigantine schleppte, und hob die Hand, er hatte den Pfiff gehört. Die beiden Männer verständigten sich mit Handzeichen, und der Sackträger legte seine Säcke ab und lief um die Ecke des Speichers.

Ich wartete. Kurz darauf sah ich, wie die Besatzung der Sankt Thomas die schwere Kiste mit Jessens Bleisarg aus dem Laderaum trug und an die Gangway stellte. Ich sah mich auf dem Kai nach den Angehörigen des Admirals um, aber augenscheinlich hatte niemand die Familie über die Ankunft der Brigg informiert. Vielleicht ließ sich die Kiste in dem Speicherhaus unterbringen, bis die Familie einen Wagen schickte. Eigentlich hätte sich Klaumann darum kümmern müssen, aber wie gesagt, auch ich hatte das Gefühl, verantwortlich zu sein. Jessen war mein Vorgänger im Amt und außerdem so zuvorkommend gewesen, nur ein Jahr nach seinem Amtsantritt zu sterben.

Ich sah, wie vier Männer über das Deck des Schoners gingen und mit der Besatzung der Sankt Thomas sprachen. Dann packten sie die Handgriffe der großen Holzkiste, über deren Inhalt vermutlich niemand von ihnen Bescheid wusste. Als sie die Kiste anhoben, schwankten sie einen Moment unter deren erheblichem Gewicht – Holzkiste plus Bleisarg plus Rum plus totem Gouverneur – und bugsierten sie unter deutlichen Schwierigkeiten über die erste Gangway. Die Planke war zu schmal, um die Kiste zu viert hinüberzutragen, also nahmen zwei Männer jeweils rechts und links einen Handgriff, und einer von ihnen musste rückwärts gehen. Keiner der Männer konnte behaupten, wirklich nüchtern zu sein. Anschließend schwankten sie wieder zu viert über das breite Deck des Schoners und trugen die Kiste das letzte Stück bis zum Kai. An der Gangway wiederholten sie ihr Manöver, doch lag diese Planke sehr schräg, außerdem war sie länger und durch Nässe und Abnutzung glitschig. Als der Mann, der rückwärts ging, das Pflaster des Kais beinahe erreicht hatte, rutschte er aus und ließ, erschöpft und betrunken, wie er war, die Kiste los; sie fiel auf die Gangway, schoss auf den Gestürzten zu und fiel beinahe ins Wasser. Der Mann rettete sich durch einen Sprung zur Seite an die Kaimauer, wo er eine Weile mit ausgestreckten Armen taumelte, bis er auf wundersame Weise wieder das Gleichgewicht gewann.

Die Kiste rutschte die Planke hinunter und schlug hart auf dem gepflasterten Kai auf. Sie kippte auf die Seite. Einen Augenblick später tröpfelte ein dünner, aber deutlicher Strahl hellbrauner Flüssigkeit durch die Bretter: Eine Lötnaht der Bleikiste musste geplatzt sein.

Der Geruch des Kildevil, der sechs Jahre lang die uniformierte Leiche balsamiert hatte, breitete sich in der kühlen Frühjahrssonne vor dem Westindischen Speicherhaus aus wie Blut in einem Haifischbecken; Schauerleute und Tagediebe hoben ihre rotgeäderten Nasen und schnüffelten, und bevor wir uns versahen, war eine Menge Leute an der leckenden Kiste zusammengelaufen. Sie hockten auf dem nassen Bordstein, hielten ihre Hände und Holzschuhe unter den Rumstrahl und tranken; sie schlürften die vom Gouverneur durchtränkte Flüssigkeit in sich hinein, und einige fingen in ihrem Rausch an zu singen. An die Arbeit dachte eigentlich niemand mehr, und die undichte Kiste blieb auf dem Pflaster stehen, bis kein Tropfen Rum mehr herauskam. Zu diesem Zeitpunkt hatten ein paar Schauerleute einige Flaschen und einen Krug aus dem Speicher geholt und so viel Rum wie möglich gerettet.

Ich beobachtete all dies mit einer Mischung aus Entsetzen und Amüsement. Doch nun kam der herbeigerufene Mann mit seinem Karren und begann, mein Gepäck zu verladen, während er seinen betrunkenen Kameraden immer wieder neugierige Blicke zuwarf.

Ich legte ihm eine Hand auf die Schulter, und als er sich überrascht umsah, sagte ich: »Nicht jeder Rum ist zum Trinken gedacht.« Er schaute mich an und runzelte die Stirn. Er verstand nicht, was ich meinte.

Während seine Kameraden sich mit Jessens Leichenrum vergnügten, folgte ich dem braven Mann die Bredgade hinauf, und als ich ihm die Geschichte des Bleisargs erzählt hatte, brachen wir beide in Gelächter aus. Es war ein angenehmes Gefühl, als ich merkte, dass die einfachen Leute in Kopenhagen sich in meiner Gesellschaft ebenso wohlfühlten wie die Schwarzen in Westindien.

Meine ergebensten Grüße
Peter

MARIA EIDES TAGEBUCH, SOLITUDE, SANKT THOMAS, OKTOBER 1827

Als Mikkel und ich Marcussen zum ersten Mal in dem Haus in der Kronprinsensgade besuchten, sagte Mikkel etwas, das ich mir gemerkt habe: »Wo sind die Frauen?«

Die Worte hatten einen besonderen Klang – wie bei einer alten, noch offenen Rechnung zwischen zwei Männern. Wie ihr Verhältnis tatsächlich war, weiß Mikkel selbst nicht so genau. Vielleicht wusste Marcussen es auch nicht.

Aber »die Frauen«? Inzwischen weiß ich ungefähr, was Mikkel meinte. Er war einmal mit Marcussen in dem Haus, als es noch ein Bordell war. Es ist eine sehr merkwürdige Geschichte, und als Mikkel sie mir neulich Nacht endlich erzählte, konnte er sich nicht an sämtliche Details erinnern. Ihn bedrückten so viele verschiedene Dinge, die er mir vorenthalten hatte, doch nun hat er sein Herz erleichtert.

Letzte Woche erwachte ich in einer mondhellen Nacht und merkte, dass er nicht an meiner Seite lag. Ich wartete eine Weile, ob er vielleicht zurückkommen würde, doch als dies nicht geschah, stand ich auf und ging nach unten. Ich fand ihn auf der Veranda, er saß auf dem Stuhl, auf dem er gewöhnlich gesessen hatte, wenn er seine Abende mit Marcussen verbrachte. Auf dem Tisch stand eine Karaffe mit dem dunklen Rum des alten Pflanzers, Mikkel hielt ein halbvolles Glas in der Hand. Er blickte auf, als ich in die laue Nacht trat, und ich sah, dass sein Gesicht verzerrt und feucht war. Er hatte geweint.

»Mikkel!«, rief ich erschrocken aus. »Was hast du denn?«

Er sah mich an und schlug die Augen nieder. Dann stellte er sein Glas ab und schüttelte langsam den Kopf.

»Es ist furchtbar«, sagte er.

Mir war aufgefallen, dass er am Abend abwesend und ein wenig traurig gewesen war, aber wir hatten so viel zu tun, dass ich mich nicht weiter darum gekümmert hatte. Vielleicht war er müde, vielleicht hatte er für einen Moment den Mut verloren oder kämpfte mit seiner Schreiberei. Ich ging um den Tisch, nahm seinen Kopf in meine Hände und drückte ihn an meinen Bauch, so wie man ein Kind tröstet. So stand ich eine Weile, dann ließ ich ihn los und setzte mich neben ihn.

»Was ist denn, Mikkel? Willst du es mir nicht erzählen?«

Er blickte auf den im Mondlicht liegenden Hof. Hinter den Gebäuden lag der Wald wie ein schwarzer, schwerer Schatten. Es war nahezu still. Die Frösche und Grillen sangen, ein leiser Wind zog über die Berge; es war die kühlste Stunde der Nacht. Er sah mich an. Niemals hatte ich ihn so betrübt gesehen.

»Ich kannte jemanden, als ich das letzte Mal hier war«, begann er. »Ein Mädchen ... eine Frau. Sie ist tot.«

In diesem Moment erinnerte ich mich an Mikkels Frage: Wo sind die Frauen?

»Kanntest?«

Er seufzte. »Nicht so, wie du denkst. Sie war ... sie gehörte Marcussen. Er hat sie mir geschenkt.«

Ungläubig blickte ich ihn an. »Was sagst du da?«

»Entschuldige. Nicht so. Sie ... sie sollte meine Haushälterin sein. Unten am Strand. In der Hütte ...«

»Und du hast sie angenommen? Warst du nicht gerade deswegen gekommen ... und dann hattest du deine eigene Sklavin? Ein Sklavenmädchen?«

Er schluckte. »Du weißt, wie Marcussen war. Er ...«

»Nein! Ich weiß nicht, wie Marcussen war! Ich habe nur einen alten, kranken Mann gesehen. Und selbst, wenn er damals anders gewesen ist, warst du sicher nicht gezwungen, ein solches ... Geschenk anzunehmen!«

Mikkel schüttelte langsam den Kopf. »Das ist richtig«, gab er zu. »Du hast vollkommen recht. Das war ich nicht. Aber ich … wie ich schon mehrfach gesagt habe: Dieser Ort verdreht den Leuten den Kopf. Ich wusste weder ein noch aus …«

»Und sie ist tot, sagst du?«

»Ich habe gerade darüber geschrieben. Gestern Abend, bevor wir gegessen haben. Ich dachte, ich könnte ihre Geschichte erzählen wie die aller anderen. All diese fürchterlichen Schicksale … aber ihres ist schlimmer. Du kannst darüber lesen, wenn du willst.«

Wir sahen hinaus in die Nacht. Hörten den ewigen Fröschen zu. »Das werde ich«, erwiderte ich und beruhigte mich langsam. War ich eifersüchtig? Das hätte ich nie gedacht. Aber die ganze Geschichte kam so unerwartet.

»Wer war sie?«, erkundigte ich mich.

Er seufzte.

»Bloß ein großes Kind. Siebzehn Jahre alt … damals. Sie …« Er unterbrach sich, wandte sich ab und ging ins Haus. Ich hörte seine hastigen Schritte auf der Treppe und wusste, dass er wiederkommen würde. Einen Augenblick später stand er mit einigen Blättern Papier wieder vor mir.

»Hier«, er reichte sie mir. »Ich glaube, du hast sie gekannt. Sie war auf Ellis' Plantage.«

Ich spürte einen Stich in der Brust. »Wie hieß sie?«

Mikkel zögerte und blickte zu Boden, bevor er antwortete. Dann sprach er es aus: »Afi. Sie hieß Afi.«

Ich dachte, ich hätte mich verhört. Oder: Es könnte noch andere geben, die so heißen. Andere Mädchen, die an einem Freitag geboren wurden. Aber von Canaan? Nein. Nein, ich wusste genau, dass es diese Afi war. Und das war zu viel; ich wusste nicht, was ich tun oder sagen sollte. Alles drehte sich. Trotzdem nahm ich die Manuskriptseiten, setzte mich mit bangen Ahnungen in Marcussens Stuhl und fing an zu lesen.

MIKKEL EIDE: »WESTINDISCHE STIMMEN« (MANUSKRIPT), OKTOBER 1827

Die Sklavin Afi

Afi war noch keine vierzehn Jahre alt, als sie 1820 an den Pflanzer Jan Marcussen auf Sankt Thomas verkauft wurde, um ihm als Konkubine zu dienen. Sie klagte nie über ihr Schicksal; wie so viele Neger hatte sie gelernt, dass das Leben ihr nicht viel mehr bot als Demütigungen und Leid. Aber sie ließ sich nicht brechen. Ihr Gesicht war stets fast ausdruckslos, eine Maske des Stolzes; sie bewahrte einen Kern in ihrem Inneren, den kein Mann je erreichen würde. Jedenfalls kein weißer Mann.

Afis Leben endete schmerzlich früh. Sie war keine neunzehn Jahre alt, als man ihr im Hof des Forts von Frederiksted die Schlinge um den Hals legte. Kein Appell konnte ihr Todesurteil ändern. Selbst der barmherzigste Richter oder Gouverneur konnte nicht das Urteil über einen Neger aufheben, der einen Weißen getötet hatte. Und es gab auch keinen Appell, ihr schlugen ausschließlich Rachegelüste und Hass entgegen.

Sämtliche westindischen Stimmen, die in diesem Buch versammelt sind, haben mir selbst von ihrem Schicksal erzählt, von ihrem Leben im Himmel und in der Hölle der Inseln. Afi nicht. Ihre Geschichte erfuhr ich von anderen.

Ich kannte sie persönlich und weiß, dass sie, obwohl sie ihr ganzes Leben als Sklavin verbrachte, nie anderen gehört hatte als sich selbst. Ihr Stolz ließ es nicht zu, dass andere sie besaßen.

Hier ist ihre spätere Geschichte, wie sie mir erzählt wurde und wie ich sie im Gerichtsprotokoll von Frederiksted lesen konnte:

Afi bekam im August 1824 den Freibrief, in dem Jahr und dem Monat, als ich Sankt Thomas zum ersten Mal verließ. Ich wusste es nicht; als ich sie das letzte Mal sah, hatte der Pflanzer Marcussen sie zur Strafe in einem Bordell in der Kronprinsensgade untergebracht, weil sie eine Pistole gestohlen und einem flüchtigen Sklaven gegeben hatte, einem *maroon*.

Afi bekam ihre Freiheit, aber Freiheit ist nicht immer das beste Gold. Sklaven haben ein Dach über dem Kopf und begeben sich abends in der Regel nicht hungrig zur Ruhe. Jemand kümmert sich um sie, nicht wegen ihrer schwarzen Augen, sondern weil sie einen Wert repräsentieren. Wie eine Stute oder ein Pferdewagen.

Ein freier Sklave muss sich um seine Angelegenheiten selbst kümmern.

Afi kehrte nach Sankt Croix zurück. Hier war sie aufgewachsen, hier war sie auf John Ellis' Plantage zur Schule gegangen, bis sie an Marcussen verkauft wurde. Aber sie kehrte nicht zu Ellis zurück. Sie zog auf der Insel umher und stahl Obst und Kokosnüsse, bis sie Arbeit und ihre eigene Hütte auf einer kleinen Plantage bei Frederiksted bekam. Sie war frei und wollte nie wieder ein Zuckermesser in die Hand nehmen, aber für die Herrin des Hauses zu arbeiten war in Ordnung. Afi konnte kochen und bewährte sich in der Küche. Doch mit den angenehmen Lebensumständen waren es bald schon vorbei: Der Verwalter der Plantage suchte sie nachts in ihrer Hütte auf. Er hatte getrunken und benahm sich brutal gegenüber der jungen Frau, die er vermutlich für wehrlos hielt. Das war sie indes nicht: Afi griff unter das trockene Zuckerrohr der Matratze, zog ihr Messer heraus und stach es dem Mann zwischen die Rippen. Er verblutete auf dem gestampften Lehmboden der Hütte, die Hose hing ihm in den Kniekehlen.

Den Rest der Geschichte kann man im Bericht des Stadtvogts und dem Gerichtsprotokoll nachlesen. Als Afi ergriffen und wegen Mordes an dem Verwalter angeklagt wurde, begriff der Stadtvogt schnell, dass diese junge Schwarze anders als die meisten Neger war. Sie wurde verhört und erklärte, sie hätte sich lediglich gegen den Überfall des weißen Mannes gewehrt. Der Stadtvogt belehrte sie, dass keine Negerin das Recht hätte, sich gegen einen weißen Mann mit einer Waffe zur Wehr zu setzen. Es sei die Pflicht einer jeder Negerin – auch wenn sie einen Freibrief hatte –, den Befehlen jedes weißen Mannes zu gehorchen und seine Bedürfnisse zu befriedigen.

»Die Negerin reagierte mit Trotz und Aufmüpfigkeit«, schreibt der Vogt in seinem Bericht. »In ihrer Arroganz schien sie vollkommen verständnislos für die Rollen, die die Natur den verschiedenen Rassen und Geschlechtern in unserer Gesellschaft zugeteilt hat. Und sie zeigte auch nicht die geringste Reue angesichts des ernsten Verbrechens, das sie begangen hatte. Nur Trotz und negerartigen Stolz.«

Afi wurde eingesperrt und von ein paar übereifrigen Wächtern verprügelt. Bei dieser nicht sanktionierten Bestrafung hatte einer der Wächter den Eindruck, sie sei schwanger. Die Männer hörten auf, sie zu quälen, und erstatteten dem Stadtvogt Bericht, der diese letzte Information in seinen Bericht aufnahm.

»Bei der Unterbringung in den Kasematten vermuteten meine Männer, dass die Negerin Afi Ellis möglicherweise trächtig sei. Bei einem weiteren Verhör gelang es mir, von ihr die Erklärung zu bekommen, dass sie im siebten Monat schwanger sei. Die der Schwangerschaft geschuldete Rundung des Bauches und das Anschwellen der Brüste ist nach Entkleidung ganz deutlich zu sehen«, notierte der Stadtvogt.

Während der anschließenden Gerichtsverhandlung wurde Afi wie erwartet zum Tod durch Erhängen verurteilt. Die Verhandlung fand 1825 statt, direkt nach Neujahr. Sie war im achten Monat schwanger. Der Richter entschied, dass die Hinrichtung erst vollzogen werden sollte, wenn sie niedergekommen war.

»Das Ungeborene der Negerin hat natürlich keine Schuld an dem begangenen Verbrechen, daher ist es nur gerecht, wenn das Gericht die Hinrichtung nach der Niederkunft bestimmt«, steht in dem Gerichtsurteil.

An einem Tag Anfang März gebar Afi ein Mädchen in ihrer Zelle im Frederiksfort. Sie durfte das Kind zwei Mal stillen und ihr nach guineischem Brauch den Namen Adjoa geben, Montag. Das Kind wurde ihr anschließend weggenommen und einer Amme übergeben, Afi wurde aus der Zelle geführt. Dies geschah weniger als eine Stunde nach der Geburt, sie wehrte sich, so gut sie konnte. Die Wächter verprügelten sie, wie sie es schon so oft getan hatten, und schleppten sie direkt zum Schafott im Hof des Forts.

»Am Montag, den 7. März 1825 um 12:33 Uhr wurde die Hinrichtung der Mörderin Afi Ellis vollzogen«, schreibt der Stadtvogt in seinem Bericht über die Ereignisse. Er konnte sich eine persönliche Bemerkung über diese junge Frau nicht verkneifen, deren Leben er genommen hatte.

»Die Verurteilte hinterließ nichts zur Verteilung und hat, soweit uns bekannt, keine lebenden Verwandten; nur ein Negerkind, dem durch die Gnade des Gerichts erlaubt wurde zu leben, obwohl es sehr leicht mit aufs Schafott hätte gehen können.«

BRIEF: MARIA EIDE AN GENERALGOUVERNEUR PETER VON SCHOLTEN, SOLITUDE, SANKT THOMAS, JANUAR 1829

Mein lieber Freund,

danke für Deinen Besuch. Es war uns eine unendlich große Freude, ich kann gar nicht genug ausdrücken, wie sehr wir Deine Freundschaft schätzen und wie dankbar wir für alles sind, was Du für uns getan hast. Doch mitten in der Freude über diesen Gedanken muss ich leider der Tatsache ins Auge sehen, dass mein persönlicher Kampf für die Verbesserung der künftigen Lebensumstände der Schwarzen vorerst verloren ist.

Die Schule ist abgebrannt!

Das heißt, das Gebäude, in dem der eigentliche Klassenraum sich befindet – befand –, ist nahezu vollständig zerstört. Und so geschah es:

Am Sonntag, den 18. Januar abends, als die Dunkelheit sich gerade über die Insel gelegt hatte, ritt eine Gruppe – eine Bande ist vermutlich das präzisere Wort – Männer auf den Hofplatz. Mikkel und ich saßen, wie so oft in der kurzen Dämmerung, nach dem Abendessen auf der Veranda, die Schwarzen waren in ihren Häusern in dem alten Sklavendorf. Diejenigen, die hier fest wohnen, arbeiten in ihrer Freizeit daran, die alten Sklavenhütten auszubauen und die baufälligsten abzureißen, um sie durch neue kleine Häuser zu ersetzen.

Wir hörten die Geräusche der Pferde auf dem Bergweg, dumpfe Laute von Hufen auf der harten Erde. Wir hatten seit geraumer Zeit keinen ordentlichen Regen mehr, alles war trocken; der sonst so weiche Lehmboden zeigte hier und da bereits erste Risse. An diesem Abend zogen sich dunkle Wolken über den Bergen zusammen und hatten den üblichen rotgoldenen Himmel bei Sonnenuntergang vor unseren Blicken verborgen. Ein einzelner Blitz zog einen Schnitt durch die Dunkelheit, und wir hofften inständig, dass es regnen würde.

Nun achteten wir allerdings nicht auf den Donner, sondern auf die sich nähernden Pferde. Wir waren ratlos, denn gewöhnlich bekommen wir keine unangemeldeten Gäste am Abend.

Kurz darauf waren die Männer da. Alle waren mit Stoffstücken maskiert, in die sie Löcher für die Augen geschnitten hatten. Sie ritten auf den Hof und ließen die Pferde zwischen dem Hauptgebäude und dem Schulhaus im Kreis gehen. Niemand wandte sich an uns, niemand sagte ein Wort. Ich sah Mikkel an, er sah mich an. Furcht stand in seinen Augen. Wie Du einmal geschrieben hast: Mein Mann ist kein Raufbold, er ist ein friedlicher Mensch, der Konflikte verabscheut.

An diesem Abend hätten wir Marcussen hier gut gebrauchen können. Solitudes ehemaliger Besitzer hätte sich zu seiner großen Zeit aus seinem Pflanzerstuhl erhoben und seine Muskete geholt.

Die Männer – es waren insgesamt ein Dutzend – blieben vor der Schule stehen. Einer der Männer ließ sein Pferd einen Halbkreis beschreiben und hob die Hand zu einem arroganten Gruß. Ich rief ihn an. »Was geht hier vor? Was wollen Sie? Wieso kommen Sie hier so angeritten?« Meine Stimme bebte und klang schrill; ich war zu Tode erschrocken, und ich war wütend. Auf die Männer, die ganz offensichtlich Böses im Sinn hatten, aber auch auf mich selbst, weil ich Angst hatte.

Ich bekam keine Antwort. Schockiert sah ich stattdessen, wie der Mann eine Fackel griff und sie anzündete. Er schwang die brennende Fackel durch die Luft, um die Flamme weiter zu entfachen. Das Feuer zeichnete einen Flammenkreis in die Dunkelheit. Ich hörte Schritte hinter mir und drehte mich um. Ein Neger kam um die Ecke des Hauses gelaufen, Zach, der erste Schwarze, dem ich auf Solitude begegnet bin. Er hielt eine dieser langen, säbelähnlichen Macheten in der Hand. Zach warf mir einen Blick zu, lief auf den Mann mit der Fackel zu und erhob seine Machete.

»Wer sind Sie?«, schrie er, und ich hörte die gedämpfte, höhnische Antwort des Mannes: »Nigger!«

Zach richtete die Spitze seiner Machete auf ihn. »Absitzen!«, sagte er ruhig.

Dann ertönte ein Schuss, ein Feuerstoß von einem der fremden Reiter. Zach wurde nach hinten geworfen, getroffen. Er sank zusammen, seine Machete fiel zu Boden.

Ich war vollkommen reglos und stumm, ich konnte mich nicht bewegen. Ich glaube, ich habe noch nie solche Angst gehabt.

Zach lag auf dem Rücken. Er wand sich von einer Seite zur anderen, mit heftigen, krampfartigen Bewegungen, doch nur einen Moment, dann blieb er still liegen.

Und einen Augenblick später schlugen die Flammen über dem Schulgebäude zusammen. Einige von den Fremden hatten ihre Fackeln angezündet, Knüppel mit straff gewickelten, in Öl getränkten Lappen flammten in der Nacht auf wie missgebildete Feuerfliegen. Die Männer warfen sie in die Öffnungen unter dem Dach. Einer ritt zur Tür, trat sie ein und warf seine brennende Fackel zwischen die Tische und Bänke. Das Licht des Brandes erleuchtete die Fenster, das trockene Holz loderte auf. Erschreckend schnell stand das Schindeldach in Flammen und stürzte in die zerstörte Schulstube. Meine größte Angst war, dass der Brand auf Solitudes Hauptgebäude übersprang, das nur wenige Ellen entfernt steht. Funken und Glut stoben durch die Dunkelheit.

Ich konnte mich nicht bewegen.

Der Mann, der als Anführer der Gruppe auftrat, stieß ein triumphierendes Gebrüll aus. Der Anblick eines toten Schwarzen bereitete ihm die größte Freude! Welch ein Biest! Peter, sie haben Zach erschossen! Sie haben meine Schule angesteckt! Was soll ich bloß tun, gibt es irgendwo Gerechtigkeit?

An diesem Abend jedenfalls gab es sie kaum. Als der Anführer seinen Schrei ausgestoßen hatte und er und die anderen Männer ihren Pferden die Sporen gaben und zum Bergweg ritten, durchschnitt ein weiterer Blitz die Dunkelheit, umgehend gefolgt von einem Poltern, das vom Berg zurückgeworfen wurde. Dann platzten die regenschweren Wolken über uns, und der Regen kam, Tropfen so groß wie Walnüsse durchnässten alles. Es knisterte und brodelte in dem zerstörten Schulhaus, als der Wolkenbruch die Flammen erstickte, und sofort stieg ein säuerlicher Gestank aus dem qualmenden, schwelenden Holz auf. Ich blickte auf das Hauptgebäude, das nicht beschädigt worden war; dort, wo Mikkel und ich gesessen hatten, brannten auf der Veranda die Lampen.

Mikkel aber war nicht da.

Ich stand noch immer reglos im Hof, als der Regen fiel und mir sofort in die Kleider drang, meine Haare tropften. Zach oder Zachs Leiche lag jetzt mit dem Gesicht nach unten im Matsch, er sah beinahe aus wie ein Ertrunkener. Ich hatte keinen Zweifel, dass er tot war. Dann konnte ich mich wieder bewegen; mit wenigen Schritten war ich bei ihm und kniete mich auf dem nassen Hof neben ihn. Ich drehte ihn um, legte eine Hand an seinen Hals und spürte seine warme Haut. Kein Leben. Seine Augen waren offen, geradezu erstaunt starrten sie ins Nichts.

Dann trat Mikkel mit einem Hahngewehr aus dem Haus. Er stand auf der Veranda und blickte bleich und mit wildem Gesichtsausdruck in die Dunkelheit. Ich rief ihn, und er kam zu mir. Als ich aufstand, legte er seine Arme um mich. Nur einen Augenblick, dann trugen wir Zach ins Haus.

Wir begruben ihn am nächsten Tag.

Ich schicke Dir meine herzlichsten Grüße und Wünsche für das neue Jahr.

Maria

P. S. Mikkel fragt, ob Du noch einmal einen Blick auf sein Manuskript werfen magst. Er ist voller Bewunderung für Deine Kenntnisse über das Leben und Denken der Schwarzen.

PETER VON SCHOLTENS PRIVATES TAGEBUCH, CHRISTIANSSTED, SANKT CROIX, JUNI 1829

Heute Nachte hatte ich wieder den alten Traum. Es ist jetzt fast fünfzehn Jahre her, seit ich die fünf Tage auf Sprogø verbracht habe – in der seltsamsten Gesellschaft, die man sich vorstellen kann. In mein Gedächtnis hat diese kurze Periode aus meiner Jugend sich als eine immer wiederkehrende Erinnerung eingeätzt, die am häufigsten im Schlaf auftaucht.

Ich stehe am Rand des Grabes im Schnee. Ich schaue auf den Sarg. Normalerweise hebt sich dann der Sargdeckel, und unter dem soliden Eichenholzdeckel liegt eine Frau. Doch es ist nicht die halb verweste Leiche von Caroline, der toten Ehefrau des Skippers Gregers, über dessen Schicksal ich wenig weiß. Das heißt, vielleicht ist sie es, aber sie ist nicht tot, sie ist äußerst lebendig und sieht mich mit einem eigentümlich brennenden Blick an. Ihre Augen sind dunkel, beinahe schwarz wie die einer zornigen Katze, und ihre Haare sind ebenso schwarz und wogen hübsch um ihre feine Kopfform. Sie ist in jeder Hinsicht eine anmutige Frau, und sie lebt. Ich denke an das Entsetzen, das ich damals trotz allem bei ihrem Anblick verspürt habe, es hat sich in mein Gemüt eingebrannt, sodass ich sie in meinen Träumen immer wieder sehe, lebend.

An dieser Stelle ist der Traum meist zu Ende. Ich sehe sie an, sie sieht mich an, aber sie bewegt sich nicht. Sie liegt ganz still, die Arme unter der Brust gefaltet, in den Händen die kleine schwarze Bibel. Ihr Gesichtsausdruck ist ernst und bedrückt.

Heute Nacht war es anders. Ich blickte auf, und vor mir stand König

Frederik, der mir gönnerhaft zunickte, als wollte er sagen: »Mach es ruhig, Peter, wenn du willst.«

Und als ich wieder nach unten blicke, hat sie sich aufgesetzt und streckt ihre Hand nach mir aus, und ihre schwarzen Augen sind so bittend, dass ich nicht anders kann: Ich nehme ihre kleine, feine Hand und helfe ihr aus dem Sarg hinauf auf den Erdboden, zurück in die Welt der Lebenden …

Heute Morgen habe ich Nanan von dem Traum erzählt, als wir auf der Veranda frühstückten. Es war einer dieser seltenen, stillen Morgen, an denen eine dünne Wolkendecke wie ein Schleier über dem Himmel liegt, als sei die Sonne für immer verschwunden. In Dänemark hat man häufig dieses Gefühl, nur fehlt hier die dänische Kälte. Die Kolibris schwirrten zwischen den roten, süß duftenden Blumen, die sich an den weißlackierten Pfosten der Veranda emporranken.

»Du träumst immer wieder von einer toten Frau?«, erkundigte sich Nanan. »Aber warum denn?«

Ich zuckte die Achseln. »Sie ist nicht tot. Nicht in meinen Träumen. Sie ist äußerst lebendig.«

»Versuchst du, mich eifersüchtig zu machen?«

Ich sah meine Nanan an, das reizendste Wesen, das man sich vorstellen kann. Funkelnde dunkle Augen, die genau den richtigen Abstand zueinander hatten, das feine, leicht gekräuselte Haar, immer ein kleines, etwas geheimnisvolles und leicht spöttisches Lächeln um den fein geformten Mund. Ich glaube, ich habe nie eine Frau mit einem anziehenderen Gesicht gekannt. Ich schüttelte den Kopf.

»Du kennst deinen Wert«, antwortete ich und lächelte ihr zu. »Mein Herz ist auf ewig verloren, das weißt du. Wie sollte ich da deine Eifersucht wecken wollen?«

Sie lachte. Der hübscheste Laut, der dennoch die Kolibris erschrocken auffliegen ließ, wie ein Schwarm Fische. Auf ihren winzigen Köpfen sprossen die metallgrünen Federn wie ein übertriebenes Zeichen ihres ruhelosen Charakters.

»Du bist ein verheirateter Mann, mein Herz«, sagte sie.

Wir sahen uns eine Weile an. Wir fühlen uns so geborgen, wenn wir zusammen sind; sie ist nicht nur meine Freundin, sie ist viel mehr als das.

»Das bin ich«, bestätigte ich. »Aber ich liebe dich. Du bist meine Liebe. Du, Nanan, niemand sonst.«

»So soll es sein«, sagte sie. Sie streckte ihre Hand über dem Tisch aus und legte sie auf meine.

»Du musst mir etwas versprechen«, fügte sie ernst hinzu.

Ich lachte. »Sag schon. Ich bin der Generalgouverneur.«

Sie drückte meine Hand und zog ihre zurück. Richtete sich in dem Korbstuhl auf. Wandte den Blick ab und ließ ihn den Berg hinter uns hinaufgleiten.

»Eines Tages«, sagte sie, »musst du ihnen ihre Freiheit schenken.«

Ich wusste genau, wen sie meinte, natürlich.

»Wem?«, fragte ich trotzdem und beobachtete den Blumentanz der Kolibris.

Nanan sah mich an. Die Sonne brach durch die dünne Wolkendecke. Sie biss in ein Stück Mango und lächelte.

BRIEF: PETER VON SCHOLTEN AN MARIA EIDE, CHRISTIANSSTED, SANKT CROIX, JANUAR 1829

Meine liebste Maria,

ich kann überhaupt nicht in Worte fassen, wie sehr es mich schmerzt, von dem Vorfall zu erfahren. Und wie wütend ich bin! Ich verspreche Dir, dass ich alles tun werde, um diese Halunken zu finden und zur Rechenschaft zu ziehen.

Ich bin jetzt in meinem dritten Jahr als Generalgouverneur, und es ist bald drei Jahre her, dass ich zuletzt in Charlotte Amalie eine Wohnung hatte. Das bedeutet jedoch keineswegs, dass meine Kenntnisse über das Leben auf Sankt Thomas geringer geworden wären: Ich habe immer Wert darauf gelegt, meine Pappenheimer zu kennen, wie man so sagt, und ich habe noch immer Freunde und Kontakte an den erstaunlichsten Orten in der Stadt und auf dem Land. Und ja, auch auf Sankt Jan, wenn es erforderlich sein sollte.

Ich werde voraussichtlich später im Jahr nach Dänemark reisen müssen, vermutlich im Sommer, und spätestens dann komme ich auch nach Sankt Thomas. Dann sollte diese Rechnung bereits beglichen sein, und ich hoffe, Dir dann auf andere Weise behilflich sein zu können. Ich hoffe, Du findest die Mittel und die Energie, um das Zerstörte wiederaufzubauen, um Deine schwierige, aber so sinnvolle Arbeit weiterführen zu können. Ich bitte Dich, mir endlich zu schreiben, falls Du Hilfe brauchst, praktisch wie finanziell.

Und sag Mikkel, dass ich natürlich mit größter Freude sein Manuskript lesen werde. Es wird mir von großem Nutzen sein, Lehren aus all den westindischen Stimmen zu ziehen, die er zu Wort kommen lässt.

Ich sende meine ergebensten Grüße an Dich und Mikkel.

Peter

MIKKEL EIDE: »WESTINDISCHE STIMMEN« (MANUSKRIPT), AUGUST 1829

Schiffskapitän Tyge Grünfeld

Der junge Kapitän Tyge Grünfeld hatte drei Mal den Atlantik überquert, bevor er sich im Oktober 1812 am östlichen Ende von Sankt Croix niederließ. Auf einer kleinen Plantage in der Nähe von George Hill, wo das Terrain ansteigt und die Verhältnisse zum Zuckerrohranbau schwieriger sind als ein Stück weiter südlich. Er kaufte den Grund und Boden der Witwe des früheren Besitzers günstig ab und begann ohne größere Kenntnisse mit dem Anbau von Zuckerrohr.

Tyge Grünfelds Geschichte unterscheidet sich nicht sehr von denen anderer junger Pflanzer: Hartgesottene Männer, die sich vorgenommen haben, mit ihrer eigenen und nicht zuletzt der harten Arbeit anderer ein Vermögen zu schaffen. Genauso wie Jan Marcussen es auf Solitude getan hatte, als er sich entschloss, den Arztberuf aufzugeben und stattdessen Pflanzer zu werden. Marcussen war ebenfalls ein widerstandsfähiger und harter Mann – und etwas ist mir im Laufe der Jahre an harten Männern aufgefallen: Pflanzer, Jäger, Fischer, Bauern … sind häufig hart zu anderen, Menschen wie Tieren, allerdings nicht so hart sich selbst gegenüber. Man könnte sagen, ihre Umgebung, Menschen wie Tiere, muss umso widerstandsfähiger und härter sein, um ihre Herrschaft zu ertragen.

Im Falle von Tyge Grünfeld gibt es noch eine weitere Parallele zu Marcussen: Er verlor seine Ehefrau, und dieser Verlust änderte den Kurs seines Lebens. Marcussens Ehefrau starb auf dem Meer, von Negern auf hoher See ermordet; Grünfelds Ehefrau, die Liebe seines Lebens, wie Rosa es für Marcussen gewesen war, war auf dem Weg zu ihm, um Herrin auf der Plantage ihres Mannes zu werden, als die Galeasse, auf der sie an Bord war, von marokkanischen Piraten überfallen und bei Agadir aufgebracht wurde. Dieses Schicksal erlitten europäische Schiffe häufig, und es passiert noch immer. Ja, es gibt einige Experten, die der Ansicht sind, dass die nordafrikanischen Korsaren und Sklavenjäger bis vor knapp hundert Jahren weit mehr weiße Europäer gefangen nahmen und entführten, als schwarze Westafrikaner als Sklaven nach Amerika verschifft wurden. Man nennt dies auch »weißen Sklavenhandel«.

Denn versklavt wurden diese Weißen, die an Marokkos Küste gebracht oder bei Überfällen auf italienische und spanische Küstenstädte von arabischen Piraten gefangen wurden. Und als der junge Pflanzer Grünfeld vom Aufbringen der Galeasse Maja hörte, stürzte es ihn in tiefste Verzweiflung. Der Gedanke ließ ihn nicht los, dass seine geliebte Ehefrau in einem nordafrikanischen Bordell die Hölle erlebte. Dieser Gedanke verfolgte ihn Tag und Nacht, bis er völlig verzweifelte; es schien, als würde das Elend, das er um sich herum sah – die Leiden der Sklaven, den Zynismus der Weißen und das Verschwinden sämtlicher Ideale, nach denen sie möglicherweise einmal gelebt hatten –, mit seiner Verzweiflung verschmelzen. Das Bild der Leiden seiner verschwundenen Ehefrau bedrängte ihn, wenn er schlief und wenn er wach war; ja, eine Zeit lang hatte er das Gefühl, als würde er aufgrund dieser Phantasien schlicht den Verstand verlieren. Er versuchte alle möglichen Rezepte, um sich von seinen Zwangsvorstellungen zu befreien. Er trank Rum und Wein und rauchte Haschisch und Opium, er suchte Trost bei Frauen, doch vor allem dies war eine Katastrophe. Jeder weibliche Zug, jede weibliche Stimme erinnerte ihn an seine Ehefrau und wirkte auf seine Verzweiflung wie ein Glas hochprozentiger Rum auf ein offenes Feuer.

Caroline hieß sie. Ein gewöhnlicher Name. Wir begegnen so manchen Menschen im Leben; einige wenige bedeuten alles.

Zum Glück hatte Tyge Grünfeld sein Schiff nicht verkauft, als er Plantagenbesitzer wurde. Die Brigg Caroline lag noch am Kai von Frederiksted. Grünfeld gab den Zuckeranbau auf, veranlasste eine dringend notwendige Überholung des Schiffs und kehrte zu seinem alten Beruf als Handelskapitän zurück. Die Brigg war ein handliches, seetüchtiges Schiff, das mit vergleichsweise wenig Besatzung gesegelt werden konnte, nicht zuletzt weil es nun weitaus kürzere Entfernungen zurücklegte als damals, als es mit Frachtgut und westindischen Handelswaren den Atlantik überquerte.

Das Schiff, das den Namen seiner Ehefrau trug, wurde zur Rettung des verzweifelten Mannes. Auf See konnte er seinen Kummer verdrängen; er vergaß ihn nicht, ebenso wie er beschlossen hatte, sie niemals zu vergessen, aber seine Arbeit hatte einen Sinn, und ihm kam der Gedanke, dass er etwas Gutes getan hatte, als er sein Leben als Pflanzer und Sklavenhalter aufgab. Indirekt war es das Werk seiner Ehefrau, ob sie nun tot oder unglücklich war. Hin und wieder wünschte er sich beinahe ihren Tod, nur nährte auch dieser Gedanke seine Verzweiflung.

Es vergingen gut zwölf Jahre, bevor der Gedanke, etwas Gutes getan zu haben, sich zu dem Wunsch erweiterte, noch mehr tun zu wollen: Tyge Grünfeld wurde Sklavenschmuggler.

»Ich brachte Maroons zu verschiedenen kleinen Inseln, wo sie versuchen wollten, zurechtzukommen und eine selbstständige Gemeinschaft zu gründen. Aber auch nach Tortola, Puerto Rico und Haiti, dem einzigen Land, das heute von Schwarzen regiert wird, nachdem alle Weißen gegen Ende des letzten Jahrhunderts ermordet wurden. In den zehn Jahren zwischen 1815 und 1825 war ich mehr als zwei Dutzend Mal mit Schwarzen als Konterbande unterwegs. Auf jeder Fahrt waren es mindestens drei und maximal zehn Schwarze. Niemals mehr, denn je mehr an Bord sind, desto größer ist das Risiko, entdeckt zu werden.«

Tyge Grünfeld erzählt. Er ist Mitte vierzig und hat dünnes und so kurz geschnittenes Haar, dass es aussieht, als hätte er eine Glatze. Seine Haut hat sicher früher einmal empfindlich auf Sonne und Seewasser reagiert, aber jetzt ist sie von der Sonne abgehärtet; an einzelnen Stellen – unter dem Haaransatz an der Stirn und im Nacken – hat ihr die Sonne geschadet, es zeigen sich weiße Flecken, eine Art Narben, die sich nach langjährigem Sonnenbrand bilden. Seine Haare sind vollkommen weiß. Ich meine, noch immer den Kummer in ihm sehen zu können, doch zugleich strahlen seine blauen Augen eine Lebendigkeit und jugendliche Treuherzigkeit aus, die eine andere Geschichte erzählen.

Tyge Grünfeld. Ich denke daran, wie anders sich sein Leben gestaltet hätte, wäre seine Ehefrau nicht verschwunden, hätte er nicht einen so großen Teil seines Lebens in Verzweiflung verbringen müssen.

Er ist ein Gesetzesbrecher. Wenn die Pflanzer wüssten, was er getan hat und möglicherweise noch immer tut, würden sie ihm nach dem Leben trachten. Aber niemand weiß es; in all den Jahren ist Tyge Grünfeld äußerst vorsichtig gewesen. Und er hat Vertrauen zu mir. Ich verspreche ihm, dass er nicht erkannt werden wird, auch wenn viele seine Geschichte lesen werden. Niemand wird erfahren, wer er ist, denn er heißt nicht Tyge Grünfeld, und seine Plantage lag nicht bei George Hill.

MARIA EIDES TAGEBUCH, SOLITUDE, SANKT THOMAS, NOVEMBER 1829

Ich habe einen völlig anderen Eindruck von Jan Marcussen als Mikkel. Für mich ist er ein alter Mann, harmlos in seinem geschwächten Zustand, im Grunde ein armer Kerl, der keine Zukunft vor Augen hat. Mir geht oft durch den Kopf, dass dies das Schlimmste ist: keine Zukunft, keine Hoffnung zu haben. Und Marcussen hat mich auserwählt, seinen Besitz zu erben; er war auf eine Weise von mir eingenommen, die ich nicht deuten kann. Aber ich glaube, sie hatte etwas Väterliches, wo er doch selbst nie Kinder gehabt hat. Es war ihm ein großes Bedürfnis.

Mikkel hingegen erinnert sich an Marcussen als einen rücksichtslosen und gottlosen Hünen, der keinerlei Mitleid mit irgendeinem lebenden Wesen empfand. Mikkel fühlte sich von ihm angezogen, gleichzeitig aber fürchtete er ihn, glaube ich, und in gewisser Weise hasste er ihn auch.

Jetzt ist Marcussen tot, und es ist ein merkwürdiges Gefühl. Mehr als je zuvor denke ich darüber nach, was für ein Mensch er gewesen ist.

Wir waren beide dabei, als er starb.

Am Morgen des 12. November kann ein Reiter den Berg hinauf. Sein Pferd war schweißnass, Schaum stand ihm unter dem Zaumzeug vor dem Maul. Der Reiter sprang aus dem Sattel und lief auf das Haus zu. Ich sah ihn vom Wohnzimmerfenster aus und trat auf die Veranda. Es war ein Schwarzer aus der Stadt, ein Mann, den ich nicht kannte.

»Frau Frederiksen?«, fragte er und wischte sich mit der Hand die Stirn ab. Ich öffnete den Mund, um ihn zu korrigieren, entschied dann aber, dass es unwesentlich war. »Ja.«

»Ich habe eine Nachricht für Sie von Massa Jan.«

»Massa Jan? Wer ist das?« Ich blieb auf der Veranda, der Schwarze stand im Staub. Die Sonne verwandelte seine verschwitzte, glänzende Stirn in einen staubigen Spiegel.

»Marcussen«, fügte er hinzu. »Der alte Massa von Solitude.« Er machte eine Handbewegung, als wollte er mir meinen Besitz zeigen. Wir sahen uns an. Ein Schweißtropfen lief ihm die Wange hinunter. Ich nickte ihm zu. »Komm her«, sagte ich, »wir holen dir etwas Wasser.«

»Danke, gnädige Frau.« Wieder wischte er sich über die Stirn und trat auf die Veranda. Ich bot ihm einen Stuhl an und ging ins Haus, um eines der Mädchen zu bitten, ihm ein Glas Wasser zu bringen. Als ich auf die Veranda zurückkehrte, blieb ich am Geländer stehen.

»Nun, was gibt es?«, forderte ich ihn auf.

»Massa Jan ist sehr krank.«

»Das weiß ich.«

»Er ist jetzt noch mehr krank.«

»Ah ja.« Ich sah ihn an. Das Mädchen kam mit einer Kanne kaltem Wasser und zwei Gläsern. Sie schenkte ein und stellte die Kanne auf den Tisch. Der Schwarze trank. Er leerte das Glas in einem Zug.

»Danke!«, sagte er.

»Wer bist du?«

»Ich war Stallneger bei Massa Jan. Ich heiße Hurricane.«

Beinahe hätte ich gelächelt.

»Ein schöner Name. Und wieso heißt du so?«

Er zuckte die Achseln. »Mein erster Massa hat mich so genannt. Er ist gestorben.«

Ich nahm die Kanne und füllte sein Glas. Dann trank ich auch einen Schluck. Einer dieser schwarzen Vögel, ein Purpur-Grackel, setzte sich aufs Geländer und flötete eine kurze Strophe, wobei er uns mit seinen unheimlichen, hellen Augen anstarrte.

»Und du willst mir sagen, Hurricane, dass Massa Jan sehr krank ist, kränker, als ich es bisher wusste?«

»Nein, das habe ich Ihnen nur erzählt. Das war nicht die Nachricht.«

Wieder sahen wir uns an. Es verging eine Weile, die mir sehr lang vorkam.

»Nun«, sagte ich dann. »Dann lass sie mich hören. Deine Nachricht.«

»Massa Jan will die Frau und Massa Mikkel gern in seinem Haus sehen. Er sagt, er wird sterben.«

Ich nickte. Es war keine große Überraschung.

»Wir kommen«, erwiderte ich. Was hätte ich sonst sagen sollen?

Gerade als Mikkel und ich den Gig vor dem Haus in der Kronprinsensgade zum Stehen brachten, fing es an zu regnen. Zunächst verirrten sich lediglich einige Tropfen auf unsere Gesichter, doch ich hörte, wie der Regenguss über den Bergabhang hinter den kleinen Holzhäusern rollte, gefolgt von einer Serie heftiger Windstöße. Dann traf uns das Unwetter mit voller Kraft, der Regen stürzte herab und durchnässte uns, ehe wir die Veranda vor Marcussens Haus erreicht hatten.

So hatte es auch an dem Tag geregnet, als ich geboren wurde, das hatte mir mein Vater erzählt.

Die schweren Tropfen trommelten auf das Halbdach der Veranda, als wir das Haus betraten und den dunklen Flur in die hinteren Räume entlanggingen.

Wir fanden Marcussen in dem hellen Zimmer, in dem ich mit ihm gesprochen hatte, als Mikkel und ich gerade auf der Insel angekommen waren. Damals hatte ich nicht damit gerechnet, dass er den Winter überleben würde; er hatte ausgesehen, als stünde er bereits mit einem Bein im Grab. Aber seitdem waren fast vier Jahre vergangen, und der alte Schiffsarzt lebte noch immer. Wie es aussah, allerdings nicht mehr sehr lange.

Er lag im Bett, weit von den großen Fenstern entfernt, und sah aus, als wäre er bereits tot: vollkommen reglos und mit geschlossenen Augen. Die Betten in Westindien sind so hoch wie ein Esstisch, denn wenn man hoch schläft, spürt man mehr von dem Wind, der durch die Fensterläden und Insektennetze dringt. Alle vier Beine des Bettes standen im Übrigen in einer Schale mit Öl. So wurden Ameisen und andere Kriechtiere daran gehindert, ins Bett zu gelangen.

Derlei weltliche Probleme spielten für Marcussen jedoch keine Rolle mehr. Sein Gesicht war eher weiß als grau, sein Nachthemd stand offen und gab den Blick auf eine eingefallene Brust mit abstehenden weißen Haaren frei. Möglicherweise war es früher einmal eine dichte männliche Behaarung gewesen, nun sah es aus wie das schüttere Wollhaar auf der Glatze einer alten Frau. Er war in jeder Hinsicht ein erbarmungswürdiges Geschöpf.

Wir traten ans Bett und schauten ihn an. Mitgefühl wallte in mir auf. Der Mensch ist so verletzlich, wenn er gerade die Schwelle ins Leben übertreten hat und wenn er am Ende wieder vor derselben Tür steht.

Mikkel räusperte sich, und der alte Mann schlug die Augen auf. Klare, graublaue Augen, vielleicht das Einzige an ihm, was sich im Laufe der Jahre kaum geändert hatte. Er blickte zu uns auf, erst zu Mikkel, dann zu mir. Langsam nickte er, und ein Netz feiner Runzeln und Falten zeigte sich um seine Augen – sowie ein ganz schwaches Lächeln. Plötzlich überkam mich ein Schuldgefühl. Es war einige Monate her, seit ich Marcussen zuletzt gesehen hatte, jetzt war er weitaus schwächer. Wer hatte sich in der letzten Zeit um diesen todkranken Mann gekümmert?

»Guten Tag, Marcussen«, grüßte Mikkel. »Wir haben Ihre Nachricht bekommen.«

Er wandte die Augen nicht von mir ab.

»Wer kümmert sich um Sie, Herr Marcussen?«, erkundigte ich mich. »Haben Sie jemanden …«

Wieder lächelte er und nickte ganz schwach hinüber zu dem großen Fenster, von dem aus man in den Garten sehen konnte. Ein zugewucherter Dschungel aus grünem Licht, der in dem schweren Regen tropfte.

Ich folgte seinem Blick. Durch die nasse Fensterscheibe sah ich draußen eine undeutliche Gestalt. Eine Schwarze, braune Kleider, etwas heller als ihre Haut, aschgraues Haar. Sie wandte sich dem Haus zu, reglos wie eine Statue mitten im Regen.

»Das ist sie«, sagte Mikkel leise. Er hatte mir von einer Frau erzählt, der er einmal begegnet war. Sie hätte Französisch-Kreolisch gesprochen. Die Voodoo-Frau.

»Sie hat sich um Sie gekümmert?«, fragte Mikkel nach.

Marcussen brummte etwas, das wir nicht verstanden. Dann richtete er seinen Blick wieder auf mich. Lange sah er mich an, und langsam wurde mir klar, dass er zu schwach war, um zu sprechen. Wenn er uns etwas sagen wollte, war es jedenfalls zu spät. Ich schaute auf ihn hinab und lächelte, und sein altes Gesicht verschwamm, als meine Augen sich mit Tränen füllten. Es ist nicht einfach zu erklären, denn Marcussen war kein guter Mensch. Sicher war er es einmal gewesen, dachte ich, aber seit vielen Jahren war er es nicht mehr. Sein Schicksal hatte ihn verändert, das Meer, die Inseln, das gottlose Leben.

Der Regen trommelte auf das Blechdach der Gartenstube. Ich legte meine Hand auf eine Hand des alten Mannes und schloss vorsichtig die Finger um seine große, trockene Handfläche. Die Hand bewegte sich nicht, ich glaube, er war nicht mehr in der Lage, etwas zu bewegen. So standen wir da. Es schien, als würde Mikkel verstehen, dass er als eine Art dritter Mann nur danebenstehen durfte und Marcussen in seiner letzten Stunde meine Gesellschaft gesucht hatte. Mikkel trat einen Schritt zurück, sodass ich ihn nicht länger sehen konnte.

Ich weinte jetzt richtig. Die Tränen liefen mir über die Wangen, ich konnte es gar nicht verstehen. Jedenfalls nicht sofort. Manchmal scheint mir, als würde das innere Ich begreifen, was man selbst nicht sehen kann. Und plötzlich wusste ich, warum: Ich stand in genau dem Zimmer, in dem ich geboren worden war, wie damals bei heftigem Regen, und hielt die Hand des Mannes, der seinerzeit der Geburtshelfer meiner Mutter gewesen war. Der junge Doktor Marcussen, der selbst nie Kinder hatte, sich aber aus irgendeinem Grund einem Mädchen verbunden fühlte, dem er einundvierzig Jahre zuvor in diese harte Welt geholfen hatte. Und jetzt hielt sie seine Hand und half ihm, diese Welt zu verlassen.

MIKKEL EIDES TAGEBUCH, SOLITUDE, SANKT THOMAS, FEBRUAR 1830

Als mich Peter von Scholten letztes Jahr darum bat, ob er mein fertiges Manuskript lesen dürfe, geschah dies sicher ganz ohne Hintergedanken. Ich vermute, dass der Generalgouverneur es nur deshalb lesen wollte, um etwas aus den Gesprächen zu lernen, die ich niedergeschrieben habe.

Ich habe mit annähernd fünfzig Personen gesprochen, beziehungsweise ich habe mit sehr viel mehr Menschen auf meinen Reisen auf die Plantagen, in die Fischerdörfer und abgelegenen Orte gesprochen, aber nur ungefähr fünfzig Männer und Frauen kommen in meinem Buch »Westindische Stimmen« zu Wort: Pflanzer, Fischer, Händler, freie Schwarze, weiße Frauen und – vor allem – Sklaven. Hier auf den Inseln gibt es ungefähr zehnmal so viele Schwarze wie Weiße, und der größte Teil der Schwarzen sind Sklaven. Mein Buch soll dieses Ungleichgewicht widerspiegeln: Auf jede weiße Stimme kommen zehn Schwarze. So ist es.

Dennoch gab es darunter einen Weißen, der das Interesse des Generalgouverneurs dermaßen geweckt hatte, dass er seinen Schoner Vigilant nach Sankt Thomas schickte, um mich die fünfunddreißig Seemeilen von Charlotte Amalie nach Christianssted bringen zu lassen. Dort empfing er mich im Gouvernementsgebäude in der Kongensgade, einem außerordentlich prächtigen Bau, der nach dreijährigem, gründlichem Umbau gerade fertiggestellt worden ist. Überall elegante Bogengänge, fein verputzte Mauern und unglaublich viele Fenster mit lackierten Läden. Über der pompösen Treppe, die sich wie ein gewaltiger Fächer aus gelben Ziegelsteinen zur Kongensgade verbreitert, der Hauptstraße von Christianssted, hängt das vergoldete Monogramm König Frederiks VI. über der Jahreszahl 1830. Ganz oben auf der gewaltigen Treppe stand der Generalgouverneur, die Hand in der Uniformjacke, wie man es auf Porträts von Napoleon Bonaparte sieht.

Das Haus des Gouverneurs ist ein Bau, der an vielen Orten in Europa eines Königs würdig wäre. Aber vermutlich ist der Generalgouverneur auch so eine Art König auf Sankt Croix!

»Seien Sie gegrüßt, Professor, willkommen in Christianssted!«, rief Scholten herzlich und zog seine Hand aus der Jacke, um die meine zu drücken. Ich bin deutlich größer als er, aber ich erwähnte ja gerade Bonaparte, der ebenfalls ein Mann war, dessen geringe körperliche Größe seinen Hunger nach Macht nicht schmälerte.

Wir standen eine Weile auf der Treppe und plauderten, dann führte mich Scholten ins Gebäude. Er schloss die Tür hinter uns, und ich bemerkte, wie kühl es in dem großen Haus aus Stein war. Dicke Mauern und geschlossene Fensterläden sorgten sogar in der Mittagshitze für angenehme Temperaturen.

»Mein Gott!«, entfuhr es mir unwillkürlich, als Scholten eine Doppeltür zu einem gewaltigen Saal öffnete, dessen Boden so glatt schimmerte, als wäre er mit feuchtem Glas überzogen. Das breite Parkett bestand aus einer schwarzen Holzart unter einer dicken Schicht aus klarem Lack oder Firnis. Es war vollkommen dunkel in dem Saal, doch der Generalgouverneur trat an der Seite in einen Bogengang, eine Art Galerie, und öffnete einige Fensterläden. Das Licht strömte in den vornehmen Raum und ließ die Spiegel blitzen, die zu beiden Seiten des Saals unter Lampen mit doppeltem Sturmglas an den Säulen hingen. Wenn all diese Lampen und die vier Kronleuchter unter der Decke angezündet waren, musste der Saal wahrlich einen prächtigen Anblick bieten.

»Was ist das bloß für ein Raum, Generalgouverneur?«, erkundigte ich mich.

»Mein kleiner Ballsaal.« Scholten breitete die Arme aus, er war ganz offensichtlich stolz, ein breites Lächeln in seinem freundlichen Gesicht zog den ergrauten Schnurrbart auseinander.

Ich sah mich um. Ich konnte meine Ehrfurcht nicht verbergen. Einen kurzen Moment empfand ich einen gewissen Stolz, dass ich ein Freund dieses Mannes war, der es so weit gebracht hatte; als hieße das, dass ich es ebenfalls weit gebracht hätte, was nun keineswegs der Fall war.

»Dieses ganze Gebäude war schrecklich vernachlässigt«, erklärte Scholten. »Es war so undicht, dass das Wasser beinahe die Wände hinunterlief, wenn es regnete. Alles mögliche Ungeziefer verlebte hier goldene Tage, bis meine Handwerker schließlich ans Werk gingen. Und ja, auch ich bin mit dem Resultat ausgesprochen zufrieden. Kommen Sie nur ...«

Er ging durch die Seitengalerie auf eine große Treppe am gegenüberliegenden Ende zu, und das Geräusch seiner Absätze wurde zwischen den Säulen zurückgeworfen, als er die recht schmale Treppe hinunterging und eine Tür öffnete. Ich folgte ihm. Licht fiel durch ein Tor, das von der Kongensgade in den Innenhof des Gouverneursgebäudes zu führen schien. Aber der Hof erwies sich als ein fein angelegter Garten, wenn auch noch mit recht spärlichen Pflanzen aufgrund der frischen Anlage, aber allemal ein geschlossener und ruhiger Ort, an dem sich schnell für eine Weile der Lärm und Aufruhr dieser Welt vergessen ließ.

»Das ist ein ganz wunderbarer ... Palast, Herr Generalgouverneur«, lobte ich.

Er nickte glücklich. »In der Tat, ja«, erwiderte er. »Wenngleich ich auch finde, dass Palast nicht ganz das richtige Wort ist.«

Ich lachte, er fiel in das Lachen ein. Wie so oft, wenn ich mit diesem Mann redete, ging mir ein Wort durch den Kopf, das ich ihm gegenüber niemals aussprechen würde: gerissen. Der Gedanke liegt einfach auf der Hand, dass er so weit gekommen ist, weil er ... ein Wolf im Schafspelz ist!

Wir gingen in die privaten Gemächer des Generalgouverneurs hinauf, eine luftige und geräumige Wohnung, in der sich Hausangestellte diskret bewegten und eine junge, hellhäutige Kreolin in Scholtens Arbeitszimmer wortlos kühle Getränke servierte. Nachdem sie gegangen war und die Lamellentüren hinter sich geschlossen hatte, trat der Generalgouverneur an ein kleines Mahagonitischchen zwischen den hohen Fenstern und füllte zwei Gläser mit bernsteinfarbenem Rum. Ich schaute auf seine feine, kleine Tischuhr: Es war erst halb vier, eigentlich ein bisschen früh für ein so ausgewachsenes Glas Rum, aber es heißt ja, es sei ein Brauch von alters her … also prosteten wir uns zu.

Peter von Scholten setzte sich in einen gemütlichen, gepolsterten Sessel und zeigte auf einen zweiten auf der anderen Seite des Tischs. Auf der blankpolierten Tischplatte lag mein Manuskript, ein Stapel Papier so dick wie die Bibel. Natürlich mit der Hand geschrieben.

»Wenn Sie wollen, kann ich es von meinen Leuten kopieren lassen«, bot er an. »Es ist riskant, nur ein Exemplar von einem Manuskript zu haben, an dem man so viele Jahre gearbeitet hat.«

»Nun ja, viele ist relativ«, erwiderte ich. »Vier, würde ich sagen.«

Scholten nickte eifrig. »Wie ich sagte, viele Jahre. Würden Sie ein derartiges Angebot annehmen? Es würde Sie selbstverständlich nichts kosten.«

»Natürlich geht einem dieser Gedanke hin und wieder durch den Kopf«, sagte ich. »Wie leicht die Arbeit verloren gehen kann. Ein Feuer … ein Schiffsuntergang.«

»Dann veranlasse ich es«, entschied er. »Einige meiner tüchtigen Schreiber erledigen das in gut einem Dutzend Tage.«

Ich bedankte mich, er hob sein Rumglas. »Skål, Mikkel, es ist ein hervorragendes Manuskript. Sie werden berühmt. Und zu Hause wird man empört sein.«

»Darauf bin ich vorbereitet.« Ich trank von dem Rum, ein scharfer, aber nicht unangenehmer Geschmack. Einen Moment lang hatte ich wieder das Gefühl wie vor vielen Jahren auf Marcussens Veranda. Solitudes abgelagerter Rum. Nichts bindet Erinnerungen mehr als Geruch und Geschmack.

»Ich sehe schon die Kritik in *Fædrelandet* vor mir«, fuhr Scholten fort. »Diese Banditen werden alles tun, um Sie zu vernichten. Glauben Sie mir, ich kenne das.«

Ich nickte. Ich hatte von der Feindschaft zwischen dem frisch ernannten Generalgouverneur und der nationalliberalen Zeitung gehört.

»Von so etwas werde ich mich niemals beeinflussen lassen«, erklärte ich.

»*Moi non plus*«, bestätigte der Generalgouverneur.

Wahrere Worte waren in der frisch renovierten Gouverneurswohnung kaum gesprochen worden.

»Und Ihnen gefällt es?«, wollte ich wissen. Ich war schließlich gekommen, um seine Meinung zu hören.

»Allerdings«, erwiderte Scholten. »Vor allem die Form, die Sie gewählt haben … dagegen lässt sich schwer argumentieren. Die Leute selbst reden zu lassen. Die Elenden. Die Sklaven. Und ich sehe zu meiner Freude, dass Sie meinen Rat befolgt haben und auch die Pflanzer zu Wort kommen lassen. Da wird es den Kritikern schwerfallen, Sie zu treffen.«

»Deshalb habe ich diese Form aber nicht gewählt, Herr Generalgouverneur.«

Ich verwendete seinen Titel ähnlich, wie er meinen Titel Professor benutzte, stets mit einem leichten Anflug von Ironie. Allerdings nicht so offensichtlich wie Marcussen, der mich damals als »großen Humanisten« bezeichnete.

»Das weiß ich. Und doch könnte es von Bedeutung sein.«

Eine Weile schwiegen wir. Auf der anderen Seite der geschlossenen Fensterlamellen krähte ein Hahn. Christianssted ist wie alle andere Städte in Westindien voller Hühner. Es wimmelt von Küken. Und die Hähne krähen rund um die Uhr.

Die Tischuhr schlug vier Viertelschläge und vier Stundenschläge.

»Es gibt einen Abschnitt, der mich besonders interessiert hat«, sagte Scholten dann. Die Worte kamen so rasch, als hätte er sie bereits eine Weile zurückhalten müssen.

»Ja?«

Er räusperte sich. »Sie schreiben über einen Mann, der Grünfeld heißt. Tyge Grünfeld.«

Ich nickte. »Er ist eine der ›Stimmen‹. Ein Mann, der Seemann war, Pflanzer wurde und schließlich wieder zur See fuhr.«

»Genau. Und nicht nur zur See fuhr. Sondern schmuggelte.«

Ich spürte ein Ziehen im Zwerchfell, eine Vorahnung von Furcht.

»Das kann man wohl so bezeichnen.« Plötzlich kamen mir Zweifel. Hätte ich diese Geschichte eventuell streichen sollen? Wollte ich meine Freundschaft mit dem Generalgouverneur ausnutzen, um ein ernstes Verbrechen zu decken, einen Mann, der die westindischen Gesetze brach?

Peter von Scholten sah mich an. Sein Gesichtsausdruck war ernst. Dann senkte er den Kopf und blickte auf den blanken Boden.

»Ich muss Sie etwas fragen, Mikkel. Wo haben Sie diesen Mann kennengelernt?«

Ich schluckte. »Auf Sankt Croix. Aber Sie wissen vermutlich genau, dass ich versprochen habe, ihn zu schützen. Ich hätte seine Geschichte nicht anders erzählen können, ohne ihn in Gefahr zu bringen. Er heißt nicht Tyge Grünfeld.«

Peter von Scholten lächelte. Aber nur einen Moment, dann wurde er wieder ernst.

»Das weiß ich«, erwiderte er. »Er heißt Tue Gregers.«

Ich starrte den Generalgouverneur an. Sein linker Mundwinkel hob sich zu einem kleinen Lächeln, aber es war nur ein kurzes Zucken.

»Was … woher in aller Welt kennen Sie seinen Namen?«, fragte ich. Die Gedanken mahlten in meinem Kopf, ich konnte mir einfach nicht erklären, wieso Scholten den Namen des Seemannes kannte. Hatte ich etwas übersehen?

Der Generalgouverneur saß eine Weile still da und schien über irgendetwas nachzudenken. Dann stand er auf und ging an seinen Schreibtisch. Er griff nach einem zusammengefalteten Bogen Papier und faltete ihn auseinander. Es sah aus, als wäre das Blatt uralt.

»Ich habe diesen Brief gefunden«, begann er dann. »Vor sehr vielen Jahren …« Er zögerte. »Sie kennen Gregers' Geschichte ja ein wenig. Aber nicht alles, wie Sie sehen werden. Die ganze Geschichte kennt nicht einmal er selbst. Noch nicht.« Er legte den Brief vor mir auf den Tisch.

Vorsichtig griff ich nach dem brüchigen Papier und las die ersten Worte.

Donnerstag, 15. Juli 1813 Mein geliebter Mann, lieber Tue,
ich schreibe Dir aus Kiel …

Ein Brief an Tue Gregers, an den Mann, über den ich geschrieben hatte! Ich las den ganzen Brief, langsam und sorgfältig, und als ich fertig war, ließ ich den Blick noch einmal über die beiden dichtbeschriebenen Seiten gleiten. Zwei Namen aus der realen Welt tauchten in dem Brief und meinem anonymisierten Bericht auf: die Ehefrau Caroline, die Brigg Caroline und die Galeasse Maja.

Mehr war für Scholten offenbar nicht nötig gewesen.

Ich blickte zum Generalgouverneur auf. Er saß zurückgelehnt in seinem Sessel und betrachtete mich, die Fingerspritzen hatte er wie so oft unter dem Kinn gesammelt, auf den Lippen lag ein leises Lächeln.

»Woher stammt dieser Brief?«, wollte ich wissen. Meine Nervosität war nun der Neugierde gewichen.

Scholten streckte die Hand aus, ich gab ihm den Brief zurück. Vorsichtig faltete er ihn zusammen, stand auf und legte ihn zurück auf den Schreibtisch.

»Ich fand ihn vor …«, er blickte an die Decke und dachte ein paar Sekunden nach, »… siebzehn Jahren. In einem Grab auf Sprogø im Großen Belt.«

Ich beugte mich in meinem Sessel vor und sah ihn unvermittelt an. Ich wusste nicht, was ich sagen sollte, seine Worte ergaben für mich keinerlei Sinn.

»Die Geschichte ist gar nicht so merkwürdig, wie sie klingt«, fuhr er fort. »Zumindest nicht unter diesen Umständen. Wir waren auf dem Weg in die Hauptstadt auf Sprogø eingefroren. Es gab kein Brennholz mehr, daher gruben wir aus reiner Notwendigkeit einen Sarg aus. Auf der Insel war ein Grab. Wir dachten, darin läge ein Engländer. Aus dem Krieg einige Jahre zuvor. Aber dem war nicht so.«

»Nein?«

»In dem Sarg lag eine Frau.« Er wies mit dem Kopf auf den Schreibtisch und den Brief. »Tue Gregers' Ehefrau.«

»Oh …«

»Caroline.«

»Ja.«

»Die auf dem Weg nach Westindien gewesen war.«

Ich nickte. »An Bord der Maja. Einer Galeasse, ja.«

Scholten seufzte. »Aber sie kam nie an. Und wie Sie dem Brief entnehmen können, war sie bereits krank, als die Maja in Kiel auslief. Sie starb auf dem Schiff und wurde auf Sprogø begraben.«

Wir sahen uns an.

»Aber ... ihr Mann hat doch gehört, dass die Maja von arabischen Piraten aufgebracht wurde. Daher ging er davon aus ...«

Scholten nickte.

»Das ist ja furchtbar«, sagte ich, »tragisch. Seit siebzehn Jahren hält er sie für eine Gefangene in Nordafrika. Er glaubt, dass sie ... Er kann es nicht vergessen. Es hat sein Leben zerstört! Er muss es erfahren. Er muss wissen, dass seine Frau ihren Frieden fand, bevor sie überhaupt die dänischen Gewässer verließ.«

»Ja. Das wäre das Richtigste«, bestätigte Scholten.

Wieder warf ich einen Blick auf die Uhr. Halb fünf. Ich konnte nicht mehr auf Gregers' Plantage fahren, bevor ich zurück nach Sankt Thomas musste.

»Würden Sie es ihm berichten?«, fragte ich Scholten.

Der Generalgouverneur erhob sich. Dann prostete er mir zu. »Das werde ich«, versprach er. »Aber er hat siebzehn Jahre gewartet, also kann er noch ein wenig länger warten. Vielleicht bis ich einmal die Dienste eines Schmugglers mit eigenem Schiff benötige.«

Ich stand ebenfalls auf. Wir standen uns gegenüber. Jetzt lächelte er wirklich. Mir war klar, dass es dumm wäre, Druck ausüben zu wollen. Ein Fuchs im Schafspelz.

Auf der Rückfahrt stand ich in der klaren Sonne an Deck der Vigilant und sah, wie sich die Höhenzüge von Sankt Thomas über dem Horizont aus dem Meer erhoben. Dort oben lag Solitude, das Heim von Maria und mir.

Mir ging durch den Kopf, dass ich meine Arbeit beinahe beendet hatte. Mein Buch »Westindische Stimmen« würde noch vor Jahresende in Kopenhagen erscheinen.

BRIEF: PETER VON SCHOLTEN AN MARIA EIDE, KOPENHAGEN, JUNI 1853

Liebe Maria,

es ist eine unumstößliche Wahrheit, dass einem die größten Qualen von den Menschen zugefügt werden, die einem am nächsten stehen. Von seinen Kindern, seinem Ehegemahl, seinen Eltern, selten auch von nahen Freunden. Niemand außerhalb dieses engen Kreises, nicht einmal die ärgsten Feinde, können uns so hart treffen wie jemand von den eigenen Liebsten, so seltsam es auch klingen mag.

Drei Kinder habe ich verloren. Nur William und Elisabeth, meine älteste Tochter, die in dem braven Claude du Plat glücklicherweise einen prächtigen Ehemann gefunden hat, leben noch.

Meine jüngste Tochter Francisca war vier Jahre mit dem Lehnsgraf Dannemand verheiratet, einem unehelichen Sohn meines alten Freundes und Protektors Frederik VII. Mit ihrer Hochzeit am 28. April 1840 schloss sich in gewisser Weise der Kreis meines Lebens. Wie du ja bereits gehört hast, hat ausgerechnet die Rücksicht auf die Kinder, die der König mit Frau Dannemand gezeugt hat, das ganze Karussell in Gang gesetzt. Das Schicksal meiner Familie war in vielerlei Hinsicht mit der des Königs verbunden, und mir gelang es, unter drei Königen zu dienen: Einem, der mich zum Wohle der Allgemeinheit in die höchsten Ämter erhob und bei verschiedenen Gelegenheiten für mich in die Bresche sprang, und zwei Königen, die mir gegenüber weniger freundlich gesonnen waren.

Aber ich beklage mich nicht, ich habe die meisten meiner Ziele erreicht und kann die Welt friedlichen Gemüts verlassen.

Sorgen habe ich jedoch noch immer, und sie gelten – abgesehen von meiner schlechten Gesundheit – vor allem meinem Sohn William. Ich habe den Eindruck, dass er mir auf bestimmten Gebieten allzu sehr nachkommt. Seinen geringen Respekt vor Geld kenne ich aus meiner eigenen Jugend und durchaus auch aus Phasen meines späteren Lebens, aber während ich mich in nahezu allen Situationen aus eigener Kraft aus pekuniären Schwierigkeiten rettete, steht William mit seinem bescheidenen militärischen Sold den Schulden, die er macht, vollkommen machtlos gegenüber. Vor ein paar Monaten erst habe ich eine Summe von mehr als siebentausend Reichstalern für ihn auslösen müssen, Geld, das zu beschaffen er in keiner Weise in der Lage war.

Mit Blick auf William habe ich beschlossen, die Summen, die ich regelmäßig aufbringen muss, um ihn aus Schwierigkeiten zu retten, mit seinem Erbe zu verrechnen, wenn es so weit ist. Vielleicht werde ich verfügen, dass sein Erbteil nur nach und nach ausgezahlt wird, damit er das Geld, das ich ihm hinterlassen muss, nicht auf einmal verschleudert.

Und wieder denke ich über die Frage nach, die mich ständig heimsucht: Was hinterlassen wir, wenn wir fortgehen, welche Bedeutung wird es haben? Ich habe meinen Teil für die Schwarzen in Westindien getan, die ich im Grunde auch als meine Kinder angesehen habe, und ich glaube, ich kann stolz auf meine Arbeit sein. Ansonsten ist mein Erbe allerdings bescheiden: Ein Sohn, der es kaum zu etwas Besonderem bringen wird, und eine Tochter, die ihren Wert als Frau immerhin längst unter Beweis gestellt hat. Elisabeth ist und bleibt mein Augenstern, ich wusste es bereits, als sie noch ganz klein war. Und ich erinnere mich an all die Male, als ich heimkehrte und den Schmerz spürte, ihr Heranwachsen nicht miterleben zu dürfen, weil ich mich den größten Teil der Zeit in Westindien aufgehalten habe.

Bei ihr werde ich sein, wenn ich meine Augen zum letzten Mal schließe. Bei Elisabeth, die den Namen ihrer Mutter trägt.

Als ich vor über zwanzig Jahren zum ersten Mal den gewundenen Weg hinauffuhr und das Gebäude sah, das ich schon bald erwerben und Bülowsminde taufen sollte, stand ich auf dem Gipfel der Macht. Ich war im besten Alter und hatte alles erreicht, was in meiner Vorstellung lag. Nun wollte ich hier oben auf dem Berg, von wo aus ich Christianssted und die hübsche Lagune mit ihren kleinen Inseln überblicken konnte, mit meiner Nanan ein goldenes Leben führen. Wie ein König, der über sein Reich schaut – und vielleicht war ich auch fast so etwas.

Ich hatte mit all meinen Ämtern und meinen diversen Geschäften ein Vermögen verdient, und doch hatte ich ständig das Gefühl, als sei die Schatulle leer. Hätte ich es mir leisten können, so hätte ich es vorgezogen, Bülowsminde allein zu kaufen, doch die Wahrheit war, dass ich die Mittel dazu nicht hatte, also kauften Nanan und ich das Gebäude zu gleichen Teilen, es gehörte uns beiden. Nanan war die wohlhabendste Mulattin, die ich je gekannt oder von der ich je gehört hatte.

Als wir uns Jahre später auf so schmerzliche Weise trennten, besaß sie alles. Vielleicht sollte ich also meinem Sohn weniger Vorwürfe machen: Auch ich war ein ziemlicher Verschwender und verwendete zu viel Geld für Prunk und Festlichkeiten.

Ich erinnere mich noch genau an den Kauf, es war ein Tag der Freude. Sofort fingen wir an, Pläne zu schmieden; wir waren sehr glücklich.

Meine Lise in Kopenhagen war es indes nicht. Es hätte mich eigentlich nicht überraschen sollen, aber ungeachtet dessen war es so. Frauen sind eifersüchtige Wesen, und mein Eindruck von Lise als einem großzügigen Menschen, der leichthin tolerierte, dass ich auf den fernen Inseln eine Geliebte mit ganz heller brauner Haut hatte, ließ sich nicht lange aufrechterhalten. Als ich mich im Frühjahr 1834 in Kopenhagen aufhielt, fiel die Maske meiner geliebten Ehefrau.

Als sie mich am Kai erwartete und wir über den Schlossplatz nach Hause gingen, schien sie durchaus glücklich zu sein. Doch bereits am ersten Abend im Schoße der Familie kam es zu einer Eifersuchtsszene, obwohl alle meine drei fast erwachsenen Kinder anwesend waren. Wir aßen ein wunderbares Abendessen, das die neue Köchin angerichtet hatte. Während des Essens erzählte ich die jüngsten Neuigkeiten aus

Westindien. Ich hatte damals so viel zu tun, dass ich selten dazu kam, private Briefe zu schreiben.

»Ich habe ein herrliches Haus auf einem Berg direkt bei Christianssted gekauft«, berichtete ich. »Es weht dort immer ein leichter Wind, und das Haus ist nach Norden ausgerichtet, sodass es also relativ kühl ist. Für westindische Verhältnisse, meine ich.«

Lise senkte ihr Besteck und sah mich mit leicht verwunderten Runzeln auf ihrer ansonsten glatten Stirn an. »Ein Haus?«, wiederholte sie. »Das hast du mir ja gar nicht erzählt.«

»Ich erzähle es doch jetzt«, entgegnete ich. »Es ist noch nicht lange her, und es passiert so viel in Christianssted, dass ich gar nicht alles in meinen Briefen unterbringen kann.«

»Ist es ein großes Haus?«, fragte Adelgunde. Ich wandte mich ihr zu, erleichtert, dass ich nicht länger in das skeptische Gesicht meiner Frau blicken musste.

»Noch nicht. Aber es gehört viel Grund und Boden dazu, und ich gehe davon aus, dass ich anbauen werde.«

»Immer musst du bauen, Vater«, schob Elisabeth Catharina ein. »Weißt du noch, wie sie dich damals im Gouverneurshaus genannt haben?«

Ich lächelte. Ja, ich erinnerte mich. Es hatte mir geschmeichelt und mich geärgert.

»Nein, wie denn?«, sagte ich, nur um es von ihr zu hören.

»Westindiens Christian IV., das weißt du genau, Vater!«

In Anbetracht der Tatsache, wie weit Westindien von Dänemark entfernt ist, muss man sagen, dass Bürgerschaft und Presse die Unternehmungen des Generalgouverneurs recht aufmerksam verfolgten. Man berichtete regelmäßig über mich, und ich wurde häufig angegriffen, doch in der Regel konnte ich damit leben.

Ich lachte. »Gebaut werden muss in jedem Fall. Ich habe große Pläne für Bülowsminde.«

Lise räusperte sich. »Bülowsminde! Hast du dein Haus nach Frantz Bülow benannt?«

Ich nickte und wandte mich wieder ihr zu. »Ja. Hältst du das für eine unpassende Geste?«

Zu meiner Überraschung lächelte sie. Dann schüttelte sie nachsichtig den Kopf. »Dein Leben, Peter … ist wie ein Märchen, in dem die Hauptfigur selbst den Stift führt.«

»Kein ganz schlechtes Bild«, gab ich zu. »Abgesehen davon, dass der General auch die eine oder andere Zeile geschrieben hat.«

»Und der König«, warf Elisabeth Catharina ein.

Eine Weile aßen wir schweigend weiter. Das vornehme Silberbesteck klirrte an dem Porzellan mit klassischem blauem Muster. Es gab Plattfisch mit einer leichten, mit Safran gewürzten Zitronensauce, und alle hatten Messer und Gabel zur Hand genommen, um die Gräten zu entfernen.

»Deine neue Köchin versteht ihr Metier«, lobte ich.

Aber für Lise war das Thema Bülowsminde noch nicht beendet.

»Auch wenn das Haus außerhalb der Stadt liegt, hat es wohl mehr als einen Schilling gekostet?«, erkundigte sie sich. »Hast du diese Ausgaben ausnahmsweise einmal selbst finanzieren können?« Der Verdacht, den sie hegte, lastete schwer auf ihren Worten.

Ich habe immer die Ansicht vertreten, dass man seine Nächsten nicht belog. Ich hielt es immer für richtiger, die Folgen der Wahrheit zu ertragen.

»Ich habe es nicht allein gekauft«, erklärte ich. »Das konnte ich nicht. Nanan gehört die Hälfte.«

Der silberne Griff von Elisabeth Catharinas Messer schlug hart an ihren Tellerrand. Normalerweise hätte Lise mit einem irritierten Blick oder einer Ermahnung reagiert, doch sie ignorierte das durchdringende Geräusch.

»Aha«, sagte sie und blickte auf ihren Teller.

»War das wirklich nötig, Vater?« Es kam nicht allzu häufig vor, dass Elisabeth Catharinas Tonfall nicht liebevoll oder bewundernd war, daher wandte ich mich ihr überrascht zu.

»Ja«, antwortete ich. »Der größte Teil meiner Mittel ist in anderen Unternehmungen gebunden. Ich kann nicht einfach kaufen und bauen, wie es mir gefällt. Genau genommen bin ich eben nicht Christian IV., nicht wahr, mein Mädchen?«

»Aber diese … Frau«, sagte meine älteste Tochter leise. Sie hob den Blick von ihrem Teller und sah mich trotzig an.

»Elisabeth!«, ermahnte Lise sie.

Ich seufzte.

»Es ist mein erster Abend zu Hause. Liebe Kinder …« Ich ließ meinen Blick über ihre winterblassen Gesichter schweifen; ich wusste, dass mein eigenes Gesicht von der Sonne und dem tropischen Wohlleben glühte. »Ich habe einige von euch seit über einem Jahr nicht mehr gesehen. Bitte macht mir die Freude und kritisiert mich nicht bereits an meinem ersten Abend daheim.«

Die Kinder blickten auf ihre Teller. Nur Elisabeth Catharina nicht. Und Lise. Die beiden erwachsenen Frauen hielten meinem Blick stand, dann nickten sie langsam. Aber ich wusste, dass die Angelegenheit nicht vergessen war: Die Fragen nach Nanan und Bülowsminde würden wieder gestellt werden.

Hatte ich in den ersten Jahren nach Lises Abreise aus Sankt Thomas häufig in aller Aufrichtigkeit versucht, sie zu überreden, zu mir zurückzukehren, war dies nicht länger der Fall. Und obwohl meine Frau niemals auch nur davon träumte, wieder in die Karibik zu reisen, schätzte sie es doch, wenn ich sie darum anflehte. Natürlich war ihr aufgefallen, dass ich damit aufgehört hatte.

Nun fragte ich mich, ob es daran lag, dass ich sie nicht mehr so liebte wie früher. Ich hatte durchaus das Gefühl, dass es sich so verhielt; sie war meine angetraute Ehefrau und die Mutter meiner Kinder, doch die Liebe meines Lebens war Nanan.

An diesem ersten Abend begab ich mich früh zur Ruhe und lag allein im Bett. Seereisen ermüden mich immer, und es dauert normalerweise einige Tage, bis ich in dem kalten dänischen Klima, an das man sich wirklich wieder gewöhnen muss, etwas unternehmen kann.

Am folgenden Abend gingen Lise und ich jedoch gleichzeitig zu Bett. Und als ich im Bett die Hand nach ihr ausstreckte, sagte sie in plötzlichem Zorn ein paar Worte, von denen ich wusste, dass ich sie nicht vergessen konnte. Ich begriff, dass in unser Leben eine Scharte geschlagen worden war, die sich niemals würde kitten lassen.

»Du riechst nach Neger!«, sagte sie. Und dann wandte sie mir den Rücken zu, und ich glaube, sie weinte leise in ihr Kissen.

Ihre Worte verrieten mir, dass sie nicht dachte wie ich. Im Gegenteil, sie sah wie so viele andere auf die schwarzen Menschen herab, denen wir Weißen so großes Unrecht antun. Ihre Worte waren eine Beleidigung meiner Nanan, meiner dunklen Schönheit, die ich über alles liebte.

Ich schloss die Augen und hörte eine lose Fensterscheibe im nächtlichen Sommerwind klirren, ich dachte an die Hitze auf den Inseln und an den Duft von Nanans Haut, wenn sie im Halbschatten unter unserem Flamboyantbaum gesessen und in einem ihrer Bücher gelesen hatte. Es gab keinen feineren Duft.

AUS ADMIRAL HANS BIRCH DAHLERUPS ERINNERUNGEN 1815 – 1848

Bülowsminde liegt auf dem Gipfel eines kleinen zuckerhutförmigen Bergs, etwas über eine halbe Stunde rascher Fahrt von Christianssted entfernt – auf den vorzüglichen Straßen und mit den prächtigen Pferden, die man hier auf der Insel hat, fährt man immer sehr schnell. Auf dem Gipfel dieses sechs- oder achthundert Fuß hohen Bergs gibt es eine drollige Ansammlung von Gebäuden, die nach und nach ohne Zusammenhang und Plan errichtet wurden, dem Klima entsprechend jedoch angenehm und elegant sind. Das Hauptgebäude, das man anderenorts wohl als Schloss bezeichnen würde, obwohl es ein leichter Bau ist, hat zwei Etagen mit prächtig möblierten Salons und Zimmern …

PETER VON SCHOLTENS PRIVATES TAGEBUCH, CHRISTIANSSTED, MÄRZ 1831

In ein paar Monaten bin ich vier Jahre mit Nanan zusammen. In all der Zeit bin ich nicht mehr im selben Raum mit dem unangenehmen Pflanzer Madsen von der Plantage Liberty gewesen, auf der meine Geliebte damals lebte. Wir haben auch nicht über ihn gesprochen, mit Ausnahme von einigen wenigen Gelegenheiten, wo es sich durch einen anderen Zusammenhang ergab.

Es kam daher ein wenig unerwartet, als ich vor einer Woche einen Brief von ebenjenem Madsen bekam, in dem er in aller Kürze um ein Treffen mit mir bat. Ein wesentlicher Teil meiner Arbeit hier auf Sankt Croix ist es ja, den Pflanzern zuzuhören, die hier auf der Insel ganz sicher die mächtigste Clique darstellen. Ich bin nicht immer einverstanden mit ihren Ansichten, da es mir noch nie leichtgefallen ist, Menschen zu verstehen, deren gesamtes Dasein ausschließlich darauf abzielt, Geld zu verdienen und ihren Reichtum zu erhöhen. Aber natürlich muss man bei einer Industrie, die von Zwangsarbeitern abhängig ist, auch viele andere Aspekte berücksichtigen.

Niemand auf Sankt Croix zweifelt daran, dass mir die Lebensumstände letztgenannter Menschen am wichtigsten sind. Die Aristokratie der Pflanzer wird schon zurechtkommen – jedenfalls solange Zucker noch eine begehrte Handelsware ist.

Aber Madsen hat geschrieben, und daher lud ich Madsen gestern zu einem Treffen ins Gouvernementsgebäude ein.

Da mir die aufrichtige Abneigung gegen meine Person und seine vermutlich von Missgunst geprägte Niedertracht durchaus bewusst waren, postierte ich zwei Soldaten an der Tür meines Empfangszimmers. Einen Mann auf jeder Seite, mit einem Säbel im Gürtel und einer Muskete über der Schulter. Madsen musste bei seiner Ankunft zwischen den beiden hindurchgehen; er würde sofort begreifen, dass jeder Versuch, in meiner Nähe den starken Mann zu spielen, mit handfester Machtanwendung beantwortet würde.

Ich stand am östlichen Fenster der Seitengalerie, als der Mann um die Ecke der Kongensgade bog, dort, wo das alte Gebäude der Guineisch-Westindischen Kompagnie gegenüber dem Fort Christiansværn und unserem schönen Zollhaus liegt. Bis zu dem Jahr, in dem ich das erste Mal nach Westindien kam, fanden hier die Sklavenauktionen statt.

Er war nicht allein. Neben ihm ging ein kräftiger Mann, dessen watschelnder Gang mir vage bekannt vorkam. Ich beobachtete sie, bis sie sich an die Wache der Haupttreppe wandten und die Erlaubnis erhielten, die fünfundzwanzig Stufen hinaufzusteigen. Ich ging durch den Ballsaal in mein Kontor. Ein paar Minuten später klopfte es, mein Adjutant führte die beiden Männer herein. Madsen hielt in der Tür inne. Sein Begleiter, ein kräftiger Mann mit hängenden Schultern, blieb einen halben Schritt hinter ihm an seiner linken Seite stehen. Mein erster Eindruck war nicht falsch gewesen: Ich hatte ihn schon einmal gesehen.

»Eure Exzellenz«, grüßte Madsen. Er deutete eine Verbeugung an, ohne den Blick von mir abzuwenden. Ich bemerkte, dass er fetter und deutlich älter geworden war, seit ich ihn das letzte Mal gesehen hatte. Die Jahre hatten den Pflanzer der Plantage Liberty nicht mit Samthandschuhen angefasst.

»Herr Madsen«, antwortete ich und genoss den Abgrund zwischen den beiden Anreden. Ich richtete meinen Blick auf den Mann an seiner Seite. Sein Kopf schien zu klein für den Körper zu sein, außerdem hatte er engstehende Augen, was ihm einen beinahe zurückgebliebenen Ausdruck verlieh – ganz bestimmt entsprach dies nicht der Realität. Er verbeugte sich ebenso kurz und murmelte irgendetwas. Madsen warf ihm einen Blick zu und sagte: »Mein Aufseher auf Liberty. Er spricht Englisch.«

Ich nickte. »Ja, ich entsinne mich.«

Ich saß hinter meinem Schreibtisch und ließ mir viel Zeit, bis ich die Hand hob, auf die beiden Stühle auf der anderen Seite wies und sie bat, sich zu setzen. Nur Madsen nahm das Angebot an, der Aufseher blieb hinter ihm stehen, als hätten sie es so abgesprochen. Madsen räusperte sich. Er schluckte.

»Ich hoffe, Sie und Miss Anna sind guten Mutes und bei guter Gesundheit?«, begann er. »Wie ich sehe, sind sie ja ein wenig umgezogen.«

Ich lächelte. »Wie Sie wissen, geht es uns gut. Wir wohnen im Moment auf der Castle-Plantage. Aber Sie haben recht: Wir werden bald etwas Eigenes beziehen.«

Er zeigte mit der Hand auf mein durchaus vornehm eingerichtetes Amtszimmer. »Sie haben doch auch dieses Gebäude«, erwiderte er todernst. Ich sah ihn an. Dann räusperte ich mich und entgegnete: »Ich vermute doch, dass Sie kaum gekommen sind, um mit mir über Fräulein Heegaards und meine Wohnverhältnisse zu sprechen?«

Madsen räusperte sich erneut.

»Nein. Das ist wahr, Herr Generalgouverneur. Mein heutiger Besuch ist einer ganz anderen und weitaus dringlicheren Angelegenheit geschuldet.« Er sah mich über die glasglatte Platte des Schreibtischs hinweg an und versuchte ganz offensichtlich, sich aufzublasen. Er wollte wichtiger erscheinen, als er war, und blieb doch ein simpler Bauer, den die Vorsehung mit Zuckerrohr statt mit Hafer und Gerste gesegnet hatte.

Ich blickte ihn ruhig an.

»Mein Mann hier …« Er warf einen raschen Blick zur Seite. »Er war mit an Bord, als Sie das letzte Mal nach Dänemark gereist sind. Vor anderthalb Jahren.«

»O ja«, sagte ich, ohne den Mann mit dem kleinen Kopf anzusehen. »Ich erinnere mich ausgezeichnet an ihn. Er war in der ersten Zeit fürchterlich seekrank.«

Madsen nickte. »Er ist einer, dem es am besten geht, wenn er festen Boden unter den Füßen hat.«

»Und doch unternahm er die lange Reise über den Atlantik nach Dänemark. Warum wohl?«, fragte ich, ohne den aufrichtigen Wunsch nach einer Antwort zu verspüren.

»Eigentlich nicht bis Dänemark«, antwortete Madsen. »Er ging in London von Bord. Wie Sie.«

»Ah ja. Er spricht ja auch, wie Sie sagten, nur Englisch.«

Madsen nickte. »Ja. Aber deshalb ging er nicht von Bord.«

Ich lehnte mich auf meinem gepolsterten Stuhl mit den fein geschnitzten Mahagoniarmlehnen zurück. Das Gespräch fing an, mich zu irritieren.

»Pflanzer Madsen, ich habe mich heute um eine Reihe wichtiger Angelegenheiten zu kümmern. Vielleicht wäre es Ihnen möglich, Ihren Bericht über das transatlantische Abenteuer Ihres Laufburschen ein wenig abzukürzen.«

Madsen beugte sich etwas vor. Seine Augen wurden schmal. Wut stand ihm plötzlich ins Gesicht geschrieben.

»Wie Sie fuhr mein Mann von Gravesend nach London. Er sah, wie Sie Ihre Tonne Lawrence & Sons in der Bond Street übergaben. Ein Vermögen an Goldstücken und Geldscheinen. Ein Vermögen! Woher mag dieses Geld wohl stammen, bester Scholten? Und wo soll es wohl hin?«

Ich hatte geahnt, dass dies sein eigentliches Anliegen war. Der körperlich abstoßende Aufseher war mit dem einzigen Ziel an Bord der Brigg Sankt Thomas gewesen, die Reise meiner Tonne zu verfolgen.

Der Gedanke jagte mir nicht im Geringsten Angst ein. Im Gegenteil. Im Laufe der letzten halben Minute hatte Madsen sich gefährlich dicht an einen Abgrund manövriert, den er selbst nicht erkennen konnte.

Ich ließ mir viel Zeit, bevor ich antwortete. Ich saß ruhig auf meinem Stuhl und studierte sein glühendes Gesicht. Ich versuchte, hinter seine hasserfüllte Maske zu sehen und den Mann darin zu verstehen. War es seine Liebe, die ihn zu diesem extremen Ausfall getrieben hatte? Gab es etwas an seiner Handlungsweise, das ich verstand, etwas, das ich möglicherweise selbst tun würde? Ich kam zu dem Schluss, dass es nichts gab: Nicht Liebe hatte ihn getrieben, es war lediglich Neid. Besitzerdrang. Eifersucht. Nein, ich empfand kein Mitleid mit ihm. Langsam schüttelte ich den Kopf.

»Vielen Dank für Ihren Besuch«, sagte ich zu ihm. Dann klopfte ich drei Mal auf die Schreibtischplatte. Umgehend wurde die Tür geöffnet.

Einer der beiden Wächter schaute hinein. Seine Hand lag auf dem Heft des Säbels. Madsen sprang auf und wirbelte mit einem puterroten Kopf herum.

»Sie wissen ja gar nicht, was Sie tun!«, brüllte er. »Diese Informationen … die … die können Sie vernichten! Ich werde dafür sorgen …«

Ich nickte der Wache zu. Sein Kamerad tauchte neben ihm auf, ebenfalls mit der Hand am Säbel. Beide Uniformierte betraten mein Kontor. »Herr Generalgouverneur?«, fragte einer der beiden.

»Begleiten Sie diese Männer hinaus!«, befahl ich. Ich wandte den Blick von dem aufgebrachten Pflanzer und seinem Auftritt ab und schaute auf ein Papier, das vor mir auf dem Schreibtisch lag. Ein vollkommen belangloser Brief von einem Wirt aus Frederiksted, der sich über die Anwesenheit von Ratten in der Strandgade beschwerte.

Madsen brüllte noch weiter auf dem Weg nach draußen, ich hörte nicht zu, registrierte nur ein paar einzelne Worte – »zu Seiner Majestät dem König« – und schmunzelte in mich hinein. Es waren genau diese Worte, die ich von ihm zu hören gehofft hatte.

BRIEF: DER AMTIERENDE GENERALGOUVERNEUR JOHANNES SØBØTKER AN KÖNIG FREDERIK VI., CHRISTIANSSTED, SANKT CROIX, APRIL 1831

An den König!

Ich habe Seiner Majestät alleruntertänigst mitzuteilen, dass der Generalgouverneur, Generalmajor Peter von Scholten, Kommandeur des Dannebrog, heute Vormittag auf dem Schiff Johanne Marie, das von Seeleutnant J. Christmas geführt wird, nach Kopenhagen abgereist ist. Der Generalmajor hat vor seiner Abreise wieder mir das Kommando über Seiner Majestät Westindische Inseln übertragen.

Ich erlaube mir alleruntertänigst, Seiner Majestät zu versichern, dass alle meine Bestrebungen darauf hinauslaufen, auf das Allereifrigste meine alleruntertänigsten Pflichten bei der Ausübung des mir anvertrauten Amtes zu erfüllen.

Den 24. April 1831
Alleruntertänigst
J. Søbøtker

BRIEF: PFLANZER CARL FREDERIK MADSEN, SANKT CROIX, AN KÖNIG FREDERIK VI., APRIL 1831

An den König

Da ich erfahren habe, dass es ernste Unregelmäßigkeiten in der Administration von Eurer Majestät Kolonie auf den Westindischen Inseln gibt, will ich hiermit alleruntertänigst Eurer Majestät mitteilen, was meine Untersuchungen in der betreffenden Angelegenheit ergeben haben:

Am 12. Juli 1829 reiste Generalgouverneur Peter von Scholten von Sankt Thomas ab und erreichte die Mündung der Themse am 13. August. Der Generalgouverneur ging bei Gravesend von Bord und begab sich mit einer Kutsche nach London. Er führte eine Tasche mit seinem persönlichen Hab und Gut sowie eine – nicht sonderlich große – Tonne *(sic)* mit sich, die irgendwann vor langer Zeit einmal westindischen Rum enthielt, nun aber, laut Aussage eines vertrauten Mitarbeiters, bis zum Rand mit Goldmünzen und Geldscheinen in Form von westindischen Kuranten und Dollar gefüllt war.

Der Generalgouverneur brachte die Tonne in die Londoner Bond Street, wo er mit dem Bankier Robert Lawrence von der Firma Lawrence & Sons zusammentraf. Nach weniger als zwanzig Minuten verließ er das Kontor des Bankiers ohne besagte Tonne.

Es wird sich schwer eine andere Erklärung für dieses eigentümliche Arrangement finden lassen als die offensichtlichste: Generalgouverneur Scholten hat einen sehr hohen Geldbetrag bei der englischen Bankiersfirma deponiert. Der verhältnismäßig kurze Aufenthalt deutet meiner

Auffassung nach darauf hin, dass dies nicht zum ersten Mal geschah. Mein Mitarbeiter beobachtete außerdem die Ankunft des Generalgouverneurs in dem Kontor in der Bond Street, wo Robert Lawrence ihn persönlich an der Tür empfing und ihn mit allen Zeichen herzlicher Wiedersehensfreude willkommen hieß.

Ich erlaube mir daher, daraus zu schließen, dass Generalgouverneur Scholten bereits bei mehreren vorangegangenen Gelegenheiten große Werte bei dieser englischen Bank deponiert hat.

Ich werde mich nicht darauf einlassen zu spekulieren, woher dieser Reichtum stammen mag. Aber es dürfte wohl kaum die Rede von Werten sein, die von den gesetzlichen Einnahmen des Generalgouverneurs als Administrator Eurer Majestät auf den Westindischen Inseln herrühren. Dadurch wird der Verdacht bestärkt, den viele hier auf den Inseln bereits hegen, nämlich dass der derzeitige Generalgouverneur nicht den Interessen Eurer Majestät in den Kolonien dient und damit kaum als würdig für dieses vertrauensvolle Amt angesehen werden kann.

Damit verbleibe ich als Eurer Majestät allerdemütigster Diener.

C. F. Madsen
Plantagenbesitzer
Liberty Plantation
Sankt Croix

BRIEF: MARIA EIDE AN PETER VON SCHOLTEN, CHARLOTTE AMALIE, SANKT THOMAS, AUGUST 1853

Lieber Peter,

Danke für Deinen Brief! Ich hoffe, dieser findet Dich bei gutem Mut; ich muss zugeben, dass Deine Sorgen um Deine Gesundheit mich einigermaßen beunruhigt haben. Ich weiß besser als die meisten, wie hart die Ereignisse der letzten Jahre Dir zugesetzt haben, und Du bist ja, wie Du selbst sagst, kein junger Mann mehr, sondern vermutlich eher das Gegenteil! Genauso wie ich nur wenig gemeinsam habe mit der jungen Frau, die seinerzeit nach Westindien kam – weder mit der, die nackt und erschöpft in den Kasematten unter Fort Christian aufwachte, noch mit der, die viele Jahre später als Erbin von Jan Marcussen in Charlotte Amalie an Land ging.

Als Marcussen starb – einige Monate, nachdem Du im Sommer 1829 nach Dänemark gereist bist –, beerdigten wir ihn auf dem Friedhof gegenüber seinem Haus. Es war der 14. November. Das Begräbnis wurde in der Zeitung und per Anschlag in der Stadt angezeigt, dennoch hatte ich nicht erwartet, dass ihm so viele Menschen das Trauergeleit geben würden. Es war wirklich eine gewaltige Menge! Zu meiner großen Überraschung waren auch etliche der von Marcussen freigegebenen Neger dabei – und viele von ihnen weinten und trauerten aufrichtig. Werde ich wohl jemals lernen, diese Menschen wirklich zu verstehen? Als Erwachsene habe ich mein gesamtes Leben mit Schwarzen verbracht, und ich weiß, dass ihre Gefühle oft heftig sind und sie sie gern in ihrer Mimik ausdrücken, aber ganz verstand ich trotzdem nicht ihre Trauer über den Tod ihres alten Massas.

War es nur der Gedanke an die Vergänglichkeit des Menschen und die begrenzte Zeit auf Erden, die sie so betrübt sein ließ? Oder verhielt es sich tatsächlich so, dass diese Menschen ihm letztlich tief in ihren Herzen vergaben?

Wie auch immer, es war ein großes Begräbnis. Nach der Trauerfeier wurde der Sarg in Marcussens Grabmal aus weißem Marmor gestellt. Es gab noch keine Inschrift auf dem Grab, und der Leichenbestatter hatte mich gebeten, ein paar Worte aufzuschreiben, die der Steinmetz in die Grabplatte des alten Pflanzers schlagen sollte. Ich dachte gründlich darüber nach und beschloss schließlich, Marcussen als den guten Arzt in Erinnerung zu behalten, der er auch war. Ich besuche sein Grab in der Kronprinsensgade regelmäßig, und die Worte sind noch immer so deutlich zu lesen, als wären sie erst letzte Woche in den weißen Stein geschlagen worden:

JAN THEODOR MARCUSSEN, AUSGEBILDETER MEDICUS AN DER UNIVERSITÄT VON KOPENHAGEN, KAM IM DEZEMBER 1787 AUF DER FREGATTE HOFFNUNG NACH CHARLOTTE AMALIE UND ÜBERNAHM DIE PLANTAGE SOLITUDE.

GEBOREN 4. APRIL 1760 – GESTORBEN 12. NOVEMBER 1829

Man kann ein Menschenleben so kurz zusammenfassen, aber natürlich sagt dieser Satz kaum etwas über Jan Marcussen aus. Ich weiß von Mikkel, dass er ein Mensch mit vielen Facetten war. In gewisser Weise ähnelten sich unsere Schicksale: Wir kamen beide auf der Fregatte Hoffnung nach Westindien, und beide fingen wir auf unsere Art an, mit den Schwarzen zu arbeiten. Marcussen starb in dem Zimmer und möglicherweise sogar in dem Bett, in dem ich geboren wurde. Und bei beiden Gelegenheiten waren wir zusammen.

So merkwürdig kann die Welt sein!

Aber genug von mir und dem alten Marcussen. Ich mache mir wie gesagt Sorgen um Dich. Du fühlst Dich hoffentlich nicht einsam in Kopenhagen? Trotz allem, was Du schreibst? Ich habe bereits mit dem Gedanken gespielt, nach Hause zu reisen und einige Zeit in Dänemark zu verbringen, obwohl ich frieren würde! Wir könnten in der Stadt essen und ins Theater gehen oder aber auch nur an den Kanälen und auf den Wällen spazieren gehen. Du wohnst ja, soweit ich es verstanden habe, in der Nähe all dieser Möglichkeiten. Hast Du schon den Park vor Vesterport besucht, den man das Sommer-Tivoli nennt? Ich höre manchmal, wie Zugereiste den Ort als sehr märchenhaft loben.

Ich träume. Ist es für mich nicht zu spät, nach Dänemark zurückzukehren? Es gibt nichts mehr, wohin ich zurückkehren könnte, und hier bin ich bereits zu sehr verwurzelt. Wie sieht es mit Deinen Wurzeln aus? Ich weiß, dass Du all das hier vermisst, aber auch Du kannst nicht zurückreisen. Die Schwarzen sprechen noch immer mit tiefer Hingabe von Dir, das weißt Du. Du hast ihnen die Freiheit gegeben, das vergessen sie Dir nie.

Meine herzlichsten Grüße
Deine Maria

VERTRAULICHE NOTIZ: GENERAL FRANTZ BÜLOWS REFERAT DES GESPRÄCHS ZWISCHEN KÖNIG FREDERIK VI., GENERALGOUVERNEUR PETER VON SCHOLTEN UND BÜLOW PERSÖNLICH, KOPENHAGEN, JUNI 1831

Generalgouverneur, Generalmajor, Kommandeur des Dannebrog Peter Carl Frederik von Scholten traf sich gestern mit Seiner Majestät König Frederik VI. und Unterzeichnendem, Generalleutnant, Generaladjutant Frantz Christopher von Bülow, um über einen Brief zu sprechen, der den Hof von den Westindischen Inseln erreichte. Geschrieben und abgeschickt von dem Pflanzer Carl Frederik Madsen, Plantage Liberty, Sankt Croix, hier gleichzeitig mit dem Generalgouverneur angekommen.

Der Unterzeichnende hat das folgende Referat ausgefertigt. Das Treffen fand nicht im Audienzsaal statt, sondern in den Privatgemächern Seiner Majestät. Niemand sonst als die oben Genannten weiß von den folgenden Überlegungen.

Seine Majestät König Frederik VI. (SMK): »Wer ist dieser Madsen?«
Peter von Scholten (PvS): »Ein Pflanzer aus Sankt Croix.«
SMK: »Danke. So viel wissen wir. Aus welchem Grund hegt er diesen offensichtlichen Unmut Ihnen gegenüber, Generalgouverneur?«
PvS: »Ich lebe mit einer Mulattin von der Insel zusammen, Fräulein Anna Heegaard. Sie wohnte früher bei Madsen. Wir begegneten uns bei einer Gesellschaft auf seiner Plantage, Eure Majestät.«
SMK: »Sie leben mit einer Negerin zusammen?«
PvS: »Keiner Negerin, Eure Majestät. Einer freien Mulattin. Sehr hellhäutig und sehr wohlhabend. Aus guter Familie.«

SMK: »Eine Mulattin aus guter Familie? Na, nun denn. Madsen ist also aufgrund von schlichter Eifersucht Ihr Feind?«
PvS: »Das ist anzunehmen, ja. Aber es gibt einige Pflanzer, die Ressentiments gegen meine Amtsführung hegen. Viele Mitglieder dieser Pflanzer-Oberschicht blicken ganz anders auf die Farbigen als ich.«
SMK: »Weil Sie finden, dass die Pflanzer die Neger zu streng behandeln. Ich habe von diesen Einwänden gehört.«
PvS: »Ich sehe nichts Falsches an Strenge, wenn es um die Erziehung von Kindern und die Zucht bei der Arbeit geht. Aber Grausamkeit ist immer falsch.«
SMK: »Das mag sein. Aber im Falle von Madsen, steckt Eifersucht hinter seinem *degout*?«
PvS: »Ja, Eure Majestät. Das muss ich annehmen.«

Hier folgte eine längere Pause, während Seine Majestät erst den Generalgouverneur genau betrachtete und sich dann an den Unterzeichnenden wandte.

SMK: »Sie haben den Brief gelesen, Bülow. Was würden Sie empfehlen?«
FvB: »Der Mann muss diskret von der Insel entfernt oder auf andere Weise unschädlich gemacht werden. Was auch immer geschieht, er hat dafür selbst die Verantwortung zu tragen.«
SMK: »Der Generalleutnant meint, er müsse in die andere Welt expediert werden?«
FvB: »Wenn Eure Majestät diese Formulierung bevorzugen.«
SMK: »Das wäre ja Mord.«
FvB: »Noch eine mögliche Formulierung, Eure Majestät.«
PvS: »Darf ich eine andere Vorgehensweise vorschlagen?«
SMK: »Natürlich, Generalgouverneur.«
PvS: »Man könnte ihm ein Amt anbieten.«
FvB: »Ein Amt? Was meint der Generalgouverneur?«
PvS: »Sie erinnern sich sicher an damals, als wir vor dem Kamin des Pesthauses auf Sprogø saßen? Als Eure Majestät versprachen,

uns allen einen Wunsch zu erfüllen. Und was wünschten sich die Männer? Wie verhielt es sich mit Ihnen, General Bülow? Ich erinnere mich nicht, dass Sie bei dieser Gelegenheit Ihre innersten Gedanken formulierten.«
FvB: »Seine Majestät und ich sprachen darüber zu einer späteren Gelegenheit.«

Hier entstand eine Pause, in der Seine Majestät und der Generalgouverneur zusammen lachten. Der Unterzeichnende wartete ruhig das Ende ihrer Heiterkeit ab.

PvS: »Aber mein Wunsch, Sie erinnern sich, war ganz bescheiden. Ein unbedeutendes Amt auf den Westindischen Inseln, nicht wahr?«
SMK: »War das nun auch wirklich Ihre eigene Idee, Scholten?«
PvS: »Wir beide wissen, wie es zustande kam, Eure Majestät. Aber wie dem auch sei, erwies es sich als außerordentlich einträglich und zukunftsträchtig. Zwölf Jahre nachdem ich meinen Fuß auf den Kai von Charlotte Amalie gesetzt hatte, war ich Generalgouverneur.«
SMK: »Eine flotte Karriere. Wahrlich. Aber um auf Ihren Vorschlag zurückzukommen: Meinen Sie, wir sollten Pflanzer Madsen zum Waagemeister ernennen?«
PvS: »Nein. Ich würde einen anderen Titel vorschlagen.«
SMK: »Welchen?«
PvS: »Pelikanzähler, Eure Majestät.«
SMK: »Wie bitte?«
PvS: »Ein Amt, das es noch nicht gibt, das aber außerordentlich gut zu Pflanzer Madsen passen würde, Eure Majestät.«

Seine Majestät sah Scholten an, ganz offensichtlich hatte er das Wort nicht verstanden. Ich schon. Pelikanzähler. Ich wiederholte es langsam. Und nun verstand auch Seine Majestät. Er schmunzelte.

PvS: »Es gibt sehr viele Pelikane auf den Inseln. Ist dieser besondere Vogel Eurer Majestät bekannt?«

SMK: »Das kann ich nicht behaupten.«
PvS: »Es ist ein Meeresvogel, der sich dadurch auszeichnet, dass er einen sehr großen Schnabel hat, in dem er die Fische aufbewahrt, die er fängt, wenn er im Meer taucht.«
SMK: »Er bewahrt Fische in seinem Schnabel auf?«
PvS: »Ja. Unter dem Schnabel hat er eine Art Tasche. Aber es geht darum, dass niemand wirklich weiß, wie viele Pelikane es auf Sankt Croix tatsächlich gibt. Dieses Problem ließe sich durch einen Pelikanzähler lösen.«
SMK: »Wie?«
PvS: »Indem er ganz einfach die einzelnen Tiere zählt.«
SMK: »Ich habe es noch nicht ganz begriffen. Welches Interesse kann das Gouvernement haben, die Anzahl der Pelikane auf Sankt Croix zu kennen?«
PvS: »Nicht das Geringste.«

Hier entstand wieder eine längere Pause, in der Seine Majestät Scholtens eigenartigen Vorschlag überdachte. Möglicherweise dachte er auch darüber nach, ob der Generalgouverneur eventuell seinen Verstand verloren hatte. Scholten ergriff das Wort.

PvS: »Ich könnte mir vorstellen, dass Pflanzer Madsen mit diesem Amt betraut wird. Königlich bestallter Pelikanzähler mit dem Titel eines Intendanten. Für einen bescheidenen Sold. Äußerst bescheiden. Fünf Reichstaler im Monat. Oder im Jahr. Hauptsache ist, dass Madsen ein Schreiben mit dem Siegel Seiner Majestät bekommt, in dem er offiziell ernannt wird.«
SMK: »Ah, natürlich. Sie wollen ihn lächerlich machen.«
PvS: »Ich möchte ihn sozusagen in Ehren ertränken. Königliche Ernennungen wachsen nicht auf Bäumen. Er wird wissen, dass Eure Majestät seinen Brief gelesen und auf die einzig vernünftige Fasson reagiert hat.«
SMK: »Sehr geschickt, Scholten. Sehr geschickt.«
PvS: »Und amüsanter als … ihn zu expedieren.«

Hier endete die Besprechung. Seine Majestät war munter. Ihm gefielen Scholten und sein Vorschlag ganz offensichtlich. Er sah ihn einen Moment lang prüfend an und schüttelte langsam den Kopf. Dann lachte er, streckte die Hand aus und legte sie auf die Schulter des Generalgouverneurs.

ANNA ELISABETH HEEGAARDS TAGEBUCH, CHRISTIANSSTED, SANTA CRUZ, JULI 1832

Peter ist jetzt seit fünf Tagen zurück aus Dänemark. Er ist immer voller Geschichten über das ferne Land, es klingt wie der merkwürdigste Ort auf Erden. Aber immer sagt er, dass er Westindien und mich mehr vermisst hat als Dänemark, wenn er hier ist. Viel mehr.

Dort sind der Regen und der Wind kalt, im Winter frieren das Meer und die Flüsse zu, sodass sie nicht zu befahren sind, aber man kann von Insel zu Insel reiten oder gehen. Das kann man unmöglich verstehen, wenn man immer hier gelebt hat. Ich kann es mir ganz einfach nicht vorstellen: dass man von Santa Cruz nach Sankt Thomas über erstarrtes Wasser reiten können sollte. Peter sagt, das Eis sei wie Glas oder wie das Wasser, aus dem es gemacht ist: Man kann hindurchschauen und manchmal sehen, wie die Fische in dem Teil des Meeres schwimmen, der noch flüssig ist.

Und dann gibt es auch noch den Schnee! Wenn es im Winter regnet, erstarren die Tropfen ebenfalls, aber doch auf eine andere Weise, denn diese Art von Eis ist nicht glasklar, sondern weiß wie geriebene Kokosnuss und legt sich in einer so dicken Schicht über alles, dass man nicht mit Kutschen auf Rädern fahren kann, sondern auf langen Stangen dahingleitet. Ich habe Bilder davon gesehen, aber sie erleichtern das Verständnis nicht wirklich.

Alles, was Peter über Dänemark berichtet, ist so eigentümlich, dass ich manchmal glaube, er macht Spaß. Gibt es diese Dinge wirklich, von denen er erzählt? Bäume, die den ganzen Winter über nackt sind, als wären sie abgestorben? Die Sonne, die Weihnachten am Nachmittag untergeht und zu Mittsommer nahezu die ganze Nacht am Himmel steht? Eine Stadt, die so groß ist, dass man viele Wochen braucht, um all ihre Straßen abzulaufen? Er erzählt von seinen Begegnungen mit dem König auf dem Schloss in Kopenhagen, und manchmal geht mir durch den Kopf, dass ich das alles gern einmal sehen würde. So wenige von uns, die hier geboren wurden, haben die Möglichkeit, nach Europa zu reisen und all diese Wunder zu erblicken.

Aber ich liebe es, wenn Peter erzählt. Er ist immer so aufgekratzt, wenn er gerade nach Hause gekommen ist. Und es ist so offensichtlich, wie sehr er hier alles vermisst hat. Die Inseln. Mich. Die Menschen.

Als ich kürzlich in die Vorratskammer in dem flachen Keller unter dem Hauptgebäude der Castle-Plantage ging, habe ich mich richtig erschrocken. Peter saß auf einer Kiste, ganz still, und sah in eine halbdunkle Ecke des Raums. Langsam hob er eine Hand und legte einen Finger an die Lippen. »Psst«, sagte er. »Schau mal, da.«

Ich hob meine Lampe und kniff die Augen zusammen, um zu sehen, was er sah. Ganz dicht an der Mauer saß eine Maus und hielt irgendetwas zwischen den Vorderpfoten, vielleicht ein Maiskorn. Sie nagte daran mit hastigen, gierigen Bewegungen ihrer kleinen Kiefer.

»Eine Maus«, sagte ich und wandte mich dem Generalgouverneur zu. »Du sitzt hier im Dunklen und beobachtest eine Maus?«

Peter nickte. Ich erkannte ein Lächeln in seinem Gesicht. Dann erhob er sich langsam von der Kiste, und rasch stopfte die Maus ihr Maiskorn ganz in die Schnauze und huschte die Mauer entlang.

»Ich lasse das Mädchen Fallen holen«, erklärte ich. »Diese kleinen Biester fressen uns sonst noch kahl.«

Aber Peter schüttelte den Kopf. »Nein, sie tun doch niemandem etwas.«

So ist mein Peter. Er ist einer der mächtigsten Männer des Reiches, er kann Dekrete ausstellen und entscheiden, dass sich Westindiens Schiffe und Soldaten neutral verhalten oder eine Seite der andauernden Konflikte wählen. Er kann richten und begnadigen. Er hat alle Hände voll zu tun, um sein Reich zu regieren. Und zwischendurch findet man ihn untätig und sieht, wie er fasziniert eine Maus beobachtet.

Als wir einmal am Sonntagsmarkt von Christianssted vorbeifuhren – wo unfreie Frauen Eier und Gemüse aus ihren eigenen Gärten verkaufen –, sprang Peter von der Kutsche und setzte sich zu den schwarzen Familien. Und in gewisser Weise war es gar nicht der Generalgouverneur, der zwischen den Negern Platz nahm; er setzte sich zu ihnen wie einer von ihnen, er grüßte sie und lachte zusammen mit ihnen, sie tauschten auf Kreolisch Geschichten aus – in dem *Patois* der Sklaven, das eigentlich nur sie selbst verstehen.

Ich blieb in der Kutsche sitzen, erst verlegen und ratlos, doch dann immer verblüffter über das, was ich sah. Da saß mein Peter auf einer wackligen Bank aus vier Hölzern und einem Brett und plauderte in der Sprache der Sklaven, als sei er einer von ihnen. Einen Augenblick später wandte er sich mir zu, winkte und gab mir Zeichen, dass ich dazukommen solle. Erst zögerte ich, doch dann stieg ich aus der Kutsche und ging – trippelte vielmehr – durch Abfall und Hühner hindurch, die auf der Erde herumliefen, in meinen vornehmen Schuhen zu ihnen hin. Von Anfang an war allzu offensichtlich, dass ich, die Mulattin, deren Großmutter noch unfrei gewesen war, hier auf dem Markt der Schwarzen noch viel unpassender war als der weiße Generalgouverneur, der mit ihnen zusammensaß. Aber Peter rückte ein Stück auf der Bank und winkte mich heran, und ich setzte mich neben ihn.

Ich blickte umher, und ihre Augen sagten alle dasselbe: Sie sahen einen Mann, zu dem sie Vertrauen hatten, einen Mann, den sie liebten. Und er liebte sie. Er war ihr »Massa Peter«.

MIKKEL EIDE: »WESTINDISCHE STIMMEN« (MANUSKRIPT), MÄRZ 1830

Namenloser Sklave

Nur sehr wenige Zuckerplantagen auf Sankt Croix, vielleicht ein Dutzend, sind in dänischer Hand. Den Rest besitzen Ausländer, vor allem Engländer, aber auch Amerikaner, Franzosen, Holländer und andere.

Das bedeutet, dass Dänisch keineswegs die gängige Sprache auf der Insel ist, und es bedeutet auch, dass die einzelnen Pflanzer sich an ihre jeweiligen landesüblichen Sitten und Gebräuche halten, wenn es zum Beispiel um Feiertage oder die Religionsausübung geht.

Auf einer niederländischen Plantage reden der Pflanzer, seine Frau und die Kinder untereinander Holländisch und Englisch mit ihrem Nachbarn. Bei einem deutschen Pastor der Brüdergemeinde plagt sich die Herrin des Hauses brav zusammen mit ihrer schwarzen Küchenhilfe bei der Herstellung von Würsten und gepökeltem Schinken ab. Eine große englische Plantage im nordwestlichen Teil der Insel, eine gute halbe Meile von Frederiksted entfernt, gehört einem Mann, der in seinen jungen Jahren den Militärdienst in Indien abgeleistet hat. Während eines Aufstandes in Bangalore zu Beginn des Jahrhunderts nahm er an der Hinrichtung von sechzehn Sepoys teil – indischen Soldaten in englischem Militärdienst. Auf Sankt Croix hat er in mindestens einem Fall die besondere Methode angewandt, mit der man zu jener Zeit aufständische Inder von der Erdoberfläche entfernte: der Zerstückelung durch eine Kanone.

Auf der Plantage des Engländers arbeiten ungefähr einhundertzwanzig Neger. Vor zwölf Jahren versuchten fünf von ihnen zu fliehen. Sie schlichen nachts aus ihrem Dorf und suchten in den Bergen Zuflucht. Als sie ein paar Tage später von Männern der Plantage gefunden wurden, schnitt sich einer der Geflohenen die Kehle durch und verblutete. Die anderen vier wurden in Eisen gelegt, ausgepeitscht und zurück auf die Plantage gebracht.

Einen guten Neger hatte der englische Pflanzer durch die Flucht bereits verloren, er war im Grunde nicht bereit, alle fünf aufzugeben. Und doch musste ein Exempel statuiert werden. Ohne diese häufig statuierten Exempel könnten einige wenige tausend Weiße nicht zehn Mal so viele Schwarze in Schach halten. Man opfert einen kleinen Teil seines Eigentums, um den Rest zu bewahren.

Der Pflanzer erinnerte sich an den Nachmittag unter Bangalores glühender Sonne, als sein Regiment die sechzehn Sepoys bestrafte. Das Ereignis hatte ihn damals fasziniert, er wollte es gern noch einmal erleben.

In Indien hatten die englischen Soldaten die sechzehn Aufständischen vor die Mündungen von vier Feldkanonen gebunden. Jeweils vier Mann. Auf diese Weise konnten die anderen schon mit ansehen, was sie erwartete. Die Handgelenke an den großen Rädern der Kanone festgebunden, die Arme nach hinten gezerrt und den unteren Teil des Rückens gegen die Mündung des Kanonenrohrs gepresst, wurden die ersten vier Sepoys gleichzeitig in kleine Teilchen gesprengt.

Der Druck der Explosion dringt durch den Rücken und pflanzt sich in die Brusthöhle fort. Die Arme reißt es aus den Schultern, die Beine stehen noch einige Sekunden auf der Erde, ehe sie umfallen, der Kopf schießt hoch in die Luft, und der eigentliche Torso wird so gründlich zerfetzt, dass keine Faser übrigbleibt. Für einen Hindu ist diese Strafe schlimmer als der Tod selbst: Ohne ein richtiges Begräbnis des ganzen Körpers kann der Tote nämlich nicht in den Himmel gelangen.

Der junge Engländer, der später die Plantage nördlich von Frederiksted erwarb, hatte die Hinrichtung der sechzehn Männer mit größtem Interesse verfolgt. Einer der Köpfe war so hoch geflogen, dass er auf dem Dach der Kommandantur landete, und nachdem die ersten Sepoys tot waren, tauchten halbwilde Hunde auf und begannen knurrend, sich um die Fetzen der Hingerichteten zu streiten. Die noch lebenden Aufrührer sanken auf die Knie und riefen alle denkbaren Götter und Dämonen an, ihr Schicksal abzuwenden. Doch alle wurden sie an die Feldschlangen gebunden und zerfetzt.

Nun rief der Pflanzer seine Neger zusammen, denn ohne Publikum lässt sich kein Exempel statuieren. Und die unfreien Menschen drückten sich vor dem vornehmen Hauptgebäude der Plantage in der Sonne. Der Pflanzer wählte unter den Geflohenen denjenigen aus, den er für den Hässlichsten hielt, und ließ ihn zu einer alten Kanone schleppen, die am Haupteingang der Plantage zur Zierde stand. Ihr Rohr war so verrostet, dass es lebensgefährlich gewesen wäre, eine Kanonenkugel damit abzufeuern. Die Kugel hätte sich verkeilt, und die Kanone wäre mit großer Wahrscheinlichkeit explodiert und hätte sämtliche Umstehenden umgebracht.

Aber der Engländer wusste, dass eine Kugel gar nicht nötig war. Der Druck der Explosion an sich war ausreichend, um den Mann in Stücke zu reißen und seinen Kopf auf die angestrebte Himmelsflucht zu schicken. Also luden sie das alte Artilleriegerät mit einer Ladung Pulver und einer Handvoll Eisenschrott, und obwohl der Mann um sein Leben bettelte, heulte und schrie, banden der weiße Aufseher und einer der Bombas ihn vor das schwarze Eisenrohr. Als Ersatz für die großen Holzräder der Feldkanone schlugen sie zwei Pfähle in die Erde und banden seine Handgelenke daran fest.

Einen Moment war es ganz still auf dem sonnenbeschienenen Platz. Der Wind raschelte in den trockenen Blättern der Königspalmen, man hörte die Brandung am Sprat Hole.

Dann drückte der Aufseher seine Zigarre in das Zündloch der Kanone. Das Pulver in dem schmalen Kanal, der zu der Sprengladung führte, brauchte eine Sekunde, bis es die Glut des Feuers weitertransportierte. Dann ertönte ein gebrochener Knall aus dem alten Eisenrohr. Bei weitem nicht laut und heftig genug. Der Neger stand noch, sein Kopf saß noch auf seinen Schultern. Er öffnete den Mund, und ein Laut entwich ihm, so schrill und gequält, dass alle Anwesenden ihn noch Monate später hörten. Aus einer fürchterlichen Wunde am Rücken floss dem Mann das Blut die Beine hinab, er sank zusammen und hing in seinen Fesseln, füllte die Lungen und schrie ein weiteres Mal. Und noch einmal. Der englische Pflanzer stieß einen Fluch aus und brüllte dem Aufseher einen Befehl zu. Und der Aufseher hob seine Schaufel und schlug sie dem verletzten Neger auf den Kopf, immer wieder, bis er schließlich still war.

AUSZUG AUS »NOTIZEN AUS MEINER SÄBELTASCHE« VON GEORGE CARTER STENT, 1882

Zur Information der Leser, die möglicherweise nicht wissen, wie man einen Mann mit einer Kanone sprengt, werde ich es in aller Kürze beschreiben. Der Gefangene wird normalerweise so vor die Kanone gebunden, dass der untere Teil des Rückens sich vor der Mündung befindet. Feuert man die Kanone ab, wird sein Kopf vierzig bis fünfzig Fuß hoch in die Luft geschleudert; die Arme fallen rechts und links ab, werden ebenfalls in die Luft geworfen und landen vielleicht hundert Yard entfernt; die Beine fallen unter der Mündung der Kanone zu Boden; und der Rumpf wird buchstäblich vollkommen zerfetzt, sodass nicht der kleinste Rest erkennbar ist.

BRIEF: PETER VON SCHOLTEN AN MARIA EIDE, KOPENHAGEN, AUGUST 1853

Liebe Maria,

amüsant, dass Du Kopenhagens Sommer-Tivoli in Deinem letzten Brief erwähnst. Ich war erst vor ein paar Wochen dort; es ist eine ziemlich lange Fahrt von meiner Wohnung dorthin, denn der Park liegt außerhalb der Stadt am Kalvebod Strand. Aber es ist ein wirklich beeindruckendes Erlebnis, das der gute Georg Carstensen den Kopenhagenern hier verehrt hat: Hübsche Naturpanoramen, zierliche Pavillons mit Bewirtung und diverse Vergnügungen verschiedenster Art.

Carstensen war tatsächlich der Anlass meines Entschlusses, den Park endlich zu besuchen. Denn sein Gründer verließ das Land vor einigen Jahren und reiste nach Dänisch-Westindien. Vor einigen Wochen bekam ich einen Brief von ihm, der in New York aufgegeben worden war! Ich kannte den Mann nicht, doch er schrieb mir, als seien wir alte Bekannte. Er unterbreitete mir einen eigenartigen Vorschlag, den ich einigermaßen kopfschüttelnd ablehnen musste. Aber ich will Dich nicht mit unnötigen Details belasten.

Die Korrespondenz hatte mich jedoch neugierig werden lassen, was der Mann auf dem flachen Gelände vor dem Vesterport geschaffen hat, daher nahm ich eine Mietkutsche dorthin – meine Gesundheit lässt längere Spaziergänge leider nicht mehr zu.

Ich muss sagen, ich war reichlich beeindruckt: Der Tivoli-Park ist unwiderlegbar ein sehr schöner Ort, der die Gedanken in südlichere und wärmere Gefilde Europas lenkt. Nun ist es auch so, dass Carstensen – der übrigens als Sohn des damaligen Generalkonsuls in Algier geboren wurde – ein äußerst vielgereister Herr ist. Er hat in exotischen Gegenden und Städten Eindrücke gesammelt und sie in dem hübschen Park vor dem westlichen Tor auferstehen lassen. Ich glaube, was er hier geschaffen hat, wird uns viele Jahre erhalten bleiben. Man muss hoffen, dass die Kopenhagener bereit sind, die lange Reise aus der Stadt anzutreten, um es zu erleben.

Du erinnerst Dich sicher an Matcher, den Engländer, der Dich am Strand der Frenchman's Bay überfallen hat? Es ist viele Jahre her, aber ich versprach Dir, meinen Einfluss geltend zu machen, um den Mann zur Verantwortung zu ziehen. Ich glaube indes, dass ich Dir nie erzählt habe, was danach geschehen ist.

Mehrere Jahre hielt er sich nicht auf Sankt Thomas auf und offenbar auch nicht auf einer der anderen dänischen Inseln. Er stammte ja ursprünglich von Tortola, das kaum einen Steinwurf von Sankt Jan entfernt liegt, und als die Fahndung nach einiger Zeit ohne Ergebnis blieb, gab ich mich damit zufrieden, dass der Mann auf seine Heimatinsel geflohen war. Ich überlegte, mich an die Behörden der britischen Inseln zu wenden, muss aber gestehen, dass ich es nicht tat. Andere Angelegenheiten kamen dazwischen.

Doch sechs Jahre später hörte ich, dass er wieder auf Sankt Thomas lebte. Er arbeitete als Koch und Mädchen für alles in einer Kneipe am Hafen, und mein Informant berichtete, dass er kaum wiederzuerkennen sei. Er hatte seine langen Haare abgeschnitten, war kahlköpfig wie ein Pirat, und er hatte darüber hinaus ein Auge verloren und bedeckte die Höhle mit einer Klappe. Aber es sei Matcher, beteuerte mein Mann, auch wenn er sich jetzt anders nannte. Ich beschloss, ihm zu glauben.

Das war 1833. Ein Jahr der interessanten Enthüllungen. Als ich den kaleidoskopischen und sehr ergreifenden Bericht Deines Mannes über das Leben auf den Inseln las, »Westindische Stimmen«, wurde mir klar, dass er, ohne es zu wissen, einem Mann begegnet war, an den ich einen großen Teil meines Lebens immer wieder gedacht hatte: dem Schiffskapitän, der mit der toten Frau auf Sprogø verheiratet war. Du erinnerst Dich an die Geschichte mit dem Grab, das wir geöffnet haben? Der Mann, Tue Gregers, war nach Sankt Croix gereist und wartete dort vergeblich auf seine Ehefrau.

In dem Bericht Deines Mannes trägt Gregers einen anderen Namen, aber ich erkannte seine Geschichte wieder. Er brach das Gesetz, indem er entlaufene Sklaven mit seinem Schiff in Sicherheit brachte. Ein Idealist, desillusioniert von seinem harten Schicksal und der Boshaftigkeit, die er um sich herum erlebte. Aber eben auch ein Gesetzesbrecher.

Ich unternahm nichts in der Angelegenheit. Aber ich vergaß nicht, was ich erfahren hatte. Und 1833 befahl ich meinem Kutscher Ludvig, mich nach Frederiksted zu fahren. Wir fuhren die lange Centerline Road entlang, auf der Ludvig fünfzehn Jahre später als alter Mann allein mit der Kutsche fahren sollte – was den Brand entfachte, der der Sklaverei ein Ende bereiten sollte. Ich genoss die Fahrt. Die Landschaft war schön, obwohl sie voller flüsternder Zuckerrohrfelder war; wir fuhren die meiste Zeit im Schatten der großen Tamarindenbäume, deren Kronen sich über der Straße schlossen. Die Centerline Road ist wie mit einer Schnur gezogen, eine vollkommen gerade Strecke von zwei Meilen Länge, die uns an den Plantagen La Reine, Kingshill, Diamond, Carlton, Whim und Høgensborg vorbeiführte, vornehmen Besitztümern, auf denen die Familien der Pflanzer in verschwenderischem Luxus und einem Reichtum lebten, der dem Boden von unfreien schwarzen Arbeitern abgerungen wurde.

Aber all dies weißt Du, und ich vergesse auch nicht, dass Du lange auf Sankt Croix gelebt hast und in jener Nacht ebenfalls die Centerline Road entlanggeritten bist, ehe wir gemeinsam den Gang der Geschichte änderten.

Mikkel behauptete in seinem Buch, Tue Gregers' Plantage läge bei George Hill, aber erklärte gleichzeitig, dass dies ein erfundenes Detail sei. Bevor ich das Gouvernementsgebäude in Christianssted verließ, hatte ich Gregers bereits im Verzeichnis der Plantagenbesitzer gefunden und wusste, dass seine Plantage nordöstlich von Frederiksted lag, nicht weit von La Grange. Sie hieß Betsy's Rest. Kurz vor zwölf Uhr fuhren Ludvig und ich auf den Hof vor ein niedriges Gebäude, das eher einem bescheidenen Landhaus als dem Hauptgebäude einer Zuckerplantage glich. Eine Mulattin trat auf die Veranda. Sie wischte sich die Hände an einer Schürze ab und nickte mir zu. Ihr bestimmtes Auftreten sagte mir sofort, dass sie nur sich selbst gehörte. Ich stieg aus dem Wagen, ging zu ihr hinüber und stellte mich vor: »Peter von Scholten, Generalgouverneur.«

Wieder nickte die Frau, sie wusste genau, wer ich war.

»Molly Gregers«, sagte sie.

Also hatte der Kapitän trotz allem wieder geheiratet.

»Ich suche Ihren Mann, Tue Gregers.«

Sah ich ein nervöses Zucken in ihren schwarzen Augen? Das Alter der Frau war schwer zu beurteilen, ihre Haut war glatt und hell wie bei einer Viertelnegerin, aber ganz jung war sie nicht mehr.

»Er ist nicht da. Kann ich Ihnen helfen?«

Ich lächelte ihr zu. »Ist er auf seinem Schiff? Der Caroline?«

Sie sah mich überrascht an.

»Ja«, antwortete sie überrumpelt. »Ich glaube schon.«

»Vermutlich in Frederiksted?« Ich blickte auf meine Kutsche. Ludvig saß reglos auf dem Bock.

Sie nickte. »Ja.« Und nach kurzem Zögern: »Wenn er nicht ausgelaufen ist.«

Ich verabschiedete mich von ihr, und wir fuhren das kleine Stück bis Frederiksted. Als wir am Frederiksfort vorbeifuhren, blickte ich hinauf zu den Wachposten, die in ihren roten Jacken auf der Mauer standen. Sie salutierten beim Anblick meines Wappenschildes, und ich grüßte zurück. Schwarze Kanonenrohre ragten in alle Richtungen aus dem flachen, viereckigen Gebäude, das wie das Fort in Christianssted direkt am Wasser lag. Die fünf größten Kanonen waren aufs Meer gerichtet und ließen sich mit vierundzwanzigpfündigen Kugeln laden, die ein jedes Schiff pulverisieren konnten, das die dänische Bastion bedrohte.

Auf der anderen Seite des offenen Platzes südlich des Forts fand ich Tue Gregers' an der Mole vertäute Brigg Caroline. Ludvig, dem ich nur selten sagen muss, was er zu tun hat, fuhr unter einen großen Kapokbaum und hielt im Schatten. Ich öffnete die glänzende schwarze Tür mit dem Wappen und sprang auf den sandigen Boden. Aus dem Schatten blickte ich auf das blaue Licht über dem Meer; ich kann es nicht erklären, aber das Licht in Frederiksted ist anders als in Christianssted am gegenüberliegenden Ende der Insel. Vielleicht weil hier das Ende der Welt ist, der westlichste Teil des dänischen Reiches. Und Frederiksted ist ein kleiner Ort, in dem man einen Eindruck von der überwältigenden Natur bekommt. Das Meer ist hier unmittelbarer, es ist gewaltig und erstreckt sich zu allen Seiten, es gibt keine Inseln oder Landspitzen.

Caroline, die Brigg des dänischen Skippers, war ein schönes kleines Schiff, ein Zweimaster natürlich, aber mit mehr Takelage als manch anderes Schiff. Die Brigg hatte einen schlanken, schwarz geteerten Rumpf mit einer niedrigen Reling und kleinen Kanonen auf dem Hauptdeck. An Deck war niemand zu sehen, als ich aus dem Schatten trat und zum Kai ging, wo sie sich in einem langsamen Rhythmus im Takt der Dünung hob und senkte.

Als ich an der Gangway stand, zwängte sich ein Mann durch die enge Decksluke vor dem Besanmast. Seinen Kopf bedeckte ein alter brauner Palmhut, wie ihn die Fischer als Sonnenschutz nutzen. Er trug eine Weste über seinem weißen, oder fast weißen, Leinenhemd. Seine Haut war rot wie die eines Indianers, sie hatte die Farbe von gebrannten Ziegelsteinen – so wie Skandinavier eben aussehen, die sich häufiger in der Sonne aufhalten, als sie vertragen können. Er blickte mit leuchtendblauen Augen zu mir hinüber und ließ den Blick einen Moment auf mir ruhen, bevor er nickte.

»Herr Generalgouverneur«, sagte er. »Was verschafft mir die Ehre?«

Ja, Sankt Croix ist eine kleine Insel. Es gab damals nicht viele, die nicht wussten, wer ich war.

»Kapitän Gregers«, fragte ich, »darf ich an Bord kommen?«

»Aber bitte. Ich bin gerade mit Arbeiten unter Deck beschäftigt, könnte aber eine Pause gebrauchen.«

Ich ging über die Gangway, und wir setzten uns auf dem Vordeck auf zwei Werkzeugkisten unter ein Sonnensegel.

»Wo ist Ihre Besatzung?«, erkundigte ich mich.

Tue Gregers wies mit dem Kopf in Richtung Stadt. »Dort«, sagte er. »Sie wohnen nicht auf dem Schiff. Wir haben momentan keine Fahrten.«

»Das Geschäft läuft nicht?«

Er sah mich eine Weile an und studierte mein Gesicht, ich blickte ihn ebenso direkt an. So sah ein Mann aus, der beinahe zwanzig Jahre in dem Glauben gelebt hat, dass arabische Korsaren seine Frau entführt hatten. Ich erkannte Ernst in seinem Gesicht, aber auch noch etwas anderes. Er war kein Mann, der leicht den Mut verlor.

»Ich möchte Sie um einen Gefallen bitten«, erklärte ich. »Und dabei handelt es sich um etwas, worüber weder Sie noch ich mit anderen reden sollten.«

Gregers wandte den Blick nicht von mir ab. Er hob eine Hand, lüftete seinen Hut und wischte sich über den Kopf. Dann setzte er den Hut wieder auf, steckte die Hand in die Innentasche seiner Weste und zog eine kleine flache Flasche heraus. Er schraubte den Deckel ab und reichte sie mir. Ich nickte, nahm einen Schluck und gab ihm den Flachmann zurück. Der Rum brannte in der Kehle. Ich bedankte mich. »Der Hals wird leicht trocken, wenn man die Centerline fährt.«

Tue Gregers brummte und trank selbst einen Schluck, vermutlich deutlich größer als meiner. Er wischte sich den Mund mit dem Handrücken ab.

»Entschuldigen Sie, dass ich das sage«, begann er. »Aber was veranlasst Sie zu glauben, dass ich Ihnen zu Diensten bin?« Er blickte mich mit einem kleinen Lächeln an.

»Sie schulden mir diesen Gefallen«, entgegnete ich.

Drei waagerechte Runzeln zeigten sich auf seiner von der Sonne verbrannten Stirn. »Wie soll ich das verstehen?«

Ich sah mich auf Deck um. Es war aufgeräumt, die Planken waren blankgescheuert und in den Fugen sorgfältig mit Pech abgedichtet.

»Ein schönes Schiff haben Sie. Die Caroline. Nach wem ist sie benannt?« Ich sah ihn an. Sein Gesicht veränderte sich vor meinen Augen, ein Schatten glitt darüber, seine Augen blickten ins Weite.

»Nach meiner Frau«, murmelte er.

»Ihrer Frau? Ich traf sie vor gut einer Stunde auf Ihrer Plantage. Molly, nicht wahr?«

Er schüttelte den Kopf. »Nicht sie. Nach meiner ersten Frau.«

»Oh, bedauere. Ist sie tot?«

Er zuckte die Achseln und blickte übers Meer. Leuchtend blau erstreckte es sich die Mole entlang bis zum westlichen Horizont. Segelte man von hier aus direkt nach Westen, würde man erst in Mittelamerika auf Land stoßen.

»Ich weiß es nicht«, sagte er schließlich. »Sie wurde von Piraten vor der Küste Marokkos gefangen.«

»Korsaren? Passiert so etwas tatsächlich noch immer?«

»Es ist lange her. Beinahe zwanzig Jahre.« Er sah mich mit schmalen Augen an. »Warum interessieren Sie sich für meine Ehefrau?«

Ich atmete tief durch, bevor ich antwortete.

»Ich weiß, dass es Sie gequält hat. Die Unwissenheit. Man kann möglicherweise damit leben, seine Liebste zu verlieren, aber nur, wenn man ihr Schicksal kennt. Nicht wahr?«

Er blickte aufs Deck und antwortete nicht.

»Ich habe gesagt, dass Sie mir einen Dienst schulden«, fuhr ich fort. »Aber das tun Sie nicht, noch nicht. Wenn ich Ihnen jedoch den Seelenfrieden gäbe, den Sie so vermisst haben … Wenn ich Ihnen versichern könnte, dass Ihre Frau tot ist und nie in ihrem Leben einen Piraten gesehen hat, wären Sie dann nicht der Ansicht, dass es einen kleinen Dienst wert wäre? Jetzt haben Sie ja Molly.«

Er hob den Kopf so schnell, dass die Bewegung beinahe nicht sichtbar war. Er starrte mich an. In seinen Augen standen Zorn und Kummer, aber auch Hoffnung. Ich hatte etwas in ihm angerührt. Dann schien er sich zu erinnern, wer ich war und was meine Worte möglicherweise bargen: eine Befreiung aus dem Gefängnis seines Lebens.

»Ja«, sagte er. »Das wäre einen kleinen oder auch einen großen Dienst wert. Aber nun muss ich Sie bitten, mir zu erzählen, was Sie wissen, oder mich wieder meiner Arbeit zu überlassen.«

Ich begegnete seinem Blick. Einige Sekunden sahen wir uns an. Der Negerschmuggler und der Generalgouverneur von Westindien.

»Ihre Ehefrau ist tot«, erklärte ich. »Sie hat die dänischen Gewässer niemals verlassen.«

Sein Mund bewegte sich, aber er sagte nichts; in seinen Augen standen plötzlich Tränen. Als würde die Maske seines Gesichts durch meine Worte und ihre Bedeutung zerbröseln. Ich glaube, einen kurzen Moment lang erinnerte er sich an alles: an die Trauer über ihren Verlust, an die vielen Jahre nagender Furcht und Sorge, an den ewigen Schmerz. Dann senkte er wieder den Kopf und blickte aufs Deck. Seine Stimme war nur noch ein Flüstern.

»Woher wollen Sie das wissen?«

Ich steckte die Hand in die Tasche meiner Jacke und zog den alten Brief heraus. »Hier. Zufällig gelangte ich in den Besitz eines Briefes, den sie nicht mehr abschicken konnte.«

Er blickte auf. Starrte auf den Brief. Streckte langsam die Hand aus. Faltete ihn auseinander und las.

Ich beobachtete sein Gesicht, sah die Veränderung vor meinen Augen. Dann wurde mir klar, dass ich bei etwas zuschaute, was mich überhaupt nichts anging. Ich stand auf und ging übers Deck, blieb am Besanmast stehen. Ich legte den Kopf in den Nacken und blickte ins Rigg: ein Wirrwarr von Tauen, Wanten, Schoten und Fallen. Ich habe mich nie damit zurechtgefunden, weder mit der Terminologie noch mit der Anwendung. Obwohl ich den Atlantik in meinem Leben gut zwei Dutzend Mal überquert und viele Monate auf See zugebracht habe, ist es um meine Seemannschaft schlecht bestellt. Aber ich bewundere die Männer, die mit den Schiffen umgehen und sie trotz Unwettern und anderen Gefahren sicher zu ihren Bestimmungsorten bringen können.

Auf diesem Schiff hatte Tue Gregers Dutzende von entlaufenen Sklaven zu einem neuen Leben auf anderen Inseln gesegelt. Ein Verbrecher, das war er. Und ein Ehrenmann auch. Mir war klar, dass allein die Drohung um Entlarvung mein Vorhaben hätte durchsetzen können. Aber ich war schon immer eher ein Anhänger der Mohrrübe als des Eseltreibers Stock.

Mein Vorhaben? Ja, liebste Maria, gleich knüpfe ich die losen Fäden dieses langen Berichts zusammen.

Ich stand noch am Mast, als Gregers zu mir trat und einige Schritte von mir entfernt stehen blieb. Seine blauen Augen schimmerten feucht, aber er beherrschte sich. Vielleicht würde er später zusammenbrechen, vielleicht würde er in der Achterkajüte der Brigg herzzerreißend schluchzen. Aber dann wäre er allein, niemand würde ihn hören oder sehen, und das wäre dann auch gut so.

»Danke«, stammelte er. Zu meiner Überraschung streckte er die Hand aus, ergriff meine und drückte sie fest. Dann ließ er sie los. »Aber woher haben Sie diesen Brief?«, wollte er wissen.

Einen kurzen Moment sah ich sie in ihrem Sarg liegen, das aufgedunsene schwarze Gesicht, die braunen Flecken auf dem blauen Kleid, der Gestank …

»Sie wurde auf Sprogø im Großen Belt begraben«, antwortete ich. »Sie wissen sicher, wo das ist. Sie sind Seemann …«

»Aber wie?«

»Ich war im Winter 1814 auf Sprogø. Ich und ein paar andere waren einige Tage auf der Insel vom Eis eingeschlossen und wohnten im Pesthaus. Dort fand ich Carolines Bibel mit diesem Brief … Ihr Grab lag direkt vor dem Haus.«

»Gab es einen Stein oder …?«

Ich nickte. »Ja. Es stand ›Caroline‹ darauf. Nichts sonst. Nur ihr Name.«

Tue Gregers blickte auf den Brief. Sein Gesicht war leer, die Augen schimmerten.

»Danke«, sagte er noch einmal. »Sie ahnen nicht, was es für mich bedeutet. Hätte ich doch nur gewusst …«

»Vielleicht ahne ich es doch«, erwiderte ich. »Ich kann verstehen, dass es nicht leicht war.«

Wir sahen uns an.

»Um welchen Dienst wollten Sie mich bitten?«, erkundigte er sich.

(Wird fortgesetzt.)

KÖNIGLICHE ERNENNUNG DES PFLANZERS C. F. MADSEN ZUM INTENDANTEN, SEPTEMBER 1831

Am heutigen Tag wird der Pflanzer Carl Frederik Madsen, Liberty Plantation, Sankt Croix, hiermit zum autorisierten Pelikanzähler mit dem Titel des Intendanten ernannt. Mit dem Amt, das neu eingerichtet wird mit dem Ziel, ein hinreichendes Wissen über die Population der westindischen Pelikane (Braunpelikan, *Pelecanus occidentalis*) zu sichern, geht das Recht einher, eine Uniform mit Emblem zu tragen sowie eine quartalsweise zu erfolgende Entlohnung von 15 Reichstalern Kurant zu erhalten.

Der Pelikanzähler berichtet direkt an den jeweiligen Generalgouverneur über Seiner Majestät Westindische Inseln; jede Petition um Beistand oder übrige Anträge müssen direkt an den Generalgouverneur in Christiansted gerichtet werden und werden vom Generalgouverneur behandelt und beantwortet. Es werden keine Mittel für etwaige Helfer bewilligt; sollte der Intendant welche wünschen, müssen die Ausgaben für deren Lohn vom Intendanten selbst aufgebracht werden.

Der Bericht über die Anzahl von Pelikanen der Art *Pelecanus occidentalis* soll dem Generalgouverneur in jedem Quartal des Jahres vorgelegt werden, noch vor Ende des das Quartal abschließenden Monats.

Von unserer königlichen Hand und Siegel
Frederik VI.
12. September 1831

BRIEF: GEORG CARSTENSEN AN PETER VON SCHOLTEN, NEW YORK, USA, JULI 1853

An Peter von Scholten!

Alles, was ich über Sie gehört habe, zeugt von einem braven Mann! So, wie Sie sich direkt gegen Rom ausgesprochen haben und Ihr Amt für die armen Schwarzen riskierten. Eine ungeheure Wohltat! Daher erlaube ich mir, Ihnen zu schreiben, in der Gewissheit, dass Ihre Großzügigkeit meinem Schreiben einen wohlwollenden Empfang bereiten wird – und ihm genaue Beachtung schenken!

Mein lieber von Scholten! Vor ungefähr fünf Jahren verließ ich Dänemark, um in den Krieg zu ziehen, und reiste über das Meer nach Dänisch-Westindien, das Sie gerade nach so vielen Dienstjahren verlassen hatten. Einige Jahre tat ich Dienst in der westindischen Armee, ebenso wie Sie es am Anfang Ihrer langen Karriere taten! Gleichzeitig untersuchte ich, wie es meine Art ist, die Möglichkeiten, Geschäfte zu tätigen. Schon bald beschloss ich, dass Dänisch-Westindien zu klein war für die Pläne, die ich ursprünglich verfolgte, allerdings sah ich bereits eine andere Möglichkeit.

Damals, als ich mich noch mit dem Tivoli beschäftigte, das ich in Kopenhagen errichtete, dachte ich oft, wie interessant und lehrreich es sein könnte, exotische Dinge und Wesen in dem Park auszustellen: Pflanzen, Tiere und Menschen, vor allem Menschen! Es gibt nur wenige Dänen, die jemals einen Hottentotten oder einen Neger aus Afrika gesehen haben, und ich habe keinen Zweifel, dass die Kopenhagener herbeiströmen würden, um Exemplare dieser wilden Menschenrassen eingehend zu betrachten. Ich sehe vor mir ein ganzes kleines Negerdorf, bevölkert mit schwarzen Menschen, die in ihrer sparsamen Bekleidung ihren heimischen Bräuchen und Arbeiten nachgehen. Ich sage Ihnen: Es wird eine Sensation! Daher schreibe ich Ihnen als dem Mann in Dänemark, der die Gedankengänge der Neger und ihre Kultur am besten kennt, wenn man dieses Wort benutzen kann. Würden Sie, in einer vermutlich gewinnbringenden Zusammenarbeit mit dem Unterzeichnenden, mitwirken, ein solches Tableau vorzubereiten und zu etablieren? Im Tivoli lässt sich dies aus verschiedenen Gründen nicht realisieren – ich habe ein etwas angestrengtes Verhältnis zu der derzeitigen Leitung, bei der meine Teilnahme am schleswigschen Krieg vor fünf Jahren keinen Beifall findet. Aber ich habe Pläne, so bald als möglich ein anderes und weitaus sensationelleres Etablissement zu gründen! Es wird ein maurisch inspiriertes Unternehmen, zu dem eine Vorführung exotischer Völker ganz vortrefflich passen würde.

Indem ich auf Ihre wohlwollenden Überlegungen und baldige Antwort hoffe, verbleibe ich als Ihr allergrößter, respektvoller Bewunderer!

Georg Carstensen

BRIEF: PETER VON SCHOLTEN AN MARIA EIDE, KOPENHAGEN, JULI 1853

(Fortsetzung)

Während meiner Begegnung mit Tue Gregers versuchte ich beharrlich, den Charakter des Mannes zu beurteilen. Mein Bericht über das Schicksal seiner Ehefrau hatte ihn erschüttert. Ich meinte einen Menschen zu sehen, der sich unter Druck nicht brechen lassen würde, einen intelligenten Mann, der bereits bewiesen hatte, dass er bereit war, ein Risiko einzugehen, um das Richtige zu tun. Ich vertraute ihm. Würde er auch mir vertrauen?

»Ich brauche einen zuverlässigen Skipper«, erklärte ich ihm. »Für einen Transport, den ich nicht mit dem Schoner des Gouvernements vornehmen kann.«

»Die Vigilant«, murmelte Tue Gregers und warf mir einen Blick zu. »Ein altes Sklavenschmugglerschiff.«

»Noch eines.«

Er sog die Luft durch die Nase ein und kniff die Augen zusammen. »An welchen Transport denken Sie?«

»Kann ich Ihnen vertrauen?«

Er studierte ein paar Sekunden mein Gesicht.

»Kann ich es denn? Ihnen?«, stellte er dann die Gegenfrage.

Ich nickte. »Das können Sie. Ich weiß seit einiger Zeit genug über Sie, um Sie ins Gefängnis werfen oder von den Inseln verbannen zu können. Unfreien zur Flucht zu verhelfen, ist eine ernste Angelegenheit. Aber wie

Sie sehen, habe ich nichts dergleichen unternommen.« Ich schlug mit der Hand gegen die Reling.

Tue Gregers drehte sich um und ging auf die dem Meer zugewandte Seite der Brigg. Er legte die Ellenbogen auf die Reling und blickte auf den leeren, blauen Horizont. Ich ging ihm nach und stellte mich neben ihn.

»Erzählen Sie mir von dem Transport«, forderte er mich auf.

Ich atmete ein und zögerte nur kurz.

»Es gibt einen Mann auf Sankt Thomas. Abschaum. Ich möchte, dass er von der Insel verschwindet und irgendwo an Land gesetzt wird. An einem Ort, von dem er nicht wegkommt.«

Gregers brummte. »Was hat er getan?«, wollte er wissen.

»Einen Freund von mir überfallen. Eigentlich eine Freundin. Und davor? Es gab nichts Nützliches in seinem Leben. Er ist ein Zuhälter und Dieb. Ein schlechter Mensch.«

Der Kapitän nickte.

»Wo soll er hingebracht werden?«

Ich zuckte die Achseln. »Wie ich schon sagte: an einen Ort, von dem er nicht mehr zurückkehren kann.«

»Hm. Also auf eine Insel, auf der die Schwarzen herrschen? Oder die Krokodile?«

»So etwas in der Art. Kennen Sie einen solchen Ort?«

Er lachte.

»Was glauben Sie? Es gibt eine Küste auf Haiti. Einige kleine Inseln bei Puerto Rico. Die Spanier sind nicht so versessen auf Sklaverei. Ja, ich kenne einen Ort, wo er hin kann.«

»Hervorragend.«

»Aber er wird nicht lange überleben.«

»Seine Zukunftsaussichten interessieren mich nicht. Wann kann es losgehen?«

Er schaut hoch zur Sonne. »In ein paar Wochen. Ich muss eine Mannschaft anheuern. Was haben Sie sich gedacht, wie wir ihn an Bord bekommen?«

»Das überlasse ich Ihnen«, erwiderte ich. »Er nennt sich Al Matson, aber sein richtiger Name ist Matcher, Allan Matcher. Sie finden ihn in einer Kneipe, die Crew's Quarters heißt. Wenn er nicht arbeitet, sitzt er da drin und trinkt.«

Tue Gregers richtete sich von der Reling auf und drehte sich zu mir um. Er schaute mich eine Weile an, dann nickte er.

Wir verabschiedeten uns auf Deck der Caroline. Dann ging ich über die Gangway zu meiner Kutsche. Nicht weit entfernt stand ein Mann vor Frederiksfort und betrachtete das befestigte Gebäude, als würde er sich Gedanken über dessen nahe Zukunft machen. Ludvig: Ein schwarzer Mann hatte mir so viele Jahre treu gedient, aber im Grunde hatte ich nie ein einziges Wort mit ihm gewechselt.

BRIEF: GENERALGOUVERNEUR PETER VON SCHOLTEN AN KÖNIG FREDERIK VI., CHRISTIANSSTED, SANKT CROIX, 30. JANUAR 1835

Unter Bezug auf meinen letzten alleruntertänigsten Bericht, datiert Falmouth, 17. Dezember des vergangenen Jahres, habe ich die Ehre, Eurer Majestät alleruntertänigst mitzuteilen, dass ich nach einer ziemlich langen und anstrengenden Überfahrt hier am 27. Januar abends angekommen bin. Ich habe alles in bester Ruhe und Ordnung vorgefunden und habe dann mit inniger Hoffnung und wunschgemäß am 28. wieder das mir allergnädigst und unter so glücklichen Auspizien anvertraute Kommando als Generalgouverneur von Dänisch-Westindien übernommen.

VORWORT ZU »BLÄTTER AUS DES NEGERSKLAVEN MARTIN PORTEFEUILLE« VON REDAKTEUR UND HERAUSGEBER MATHIAS WINTHER, KOPENHAGEN, 1832

Vor einiger Zeit erhielt ich durch den Postboten ein Manuskript mit der Überschrift »Ein Blatt aus Generalgouverneur von Scholtens Amtsleben« mit der Bitte, es in der Zeitschrift »Die Rakete« abzudrucken. Das Stück war von der Natur, dass ich mich vergewissern wollte, ob der Autor es wirklich gedruckt sehen konnte, durfte oder musste. Ich forderte den Verfasser daher auf, mir gegenüber seinen Namen zu offenbaren, dies geschah jedoch nicht. Kurze Zeit später erhielt ich erneut einen anonymen Brief mit der Aufforderung, oben genanntes Stück zu drucken, diesmal mit Hinweis, dass amerikanische Zeitungen dieses Thema bereits aufgegriffen haben. Ich habe eine Vermutung, wer der Autor dieser Briefe ist, doch bin ich weder gewillt noch habe ich den Mut, das blinde Werkzeug für den Unwillen eines Anonymus gegen einen Mann zu sein, der mich nie beleidigt hat und mit der Gnade und dem Vertrauen des Königs geehrt ist (...).

Das hier abgedruckte Fragment aus der Briefsammlung des Negers Martin ist mir eigenhändig von einem achtenswerten Schriftsteller geliefert worden, der es seinerseits aus der Hand des Negers selbst empfangen hat.

Als wir wieder nach Westindien kamen, hatte Sankt Croix mit Herrn von Scholten einen neuen Gouverneur bekommen. Alles hat sich nun zum Besseren gewandelt, und davon werde ich Dir ein wenig erzählen. Ich habe hier gesehen, was ein guter Mann für das Wohl eines Landes tun kann, wenn er die Macht in Händen hält und den Willen und die Fähigkeit dazu besitzt. Daher soll die Erinnerung an den Generalgouverneur leben, nicht in eitlem Marmor, den Neger Martin nicht sonderlich schätzt, sondern in den Herzen aller dankbarer Schwarzen und Weißen. Die große Gastfreundlichkeit und das Wohlwollen, mit dem jeder im Haus des Gouverneurs aufgenommen wird, haben den Dänen wohlmeinende Freunde verschafft, die im Fall eines Aufstandes oder Überfalls alles für sie wagen würden. Neger Martins schwarze Brüder sind nicht länger Sklaven, sie sind jetzt Dienstboten, so erklärte es der Gouverneur im Namen des Königs, und er selbst geht mit gutem Beispiel voran, das den armen Neger Martin schon oft erfreut hat. Daher wirst du hier keine Sklaven finden, wenn du einmal hierher kommst.

BRIEF: PETER VON SCHOLTEN AN MARIA EIDE, KOPENHAGEN, AUGUST 1853

Liebste Maria,

ich bin sicher, dass sich die Nachwelt mit meiner Person beschäftigen wird. Man wird sich fragen, wie ich so rasch Karriere machen konnte, man wird mit allerhand Andeutungen aufwarten, aber vor allem wird man sich fragen, ob es bereits während meiner ersten Zeit auf den Inseln meine Absicht war, die Neger freizulassen. Diese Frage wird man stellen, und sie wird eine tiefe Unwissenheit über die Verhältnisse auf den Inseln offenbaren. Denn es ging nicht um Freiheit. Alle haben ihre Sklaven gern freigelassen, wenn danach bloß alles unverändert weiterlief. Und gegen eine angemessene Entschädigung natürlich. Denn den Pflanzern ging es immer nur ums Geld. Was war ein Sklave wert? Fünfzig Reichstaler? Hundertfünfzig? Darum ging es, wie immer: um klingende Münze.

Mir lag daran, die Schwarzen Stück für Stück auf ihr Leben als freie Menschen vorzubereiten. Über Generationen waren sie in ihrer Sklavenrolle gefangen, und viele Weiße ekelten sich regelrecht vor Negern, die nicht an die Hausmauer gepresst vorbeikrochen, wenn sie ihnen auf der Straße begegneten. Ich selbst habe nie etwas Minderwertiges oder Ekelerregendes angesichts des anderen Aussehens der Schwarzen empfunden. Sie stammen von einem Kontinent, Afrika, auf dem die schwarze Haut vermutlich Voraussetzung und Ergebnis des Lebens unter der brennenden Sonne ist. Die Frauen sehen anders aus als die weißen Damen, die mit ihren spitzenbesetzten Sonnenschirmen in Christianssteds Arkaden promenieren, aber sie sind meines Erachtens nicht weniger anziehend – häufig verhält es sich sogar umgekehrt.

Nachdem ich mich als Oberhaupt Westindiens installiert hatte und mich ernsthaft in Christianssted zu Hause fühlte, beschloss ich, gewisse Initiativen anzugehen: Ich wollte die freien Farbigen als gleichberechtigte Bürger mit den gleichen Rechten wie die Weißen in die Gesellschaft einbeziehen. Viele hielten diesen natürlichen Schritt für den schlimmsten Verrat an der Weltordnung.

Irgendwann in den dreißiger Jahren – ich erinnere mich nicht mehr an die genaue Jahreszahl – veranstaltete ich zu Weihnachten einen großen Ball im Gouvernementsgebäude. Nanan trat offiziell als meine Haushälterin auf, aber alle wussten, was sie in Wahrheit war: die amtierende Frau des Generalgouverneurs. Die lokalen Honoratioren und Beamten, die mit ihren Frauen und erwachsenen Kindern eingeladen waren, rümpften nur noch selten die Nase über diese Beziehung, und Nanans sehr helle Haut, ihre offensichtliche Bildung und ihr Wohlstand waren gute Wegbereiter der Toleranz.

Doch in jenem Jahr hatte ich andere freie Farbige eingeladen. Und ich übertreibe kaum, wenn ich sage, dass das Ergebnis ein Skandal war!

Die Gäste kamen am frühen Abend. In Livree gekleidete Kutscher mit blankgeputzten Wagen setzten Männer in ihrem steifsten Staat und Frauen in bunten, strahlenden Kleidern am Eingang des Gouverneursgebäudes in der Kongensgade ab, die die breite Treppe in den frisch renovierten Ballsaal hinaufstiegen. Der Raum war geräumig genug, um hundert Menschen darin tanzen zu lassen, und die Damen und Herren, die nicht tanzten, konnten in den Seitengalerien wandeln, durch deren zahlreiche große Fenster man entweder die Kongensgade oder den schönen, abgeschlossenen Garten des Gebäudes betrachten könnte. Kronleuchter und Windlichter über den Reihen von großen Spiegeln füllten den Saal mit strahlendem Licht. Auf den Tischen in den Galerien standen an diesem Abend Schüsseln mit Leckereien und gefüllte Champagnergläser. In einer Ecke spielte ein junger, talentierter Mann auf dem Konzertpiano des Generalgouverneurs.

Alles war, wie es sein sollte. Bis eine kräftige Frau in einer scharlachroten Schreckensrobe – die Frau eines lokalen Großhändlers – plötzlich mit schriller Stimme ausrief: »Lassen Sie mich in Ruhe. Ich darf doch wohl sehr bitten!«

Sofort wurde es still im Saal. Alle wandten sich dem roten Kleid zu und folgten dem Blick der Frau. Ein paar Schritte von ihr entfernt stand Nanans Freundin, die absolut liebenswürdige Mademoiselle Marie Letort, die – vermute ich – einen weißen Vater und eine Mulattin zur Mutter hatte. Mademoiselle Lefort trug ein schwarzes, geklöppeltes Kleid, das aussah, als könnte man es problemlos durch einen Fingerring ziehen, sollte sie auf den Gedanken kommen, es abzulegen.

Die Frau des Großhändlers reckte den Nacken und starrte Marie Letort boshaft an. Ohne ihre Stimme zu senken, setzte sie ihren Ausfall fort. »Sie hat mich *geschubst*! Können Sie sich nicht vorsehen?«

Marie Letort senkte den Kopf mit einem höflichen Nicken. »Ich bedauere es außerordentlich«, entschuldigte sie sich auf Dänisch, mit einem leichten französischen Akzent, bei dem ich jedes Mal wieder weiche Knie bekomme.

Ich hatte mich zu diesem Zeitpunkt in Richtung der Szenerie bewegt und konnte nun eine beruhigende Hand auf den kräftigen Unterarm der Grossistengattin legen. »Gnädige Frau«, sagte ich. »Wo ist Ihr Mann?«

Sie schüttelte meine Hand ab und wandte sich zu mir um. Sie antwortete nicht direkt auf meine Frage, sondern zeigte anklagend auf Mademoiselle Letort. »Haben Sie diese … diese Art Leute eingeladen, Generalgouverneur?«, fragte sie eine Spur leiser als zuvor.

Ich lächelte Marie Letort zu, die ich recht gut kannte, weil sie Nanan und mich auf dem renovierten Bülowsminde mehrfach besucht hatte. Dann wandte ich mich zu der Frau des Großhändlers. Erst jetzt fiel mir ihr Name ein. Malling hieß sie. Ihr Mann handelte mit Tabak, Rum und Kaffee.

»In der Tat, das habe ich, Frau Malling«, antwortete ich. »Mademoiselle Letort ist eine sehr gute Freundin des Hauses.«

Frau Malling schnaubte. Dann warf sie ihrer hübschen farbigen Mitschwester einen kurzen Blick zu, und ein Zittern durchfuhr sie, als hätte sie etwas in den Mund gesteckt, das sich als zu bitter erwies, um es herunterzuschlucken. Sie zögerte einen Moment, drehte sich dann auf dem Absatz um und schritt durch die Galerie ins Vorzimmer und auf die Haupttreppe.

Ich spürte die Blicke der anderen Gäste auf mir. Doch ich ging nur zu Mademoiselle Letort, griff nach ihrer Hand und küsste sie leicht. »Es tut mir wirklich leid. In meinem und in meiner Gäste Namen. Das war ungehobelt.«

Ich sprach laut genug, dass die meisten anderen Gäste im Saal mich hören konnten. Dabei hätte man auch gehört, wenn eine Nadel zu Boden gefallen wäre.

Ich klatschte kurz in die Hände als Zeichen, dass die Episode vorüber war. Der Klavierspieler spielte ein Stück von Schubert, und ich nahm zwei Gläser mit Champagner vom Tisch und führte Marie Letort in die Ecke, in der Nanan stand und himmlisch aussah. Aber bevor ich sie erreichte, trat ein Mann aus der Galerie. Ich blieb stehen. Es war der Großhändler Malling. Mir war klar, dass er meinen Zusammenstoß mit seiner Ehefrau miterlebt haben musste.

»Herr Generalgouverneur«, erklärte er barsch. »Was um aller Welt denken Sie sich?«

Ich nickte ihm zu. »Großhändler Malling«, ich hob ein Glas und prostete ihm zu. »Heute Abend denke ich nicht. Ich trinke Champagner. Fröhliche Weihnachten.«

Dann nickte ich noch einmal, nahm die langstieligen Kristallgläser in eine Hand und bot die andere Mademoiselle Letort an, um sie zu Nanan zu führen.

Den Rest der Weihnachtsfeier herrschte eine gedrückte Stimmung. Viele meiner weißen Gäste waren in Bezug auf die Farbigen mit mir einer Meinung, während andere in Gruppen beieinander standen. Einige verließen das Fest frühzeitig, einige wenige folgten dem Grossistenehepaar sofort.

In den folgenden Jahren gewöhnten sich immer mehr Weiße an die neuen Zeiten. Ich lud zu Abendessen ein, bei denen Pflanzer neben den Nachkommen von Sklaven am Tisch saßen; ich beschäftigte freie

Schwarze und Mulatten in meiner Administration. Mein Motiv war das Fehlen einer sinnvollen Begründung, es nicht zu tun: Warum um alles in der Welt sollten intelligente Menschen nicht zu einer Arbeit fähig sein, nur weil ihre Haut dunkel war? Ich konnte es beim besten Willen nicht begreifen. Wenn die westindische Gesellschaft sich behaupten wollte, wenn das Zuckermärchen irgendwann einmal vorbei war – und es würde enden, das wusste ich mit absoluter Sicherheit –, dann mussten die alten Barrieren eingerissen werden. Wir konnten in so einer kleinen Welt nicht leben, wenn wir nicht die gleichen Rechte hatten.

Meine ergebensten Grüße
Dein Peter

MIKKEL EIDE, »WESTINDISCHE STIMMEN«, ERSCHIENEN IM SEPTEMBER 1835

Vorwort und Widmung des Verfassers

»Westindische Stimmen« ist nur zum Teil mein Werk. Ich habe die Worte niedergeschrieben, doch nur wenige von ihnen sind meine. Die elenden Sklaven aus Dänisch-Westindien, die nichts besitzen, nicht einmal sich selbst, kommen in diesem Buch zu Wort. Und ihre Herren, die *Massas,* denen sie gehören und die ihre Arbeitskraft ausnutzen, auch ihre Stimmen müssen wir hören, um diese ferne Welt, diese dänische Kolonie zu verstehen.

Ich habe zehn Jahre an »Westindische Stimmen« gearbeitet, seit 1825. Zuvor besuchte ich Sankt Thomas in den Jahren 1823–24. Ich beabsichtigte damals, ein kritisches Buch über die Sklaverei zu schreiben, doch die Westindischen Inseln verführten mich und spielten mir einen Streich nach dem anderen. Ich wohnte in einer Hütte an einem zauberhaften Strand, und mein Gastgeber gab mir eine junge Sklavin als Haushälterin. Später versündigte ich mich auf andere, ernstere Weise. Ich lernte am eigenen Leib, wie heftig diese Inseln auf Menschen aus dem kühlen Skandinavien wirken, und ich verriet mich selbst und das, woran ich glaubte.

Als ich ein Jahr später auf die Inseln zurückkehrte, war ich besser gerüstet. Ich kannte die Gefahren, die in der tropischen Hitze lauern, und ein Mann, der sehr viel klüger und rechtschaffener ist als ich, verhalf mir zu der Idee, wie mein Buch realisiert werden konnte. Ihm schulde ich Dank, obwohl ich seinen Namen hier nicht nennen kann.

Noch mehr danken muss ich einer Frau: Maria Frederiksen, die durch einen eigentümlichen Zufall auf Sankt Thomas an Land geworfen wurde, einen großen Teil ihres Leben in Westindien verbrachte und für die schwächsten Inselbewohner arbeitete: die Kinder der Sklaven. Maria wurde Lehrerin. Später kehrte sie für eine Weile zurück nach Dänemark, und nachdem wir uns durch einen weiteren eigentümlichen Zufall begegneten, wurde sie meine Ehefrau.

Meiner geliebten Maria widme ich das Buch »Westindische Stimmen«.

Mikkel Eide, Kopenhagen, Januar 1835

BRIEF: THOMAS DE SOUZA AN MARIA EIDE, KOPENHAGEN, FEBRUAR 1835

Liebe Frau Maria Eide,

da ich spontan nicht erkenne, wie jemand anders Ihnen diese Botschaft überbringen könnte, sehe ich mich gezwungen, diese Rolle selbst zu übernehmen und Ihnen die traurige Nachricht mitzuteilen.

Ihr Ehemann, Mikkel Eide, ist von uns gegangen. Er starb am 12. Februar nach einer kurzen Fiebererkrankung und ohne große Leiden hier in Kopenhagen.

Ich bin zutiefst betrübt, Ihnen dies schreiben zu müssen, und Sie müssen mir glauben, wenn ich Ihnen mein tiefstes und aufrichtigstes Beileid ausdrücke.

Die Situation ist ungewöhnlich, da Ihr Mann hier in Kopenhagen keine Verwandtschaft hat. Er hatte, wie Sie wissen, nicht einmal mehr eine Wohnung, sondern logierte in meiner Wohnung am Gråbrødre Torv. Daher obliegt es niemandem sonst als mir, seinem Verleger, und meiner Familie, für das Notwendige zu sorgen.

Ich kann Ihnen mitteilen, dass Mikkel auf dem Vor Frelsers Kirkegård seine letzte Ruhestätte fand, nicht weit entfernt vom Grabmal Ihrer verstorbenen Mutter und dem Gedenkstein Ihres Vaters. Es war sein eigener Wunsch. Seine Eltern ruhen beide auf dem Assistens Kirkegård, aber Mikkel war der Ansicht, dies sei der beste Ort.

Wir haben darüber ganz am Ende gesprochen. Als das Fieber am schlimmsten war und er bezweifelte, dass er noch einmal gesund würde, bat er mich, seinen letzten Willen aufzuschreiben und das Schreiben einem Rechtsanwalt zu übergeben, damit das Testament seine volle Gültigkeit bekäme.

Ich versicherte Mikkel natürlich, dass er durchaus wieder gesund würde, allerdings sah ich selbst, worauf es hinauslief, und so tat ich, worum er mich gebeten hat. Mein Anwalt, Notar Jan Berner, hat versprochen, Ihnen einen Brief zu schreiben. Möglicherweise erreicht er Sie ebenfalls mit diesem Schiff.

Ihr Mann erklärte mir gegenüber, dass er Sie sehr vermisse, er war verzweifelt, seine letzten Stunden nicht mit Ihnen zusammen verbringen zu können. Und doch hatte er in einer anderen Angelegenheit seinen tiefen Frieden mit sich selbst gefunden. Nach all den Jahren, die vergangen sind, hatte er endlich seine Arbeit auf den Inseln beendet, und ich muss sagen, dass es sich bei »Westindische Stimmen« um ein wirklich starkes und durchkomponiertes Werk handelt. Er erreichte sein Ziel; wer konnte schon ahnen, dass über zehn Jahre vergehen sollten, ehe er mir endlich das Manuskript auf den Schreibtisch legen konnte? Er war ein junger Mann, als er sich auf das Projekt stürzte, von dem ich fürchte, ihn in hohem Maße dazu angestiftet zu haben. Ich weiß, wie sehr es ihn beeinflusst und verändert hat. Doch ohne die erste Reise nach Westindien wäre er Ihnen nicht begegnet, und ebenso hätte er dieses Buch nicht geschrieben, das seinen Namen in die Literatur Dänemarks einmeißeln wird als den eines Mannes, der ein schändliches Kapitel der dänischen Geschichte beleuchtet hat.

Wie gesagt, beklagte er sich nur darüber, dass er so weit von Ihnen entfernt starb.

Mit inniglichem Mitgefühl
Thomas de Souza
Verleger

»KJØBENHAVNSPOSTENS«-REZENSION VON »WESTINDISCHE STIMMEN«, SEPTEMBER 1835

Der Autor dieses Werks, Mikkel Eide, verließ leider vor einem halben Jahr nach einer heftigen Fieber- und Lungenerkrankung diese Welt. Leider, weil man natürlich einem Opponenten gegenüber, der sich nicht länger verteidigen kann, immer weniger scharf sein darf. Aber sagen wir es doch direkt: Der Unterzeichnende dieses Beitrag vertritt die Ansicht, dass Eides Kampfschrift von sehr geringem Nutzen ist, und noch weniger ist er mit ihr einverstanden. Es ist der Bericht eines weichherzigen Mannes über sogenannte entsetzliche Umstände, unter denen die schwarzen Arbeiter auf den dänischen Westindischen Inseln Sankt Thomas, Sankt Croix und Sankt Jan leben.

Ich zitiere aus dem Werk:

»Es war meine Absicht, die schwarzen Menschen, die seit Jahrhunderten durch Sklavenarbeit in Dänisch-Westindien ausgenutzt werden, aus dem Schatten der Anonymität treten zu lassen und ihre Stimmen zu Gehör zu bringen. Sogar die (wenigen), die für die Sache der Sklaven in Europa eingetreten sind, haben dies allzu häufig in einem intellektuellen Disput zwischen gleichrangigen Weißen getan. Die Schwarzen selbst hat man nur als ein Gewimmel stummer Wesen wahrgenommen. Ich habe ihnen zugehört; in ›Westindische Stimmen‹ erzähle ich ihre eigenen Geschichten von Grausamkeit und Ausnutzung …«

Ja, wahrlich! Herr Eide meint zu wissen, dass diese Schwarzen, die man trotz alledem als simple, unaufgeklärte Individuen beschreiben kann, ihre »eigenen Geschichten« haben, die für Bürger in einem hochentwickelten Land wie Dänemark von Interesse sein könnten. Der Verfasser beteuert, dass diese schwarzen Menschen ihre weißen Arbeitgeber lehren können, wie der Reichtum der Insel Sankt Croix am besten genutzt werden kann. Darüber kann man doch nur lachen!

Eide erwähnt das »im Grunde genommen vollkommen Eigentümliche«, dass Nationen wie Dänemark, England, die Niederlande und Frankreich es überhaupt moralisch »verteidigen« zu können meinen, schwarze Menschen aus Afrika zu »entführen«, um sie fern von ihrem »Zuhause« zur Arbeit zu »zwingen«. Ja, es braucht viele Gänsefüßchen, um dem Text des Professors Gerechtigkeit widerfahren zu lassen!

Man könnte nun schüchtern einwenden, dass diese sogenannten Entführungen (die in Wahrheit häufig eher den Charakter von Befreiungen der armen Neger aus Gefangenschaft, Hunger und Misshandlungen hatten) einer fernen Vergangenheit angehören. Bekanntlich verboten der dänische König und seine Regierung bereits 1792 jeden Handel mit Schwarzen auf den Weltmeeren. Daher sind die Neger, die heute auf den dänischen Plantagen und den übrigen Arbeitsplätzen auf den Inseln arbeiten, allesamt zu diesem Leben geboren und nur zu diesem Zweck – sie kennen schließlich kein anderes Dasein –, sie erleben es folglich kaum als »grausam« oder »unmenschlich«, zwei der bevorzugten Adjektive des Professors.

»Westindische Stimmen«, dessen Fertigstellung viele Jahre gedauert hat (Mikkel Eide reiste vor gut zwölf Jahren zum zweiten Mal nach Westindien), ist eine lange Reihe von Anklagen der Schwarzen gegen ihre weißen Herren. Hier wird von brutalen Strafen erzählt, von Ausbeutung, unmenschlicher Arbeit, Hunger, Vergewaltigungen und anderen sexuellen Übergriffen, ja, sogar von den grausamsten Formen von Mord! Eine grausame Lektüre, aber die große Frage ist doch, ob man diesen Berichten auch nur den geringsten Glauben schenken kann. Gibt es diese Neger überhaupt, und wenn, sind ihre Worte korrekt wiedergegeben? Kann man wirklich glauben oder sich einbilden, dass ein Pflanzer auf einer dänischen Insel Sklaven vor Kanonenmündungen in die Luft sprengt, ohne dass der Knall sozusagen bis Kopenhagen schallt?

Der Unterzeichnende dieses Artikels, dessen Familie mütterlicherseits seit Mitte des vergangenen Jahrhunderts selbst Plantagen auf Sankt Croix betreibt, hat unstreitig seine Zweifel. Aber es bleibt den Lesern natürlich selbst überlassen, ob diese »Stimmen« glaubwürdig sind oder nicht. Wenn es denn Leser für eine derart rabiate Anklageschrift in der dänischen Öffentlichkeit gibt.

Herbert Dorph

ANNA ELISABETH HEEGAARDS TAGEBUCH, CHRISTIANSSTED, SANTA CRUZ, OKTOBER 1848

14. Oktober. Es ist jetzt so still auf Bülowsminde. Heute Abend sind es genau drei Monate, seit Peter Santa Cruz als kranker und gebrochener Mann verlassen hat.

Ich sitze auf der Veranda vor dem Haus »Hafenblick«, das von Anfang an offiziell mir gehörte. Der Haushälterin, wohlgemerkt. Heute besitze ich alles: mehr als vierundzwanzig Gebäude auf diesem Berg, von dem aus man wie ein Fürst über sein Reich blicken kann.

Wie seltsam, wenn man es im Nachhinein bedenkt. Meine Großmutter wurde als Sklavin geboren, starb jedoch als vermögende Frau, hundertdrei Jahre alt! Und ich selbst bin eine der reichsten Frauen von Santa Cruz, habe mir aber meinen eigenen Wohlstand selbst geschaffen. Man sagte mir nach, ich hätte mich von frühester Jugend an Männern hingegeben, um an deren wohlwollende Fürsorge zu gelangen. Das entsprach niemals der Wahrheit, ich verkehrte mit ihnen, weil ich ihre Gesellschaft genoss und in ihre Kreise kommen konnte. Es ist bis heute nicht leicht für eine Farbige – so frei und hellhäutig sie auch sein mag –, in die bessere Gesellschaft aufgenommen zu werden. Peter und ich taten, was wir konnten, um diese Ungerechtigkeit aus der Welt zu schaffen, aber noch immer ist es so.

Der Feinste – in jeder Bedeutung dieses Wortes – der Männer, die ich kannte, war Peter. Er hatte einen feinen Charakter, war ein feiner Mensch mit einer ziemlich feinen und nicht sonderlich großen Gestalt, und er hatte tatsächlich auch einen feinen Titel. Und ihn nahm ich aus Liebe und aus keinem anderen Grund. So wie er mich nahm, denn so war Peter von Scholten: ein Mann, der von seiner Liebe getrieben wurde!

Er verdiente außerordentlich viel Geld in Westindien, seit er als junger Soldat und Taschenspieler zum ersten Mal seine Stiefel auf den Kai von Charlotte Amalie gesetzt hatte. Aber sein ganzes Leben litt er unter Geldmangel, ständig hatte er sein Geld in Häuser, in vermeintliche Geschäfte und ausschweifende Feste investiert, oder er hatte es Menschen geschenkt, denen er helfen wollte. Selten hatte er selbst Geld; ja, es endete damit, dass ich unseren gemeinsamen Besitz komplett übernehmen musste, vor allem diesen Landsitz, der heute den Charakter eines kleinen Dorfes hat: Bülowsminde. Und ich habe ihm Geld geliehen. In meiner Schublade lag ein Dokument, ein Schuldbrief auf viertausend Reichstaler Kurant, die ich Peter geliehen hatte, nicht lange, bevor unsere Welt in sich zusammenstürzte.

Sowie er abgereist war, holte ich ihn heraus und schrieb über den strengen Text auf Englisch folgende Worte: *Paid in full of all demand.* Es war das letzte Geschenk, das ich ihm machen konnte. An diesem Abend, drei Monate später, blicke ich hinunter auf die Insel, während die Sonne sich dem Horizont hinter den westlichen Höhenzügen nähert. Diese Berge sind am weitesten von mir entfernt. Hinter ihnen liegt Frederiksted und die offene See; die Straße dorthin, die Centerline Road, ist straff wie eine Violinsaite über die üppige Zuckerebene ausgespannt, den reichen Boden von Santa Cruz, aus dem der Reichtum von Jahrhunderten gewachsen ist.

Die Stadt, Christianssted, liegt eine halbe Meile östlich unter mir in der Dämmerung. Auch ihre Straßen sind schnurgerade und treffen in rechten Winkeln aufeinander. Vor der Stadt schwelt die Lagune in ihrem blaugrünen Licht, eingerahmt von einem leuchtend weißen Rand, wo sich die Wellen an dem breiten Bogen des Korallenriffs brechen.

Von hier aus kann ich im Süden und im Norden das Meer sehen, und an klaren Tagen reicht mein Blick bis Sankt Thomas und Sankt Jan und zu den britischen Inseln, von denen ich nur die Namen kenne.

Aber ich sehne mich nicht mehr nach fremden Orten, wie ich es getan habe, als ich jung war. Aus Santa Cruz stamme ich, hier ist meine Heimat.

Doch wie still ist es jetzt.

Wir feierten, Peter und ich. Wir luden Freunde und Bekannte aus nah und fern ein und füllten Bülowsmindes Speisesaal mit Gelächter und lautstarker Konversation. Pflanzer, Grafen und Barone, leichtfüßige Mädchen, Globetrotter und Abenteurer, freie Farbige, Kaufleute, Dichter und alle möglichen Künstler, Beamte und ihre Frauen, *people of substance*, waren hier zu Gast. Hier wurde gegessen und getrunken, getanzt, geplaudert und Zigarren unter dem Sternengewirr des pechschwarzen Himmels geraucht. Hier wurden Ränke geschmiedet und Pläne ausgeheckt.

Und den größten Plan von allen schmiedeten wir. Doch geschah dies nicht an einem Festabend, nicht bei einem Bacchanal, sondern in einer ernsten Stunde: Peter, John und ich saßen in dem kleinen, nach Westen ausgerichteten Salon und vereinbarten, wie sich das einhundertsiebzigjährige Joch der Sklaverei abwerfen ließe.

Ich bin ganz sicher, dass man sich an die Geschichte von Peter und der Sklavenbefreiung noch in vielen Jahren erinnern wird. Man wird davon sprechen. Denn die Geschichte hat alles, was zu einem guten Drama gehört. Generalgouverneur Peter Carl Frederik von Scholten, der stattliche weiße Mann, der den höchsten Titel der Inseln trug, der wie ein Freund mit den Schwarzen verkehrte, Mitleid mit ihnen hatte und ihnen schließlich die Freiheit schenkte.

Wie hoch ich Peter auch schätze und wie wichtig sein Einsatz auch war, so ist diese Version doch weit von der wahren Geschichte entfernt. Die Neger nahmen sich ihre Freiheit selbst, man konnte sie ihnen nicht länger verwehren. Dass es aber in diesem Zusammenhang zu keinem Blutvergießen kam – nicht ein einziger Weißer verlor sein Leben –, ist vor allem einem anderen Mann geschuldet, dessen Namen ebenso wenig in Vergessenheit geraten wird wie der meines Peters. Und er war sogar so etwas wie ein General:

John Gottlieb Buddo.

John ist nicht mehr auf Santa Cruz. Er wurde kurz nach dem 3. Juli fortgebracht, einem ungewissen Schicksal entgegen. Die weißen Männer, die von den Ereignissen nichts begriffen hatten, hielten ihn für den Anführer des Aufstandes. Es hieß, er hätte die Unruhen angestiftet, bei denen die ängstlichen Weißen auf die auf Reede liegenden Kriegsschiffe flüchteten und Peter nach Frederiksted fuhr.

Das ist nur ein Teil der Wahrheit. In den entscheidenden Stunden tat John alles, was in seiner Macht stand, um die aufgebrachten Sklaven zu beruhigen. Sein Einsatz rettete vermutlich sehr viele Menschenleben.

Aber lasst mich von John erzählen. Von General Buddo. Meinem und Peters Freund.

Als wir uns an einem Abend im Juni kennenlernten, war John achtundzwanzig Jahre alt. Ein junger Mann, aber mit einer besonderen Art von Autorität, die man weder kaufen noch durch einen Titel oder eine Position allein ausüben kann. Es gehört eine natürliche und ruhige Überzeugungskraft dazu, dank derer die Menschen ihm zuhörten.

Er wurde Maria Rosina als Sklave geboren, einer Feldarbeiterin auf der Plantage La Grange. Maria lebt noch, sie wohnt mit ihrem Mann Anthony, einem ehemaligen Rattenfänger, in Frederiksted. Ich vermute, dass sie um ihren verlorenen Sohn trauert. Ist sie stolz auf ihn? Ich hoffe es. Und ich fürchte, dass John möglicherweise sein Leben für die einzige Sache geopfert hat, für die es seiner Meinung nach wert war zu kämpfen.

John war Handwerker auf La Grange, als ich ihn vor ungefähr sieben Jahren kennenlernte. Man hatte ihn an die Plantage verliehen, die dem Mann meiner Cousine gehört, er wechselte gerade Dachschindeln am Dach der Veranda aus, als ich zu Besuch kam.

Ich fuhr in dem Gig, meiner kleinen Pferdekutsche, die ich allein lenken kann und mit der ich gern über die Insel fahre. Ich hielt vor der Veranda, und gerade, als ich einen Schritt auf die Treppe zuging, ertönte ein dumpfes Dröhnen, und eine enorme Staubwolke erhob sich an meiner rechten Seite – der Zimmermann war vom Dach gefallen. Es hatte lange nicht geregnet. Ich trat zur Seite und wischte mir den Staub aus dem Gesicht, hin- und hergerissen zwischen Verärgerung und der Sorge über seinen Zustand. Doch dann stand er auf, und unsere Blicke begegneten sich: ein schwarzes, staubiges Gesicht mit einem Grinsen auf den Lippen. Aber die Augen hatten eine besondere Intensität und schauten beinahe ernst.

»Entschuldigung, Miss«, sagte er. »Das war wirklich keine Absicht.«

Ich trat einen Schritt zurück. Der Staub hing in der windstillen Luft noch über dem Boden. Wir standen uns gegenüber. Er wischte sich Staub und Schweiß vom Gesicht und lachte kurz auf. »*More rain to Santa Cruz*«, sagte er auf Englisch.

»Wie bitte?« Es war ein Trinkspruch der Pflanzer, die nie genug Regen bekommen konnten. Nie genug Zucker, nie genug Geld.

»*More rain* …« Wieder lächelte er. »Miss …?«

Das war 1841, unfrei zu sein, war nicht mehr so wie ehedem.

»Heegaard.« Ich sah mit Vergnügen, wie sein Gesichtsausdruck sich veränderte: Die Mundwinkel sanken herab, er legte seinen Kopf etwas in den Nacken, als wollte er mich deutlicher sehen. Dann nickte er.

»Es tut mir leid, Miss Heegaard. Wie gesagt. Es war ein Missgeschick.« Er drehte sich um und ging zu einer Leiter an der Ecke des Hauses.

»Wer sind Sie?«, fragte ich. Etwas an seinem Benehmen und seiner Ausstrahlung hatte meine Aufmerksamkeit erregt.

Er zögerte.

»John«, antwortete er dann. »Zimmermann aus La Grange. John Gottlieb.«

Ich nickte ihm zu. »Guten Tag, John Gottlieb.« Ich wollte noch mehr sagen, doch Adam, der Mann meiner Cousine, kam auf die Veranda und begrüßte mich lautstark. Er ist ein großer, dicker Mann, der stets unglaublich schwitzt und dem es in den Niederlanden, wo er herstammt, sicher besser ginge.

Ich sah den jungen Zimmermann noch einmal, als ich mich ein paar Stunden später verabschiedete. Da stand er gerade an den Stallungen und plauderte mit zwei jungen Mulattinnen, die beide vermutlich Adam gehörten. Sie kicherten im Chor über irgendetwas, das John Gottlieb zu ihnen gesagt hatte, und Adam rief ihnen ein paar strenge Worte zu, woraufhin die Mädchen wie erschrockene Hühner davonliefen. Der Zimmermann schlenderte auf uns zu, als hätte er sehr viel Zeit.

»Ich bin fertig … Massa«, sagte er und schaute zum Dach hinauf. In der Mitte hoben sich die neuen Dachschindeln leuchtend gegen das alte Holz ab.

Adam warf einen raschen Blick hinauf, brummte und nickte.

»Gibt es noch etwas zu tun … Massa?« Ich sah, wie der junge Mann das Gewicht vom rechten auf das linke Bein verlagerte, und hatte das Gefühl, als würde sich auch in mir etwas verschieben. Er war von einem außerordentlich anziehenden Wesen.

Auf dem Heimweg ging er mir nicht aus dem Kopf. Vor meinem inneren Auge sah ich seinen jugendlichen Flirt mit den jungen Mulattinnen. Für mich war es schon immer merkwürdig, Angehörigen der Bevölkerungsgruppe zu begegnen, zu der ich mich eigentlich auch selbst zählen musste: den Mulatten. Allerdings wohnte ich im Haus des Generalgouverneurs, während John Gottlieb den Mann meiner Cousine Massa nannte. Und doch war es unter anderem die Art und Weise, wie er dieses Wort aussprach – diese alte respektvolle Anrede der Sklaven für die Männer, die über sie verfügten –, die mein Interesse weckte. Er sprach das Wort korrekt aus, doch sein Tonfall verriet ihn – er enthielt auch nicht ein Gran von Ehrerbietigkeit.

Abends in Bülowsminde erzählte ich Peter von ihm. Wir waren ausnahmsweise einmal allein in dem großen Speisesaal, den ich jetzt so gut wie nie mehr betrete. Er erinnert mich zu sehr an das unbekümmerte Leben vergangener Tage, und im Übrigen ist er bestimmt nicht dazu geeignet, sich allein darin aufzuhalten. Ich erinnere mich, dass Peter sofort ein gewisses Interesse an meiner Geschichte fand; er hatte viele Talente, aber am offensichtlichsten war seine Fähigkeit, hinter das Äußere der Menschen zu blicken und ihr wirkliches Wesen zu erkennen. Und etwas an meinem fast anekdotischen Bericht über den jungen Zimmermann von der Plantage La Grange muss eine Saite in ihm angeschlagen haben. Ich sah es seinem neugierigen Gesicht an.

»Wie alt ist er?«, erkundigte er sich.

»Schwer zu schätzen. Mitte zwanzig, würde ich sagen. Fünfundzwanzig. Nicht viel älter.«

Peter blickte auf seinen trockenen Madeira, den er kistenweise kaufte und in seinem tiefen Weinkeller aufbewahrte. Er schaute ins Glas, hob es an die Nase und schloss die Augen.

»Amüsante Geschichte, in der Tat«, sagte er und nippte an der goldgelben Flüssigkeit.

Ich dachte, das sei alles, John Gottlieb würde in unserem Leben nie wieder in Erscheinung treten. Doch es sollte anders kommen.

Einige Monate oder vielleicht ein halbes Jahr später erhielt ich einen Brief von ihm. Er wurde von einem jungen schwarzen Burschen abgeliefert, der auf einem Maultier den Berg hochgeritten kann. Ich saß unter unserem großen Flamboyantbaum vor der Kapelle und las in Pauldings *View on Slavery in the United States* – einer dreihundertseitigen, abscheulichen Verteidigung der Sklaverei, die er unter anderem damit begründet, dass sie so oft in der Bibel erwähnt werde und daher gottgefällig sein müsse! Von meinem Stuhl aus konnte ich die lange, gewundene Einfahrt zu unserem Anwesen überblicken, und so sah ich, wie der Junge sich von seinem grauen Reittier gleiten ließ und mit einem Brief in der Hand zum Torhaus schlich.

Ich legte Pauldings Buch beiseite und ging rasch durch den Garten zum Tor. Es gab keinen Wächter, das war nicht nötig, außerdem mochte ich es nicht, wenn großgewachsene Männer ihre Zeit damit vertrödelten, ein Anwesen zu bewachen, das ruhig und friedlich an einem einsamen Ort lag, lediglich eine halbe Meile von Christianssted entfernt.

Der Junge blieb stehen, als er mich sah. Er war ein kleiner schwarzer Bursche, höchstens zwölf Jahre alt. Um den Mund und in den Haaren hatte er Straßenstaub. Ich fragte nach seinem Anliegen.

»Ein Brief, gnädige Frau«, sagte er und reichte mir ein schmutziges, zusammengefaltetes Blatt Papier. Ich nahm es. Auf der Vorderseite stand »Miss Heegaard«. Ich drehte es um. Nichts auf der Rückseite.

»Komm her«, forderte ich den Jungen auf. Er zögerte, aber als ich ihn streng ansah, band er das Maultier an einen Busch am Torhaus.

Wir gingen durch den Garten zur Kapelle, und ich zeigte auf meinen Stuhl unter dem Baum. »Setz dich«, sagte ich und ging ins Haus, um das Küchenmädchen zu suchen. Ich schickte sie mit einem Eimer Wasser hinaus und goss ihm selbst ein Glas Limonade aus meiner Karaffe ein. Das Mädchen wusch dem Jungen das Gesicht mit einem nassen Lappen. Er schnitt eine Grimasse und drehte den Kopf zur Seite, aber sie gab ihm eine Ohrfeige und schimpfte mit ihm, bis er still saß. Sie ist ein recht handfestes Mädchen.

»So«, sagte ich, »das reicht. Bring seinem Esel den Eimer Wasser.« Ich sah den Jungen an. »Hast du Hunger?« Er antwortete nicht und blickte zu Boden, und ich wusste, dass er heute noch nichts gegessen hatte. Als das Mädchen zurückkam, bat ich sie, ihm etwas Brot und Wurst und was sonst noch in der Vorratskammer zu finden war zusammenzupacken.

Während wir darauf warteten, dass sie mit einem Korb für den Jungen zurückkehrte, öffnete ich den Brief und überflog hastig die wenigen Zeilen. Es war keine Bitte, die eine schriftliche Antwort verlangte.

Als das Mädchen mit dem Korb kam, belohnte uns der Junge mit einem so hastigen Lächeln, dass ich es beinahe übersah. Ich lächelte zurück.

»Jetzt aber ab mit euch«, sagte ich, »du hast doch bestimmt noch etwas für deinen Herrn in Christianssted zu erledigen, oder?«

Er nickte. Der untere Teil seines Gesichts war sonderbar sauber im Verhältnis zu seinem noch staubigen Kopf. Ein wenig glich er einem kleinen alten Mann mit grau gewordenem Haar.

Als der Junge verschwunden war, las ich den Brief noch einmal.

Miss Heegaard!
Ich bin im Gefängnis in Frsted. Bekomme nichts zu essen, nur Prügel. Und ich habe nichts falsch gemacht! Erinnern Sie sich an mich?
John Gottlieb

Ja, ich erinnerte mich an ihn. Ich konnte nicht behaupten, sonderlich oft an ihn gedacht zu haben – eine zufällige Begegnung mit einem Sklaven aus dem Westen der Insel –, aber ich hatte ihn auch nicht vergessen. Und nun ging mir durch den Kopf, wie viele Sklaven im Gefängnis oder an anderen Orten eingesperrt waren, ohne jemals die Gelegenheit zu haben, der Freundin des Generalgouverneurs zu schreiben. Der junge John Gottlieb war nicht wie die meisten.

Peter war im März nach Dänemark gereist, daher ließ ich seinen Kutscher Ludvig den Wagen vorbereiten und fuhr am nächsten Morgen den Berg hinunter nach Frederiksted, während die Sonne sich hinter uns am Himmel erhob.

Wir hielten in der Kongensgade am Polizeirevier und dem Gefängnis der Stadt. Im Vorzimmer stand ein Gardist in roter Jacke im Halbschlaf. Er zuckte zusammen, als ich den Raum betrat, und als ich mich vorstellte, blinzelte er und nickte eifrig. Er öffnete die Tür zum Wachlokal. Hinter dem Schreibtisch saß ein Weißer unbestimmbaren Alters, aber ein eher jüngerer Mann. Ich erklärte ihm mein Anliegen und verlangte, mit Polizeimeister Andreson zu sprechen – dem Mann, der heute beinahe als Herostrat berühmt ist, weil ihn am 3. Juli, am Abend des Aufstands, der Mut verließ und er seinen Posten im Stich ließ.

Einen Augenblick später saß ich Andreson in seinem Kontor in der ersten Etage gegenüber.

»Miss Heegaard«, begrüßte er mich, »was verschafft mir die Ehre? Was bringt Sie nach Frederiksted?«

Ich nickte ihm zu und zog meine Handschuhe aus, einen Finger nach dem anderen, eine Hand nach der anderen, bevor ich antwortete.

»Ein Häftling. John Gottlieb.«

Andreson runzelte die Stirn. Er war blass, und sein blondes Haar war von grauen Strähnen durchzogen, wie ein Strohbündel, in dem einzelne Halme anfingen zu faulen.

»Buddo?«, fragte er. »Was haben Sie denn mit dem zu schaffen? Ein einfacher Sklave und Dieb von der Plantage La Grange.« Er lächelte verlegen.

Ich erwiderte sein Lächeln nicht. »Ich wusste nicht, dass er mit Nachnamen Buddo heißt. Aber ich kenne ihn von früher. Ich habe überlegt, ihn dem Pflanzer von La Grange abzukaufen.«

Andreson schob die Lippen vor und lehnte sich auf seinem Stuhl zurück. Es ertönte ein trockenes Knirschen.

»Steht er denn zum Verkauf?«, wollte er wissen.

Ich zuckte die Achseln. »Das ist nicht wesentlich, das wissen Sie genau.«

Einige Jahre zuvor hatte es einen Erlass gegeben, dass Schwarze sich zu ihrem aktuellen Wert selbst freikaufen konnten oder die Möglichkeit hatten, sich einen neuen Herrn zu suchen, wenn er sie oder ihn zum Tagespreis übernahm.

»Das ist richtig«, gab Andreson zu. »Aber warum gerade ihn? Er ist ein frecher, aufsässiger Bengel.«

»Wie alt ist er?«

»Einundzwanzig, vielleicht zweiundzwanzig. Geboren um 1820.«

»Also nicht unbedingt mehr ein Bengel?«

»Sie sollten hören, wie er sich aufführt, Miss Heegaard. Schlimm genug, dass wir ihn hierbehalten müssen. Da er jetzt auch wegen Diebstahls sitzt.«

»Was hat er gestohlen?«

»Lebensmittel.«

Wie so oft ahnte ich, dass es sich bei den wenigen Worten und kurzen Sätzen um eine viel größere Geschichte handelte. Genauso ist es, wenn man in den alten Gerichtsbüchern liest, die es im Gouvernementsgebäude von Christiansted gibt: Wortkarge, nüchterne Beschreibungen von Grausamkeiten und menschlichem Unglück. Strafen, zumindest früher, die kaum zu begreifen sind. Aber ich hatte nicht vor, den blassen Polizeimeister auszufragen, um so vielleicht ein Viertel der Geschichte zu erfahren.

»Lassen Sie mich mit ihm sprechen«, verlangte ich.

Er kam mit Einwänden, aber ich hielt seinem Blick stand, ohne eine Miene zu verziehen. Er bemerkte es schließlich und erinnerte sich daran, wer ich war. Zehn Minuten später stand ich in der Zelle mit dem nackten Steinfußboden, in die man John gesperrt hatte. Er saß auf dem Boden, den Rücken an die weißgekalkte Mauer gelehnt, in einer abgewetzten Hose und einem zerrissenen Hemd, das ihm viel zu groß war. Es war nicht kalt in dem Raum, aber auch nicht warm. Wäre es nicht eine Zelle gewesen, hätte man die Temperatur angenehm nennen können.

»Guten Tag, John.«

Er hob den Kopf, und ich sah, dass seine Lippe aufgeplatzt war. Das Blut hatte dunkle Flecken auf seinem Hemd hinterlassen.

»Sie sind gekommen«, sagte er. Aufgrund der geschwollenen Lippe sprach er ein wenig undeutlich. Ich nickte.

»Ich will hier raus. Ich bin so hungrig.« Er war längst nicht mehr so keck wie beim ersten Mal, als ich ihn gesehen hatte. Ich hätte etwas zu essen mitnehmen sollen.

»Wie lange sind Sie schon hier?«, wollte ich wissen. Aber er schüttelte nur den Kopf, er wusste es nicht.

»Gut zwölf Tage«, ertönte es von Andreson hinter mir. Er war mir die Steintreppe hinunter gefolgt und stand nun neben der offenen Zellentür. Es gab kein Gitter, nur eine solide Tür mit einer Luke oben. Auch in dieser Öffnung gab es kein Gitter, allerdings war sie zu klein, um sich hindurchzuzwängen, egal wie lange jemand gehungert hatte.

Ich drehte mich zu dem Polizeimeister um. »Ich nehme ihn mit«, erklärte ich.

»Aber … aber ich muss erst mit dem Pflanzer von La Grange reden.«

»Schimmelmann?«

Andreson schüttelte den Kopf. »Natürlich nicht. Den Verwalter meine ich. Ramsay.«

»Steh auf«, forderte ich John auf. »Wir gehen jetzt.«

»Aber …«, sagte Andreson noch einmal. Mehr kam nicht. Hinter mir kam der junge Mann auf die Beine. Mühsam. Wieder drehte ich mich um. Er sah erbärmlich aus mit der geschwollenen Lippe und dem blutbefleckten Hemd.

»Ich werde auf La Grange vorbeifahren«, sagte ich. »Ramsay wird keine Probleme machen. Ich kenne ihn. Wenn nötig, nehme ich ihn mit zu Oxholm.«

Regierungsrat Frederik Oxholm war der amtierende Generalgouverneur während Peters Abwesenheit. Sonst war es immer Søbøtker gewesen, der Gouverneur von Sankt Thomas, doch der war auf einer seiner »Rekreationsreisen«, und Oxholm hatte übernehmen müssen. Dieser Mann hatte im Laufe der letzten Jahre die Maske vollkommen fallengelassen, er war ein erklärter Feind des Generalgouverneurs, hatte aber keinerlei Unterstützer. Ich spielte also ein gewagtes Spiel bei dem Gedanken, Ramsay von der amtierenden Obrigkeit zur Ordnung rufen zu lassen. Oxholm und ich sprachen so gut wie nicht miteinander, Oxholm verachtete Peters Lebensweise und alles, was damit zusammenhing, und er versäumte keine Gelegenheit, seinen Standpunkt überall lautstark zu bekunden.

Ich sah Andreson an, dass er zögerte, daher nutzte ich die Gelegenheit, griff nach Johns Ellenbogen und führte ihn zur Tür. Der Polizeimeister und ich blickten uns einige Sekunden an, dann trat er zur Seite, und wir verließen die Zelle.

»Machen Sie sich keine Sorgen, Andreson«, beruhigte ich ihn. »Ich werde dafür sorgen, dass Ihr Häftling nicht verschwindet. Und er hat ja schließlich niemanden ermordet, oder? Nur ein bisschen was aus der Vorratskammer genommen, war es nicht so?«

Wir gingen die Treppe hinauf, zuerst ich, dann John Gottlieb und schließlich der Polizeimeister. Als wir die Wachstube betraten, hatte Andreson sich ein wenig erholt.

»Sie müssen die Abholung aber zumindest quittieren«, erklärte er mit demonstrativer Würde. Er holte das Arrestbuch. Als er zurückkehrte, las ich die Zeile, die er John Gottlieb Buddos Namen hinzugefügt hatte – »übergeben an c/o Miss Anna Elisabeth Heegaard, die es hiermit bestätigt« – und setzte meine flott geschwungenen Initialen ganz unten auf die Seite.

AUSZUG AUS JAMES K. PAULDINGS »VIEW OF SLAVERY IN THE UNITED STATES«, 1836

Das Studium des Alten Testaments zeigt, dass die Abolitionisten hier keine Untermauerung für ihren Standpunkt finden, die Sklaverei würde dem Wort Gottes widersprechen. Sie können in der betreffenden Frage lediglich einen Text geltend machen: Derjenige, der einen Menschen stiehlt, soll mit dem Tode bestraft werden. Die Sklaverei hingegen wird in der jüdischen Gesellschaft ausdrücklich zum Gegenstand gesetzmäßiger Regulierungen gemacht. Und dies, wohlgemerkt, ohne dass der göttliche Gesetzgeber an auch nur einer Stelle seine Missbilligung ausdrückt. Es ist daher einleuchtend, dass die Todesstrafe für einen »Menschendieb« nicht für diejenigen gilt, die Sklaven halten, die sie im Krieg gefangengenommen oder durch Kauf oder Erbe erworben haben. Das Ziel dieser Bestimmung war zweifellos dasselbe wie das geltende Recht in den amerikanischen Südstaaten, in dem eine strenge Strafe für denjenigen festgesetzt wird, der einen Sklaven seinem rechtmäßigen Besitzer stiehlt oder von ihm fortlockt. Ein Gesetz, das allein darauf abzielt, dieses besondere Eigentum abzusichern.

POLIZEIBERICHT BETREFFEND DEN SKLAVEN JOHN GOTTLIEB, LA GRANGE PLANTATION, FREDERIKSTED, APRIL 1842

An diesem Dienstag, 12. April 1842, hat der Unterzeichnende den Sklaven John Gottlieb Bordeaux in der Zelle des Polizeireviers in Verwahrung genommen. John Gottlieb Bordeaux wird Diebstahl von Lebensmitteln aus der Vorratskammer der Plantage La Grange, Frederiksted vorgeworfen.

Der Verhaftete wurde vom Verwalter Alexander Ramsay angetroffen, als er mit den gestohlenen Effekten zur Zuckermühle der Plantage schlich. Der Verwalter erklärte, es sei zum dritten oder vierten Mal vorgekommen, dass Bordeaux ohne Erlaubnis die Mühle aufgesucht habe und er bisher Gnade vor Recht habe walten lassen. Nun aber müsse ein Exempel statuiert werden, da der Sklave, nach dem Vorfall zu urteilen, nicht bereit sei, sich zu bessern. Er brachte Bordeaux hierher, um ihn in eine Zelle sperren zu lassen, da es laut Generalgouverneur Peter von Scholtens Erlass verboten ist, dass die Plantagen selbst Strafmaßnahmen in Form von Verwahrung vornehmen.

Gebührend verhört, erklärt der Sklave John Gottlieb Bordeaux, dass er sich seit einiger Zeit verpflichtet fühle, Lebensmittel zur Mühle von La Grange zu bringen, weil ein älterer Sklave, der dort während der Ernte arbeite, angeblich sein Vater sei. Die Verwandtschaft ist laut Ramsay jedoch nicht belegt. Der betreffende Sklave, der zu den Ältesten der Plantage gehört, hat in den letzten Monaten mehrmals, vielleicht als Ausdruck einer dem Alter geschuldeten geistigen Störung, versucht, von der Plantage zu fliehen, obwohl eines seiner Beine Wunden aufweist und übel riecht. Der Alte wurde jedes Mal zurückgebracht. Er ist nun an der Zuckerpresse der Mühle in Ketten gelegt, und seine einzige Pflicht ist es, die Halme zwischen die Walzen zu stecken, die die anderen Sklaven ihm bringen.

Der Verwalter Ramsay erklärt, der alte Sklave sei ausgesprochen konfus und habe möglicherweise nicht immer dasselbe zu essen bekommen wie die anderen.

Polizeimeister Andreson und der Unterzeichnende haben gemeinsam entschieden, dass der Sklaven John Gottlieb Bordeaux in der Zelle zu verbleiben hat, bis er seine falsche Handlungsweise einsieht und bereut.

Frederiksted, 12. April
Polizeiadjutant E. Didrichsen

BRIEF: MARIA EIDE AN PETER VON SCHOLTEN, SOLITUDE, SANKT THOMAS, APRIL 1835

Lieber Peter!

Es ist jetzt mehr als eine Woche her, dass ich die furchtbare Nachricht von Mikkels Tod bekam. Er hielt sich zur gleichen Zeit wie Du in Kopenhagen auf, wurde krank und lag zehn Tage in der Wohnung seines Verlegers im Bett, bevor sein Körper aufgab. Laut Thomas de Souza Fieber und eine kranke Lunge.

Ein merkwürdiges Gefühl der Unwirklichkeit erfüllt mich. Jeden Morgen wache ich auf und habe es vergessen, und dann trifft es mich mit erneuter Kraft. Mikkel war einer der besten und großzügigsten Menschen! All seine Zeit, all seine Mittel setzte er für das ein, woran er glaubte. Oh, wie ungerecht ist es doch, dass solch ein Mann so jung sterben muss. Wir hatten noch so viele Pläne.

Aber Peter, Du bist doch mein Freund, darf ich Dir etwas gestehen? Es ist furchtbar, doch auf der anderen Seite auch wieder nicht. Ich war so voller Respekt und Hingabe Mikkel gegenüber, und man kann sagen, dass er mich auf seine Weise im Sturm genommen hat, als er vor zwölf Jahren plötzlich erklärt hat, er würde mich hierher begleiten. Tief in meinem Inneren hatte ich Angst, Dänemark allein zu verlassen, obwohl ich in all den Jahren spürte, dass meine wirkliche Heimat Westindien ist. Aber das Geständnis, Peter, das furchtbare … ich habe ihn nicht genügend geliebt. Ich mochte und respektierte ihn, und mehr als alles andere wünschte ich, dass es ihm gut gehen und er Erfolg haben möge mit dem schwierigen Ziel, das er sich gesetzt hat. Aber ihn geliebt, Peter, wirklich geliebt, wie eine Frau ihren Ehemann lieben sollte, das tat ich nur ansatzweise. Bin ich deshalb eine schlechte Frau?

Ich weine, während ich diese Worte schreibe; so schlecht kann ich also nicht sein. Es herrscht eine erschreckende Leere hier auf Solitude, Peter, und ich fürchte, dass ich sie nie ausfüllen kann. Was macht eine Frau allein auf einem Berg mit einer Horde Schwarzer? Obwohl sie selbst zum Teil schwarz ist?

Oh, Peter, sag, dass ich nach Sankt Croix kommen und Dich besuchen darf! Sag, dass ich einige Tage auf Bülowsminde wohnen darf und dort vielleicht Frieden finde. Ich weiß, dass Du mir helfen kannst, Peter.

Meine ergebenen Grüße
Maria

BRIEF: PETER VON SCHOLTEN AN JOHANNES SØBØTKER, KOPENHAGEN, DEZEMBER 1839

Lieber Søbøtker,

ich muss Ihnen hiermit in tiefster Trauer mitteilen, dass Seine Majestät König Frederik VI. von uns gegangen ist. Der König schlief nach einer langen Zeit der Schwäche still ein.

Ich erwarte, sehr bald Seine Majestät König Christian VIII. zu treffen, um mit ihm die westindischen Verhältnisse zu besprechen.

Ich halte mich noch in Kopenhagen auf, werde aber schon bald zurückkehren, um das Gouvernement auf die Veränderungen vorzubereiten, die der Tod Seiner Majestät mit sich bringen könnte.

Ich war nicht auf dem Schloss, als der König starb, sondern wurde heute Morgen informiert, unmittelbar nachdem das traurige Ereignis eingetreten war. Frau Rikke Dannemand und ihre Tochter Louise, deren Vater Seine Majestät ist, waren beim Fortgang des Königs anwesend. Nach vorläufigen Berichten starb Seine Majestät am Morgen des 3. Dezember, unmittelbar nachdem der Arzt ein Pflaster mit Spanischer Fliege von seiner Brust entfernt hatte.

Wie Sie sicher wissen, war der König nicht mehr er selbst nach dem Schwächeanfall, der ihn vor mehr als fünf Jahren überkam. Laut den Ärzten versagten am Ende die Lungen, doch bereits im September bemerkte ich, dass es nicht gut um ihn stand: Ich hatte die Ehre, an einem Reitausflug Seiner Majestät teilzunehmen, wobei das Unglückselige geschah, dass dem König schwindlig wurde und er vom Pferd fiel. Obwohl er sofort wieder auf die Beine kam und sich in den Sattel schwang, war uns Begleitern klar, dass er offensichtlich geschwächt war.

Am Abend vor Seiner Majestät Tod hielt er die übliche Besprechung mit seinen engsten Beamten und hochstehenden Offizieren ab. Bereits da hatte er große Atembeschwerden und wirkte entkräftet.

Die junge Ordonnanz des Hofes, die mir das Geschehnis meldete, berichtete, dass Königin Maria außer sich sei vor Trauer. Sie habe sich lange geweigert, die Leiche des Königs zu verlassen, nachdem sie am Morgen in seine Schlafkammer gekommen sei und geäußert habe, der König sehe aus, als würde er tief und fest schlafen. Darauf habe der Kammerdiener des Königs geantwortet: »Es ist der ewige Schlaf, den der König schläft, Eure Majestät.«

Da ich vermute, dass Sie inzwischen von Ihrer Rekreationsreise zurückgekehrt sind und wieder Ihr Amt in Sankt Thomas bekleiden, möchte ich Sie bitten, so bald als möglich den amtierenden Generalgouverneur Oxholm über das Ereignis zu orientieren. Ich habe nicht ihm geschrieben, nur Ihnen.

Ich muss nun sofort die anderen anstehenden Dinge nach des Königs Tod regeln und beeile mich, Ihnen meine ergebenen und zuvorkommenden Grüße zu senden.

Peter von Scholten

BRIEF: PETER VON SCHOLTEN AN GENERAL UND KAMMERHERR FRANTZ VON BÜLOW, KOPENHAGEN, 3. DEZEMBER 1839

Eure Exzellenz, General Frantz Bülow!

Was folgt, ist eine persönliche, vertrauliche Mitteilung.

Bitte nehmen Sie mein tiefstes Beileid aus Anlass des Fortgangs Seiner Majestät König Frederiks VI. entgegen. Ich bin mir natürlich vollkommen im Klaren darüber, dass Eure Exzellenz heute und in der nahen Zukunft sehr viel zu tun haben, und ich möchte Sie in dieser schweren Zeit nicht unnötig belasten. Ich habe jedoch das Gefühl, dass es sehr wichtig ist, Ihnen gegenüber Folgendes zu erwähnen: Während der relativ langen Periode, in der ich, wie Ihnen bekannt ist, regelmäßig Mittel für Seine Majestät in London deponierte, habe ich dem König schriftliche Quittungen der deponierten Beträge übergeben. Da es der Wunsch seiner Majestät war, dass diese Mittel, die ich über die Jahre in seinem Sinn akkumuliert habe, zu einem besonderen, ganz privaten Zweck eingesetzt werden, der die Öffentlichkeit, den Hof oder die dänische Obrigkeit nichts angeht, denke ich, es ist das Richtige, diese Dokumente nicht in den Nachlass einfließen zu lassen. Sie würden nur Fragen aufwerfen, die heute niemand beantworten mag. Sollte Eure Exzellenz wünschen, diese Frage mit mir zu erörtern, stehe ich Eurer Exzellenz selbstverständlich zur Verfügung.

Meine ergebensten Grüße
Peter von Scholten

BRIEFAUSZUG: DER AMTIERENDE GENERALGOUVERNEUR JOHANNES SØBØTKER, CHRISTIANSSTED, SANKT CROIX, AN KÖNIG CHRISTIAN VIII., FEBRUAR 1840

Ich habe die Ehre, hiermit untertänigst zu berichten, dass Eurer Majestät allerhöchste Verfügung vom 7. Dezember des vergangenen Jahres, in der der Fortgang des hochseligen Königs Frederik VI. durch den Tod und Eurer Majestät Regierungsantritt verkündet wird, am Morgen des 28. Januar dieses Jahres in meine Hände gelangte. Und ich bitte untertänigst für mich und Eurer Majestät übrige treue Untertanen auf diesen Inseln, sowohl die tiefe Trauer und Betrübnis, mit der das erste Ereignis die Herzen aller erfüllt hat, ausdrücken zu dürfen und gleichzeitig die Freude über die Nachricht von Eurer Majestät Thronbesteigung und die damit wieder auflebende Hoffnung, dass der Allmächtige Eurer Majestät vergönnen möge, lange und glücklich über Euer treues und ergebenes Volk zu herrschen.

BRIEF: PETER VON SCHOLTEN AN MARIA EIDE, KOPENHAGEN, SEPTEMBER 1853

Liebe Maria,

heute bin ich am nördlichen Kai von Nyhavn in der warmen spätsommerlichen Luft spazieren gegangen. Ich strecke noch immer täglich meine alten Beine, ich glaube, sonst würde ich schon bald die Fähigkeit zu gehen verlieren. Vor der Hausnummer 11 stand eine Horde Straßenjungen und plärrte die alten Verse, während sie auf die kleine Figur mit dem Zuckerhut über dem Tor zeigten:

Wer klopft da an die Türe an?
Das ist der Peter Ankermann.
Und wer macht auf vor Übermut?
Das ist der Peter Zuckerhut.

Als ich vorbeiging, verstummten sie und kicherten verstohlen; sie wissen, wer ich bin. Oder war. Sie kennen den gebrechlichen Alten, obwohl er sich längst nicht mehr ähnlich sieht.

Ich weiß ja, genau wie sie, was der Volksmund sagt: dass ich Peter Zuckerhut gewesen bin – derjenige, der dafür sorgte, dass der Zucker ins dänische Reich floss. Symbolisiert durch den kleinen Mann aus Stein, der mit einem frisch gegossenen Zuckerhut in der einen und dem Gusstiegel in der anderen Hand über dem Eingang zu Römers alter Zuckerraffinerie steht. Während Peter Anker ja tatsächlich der Name eines Gouverneurs von Trankebar, unserer alten Handelsstation in Indien, war. Und warum klopft er an, und an wessen Tür? Manchmal wundere ich mich über die Phantasie der einfachen Leute: Es ist doch bloß ein Kinderreim.

Ich ging weiter bis zum Ende des langen Hafenbeckens, bog links ab zum Kvæsthuskai und genoss die angenehme Temperatur und den Anblick der Sonne in dem ruhigen Wasser. Es wehte so gut wie kein Wind. Die Möwen kreisten und kreischten über dem alten Mastkran auf Holmen.

An meinen Augen merke ich, dass ich richtig alt geworden bin; aber ich sehe mit diesen Augen auch noch etwas anderes: meine gespaltene Liebe zu dieser kalten Stadt, zu ihrer Umtriebigkeit und Lebenskraft. Nichts hat Kopenhagens Entwicklung aufhalten können. Obwohl ich mich auf Sankt Thomas aufhielt, als es geschah, bin ich alt genug, um mich an den feigen Beschuss durch die Engländer zu Beginn des Jahrhunderts zu erinnern. Damals wurden große Teile der Stadt in Schutt und Asche gelegt, aber sie erhob sich wie der Vogel Phönix – nach dem vernichtenden Krieg nahezu allem beraubt, aber bereit, neuen Wohlstand aus der Asche zu schaffen.

So etwas gelingt Städten und Ländern. Menschen vermögen es nicht; ich spüre, dass meine Jahre gezählt sind. Und wieder denke ich: Was hat das alles für einen Sinn? Wenn man am Schluss doch alles verliert, was ist es dann wert?

Wenn ich jetzt zurückdenke, sehe ich, dass es in meinem Leben eigentlich nur wenige Momente oder Wendepunkte gab, an denen das Bestehende keine Gültigkeit mehr hatte und alles eine neue Richtung nahm: Sprogø, natürlich, meine späteren Ernennungen in Westindien, die Begegnung mit Nanan, den Julitag, an dem ich nach Frederiksted fuhr, um die Rolle zu spielen, die die Geschichte mir zugedacht hatte.

Den Tod Frederiks VI.!

Damit endete eine Ära. Frederik war für mich wirklich eine Vaterfigur; er hatte mir mehr als irgendjemand sonst geholfen. Ich war im Schein seines Wohlwollens aufgeblüht, doch nun drohte ein ganz anderes Licht, ein grelles und entlarvendes!

Ich hatte Angst vor der Zukunft, und durchaus zu Recht. Christian VIII. hatte kein Interesse, einen Generalgouverneur in einer fernen Kolonie zu begünstigen, deren Bedeutung mit jedem Tag geringer wurde: Die Zuckerpreise fielen stetig, jeder sah, dass die Tage der Sklaverei gezählt waren – nun ja, möglicherweise war der König einer der Wenigen, die ausgerechnet dies nicht sehen konnten. Jedenfalls hatte Christian VIII. keine Nebenfrau, deren Kinder mit Gold aus einer Tonne versorgt werden mussten, für deren regelmäßige Füllung der dänische Generalgouverneur sorgte!

Dieses Geld wollte er im Übrigen gern haben. Als die Quittungen von Lawrence & Sons in London eines Tages in König Frederiks Nachlass auftauchten, ließ der neue König die verbliebene Summe – ungefähr eine Million Reichstaler – in seine eigene Schatzkammer überführen, obwohl es im engen Kreis des Hofes allgemein bekannt war, dass Frederik dieses Geld Rikke Dannemand und ihren gemeinsamen Kindern zugedacht hatte.

Bülow war es zuvor nicht gelungen, die besagten Quittungen aufzutreiben und zu entsorgen, und nun war auch Bülow fort. Seine letzte Amtshandlung bestand darin, den Salut der Kanonen bei Frederiks Begräbnis zu befehlen. Ein weiterer Wohltäter des Generalgouverneurs fiel somit weg.

Dafür tauchten nun die Feinde wie die Termiten auf: Heilbuth, dieser kriecherische Jude, dem ich selbst zu einer Karriere in meiner Administration verholfen hatte. Obwohl er noch eine Vertrauensstellung in Charlotte Amalie innehatte, richtete er in aller Öffentlichkeit und in Kopenhagener Schmutzblättern wie »Fædrelandet« und »Kjøbenhavnsposten« die giftigsten Angriffe wegen Korruption und Amtsmissbrauch gegen mich. Joackim Magens, der ehemalige Landvogt auf Sankt Jan, der in seinem Wahnsinn behauptete, ich sei in unerlaubten Sklavenhandel und Betrug an der Krone involviert und stecke zu allem Überfluss mit Seeräubern unter einer Decke! Beide Herren musste ich vor Gericht zerren, wo sie verurteilt wurden. Aber ach, nach der Anrufung des Obersten Gerichtshofes durch die Kläger bekam ich nur zum Teil Recht.

Und Frederik Oxholm, diese Schlange, die ich an meiner Brust nährte. Ich verhalf ihm zu hohen Posten in Westindien, er war Gouverneur auf Sankt Thomas in Søbøtkers Abwesenheit und einmal sogar Generalgouverneur, als ich auf einer Reise in Dänemark gewesen bin. Er entwickelte sich so seltsam, dass ich mich manchmal fragte, ob er den Verstand verloren hatte. Er kicherte wie ein betrunkenes Weibsstück und redete lauthals über die heikelsten Angelegenheiten. Mir war dabei so unwohl, dass ich ernsthaft überlegte, ihn beseitigen zu lassen. Glaub nicht, dass ich nicht die Macht dazu gehabt hätte, viele Soldaten in Sankt Croix fühlten sich dem Generalgouverneur mehr als verpflichtet!

Doch als ich 1840 nach Christianssted zurückkehrte, gut ein halbes Jahr nach König Frederiks Tod, hatte man noch einen gefährlichen Hai ins Fischbecken geworfen: Die dänische Regierung hatte einen neuen Regierungsrat nach Westindien entsandt: C. F. Kunzen, einen Mann, dessen Beharrlichkeit und unwiderlegbar scharfes Gehirn mir in den nächsten Jahren die schlimmsten Qualen verursachen sollte.

Die westindische Regierung hatte jahrelang keinen realen Einfluss auf die Leitung der Inseln. Seit meiner Ernennung zum Generalgouverneur 1827 hatte ich umsichtig dafür gesorgt, dass diese Versammlung sich nur mit belanglosen Bagatellen beschäftigte. Seit vielen Jahren war es außerdem Brauch, dass die Mitglieder sich aus ihren eigenen Reihen rekrutierten: Trat jemand aus der Regierung aus, wurde er durch einen anderen örtlichen Beamten ersetzt, der den bequemen Zugang zu Nebeneinnahmen und gute Gratismahlzeiten im Gouvernementsgebäude mehr schätzte als die Möglichkeit, die Entwicklung Westindiens zu beeinflussen.

Ich selbst traf sämtliche wichtige Beschlüsse für das Beste der Inseln – und hin und wieder für mein Bestes –, und die Regierung war zufrieden, wenn sie entscheiden durfte, welche Nuance die gelbe Farbe das Zollgebäude von Christianssted haben sollte oder wie oft der Schoner Vigilant die Post nach Sankt Jan zu bringen hatte.

Kunzens Erscheinen bedeutete eine dramatische Veränderung dieser realen Situation. Waren die Regierungsmitglieder bisher reine Marionetten gewesen, die kaum eine Augenbraue gehoben hätten, wenn ich auf die Idee gekommen wäre, im Vorhof von Christiansværn ein französisches Bistro einzurichten, so war Kunzen vom ersten Moment an so neugierig wie die sprichwörtliche Katze. Mit dem Unterschied, dass seine Neugierde ihn kaum das Leben kosten würde.

Der Mann hatte seine Ernennung schon bald nach Frederiks Tod erhalten, als ich mich noch in Dänemark aufhielt. Ich war ihm während einer Audienz beim neuen König kurz begegnet, und nach weniger als zwei Minuten – oder besser, in dem Moment, als ich ihn sah – wusste ich, dass er zu einem spitzen Stein in meinem Schuh werden würde.

Es heißt, man soll vorsichtig sein, Menschen nach ihrem Äußeren zu beurteilen; meiner Erfahrung nach lässt sich auf dieser Basis jedoch häufig ziemlich viel über einen Mann sagen. Mit Frauen ist es ein wenig komplizierter, was möglicherweise an dem blinden Fleck liegt, unter dem die meisten Männer leiden, wenn sie das hübsche Geschlecht betrachten. Aber Kunzen …

Ein nicht sonderlich großer Mann – ich selbst bin es bekanntlich auch nicht –, aber soweit recht nett und wohlproportioniert, obwohl er kaum größer ist als ein Kind, dazu äußerst gut gekleidet, wenn auch ein wenig zu konservativ. Er hält sich nicht nur gerade, er ist richtiggehend steif, und wenn er sich zu jemandem umdreht – wie lebensfreudigere Männer sich nach einer hübschen Frau auf der Straße umdrehen, was Kunzen kaum jemals getan haben dürfte, vermutlich weil er ganz einfach zu klein ist, um bei irgendeiner Frau Interesse an seiner Person zu erregen –, sieht es aus, als drehe er den gesamten Oberkörper im Hüftgelenk. Ist sein Nacken steif oder ist es eher sein Charakter?

Seine Augen sind schmal, als würde er versuchen, durch Nebel oder schwaches Licht zu sehen, vielleicht ist er aber auch nur kurzsichtig. Sein Gesicht hat etwas von einem Wiesel, die Schnauze sticht aus dem Gesicht heraus und sieht beinahe aus, als würde sie eine Fährte wittern.

Kein angenehmer Mann.

Als ich ihm während der Audienz mit festem Blick zulächelte, beschloss ich auf der Stelle zu tun, was ich konnte, um ihn in die Knie zu zwingen. Nach der Audienz wandte ich mich daher prompt an die Kanzlei und stellte einen kostensparenden Antrag: Kunzen könnte neben seinem Posten in der westindischen Regierung doch auch das Amt des Justitiarius wahrnehmen, des Gerichtsvorsitzenden des westindischen Obersten Gerichtshofes.

Der Vorschlag wurde bereitwillig und begeistert angenommen. Selten lehnt die Heimatregierung eine ordentliche Sparmaßnahme in der Administration der Kolonien ab, und häufig ist sie dabei bereit, sich von Männern beraten zu lassen, die über besondere Kenntnisse der lokalen Verhältnisse verfügen. Männern wie dem Generalgouverneur der Westindischen Inseln.

Kunzen ging kurz darauf an Bord eines königlichen Schiffes, das ihn nach Westindien bringen sollte. Ich selbst schenkte mir in meinem Palais in der Bredgade einen Madeira ein und prostete meiner Frau zu, während ich im Stillen um einen Sturm auf dem Atlantik betete.

Doch es war keine Orkansaison, und kurz nach Johannis empfing ich den noch lebenden Kunzen in Christianssted. Du erinnerst Dich an den Tag, als ich in Sankt Thomas ankam, Maria, nicht wahr? Es war der 20. Juni 1840. Wir trafen uns in dem vornehmen Hotel Grand nahe dem Christiansfort in Charlotte Amalie und nahmen ein vortreffliches Mittagsmahl zu uns, nur Du und ich. Ich erinnere mich, dass mir an diesem Tag durch den Kopf ging, wie selten wir uns sahen und wie schade es doch war. Ich habe Deine Gesellschaft immer genossen, mehr als Dir klar ist, glaube ich.

Erinnerst Du Dich an den Tag? Wir sprachen über den Tod des Königs, der vor nicht allzu langer Zeit auf Sankt Thomas bekanntgegeben worden war. Und über die neuen Landschulen auf Sankt Croix. Und nicht zuletzt über den grässlichen Joackim Magens und das Chaos, das seine wahnsinnigen Anschuldigungen angerichtet hatte. Du hast mir plötzlich erzählt, dass Du Dich endlich entschlossen hättest, nach Dänemark zu reisen. Und ich fragte erschrocken, ob Du Sankt Thomas für immer verlassen wolltest. Nein, hast Du gesagt. Du wolltest nur Deinen dänischen Besitz verkaufen und nach Westindien zurückkehren. Ich war sehr erleichtert.

Allerdings blieb ich nur eine Nacht in der Stadt und segelte am nächsten Morgen mit der Vigilant nach Sankt Croix. Und traf Kunzen in meinem Herrschaftsbereich. Der Mann empfing mich am Hafen; er stand an der Ecke der Waagebude, wo eine alte Kanone des Forts auf der Erde steht, um die Mauer vor Pferdewagen zu schützen. Er trug einen Schoßrock, Zylinder und Kragen. In der Mittagshitze!

Nach den einleitenden Beiläufigkeiten, während deren ich mir Kunzens aufdringliche Begeisterung über das »sommerliche« Klima und mein »außerordentlich hübsches« Gouvernementsgebäude anhören musste, erwähnte er das zusätzliche Amt, das ich ihm wie einen Treibanker um den Hals gelegt hatte.

»Die Ernennung kam kurz vor meiner Abreise aus Kopenhagen. Aber ich vermute, dass Sie, Herr Generalgouverneur Scholten, selbst in den Entscheidungsprozess involviert waren?«, sagte er.

Ich wusste bereits seit einiger Zeit, dass Kunzen die Dinge nie direkt ansprach. »Sommerliches« Klima bedeutete, dass er jede Nacht schwitzte wie ein Pferd und drei Mal am Tag seinen Kragen wechseln musste. »Außerordentlich hübsch« im Zusammenhang mit dem Gouvernementsgebäude hieß »verschwenderischer Missbrauch öffentlicher Mittel«, und dass ich in die Entscheidung seiner Ernennung als Justitiarius »involviert« gewesen sei, bedeutete, dass er mich verdächtigte, hinter den Kulissen agiert zu haben mit dem Ziel, ihm die schwarzen Rabenflügel seines Schoßrockes zu stutzen.

»Aber natürlich«, antwortete ich. »Alle Beamten, die in der westindischen Regierung vertreten sind, haben ein weiteres Amt inne. Ich ebenso. Die Arbeit als Regierungsrat kann den Tag eines Mannes nicht ausfüllen.«

»Ich denke, in meinem Fall kann sie das sehr wohl«, entgegnete er spitz. »Zumindest in der ersten Zeit.«

»Nun gut.« Innerlich schauderte ich. »Was haben Sie vor?«

Er trocknete sich die Stirn. Wir standen auf dem offenen Platz in der prallen Sonne, und ich fragte mich, ob der Mann nicht vielleicht bald einen gnädigen Hitzschlag bekäme und mir den Gefallen täte, tot umzufallen. Er trat jedoch in den Schatten der Waagebude.

»Ich habe darum gebeten, einige alte Dokumente in mein Kontor bringen zu lassen«, erklärte er. »Ich würde mich gern mit den Funktionen der Administration vertraut machen und mir frühere Prozeduren im Gouvernement näher ansehen.«

Ich kämpfte innerlich, um bei dieser rabiaten Drohung, die er gerade ausgesprochen hatte, Ruhe zu bewahren. Und ich sah seinen unter Papierstapeln begrabenen Schreibtisch vor mir: schriftliche Dokumentationen, Belege dafür, dass im Grunde nichts im Gouvernement nach dem schnurgeraden Regelwerk funktionierte, das für einen Mann wie Kunzen den Lebensinhalt bedeutete.

Man mag über diese Art von Betätigung kriecherischer Paragraphenreiter lachen, aber dieses Lachen vergeht einem sehr schnell. Es wurde ernst, Maria. Der Tod des Königs, die Gerichtsverfahren und Kunzens Erscheinen läuteten eine neue Zeit ein, in der es für einen absolutistischen Generalgouverneur keinen Platz mehr gab. Schon bald musste ich einsehen, dass ich nur noch einen bedeutenden Beschluss zu treffen hatte.

AUS ADMIRAL HANS BIRCH DAHLS ERINNERUNGEN
1815 – 1848

Dass das zweideutige Licht, das Scholten umgab, ihm in hohem Maße schadete, vor allem zu Hause in Dänemark, wo viel Neid herrschte, ist begreiflich. Nach dem Tod König Frederiks VI. hofften seine Feinde, ihn zu Fall bringen zu können; die freisinnigen Blätter zogen nun offen gegen ihn ins Feld, und Major Magens, ein wohlbekannter gallenkranker und streitbarer Charakter, dessen eigener Ruf bei weitem nicht makellos war, wagte sogar, Klage gegen ihn zu erheben.

PETER VON SCHOLTENS PRIVATES TAGEBUCH, KOPENHAGEN, 15. APRIL 1840

Dieser widerliche Joackim Magens ist ein Quälgeist, der lästigste Mensch, den ich bisher erlebt habe; niemand hat mich so viel Mühe gekostet und strapaziert, nicht einmal Heilbuth, der mich seit nunmehr drei Jahren oder noch länger regelmäßig mit seinen Schmierereien in der »Kjøbenhavnsposten« anschwärzt. Nicht einmal Regierungsrat Kunzen, dieser Giftzwerg von einem Mann!

Magens! Allein der Name. Man kann fast hören, welch ein querulantischer und streitsüchtiger Charakter er ist. Ein gallenkranker, sich furchtbar wichtig nehmender Korinthenkacker, dessen wesentliches Ziel im Leben es ist, seine Mitmenschen zu ärgern und Dreck in jede gut geölte Maschine zu werfen, die seine misstrauischen Schweinsäuglein erblicken.

Wir schreiben inzwischen das Jahr 1840, und der Mann hat mich nun seit mehr als einem Jahrzehnt wie ein Dorn in meinem Fleisch gequält und geplagt. Ja, volle zwölf Jahre, seit er sich mir in meinem ersten Jahr als Generalgouverneur mit seinem übelriechenden Mundgeruch aufgedrängt und verlangt hat, ich solle mich bei König Frederik für seine königliche Ernennung in die Ämter einsetzen, die er auf Sankt Thomas kommissarisch verwaltete. Noch immer kann ich meine Antwort an diesen Mann wörtlich zitieren, da ich sie unmittelbar im Anschluss niederschrieb, um sie präsent zu haben, falls er eines Tages versuchen sollte, die Angelegenheit gegen mich zu verwenden. Magens ist nämlich ein Mann, der alles aufhebt und jede Formulierung nach weiterer Nahrung für seine Feindschaft abklopft. Ich antwortete ihm damals:

»Sie werden sicher einsehen, dass Seine Majestät ganz besondere Gründe haben muss, wenn er so lange damit wartet, die Posten zu besetzen, die Sie bekleiden. Sein Zögern ist mein Werk, denn ich habe Sie dem König gegenüber als einen herrschsüchtigen, mürrischen und für Untergebene unangenehmen Vorgesetzten beschrieben. Somit werden Sie nicht befördert, sondern bleiben Landvogt auf Sankt Jan.«

Man kann nicht behaupten, dass ich mich bemüht hätte, meine Antwort in Höflichkeitsphrasen zu verpacken, was daran gelegen haben mag, dass der Mann mich kurz zuvor ungemein irritiert hatte. Sein ewiges Klagen über Formalitäten bei sämtlichen Details – lächerliche Diskussionen über ein einziges fehlendes Wort in einem offiziellen Dokument, der Mann ist eben Jurist! – hatten mich an einen Punkt gebracht, wo mir beim Anblick seines selbstgerechten Gesichts beinahe das Kotzen gekommen wäre.

Und jetzt! Zwölf Jahre nach dem alten Streit bekommt dieser übelriechende, mürrische alte Mann frischen Wind für seine wahnsinnigen Vorwürfe: In diesem Monat erst hat er eine umfassende Klage an den König gerichtet, und bedauerlicherweise ist der König nicht in der Weise mein Freund, wie es Frederik war. Christian VIII. wird diesen absurden Beschuldigungen dieses Greises sicher wohlwollender Gehör schenken.

Als Magens im vergangenen Jahr während einer persönlichen Audienz bei Frederik VI. eine ähnliche Klage vorbrachte, antwortete der König laut Frantz Bülow ungefähr folgendermaßen:

»Mein guter Joackim Magens. Ich weiß sehr wohl, dass Ihre Familie seit Generationen auf den Westindischen Inseln lebt, und ich kann verstehen, wenn auch nicht gutheißen, dass Sie sich selbst für jemanden halten, der am ehesten so etwas wie einen Adligen auf Sankt Thomas repräsentiert. Und in dieser falschen Vorstellung halten Sie sich für berechtigt, allerhand lächerliche Anklagen gegen den Generalgouverneur von Westindien zu richten, einen der tüchtigsten und effektivsten Beamten des dänischen Reichs. Anklagen wie Seeräuberei, illegaler Sklavenhandel, Korruption und Betrug! Ich frage mich, wie ich auch Sie frage, was um alles in der Welt Sie sich eigentlich einbilden? Ich muss Sie bitten, nicht noch einmal meine Zeit mit derartig schlecht belegten Verleumdungen zu verschwenden. Reisen Sie nach Sankt Jan und kommen Sie dort Ihrem Amt nach. Und freuen Sie sich, dass Sie noch ein Amt haben!«

Ich hätte es kaum besser ausdrücken können.

Doch nun ist Frederik tot und abgelöst durch Christian, der noch eine weitere Klage von Magens erhalten hat. Gestern Abend versammelten sich einige Individuen, die dem Kopenhagener Pöbel angehören, vor meiner Wohnung in der Bredgade und erlaubten sich, die übelsten Schimpfworte zu rufen. Laut der heutigen Ausgabe der »Fædrelandet« hatte dieser Pöbel sich erst vor Magens' Haus am Amagertorv versammelt, wo die Herrschaften, Gott bewahre, mehrfach Hurra brüllten und auch auf andere Weise dem Paragraphenreiter in der Hausnummer 35 zujubelten. Als die Polizei den Befehl gab, die Straße zu räumen, zog die Volksmenge stattdessen in die Bredgade, wo sie vor meinem Haus stehenblieb.

Lise und ich saßen im Wohnzimmer in der ersten Etage und lasen. Tee dampfte in meiner Tasse, es war still. Und dann hörte ich sie. Stimmen von einer großen Zahl Menschen, die draußen näher kamen. Ein Fenster zur Straße stand offen, das Frühjahr ist recht warm. Ich sah von meinem Buch auf und traf Lises Blick.

»Was ist das?«, fragte sie.

Ich zuckte die Achseln, legte mein Buch beiseite, erhob mich und trat ans Fenster. Eine größere Prozession kam vom Kongens Nytorv die Straße hinunter. Einige trugen Fackeln, die einen unruhigen Schein auf die Straße warfen, es war dunkel geworden. Ich dachte im ersten Moment, es handele sich um eine politische Demonstration oder eine Gruppe auf dem Weg zum Schloss, die ihre Unzufriedenheit über irgendetwas zum Ausdruck bringen wollte. Doch als sie näher kamen und ich die Gesichter sehen konnte, hatte ich das unangenehme Gefühl, dass sie zu mir hinaufblickten. Ich setzte mich wieder in meinen Sessel, der Tee war kalt geworden.

»Peter, was ist los? Du siehst aus, als hättest du ein Gespenst gesehen!«

Lise legte ihr Buch fort und stand auf. Ich wollte gerade zu ihr, als ich auch schon die ersten Rufe hörte.

»Prinz Peter!«

»Massa Peter!«

Ich erstarrte. Es war unbegreiflich. Ein Schock! Kopenhagener Bürger standen vor meinem Haus und verhöhnten meinen Namen!

»Prinz Peter!«

»Freund der Freunde!«

»Erklär dich, Prinz Peter!«

»Goldgouverneur Scholten!«

Ich nahm mich zusammen und ging zum Fenster, um es zu schließen. Ein Gebrüll ertönte, als der Pöbel mich erblickte. Es gab weitere Rufe.

»Da ist er!«

»Massa, Massa Peter! Schmeiß 'ne Münze runter, Massa Peter!«

»Einen westindischen Kurant!«

Ich schlug das Fenster zu und trat aus dem Fackelschein. Lise war blass, schneeweiß wie Papier. Ich legte die Arme um sie. Sie zitterte, als würde sie frieren.

»Vater?«

Eine Stimme hinter mir. Ich ließ Lise los und drehte mich um. Es war Francisca, unsere jüngste Tochter, in ihrem weißen Nachthemd mit den Puffärmeln, ihr blondes Haar rahmte das hübsche, ängstliche Gesicht ein. Sie wollte gerade zu Bett gehen. Zusammen mit ihrer großen Schwester und ihrer Mutter hatte sie ihre Hochzeit vorbereitet, die in weniger als zwei Wochen stattfinden sollte. »Was ist da los, Vater? Wer sind diese Leute?«

Ich strich ihr übers Haar. »Kümmere dich nicht um sie, Liebes. Das ist der Pöbel des Winkeladvokaten Magens.«

Sie schaute mich mit großen Augen an, und ich spürte erneut, wie mich die Wut überkam. Was bildeten sich diese Strolche ein! Ich trat wieder ans Fenster und ignorierte ihre Schreie. In meiner Hausjacke aus königsblauem Samt blickte ich auf sie herab, wie ich auf eine Bande von Landstreichern schauen würde. Ihre Gesichter flammten im Schein der Fackeln wutentbrannt auf. Neue Parolen ertönten.

»Macht Magens zum Gouverneur!«

»Dank ab, Scholten!«

Und ich schüttelte langsam den Kopf und zwang mich, auf sie hinunterzublicken, und nach einiger Zeit wurden die Rufe weniger und leiser, und einige von ihnen blickten zu Boden, als würden sie sich plötzlich schämen.

Als es draußen ruhiger wurde, kamen Lise und Francisca ebenfalls ans Fenster und stellten sich neben mich, jeweils an eine Seite. Ich ließ es zu, und gemeinsam sahen wir hinunter, bis die Polizei kam und die Straße räumte.

KONDOLENZBRIEF: KÖNIG CHRISTIAN VIII. AN PETER VON SCHOLTEN AUS ANLASS DES TODES SEINER TOCHTER ADELGUNDE, KOPENHAGEN, 1841

Kopenhagen, 27. Dezember 1841

Herr Generalmajor Scholten! Ich kann Ihnen heute nicht offiziell schreiben, ohne meinem Brief einige anteilnehmende Worte aus Anlass Ihrer großen Trauer hinzuzufügen. Unsagbar haben ihr armer Mann, die Mutter und die Geschwister der liebenswürdigen Adelgunde durch ihre lange Krankheit gelitten, bis ihnen schließlich der Tod ihre Liebste aus den Armen riss. Aber wie grausam müssen während des langen Verlaufs die Befürchtungen, die beunruhigenden Nachrichten und die endgültige Trauerbotschaft für Sie gewesen sein. Meine erste Reaktion auf die Nachricht war: der arme Vater! Und dies wiederhole ich hier mit beschämtem Herzen. Sie werden sich indes mit wahrhaft ergebenem Geist gegen die große Trauer wappnen und denken: Gottes Wille geschehe, er ist immer das Beste für uns Menschen! Diejenigen Ihrer Nächsten, die die Geliebte leiden sahen und eigens erlebt haben, mit welcher Fassung sie sich dem Willen Gottes ergab und selbst die Erlösung wünschte, fanden mitten in dem harten Abschied einen Trost; mögen Sie, lieber Scholten, diesen Trost auch in der Gewissheit finden, dass die freie Seele Ihrer geliebten Tochter nun weitaus glücklicher ist als zuvor, als sie in ihren schweren körperlichen Leiden gefangen war. So gern ich selbst dazu beitrage, Sie zu trösten und zu beruhigen, können Sie dies doch nur selbst tun; möge Gott Sie diesen Trost finden lassen.

Ich verbleibe mit aufrichtiger Anteilnahme, lieber Generalmajor von Scholten. Ihr wohlwollendster Christian R.

MARIA EIDES TAGEBUCH, BRIGG SANKT THOMAS, AUGUST 1840

Ich kann nicht behaupten, dass mir Seereisen gefallen. Eigentlich müsste es aber so sein. Als ich Kind war und auf Thurø lebte, fühlte ich mich nirgendwo zu Hause und sehnte mich danach zu reisen. So sind die Menschen wohl: Wir leben in der Hoffnung, endlich irgendwann ein Zuhause zu finden. Ist es nicht so? Für mich schon. Ich war und bin keine Abenteurerin, obwohl die Erwachsenen damals sicher gesagt hätten, dass in mir Abenteurerblut fließt. Es war ein Missverständnis – oder zumindest ein falscher Begriff. Ich sehnte mich nicht danach, in ein fernes Abenteuer zu entfliehen, ich sehnte mich danach, ein Zuhause zu finden.

In der Schulstube meiner Kindheit, wo der strenge Lehrer Martens in der vollkommenen Überzeugung seiner Allwissenheit präsidierte, war ich das Astloch, das in einem ansonsten schönen, hellen und glattgehobelten Brett heraussticht; ein Brett, für das der Schiffszimmermann keine Verwendung hat, weil das dunkle Astloch eine Schwachstelle ist, ungeeignet als Planke für den Rumpf. Es war nicht so, dass die anderen Kinder mich hassten oder mich besonders quälten, aber ich spürte, dass sie einen gewissen Abstand zu mir hielten. Als ob mein andersartiges Aussehen bedeutete, dass ich nicht wirklich eine von ihnen war und auch nie werden würde. Es gab nur kurze Momente, in denen es anders war und eines der anderen Kinder für eine Weile meine Gesellschaft suchte, aber es endete stets am selben Ort: Maria in ihrem Zimmer unter dem Dach des großen Hauses ihres Vaters. Ohne Freunde und im Grunde auch ohne Vater und Mutter, aber mit der Aussicht auf den Sund, auf dem die Schiffe in die große weite Welt hinausliefen. Es wurde schließlich auch mein Traum.

Dies ist kein Klagegesang, obwohl ich merke, dass ich bei dem Gedanken traurig werde. Diese Einsamkeit, die ich als Kind empfand, setzte sich in mir fest, und wenn es auch eine große Erleichterung war, schließlich mein Heim zu finden, so kann ich doch dieses Gefühl, eine Einzelgängerin zu sein, nicht vergessen. Aber ich habe gelernt, dass Schwäche auch eine Stärke sein kann. Ich nutze sie bei meiner täglichen Arbeit in der Schule, die ich nun für eine Weile verlasse, denn ich spüre sofort, wenn ein Junge oder ein Mädchen sich ausgeschlossen oder einsam fühlt. Wir sind dann wie zwei Fremde, deren Blicke sich in einer großen Menschenmenge begegnen.

Seit Mikkels Reise, von der er nie zurückkehren sollte, habe ich doppelt so hart gearbeitet. Nicht weil er sich so für die Schule oder den Betrieb der Plantage einsetzte, sondern weil es jetzt nur noch die Kinder gibt, um die ich mich zu kümmern habe. Mikkel hat einen erheblichen Teil meiner Zeit beansprucht, und obwohl ich ihn oft vermisse, ist jetzt in gewisser Hinsicht auch alles einfacher geworden.

Jeden Morgen gehe ich zum Schulgebäude und höre das fröhliche Lachen der Kinder, mehr brauche ich nicht. All diese kunterbunten Gesichter, die die Zukunft der Insel bedeuten: Westindiens freie Menschen! Eines Tages werden sie hier eine neue Gesellschaft aufbauen. Ohne Sklaven. Sie sind meine Kinder. Und ich hoffe inständig, dass es ihnen gelingen wird, obwohl ich weiß, dass viele Gefahren auf sie und ihre Zukunft lauern.

Und meine Zukunft? Bald bin ich eine ältere Dame, ich werde in diesem Jahr zweiundfünfzig, obwohl ich es überhaupt nicht fassen kann!

Ohne dass ich es irgendjemandem – oder mir selbst – eingestanden hätte, hatte ich lange eine Tür in meinem Inneren offen gehalten: die Tür zu Dänemark, dem Land, in dem ich geboren wurde. Und obwohl ich in Westindien ein Zuhause gefunden habe, existierte diese Tür noch immer. Es gibt tiefe, starke Wurzeln im menschlichen Geist. Doch nach Mikkels Tod, als die Schule und die Kinder meine Tage ausfüllten, hat sich etwas in mir verändert. Die Tür zu Dänemark ist nun für immer geschlossen.

Dies ist der Grund für meine Reise. Es wird meine letzte Reise nach Dänemark sein. Ich will mein Eigentum dort verkaufen: das Haus meines Vaters auf Thurø und das Haus meiner Mutter in Christianshavn. Von der Reederei meines Vaters ist so gut wie nichts geblieben. Nur die Schonerbrigg Hoffnung, die seit unserer Ankunft auf Sankt Thomas als Handelsschiff auf verschiedenen Routen segelt und im Augenblick nach der heftigen Attacke eines besonders bösartigen Schiffsbohrwurms in Rio de Janeiro im Dock liegt.

Wenn ich in einigen Monaten zurückreise, wird all dies verkauft sein, nur Solitude bleibt mir als Besitz. In diesem Entschluss finde ich tiefen Frieden.

BRIEF: MARIA EIDE AN PETER VON SCHOLTEN, KOPENHAGEN, FEBRUAR 1841

Lieber Peter,

ich hatte nie beabsichtigt, mich so lange in Dänemark aufzuhalten. Ich kann es nicht einmal genau erklären, ich glaube aber, es fällt mir doch schwer, endgültig Abschied zu nehmen.

Doch nun bin ich bereit! In zwei Wochen segele ich erst von Svendborg nach Kopenhagen und dann mit der Fregatte Bellona nach Westindien. Meine letzte Reise über den Atlantik!

Ich habe mich eine Weile in Kopenhagen aufgehalten, um das Haus meiner Mutter in Overgaden in Christianshavn zu verkaufen. Ein paar Mal habe ich den kleinen Friedhof besucht, auf dem meine Mutter wie Mikkel begraben ist. Mikkel hat einen einfachen, flachen Stein aus dunkelbraunem Granit mit einer kurzen Inschrift.

Als das Haus an einen Kaufmann aus Kopenhagen verkauft war, verließ ich die Hauptstadt und kam zwei Tage vor dem Johannisfest in dem alten Haus auf Thurø an. Hier herrschte Verfall. Mörtel fiel aus den Fugen der roten Backsteinmauern, das Fachwerk musste geteert werden. Das Haus stand leer. Bevor ich es betrat, stieg ich aus und ließ den Wagen allein den schmalen Weg zwischen den Obstbäumen hinauffahren. Ich ging die steile Treppe an der Fliederhecke hinunter zu dem kleinen Strandstück vor dem Haus. Die Tür zum Räucherhäuschen stand offen, dort hatten Vagabunden gehaust. Sie hatten das gesamte Inventar im

Räucherofen verbrannt, vermutlich um im Winter zu heizen. Der Gestank nach Ruß hing in dem niedrigen Raum, als stünde ich mitten in einer Brandstätte.

Ich schaute eine Weile über den Sund in Richtung Troense. Zwei kleine Segelschiffe liefen mit einer leichten Brise von achtern aus.

Es war das Land meiner Kindheit. Wie oft hatte ich nicht hier gestanden und gesehen, wie die Schiffe südöstlich der Landzunge, auf der wir wohnten, über Stag gingen, um südlich in den Langelandgürtel zu segeln. Dort, wo die Welt offen lag und ein gutes Segelschiff, eine Fregatte wie die meines Vaters, in wenigen Monaten jeden Winkel dieser Welt erreichen konnte. Ich hatte mich fort geträumt, wieder und wieder. Und fort kam ich, doch es zeigte sich, dass es viel schwerer war zurückzukehren.

Ich schaute hinauf zum Haus, das mit seinen zweieinhalb Stockwerken auf dem Hügel emporragte. Der Platz hatte etwas Arrogantes. Mein Vater hatte es auf dem höchsten Punkt der Insel bauen lassen, um von dort aus alles verfolgen zu können, was sich auf dem Sund abspielte. Selbst als er nicht mehr zur See fuhr, hatte das Meer seine Tage bestimmt.

Ich vermisste ihn.

Das Haus war noch immer groß und wirkte leer. Nicht weil es so war: Die meisten alten Möbel standen noch an ihrem Platz, aber es hatte seit meinem kurzen Aufenthalt vor fünf Jahren niemand mehr hier gewohnt. Ich hatte wirklich versucht, zurückzukehren und auf Thurø zu leben, aber es hatte den Anschein, als wolle die Insel nichts von mir wissen. Also gab ich es auf und ließ die Brigantine klarmachen. Zur Zeit meines Vaters hatte sie Ane geheißen, ich taufte sie auf den Namen Hoffnung um. Sie war meine Hoffnung, an einen Ort zurückzukehren, an dem ich eine Zeit lang beinahe glücklich gewesen bin.

Ich muss jetzt der Tatsache ins Auge sehen, dass ich niemals Kinder bekommen habe. Nicht, weil ich es nicht wollte, es passierte einfach nicht. Also habe ich niemanden hier, dem ich etwas hinterlassen könnte. Und ich habe auch wirklich keine Lust, mit noch mehr Rechtsanwälten zu reden und meinen Namen unter weitere Dokumente zu setzen. Vielleicht flüstert mir auch eine leise Stimme zu, das Haus meines Vaters zu behalten, egal, in welch erbärmlichem Zustand es auch ist – einfach, weil es sein Haus war.

Daher werde ich die Tür wieder abschließen, der Droschkenkutscher wird meine beiden Koffer auf den Wagen laden, und wir werden nach Svendborg zu der Galeasse fahren, die mich nach Kopenhagen bringen wird.

Und dann werde ich aufbrechen, Peter. Jetzt komme ich nach Hause.

Meine liebsten Grüße
Maria

KONDOLENZBRIEF: KÖNIG CHRISTIAN VIII. AN PETER VON SCHOLTEN AUS ANLASS DES TODES SEINER TOCHTER FRANCISCA, KOPENHAGEN, 1844

Kopenhagen, 24. Februar 1844

Herr Generalgouverneur von Scholten! So lebhaft kann ich mir vorstellen, was Sie durchlitten, als Sie die Nachricht vom Tod Ihrer jüngsten Tochter erhielten. Ihr Zustand verschlimmerte sich plötzlich, und ein ruhiger und sanfter Übergang in ein besseres Leben ersparte ihr die Leiden, die ihre Schwester Adelgunde auf einem längeren Krankenlager erdulden musste. Insofern muss man einer gnädigen Vorsehung danken, die sie vor schweren Leiden bewahrte, aber der Verlust ist dadurch nicht weniger groß für die Hinterbliebenen, für Sie, Ihre Frau und Ihre Kinder. Mit inständiger Anteilnahme denken Wir an Sie und wünschten, zu Ihrem Trost beitragen zu können. Daran dürfen Sie nicht zweifeln. Es ist Uns klar, dass der Verlust selbst für einen Mann Ihrer Charakterstärke und Religiosität doppelt schwer wiegt, wenn man, wie in Ihrem Fall, so weit von seinen Nächsten entfernt ist.

Ich verbleibe mit Hochachtung und Freundschaft,
Ihr wohlwollendster Christian R.

PETER VON SCHOLTENS PRIVATES TAGEBUCH, BÜLOWSMINDE, SEPTEMBER 1847

Vor kurzem schrieb ich eine Reihe von Daten und Jahreszahlen auf ein Stück Papier. Die Monate und Jahre, die ich nicht in Westindien war, meist, um mich in Dänemark aufzuhalten, bei meiner Familie und meinem König. Es war ein überraschendes Rechenexempel: Beginnend mit meiner ersten Reise nach der Ernennung zum Generalgouverneur bin ich insgesamt neun Jahre fort gewesen. Das ist genau die Hälfte der Zeit von 1829 bis heute.

Wie eigenartig. Und doch. Es heißt ja Dänisch-Westindien. Ich habe meine Zeit gleichmäßig zwischen beiden Teilen aufgeteilt.

Ich bin noch an Bord der Kriegsbrigg Ørnen, die Sankt Thomas vermutlich in wenigen Tagen anlaufen wird. Ich kehre somit heim von meiner letzten Reise und meinem letzten Aufenthalt in Dänemark, der beinahe zwei Jahre währte. Zeit, die mit juristischen Streitigkeiten und langwierigen Gesprächen mit dem König und der Kanzlei draufging, mit Verhandlungen, von denen ich gehofft hatte, dass sie mit einer optimistischen Botschaft für die schwarze Bevölkerung der Inseln enden. Aber nein.

Hier in meinen privaten Aufzeichnungen wage ich meine Gedanken zu Papier zu bringen, ja, ich muss es tun. Es ist ein bescheidener Trost, die Worte zu sehen: Der dänische König, der Sohn meines alten Freundes, des strammen Frederik, hat sich als Narr erwiesen. Ich hatte es geahnt.

Zur Erklärung: Meinen Prozess gegen Edvard Heilbuth hatte ich erst gewonnen und dann so gut wie verloren, als der Oberste Gerichtshof das Urteil des westindischen Obersten Gerichts bestätigte und diesen Mann, der mich auf das Schlimmste verleumdet hat, mit einer symbolischen Geldbuße davonkommen ließ. Das skandalöse Urteil, das der Oberste Gerichtshof am 17. Februar verkündete, wurde natürlich in sämtlichen Zeitungen verbreitet, die es als ihre vornehmste Aufgabe ansehen, Westindiens Generalgouverneur durch den Dreck zu ziehen. Eine Weile sah es so aus, als würde ich zum Rücktritt von meinem Amt gezwungen. Es war meine Ehre und damit mein Leben, das auf dem Spiel stand.

Dann kam die letzte und entscheidende Audienz bei König Christian. Ich muss ehrlich sagen, dass ich, als ich mich an diesem Wintertag auf dem Schloss meldete, nicht überrascht gewesen wäre, wenn der König mich in Ungnade und ohne Pension entlassen hätte. Aber offenbar hatte Christian dies keinen Moment erwogen. Er wollte die Schwierigkeiten als Hebel für sich nutzen. Oder sollte ich sagen als Pumpenschwengel!

»Mein guter Scholten«, begann er. »Sie und ich haben nun schon viele Jahre zusammengearbeitet, und ich habe Ihre Klugheit und Einsicht in kolonialen Fragen immer bewundert.«

Ich dankte gebührend. Seine Majestät stand wie immer am Fenster des Palais, das seinen Namen trägt, und schaute über den Schlossplatz, wo die Reiterstatue seines Urgroßvaters in der klaren Wintersonne grünspanfarben aufleuchtete.

»Sie müssen wissen, Scholten«, fuhr er fort und drehte sich zu mir um, »dass ich nicht einen Moment denke, es sei eine leichte Aufgabe, meine Inseln in Westindien durch die dräuenden Unwetter zu führen, aber ich zweifele aufrichtig daran, dass es ein anderer Mann könnte.«

Die alternativen Möglichkeiten defilierten an meinem inneren Auge vorbei: Kunzen, der Buchhalter, steif wie ein Federhalter und ohne jegliches Verständnis für Menschen; Johannes Søbøtker, ein Lebemann, auf seine Weise entrückt und so vornehm, dass er vermutlich nie in seinem Leben ein vertrauliches Gespräch mit einem Neger geführt hat. Oxholm, eine eher verrückte Figur der Obrigkeit in Christianssted; Heilbuth, dieser selbstgerechte Jude, dem niemand mehr vertrauen sollte. Und Frederik, mein Bruder, ein Aquarelle malender Tagträumer und Zollinspektor in Frederiksted. Nein, es war kein starkes Feld, ich war noch immer der Einzige, der das notwendige Format hatte.

Ich nickte, sagte aber noch nichts. Der König wandte sich wieder dem Fenster zu und blieb einige Sekunden schweigend und reglos stehen.

»Aber Sie müssen auch wissen, Scholten, dass es sehr viel Unruhe um Ihre Person gibt. Und das ist weder Ihnen noch Ihrem Amt zuträglich. Oder meinem Ansehen, wenn man so will.« Er sah mich an, streng wie ein Schulmeister. Für einen kurzen Moment glich er seinem Vater, dem Mann im Bärenpelz.

Ich senkte den Kopf. »Ich bedauere. Dennoch hielt ich es für nötig, mich gegen ungerechtfertigte Anschuldigungen zu verteidigen. Ich ...«

Er brummte etwas Unverständliches und hob die Hand, um mich zum Schweigen zu bringen.

»Die Leute sind vor Ihrem Haus in der Bredgade zusammengelaufen. Es gab *Demonstrationen*. Gegen einen königlich ernannten Beamten!«

»Das ist viele Jahre her, Eure Majestät«, verteidigte ich mich. »Und Magens wurde verurteilt, ebenso wie Heilbuth.«

»Gerade so eben«, warf der König ein. »Wenn Sie sich erinnern. Nicht gerade ein kristallklarer Sieg für Sie, Herr Generalgouverneur. In beiden Fällen.«

Wieder senkte ich den Kopf. Was konnte ich dazu sagen? Meine ärgsten Feinde hatten verloren, als ich sie verklagte, und doch schienen sie die Sieger zu sein.

»Sie haben recht, Eure Majestät. Es tut mir leid.«

Ich spürte, wie ich nach und nach die neue Rolle des Reuigen spielte. Es war keine Partie, die mir gefiel, sie war ebenso ungewohnt und unangenehm wie das grobe Seil einer Galgenschlinge um den Hals.

Der König nickte zufrieden. »Aber alles ist ja noch nicht verloren«, lenkte er ein. »Wir stehen vor einer gewaltigen Herausforderung, und Sie sind der Mann, der diesen Handschuh aufnehmen kann. Und hinterher ...« Er hielt inne und drehte sich halb um, sodass er seine kleine königliche Hand auf das Fensterbrett legen konnte. Ich sah, dass sich am Fenster über seinem Kopf Eisblumen gebildet hatten, draußen fror es.

»Und hinterher«, wiederholte er, »wird alles vergessen sein. Sie werden als der Mann dastehen, der Westindien und Dänemark in eine neue Zeit geführt hat.«

Ich wusste genau, was er meinte, es war nicht unser erstes Gespräch über dieses Thema. Die schrittweise Befreiung der Sklaven – eine »partielle Emanzipation«, wie die Juristen es nannten. Nur konnte Freiheit natürlich nicht allmählich kommen, entweder war man frei oder unfrei.

»Sie werden den Negern auf meinen Inseln mitteilen, dass ihre Kinder vom 18. September an als freie Menschen geboren werden!«

Ich seufzte so leise, dass er es kaum bemerkt haben dürfte. Dieser Gedanke, diese fixe Idee, die dem König vermutlich selbst gekommen war und die er bei jeder Gelegenheit vorbrachte, kam der größten Katastrophe, die ich mir vorstellen konnte, sehr nahe.

»Bei allem Respekt, so kennt Seine Majestät doch meine Haltung in dieser Frage«, erwiderte ich kurz. »Es würde auf den Inseln nicht gut aufgenommen werden. Weder von den Unfreien noch von der Oberschicht der Pflanzer.«

Der König wirbelte herum. Er schob den Unterkiefer vor, und da er ohnehin eine kräftige Kinnpartie hatte, ließ diese Grimasse ihn aussehen wie ein trotziges Kind.

»Herr Generalgouverneur«, erklärte er eiskalt. »Sie bilden sich doch wohl nicht einen einzigen Augenblick ein, dass ich mich darum kümmere, was diese Menschen von einem königlichen Erlass halten? Diese *Neger.*«

»Und Pflanzer«, fügte ich hinzu.

Er plusterte sich auf. »Pflanzer sind kein Problem. Sie werden der Vernunft gehorchen. Ich weiß um ihre Forderung nach Entschädigung, aber darüber können wir in zwölf Jahren reden, wenn die erwachsenen Unfreien ihre Freiheit bekommen. Für die Kinder können sie keine Kompensation verlangen.«

Ich wusste, dass ich ihn nicht würde überzeugen können. Er hatte bereits seine königliche Entscheidung getroffen. Die Kinder der Unfreien sollten frei geboren werden. Absurd.

Die Audienz war zu Ende. Es würde meine Aufgabe sein, diesen unmöglichen Erlass auf Sankt Croix zu präsentieren. Die Alternative hieß Schande und Verlust der wichtigsten Angelegenheit meines Leben: Westindiens.

Am 18. September ist der Geburtstag Christians VIII. Und mit wahrem altväterlichen Pomp und aller Aufgeblasenheit hat der König natürlich verlangt, dass sein Erlass vom 28. Juli an diesem Tag bekannt gegeben und am folgenden Tag, einem Sonntag, in den Kirchen Westindiens verlesen werden solle. Sein törichter und hochgefährlicher Beschluss über die freien Neugeborenen.

Klingt das unmittelbar vernünftig? Kinder freizugeben und deren Eltern noch viele Jahre warten zu lassen? Ich selbst habe immer die Meinung vertreten, dass die Emanzipation gut vorbereitet sein muss und dass es notwendigerweise viele Jahre braucht, um sie umzusetzen. Daher habe ich Schulen bauen lassen und dafür plädiert, dass die freien Farbigen Anstellungen und Ämter auf Augenhöhe mit den Weißen bekommen. Aber dieser sein Gedanke? Der hat nur am Schreibtisch entstehen können. Niemand mit Kenntnissen über die Verhältnisse hier vor Ort würde jemals auf eine so abstruse Idee kommen.

Was ist mit den Familien? Vater und Mutter müssen als Sklaven schuften, während ihre Kinder … was tun? Welches Interesse werden die Pflanzer haben, für diese sogenannten freien Menschen zu sorgen? Sie werden ihnen bloß ein Klotz am Bein sein. Sie werden noch vor allen anderen hungern. Die Holzscheite für ein Tragödienfeuer liegen bereit. Und nun verlangt der König, dass ich das Schwefelholz anstreiche und das trockene Holz entfache. Er weiß, dass kein anderer Mann auch nur den Hauch einer Chance hat, dieses Unheil zu überstehen.

Wir diskutierten immer wieder darüber, aber wenn man einem selbstgefälligen Monarchen und kriecherischen Ministern und Ratgebern gegenübersteht, predigt man tauben Ohren. Ich konnte dem König gegenüber nicht meine Stimme erheben, ich konnte ja kaum argumentieren, dazu war meine Position zu unsicher. Wenn der König sagte, die Pflanzer sollten zehn oder fünfzehn englische Pfund als Entschädigung für jeden erwachsenen Sklaven bekommen, dann würde es so kommen. Auch wenn der Generalgouverneur schüchtern anführte, dass die englische Regierung – vor vierzehn Jahren! – die Pflanzer für jeden freigelassenen Sklaven mit zwanzig Pfund entschädigt hat. Und dass die Pflanzer darüber hinaus der Ansicht waren, dass die Kinder der Unfreien ebenfalls ihr Eigentum waren.

»Wir sind keine Engländer«, lautete des Königs Antwort.

Ich habe mir das Hirn zermartert, um eine Lösung zu finden, wie der königliche Erlass von den Parteien akzeptiert werden könnte. Ich fürchte, der Zorn der Pflanzer wird sich gegen mich richten – tötet den Boten, sozusagen –, und die Sklaven werden so hilflos, verzweifelt und wütend sein, dass alles im Chaos endet.

Die Regierung fürchtet Ähnliches – vor allem chaotische Zustände –, und das ist auch der Grund, warum ich mich an Bord der königlichen Kriegsbrigg aufhalte, deren Kapitän Kapitänleutnant Carl Irminger ist, ein Freund des Königs. Seine Freundschaft mit Christian VIII. ist meiner Beziehung zu Frederik VI. ähnlich. Dieser Mann, der über zwanzig Jahre jünger ist als ich, und sein schwer bewaffnetes Schiff sind die Garantie der Regierung, dass es auf den dänischen Inseln nicht zu Unruhen kommen wird, oder richtiger: Sollte es Unruhen geben, ist Irminger der Mann, der sie niederschlagen kann.

Alle wissen von seinem Vorgehen an der Küste Guineas in Afrika vor einigen Jahren. Nach einem mehrtägigen schweren Beschuss einer von Schwarzen bewohnten Stadt, der unzählige Tote und Verletzte zur Folge hatte, erklärte Irminger, er hätte »die Neger gezüchtigt« – ganz offensichtlich genoss er diese Züchtigung der wilden Negerstämme, deren Leben er zerstört hatte.

Irmingers Einsatz ist ohne meine Zustimmung erfolgt. Natürlich habe ich noch immer das Kommando über die Inseln, doch tritt er durchaus nicht immer so auf, als wäre er sich dessen bewusst. Ich fürchte, es wird mit einem Zusammenstoß zwischen uns enden.

KAPITÄNLEUTNANT CARL L. C. IRMINGERS SCHIFFSTAGEBUCH, KRIEGSBRIGG ØRNEN

Charlotte Amalie, Sankt Thomas
13. September 1847

Liefen den östlichen Kai an diesem Montag, 13. September, um 0400 Uhr am Nachmittag nach einer ereignislosen Überfahrt an. An Bord ein einziger Passagier: Generalgouverneur Peter von Scholten, der morgen oder Mittwoch mit einem anderen Schiff nach Sankt Croix weiterreist.

Klarierung in fünfzehn Minuten. Landurlaub nach Anlaufen für die Männer, mit Ausnahme der Hundewache. Besatzung hat strenge Order, nicht mit den örtlichen Negern und Mulatten zu fraternisieren.

BRIEF: PETER VON SCHOLTEN AN MARIA EIDE, KOPENHAGEN, OKTOBER 1853

In diesen Tagen ist es exakt sechs Jahre her, dass ich zum letzten Mal nach Westindien zurückkehrte. Mir ist elend zumute, mehr denn je spüre ich mein Alter, und auch darin findet sich eine Parallele zu 1847: Es war in jenen Tagen – nach meiner Niederlage in den Verhandlungen mit dem König –, dass ich zum ersten Mal den Biss des Alters spürte. Als würde mir etwas in die Eingeweide, die Lende, den Rücken und manchmal auch in die Brust beißen. Mein Blick war weniger scharf, und ich hatte das Gefühl, als geschehe alles im Laufe von ganz kurzer Zeit. Die Seereise brachte mir wie immer die nötige Ruhe und Erholung, doch Irmingers Anwesenheit beunruhigte mich gleichzeitig auch sehr. Auf See steht die Zeit still, man bewegt sich zu wenig. Meine Knöchel beeinträchtigten mich, wenn ich zu lange saß, sie schwollen an und schmerzten. Ich hatte das Gefühl, als würden meine Arme schwächer. Könnte man doch nur noch einmal bei Sonnenuntergang vor Bülowsminde sitzen, in der lauen Luft, umgeben vom Abendgesang der Frösche!

Wir liefen Charlotte Amalie am 13. September nachmittags an, und ich verabschiedete mich von Kapitänleutnant Irminger auf der Brücke. Es waren noch fünf Tage bis zum Geburtstag des Königs, und ich wusste, dass ich viel zu tun haben würde. Ich musste so rasch wie möglich nach Sankt Croix, aber hatte auch noch etwas in Charlotte Amalie zu erledigen: ein Treffen mit Gouverneur Søbøtker, einem Mann, dem ich noch trauen konnte, und dem Bevollmächtigten, der das Amt des Zollinspekteurs innehatte und in nicht unerheblichem Maß zu meinen Einnahmen beitrug.

Ich wollte meine Geschäfte eigentlich bis zum Abend erledigen, wo es eine vernünftige Schiffspassage geben sollte, aber es stellte sich heraus, dass die Vigilant in der Werft lag. Es gab schlichtweg keine Möglichkeit, am Abend nach Sankt Croix zu kommen, daher quartierte ich mich in Søbøtkers Gästezimmer ein – in dem Gouverneursgebäude, das ich seinerzeit hatte bauen lassen. Wir nahmen ein vorzügliches Abendessen ein, wechselten dann auf die Terrasse des Hauses und verbrachten den Abend damit, über das vom Mondlicht erleuchtete Hafenbecken zu blicken und die jüngsten Entwicklungen zu besprechen. Ich genoss es, mich mit einem Mann zu unterhalten, der die Verhältnisse ebenso gut kannte wie ich. Søbøtker ist ein erfahrener Mann, der eine Reederei betrieben hat und gleichzeitig mit mir hohe Ämter in Westindien innehatte.

»Sie werden Amok laufen«, lautete sein lakonischer Kommentar, als ich ihm von dem königlichen Erlass über die freien Sklavenkinder berichtete. Trotz des lauen Abends schauderte ich ein wenig.

»Ich hoffe nicht«, erwiderte ich. »Ich hoffe, ich kann sie zur Vernunft bringen. Wissen Sie, die Schwarzen sind wie Kinder. Ich habe noch immer mit ihnen reden können.« Bereits als ich es aussprach, fiel mir auf, wie sehr es doch nach Wunschdenken klang. Und Johannes Søbøtker hatte kein Mittel gegen meine Unruhe. »Sankt Croix ist ein Pulverfass«, meinte er. »Und der Mann, mit dem Sie hergekommen sind, hält eine angezündete Fackel in der Hand und träumt davon, sie werfen zu dürfen.«

Ich seufzte. »Ich hoffe, Sie behalten nicht recht.«

»Sie haben jetzt drei Mal innerhalb von einer Minute ›hoffen‹ gesagt.« Der Gouverneur hob sein Weinglas und nickte mir zu. Wir stießen an. Dann versuchte ich es noch einmal.

»Sie werden zweifellos enttäuscht sein. Aber die Klügsten unter den Schwarzen wissen, dass es ohnehin bald ein Ende haben wird. Sie werden nicht zwölf Jahre warten, egal, was der König sagt.«

Søbøtker hob die Brauen in gespieltem Schrecken. Dann lächelte er. »Es fällt mir schwer, es vor mir zu sehen. Zwölf Jahre Sklaverei mit einer wachsenden Schar von Kindern, die allesamt frei sind.«

»Es gibt bereits fünfzehntausend freie Farbige auf den Inseln«, erwiderte ich.

Søbøtker nickte. »Und es werden mehr. Stellen Sie sich vor, der königliche Erlass wird umgesetzt. Dann wird es in wenigen Jahren mehr freie Schwarze als Sklaven geben.«

»Unfreie«, korrigierte ich ihn. Søbøtker warf mir ein spöttisches Lächeln zu.

»Warum ist Ihnen das so wichtig?«, wollte er wissen. »Dass man sie nicht Sklaven nennen soll? Wie wir sie auch bezeichnen, ihre Situation bleibt doch dieselbe. Ein Esel wird zu keinem Pferd, nur weil man aufhört, ihn einen Esel zu nennen.«

»Ein Esel ist ein anderes Tier als ein Pferd«, wandte ich ein, »Aber ein Schwarzer ist nicht anders als wir. Nur die Haut. Und genau das ist für viele so schwer zu verstehen.«

Wir blickten eine Weile schweigend übers Meer; die kleinen Inseln und Landzungen, die Charlotte Amalies großen, tiefen Hafen schützend umschließen, lagen wie große Schatten auf dem glitzernden Meer. Auf dem Berg hinter uns sangen Frösche und Grillen ihre ewige Melodie. Hier war es so anders als auf Sankt Croix, wo jeder Zoll Land bepflanzt ist und bis zum letzten Zuckerhut ausgenutzt wird.

»Ich glaube, es wird eine schwierige Zeit«, meinte Søbøtker. »Ich beneide Sie nicht um die Aufgabe, den Leuten von der Idee des Königs zu erzählen. Die Pflanzer werden sagen, dass Sie das Anliegen der Sklaven, pardon, der Unfreien, vertreten. Und die Schwarzen werden sagen, Sie vertreten die Interessen der Pflanzer.«

Ich nickte. »Genau das wird passieren«, pflichtete ich ihm bei. »Aber ich habe vielleicht noch eine Trumpfkarte, die ich spielen kann.«

Ich bereute meine Worte in dem Augenblick, als ich sie ausgesprochen hatte. Lag es am Wein?

»Welche Karte mag das wohl sein?«, fragte Søbøtker. Sein Ton war wachsam. Oder bildete ich mir das nur ein?

Ich trank einen Schluck. »Warten wir's ab«, antwortete ich. Und der Gouverneur von Sankt Thomas wusste, dass es keinen Sinn hatte, mich auszufragen.

Ich weiß nicht, ob ich Johannes Søbøtker meinen Freund nennen würde; wir waren in erster Linie zwei Beamte, die gewisse Standpunkte teilten und sich vertrauten. Und wir redeten hin und wieder auch über private Dinge. Als Søbøtker sich nach seiner Karriere als Reeder und Kaufmann in Westindien niederließ, verlor er vollständig den Kontakt zu seiner Frau und seinen Kindern. Anders als ich hatte er nicht darum gekämpft, ihn zu halten. Als Gouverneur, Geschäftsmann und Pflanzer war er äußerst tüchtig, ein Wegbereiter. Seine Plantage, Høgensborg außerhalb von Frederiksted auf Sankt Croix, war die erste, auf der eine Dampfmühle lief. Er arbeitete bereits mit der Mechanisierung, lange bevor die anderen Pflanzer nach der Befreiung der Unfreien dazu gezwungen waren. Auch in einem anderen Punk ähnelten wir einander: Er hatte ein enormes Vermögen verdient und geerbt, aber er hatte nie Geld.

Wie ich reiste er 1848 zurück nach Dänemark, allerdings habe ich keinen Kontakt mehr zu ihm. Ich glaube, er lebt wie ich: ein alter Mann, der irgendwo in Kopenhagen auf den Tod wartet; all der Dinge beraubt, die einmal sein lukullisches Leben ausgemacht haben.

Wir saßen lange auf der Terrasse hinter dem Haus, das einmal mir gehört hatte, und am nächsten Morgen fiel mir das Erwachen schwer. Ich hatte Kopfschmerzen. Ich verabschiedete mich von Søbøtker und ließ mein Gepäck von einem seiner schwarzen Diener in einer Schubkarre die steilen Straßen hinunterfahren. Am Hafen suchte ich eine Weile nach der Möglichkeit einer Überfahrt nach Sankt Croix und bekam schließlich einen Platz auf einem englischen Postdampfer, der ehrlich gesagt ziemlich ramponiert und zusammengeflickt aussah. An Bord dieses seltsamen Fahrzeugs kam ich am Nachmittag in Christianssted an.

Es war der 14. September – noch vier Tage bis zum Geburtstag des Königs.

KÖNIGLICHER ERLASS AN DEN GENERALGOUVERNEUR ÜBER DIE FREILASSUNG DER UNFREIEN AUF DEN DÄNISCHEN WESTINDISCHEN INSELN, 28. JULI 1847

Wir, Christian VIII., König von Dänemark, erklären hiermit aus gerechten und humanitären Motiven und mit Rücksicht auf das Wohl Unserer westindischen Kolonien und die Interessen der Pflanzer, dass die Verfügung über die Unfreien, die sich derzeit im Besitz ihrer Eigentümer befinden, aufhören soll, allerdings in der Weise, dass diese Veränderung die Interessen aller Beteiligten berücksichtigt und die notwendigen Vorbereitungen für den Übergang getroffen werden, zumal dieser Erlass zwölf Jahre nach dem Datum dieser Resolution in Kraft treten soll, während in der Zwischenzeit die bestehenden Verhältnisse gewahrt bleiben. Es ist Unser allerhöchster Wille, dass Kinder von Unfreien, die nach dem Datum Unserer allerhöchsten Resolution geboren werden, von Geburt an frei sein sollen, jedoch unter gewissen Auflagen bei ihren Müttern oder Eltern verbleiben, worüber Wir Uns eine genauere allerhöchste Resolution vorbehalten. Wir tragen Ihnen hiermit auf, den Inhalt dieses Unseres allerhöchsten Erlasses in den westindischen Kolonien öffentlich kundzutun.

ANNA ELISABETH HEEGAARDS TAGEBUCH, CHRISTIANSSTED, SANTA CRUZ, SEPTEMBER 1847

Peter erzählte uns die schreckliche Neuigkeit, die ich bereits kannte, zwischen Schildkrötensuppe und *crabes farcis*. Er schlug mit dem Silbermesser an sein leeres Weißweinglas und erhob sich, und sogleich wurde es still in dem vornehmen Speisesaal des Gouvernementsgebäudes. Von meinem Platz an seiner Seite blickte ich zu ihm auf und sah den Ernst in seinem Gesicht; ich wusste sofort, wie schwer es ihm ausgerechnet an diesem Abend fiel. Und doch stand er aufrecht vor den Versammelten: Pflanzern, die er respektierte und die einige seiner Standpunkte teilten, Regierungsräten und anderen Beamten aus der Administration des Gouvernements, Kaufleuten, Reedern, lokalen Größen und ihren weißen Ehefrauen und farbigen Mätressen. Die gewohnte Gesellschaft bei feierlichen Anlässen im Gouvernementsgebäude in der Kongensgade. Sind nur Freunde unter den geladenen Gästen, veranstalten wir die Abendessen auf Bülowsminde.

»Liebe Gäste«, begann Peter. Er machte eine kurze Pause und blickte zu mir herab. »Nanan«, sagte er lächelnd. »Heute ist der Geburtstag Seiner Majestät König Christian VIII., und wir haben uns hier versammelt, um unserem König zu huldigen und ihn zu feiern, zu dessen Machtbereich auch diese Inseln gehören, die Kolonie Dänisch-Westindien.«

Erneut hielt Peter inne und sah sich unter den Versammelten um. Der Saal war von Dutzenden Windlichtern an den Wänden und zwei großen Kronleuchtern erleuchtet, die wie chinesisches Feuer unter der hohen Decke funkelten. Obwohl all diese Flammen hinter hohen Lampengläsern brannten, ließ der Zug durch die offenen Fensterläden sie ein wenig flackern, sodass das kräftige, goldgelbe Licht auf den glühenden Gesichtern der Gäste zu vibrieren schien.

»Wie die anwesenden Damen und Herren wissen, bin ich erst vor wenigen Tagen von meinem letzten Besuch in Dänemark zurückgekehrt. Beinahe zwei Jahre habe ich diesmal in Kopenhagen verbracht, und dass ich so lange fort war, lag – abgesehen von trivialen Rechtsstreitigkeiten mit den Herrn Heilbuth und Magens, die Sie, meine verehrten Gäste, nur allzu gut kennen – an meinen langen und schwierigen Verhandlungen, in erster Linie mit Seiner Majestät, über die Zukunft dieser Inseln. Über die Emanzipation der Schwarzen, die wir hier seit langem für unumgänglich halten, und nicht zuletzt über die Zukunft der Plantagen und der Zuckerproduktion …«

Er schwieg und schaute ein paar Pflanzer an, die links von ihm an dem langen Tisch saßen, und erst als einer von ihnen langsam nickte, zum Zeichen, dass die Botschaft angekommen war, räusperte sich der Generalgouverneur und ergriff wieder das Wort.

»Es war ein langer und komplizierter Prozess. Als die Ständeversammlung anfing, die Emanzipation zu diskutieren, wurde schon bald deutlich, dass in Dänemark die allgemeine Auffassung herrscht, die Sklaverei wäre in den Kolonien bereits vor vielen Jahren beendet worden. Der Mann auf der Straße hat kein Interesse an der Frage, woher der Zucker kommt. Hauptsache, er kommt überhaupt. Und die Diskussion über die Freilassung der Sklaven verriet sowohl Gleichgültigkeit als auch sämtliche Nuancen der Unwissenheit.«

Peter räusperte sich erneut und hob sein Wasserglas. Er trank und atmete tief durch, es klang beinahe wie ein Seufzen. Dann warf er mir einen Blick zu und fuhr fort.

»Unter den Argumenten, die die Politiker anführten, finden sich die unglaublichsten Dummheiten. Der schlimmste Zynismus. Ausgesprochener Blödsinn. So schlug ein bekannter Politiker, Diskutant und Jurist im letzten Jahr vor, dass Dänemark Westindien schlichtweg aufgeben und die Inseln verlassen solle, die Schwarzen könnten dann selbst sehen, wie sie zurechtkämen.« Peter lächelte und schaute wieder die Pflanzer an, von denen jetzt allerdings nicht einer zurücklächelte.

»Der Betreffende vergaß in seinem Furor, dass die Inseln zwar dem König gehören, die Plantagen, und damit die Neger, aber den westindischen Zuckerproduzenten. Aber auch andere haben merkwürdige Dinge von sich gegeben: ›Warum sollten wir uns überhaupt für ein paar kleine Inseln interessieren, die irgendwo auf der anderen Seite des Erdballs liegen?‹ ›Was wollen wir eigentlich mit diesen Inseln?‹ ›Können die Pflanzer die Neger nicht einfach freilassen und ihnen ein bisschen Lohn zahlen, damit wir nichts mehr von diesem sogenannten Indien hören müssen?‹

Wir haben über eventuelle Kompensationen für den Verlust von Eigentumsrechten diskutiert, die eine Emanzipation für die Pflanzer bedeuten würde. Und seien Sie versichert, meine Herren, ich habe um eine Entschädigung gekämpft. Auf den britischen Inseln bekamen die Pflanzer vor vierzehn Jahren durchschnittlich zwanzig Pfund für jeden freigelassenen Sklaven. In Dänemark diskutierte man über eine Summe, die der Hälfte entspricht. Und dennoch …«

Der Generalgouverneur schwieg und schaute auf seinen leeren Suppenteller. Er griff nach seinem Weinglas, als wolle er trinken, doch dann ließ er die Hand auf die weiße, steife Tischdecke fallen. »Und dennoch bin ich ohne die Zusage einer Entschädigung heimgekehrt.«

Ein Geräusch war rund um den Tisch zu hören. Es klang wie ein Knurren, obwohl einige vermutlich schon geahnt hatten, worauf die Rede hinauslief. Und dann verkündete Peter die schlimmste Nachricht für uns alle, für die Männer und Frauen, die Sklaven besaßen, wie für uns, die wir sie gern als freie Menschen gesehen hätten. Er berichtete, dass die Pflanzer keine Entschädigung bekämen, weil die Sklaven überhaupt nicht freigelassen werden sollten. Noch nicht. Erst in zwölf Jahren. Es hätte ebenso gut in einem Jahrhundert sein können!

Und in der Zwischenzeit sollte kein Neger in Dänisch-Westindien mehr als Sklave zur Welt kommen. Eine ganze Generation sollte mit Eltern aufwachsen, die weiterhin als Sklaven lebten, während sie selbst frei war. Sollte sie auch zusehen, wie sie allein zurechtkam?

Der dümmste, furchtbarste Kompromiss, den man sich vorstellen konnte. Und doch war er alles, was der Generalgouverneur mitgebracht hatte. Nach zwei Jahren in Dänemark!

Peter beendete seine Rede und bat die Gäste, auf den König anzustoßen. Sie zögerten ein wenig, bis sie ihr Glas hoben, und obwohl alle Fensterläden geöffnet waren, dürften ihre Hurrarufe außerhalb des Gebäudes kaum gehört worden sein.

Die Regierungsräte waren über den grundsätzlichen Inhalt der Rede des Generalgouverneurs orientiert, doch vermutlich war ich die Einzige am Tisch, die von vornherein gewusst hatte, was Peter sagen würde. Trotzdem schienen mir die Konsequenzen erst jetzt klar zu werden, ich spürte große Trauer und ein Bedauern, sowohl was die Schwarzen betraf als auch wegen meiner schwindenden Liebe zu Peter. Denn ich spürte, wie sie in dieser Stunde schwand. Er hatte keine Schuld, ich zweifelte nicht, dass er sich für eine bessere Lösung eingesetzt hatte, aber er war gescheitert, und er war älter und schwächer zu mir zurückgekommen.

Zwei Jahre sind eine lange Zeit, und mir scheint, dass das harte Leben dort oben im Norden die Menschen schneller altern lässt. Mein Peter, der seit seiner Jugend alles und jeden hier auf den Inseln geliebt und dafür gekämpft hatte, schwarz oder weiß, hochrangig oder nicht, verändert sich, er wird ein müder, pragmatischer Politiker. Der Mann, den ich liebe, verschwindet allmählich. Alles verschwindet, die Zeit raubt es uns. Wie unendlich schmerzlich es doch ist, daran zu denken!

ANLEITUNG ZUM UMGANG MIT MANGROVENKRABBEN UND REZEPT FÜR GEFÜLLTE KRABBE, ANNA HEEGAARDS PRIVATES KOCHBUCH, BÜLOWSMINDE, SANKT CROIX, CIRCA 1840

Krabben, die in den Mangrovensümpfen und an vielen Stellen am Strand zahlreich zu finden sind, fressen mit großer Vorliebe die Paradiesäpfeln ähnlichen Früchte des Manchinelbaums, die so giftig sind, dass eine einzige Frucht leicht einen Esel umbringen kann. Krabben daher immer zunächst mindestens vier Tage in einem Krabbenkäfig aufbewahren. Darin kann man sie mit Mais, Bananen, Mango und Spanischem Pfeffer, den sie besonders schätzen, füttern. Das wird sie von sämtlichem Dreck und Gift befreien. Anschließend werden die Mangrovenkrabben sauber gebürstet und zehn Minuten gekocht.

Die Zubereitung von *crabes farcis* nach dem Rezept meiner Großmutter Charlotte Bernard:

Sämtliches Fleisch aus den Scheren und dem Panzer entfernen. Alle Eingeweide können gegessen werden. Das Fleisch fein hacken und mit der gleichen Menge an eingeweichtem Brot vermischen. Feingehackte Zwiebeln, reichlich Spanischen Pfeffer, etwas geräucherten Schweinespeck und Knoblauch in einer Pfanne rösten und mit dem Fleisch mischen. Nach Geschmack pfeffern und salzen.

Die Mischung simmern lassen. Milch angießen, dazu einen ordentlichen Schuss Rum. Die Farce zurück in die ausgekochten Panzer der Krabben geben, zerstoßenes trockenes Brot darüber streuen und zwanzig Minuten bei schwacher Hitze backen.

Dazu trinkt man einen trockenen Weißwein oder Rum.

CARL FREDERIK KUNZENS DIARIUM, SEPTEMBER 1847

17. September

Nach zweijähriger Abwesenheit ist der Generalgouverneur nach Christianssted zurückgekehrt. Er scheint deutlich schwächer als bei seiner Abreise, wirkt müde und gereizt. Es gibt keinen Zweifel, dass seine langwierigen Verhandlungen mit dem König – und die nicht gerade kleidsamen Rechtsstreitigkeiten, die an seiner Person kleben wie Pfahlmuscheln an einem Bollwerk – an ihm gezehrt haben. Er ist ein Schatten seiner selbst.

Die Regierungsräte haben über den königlichen Erlass beraten und mussten natürlich beschließen, den Befehl des Königs zu befolgen und den Erlass während der morgigen Geburtstagsfeierlichkeiten zu verkünden. Ausnahmsweise muss ich zugeben, dass ich die Bedenken des Generalgouverneurs teile, wenngleich auch aus anderen Gründen: Die Kinder der Sklaven als freie Menschen zur Welt kommen lassen, scheint mir nicht durchdacht zu sein. Wenn sie aufwachsen, werden sie kaum nützliche, gehorsame Bürger eines westindischen Gemeinwesens sein. Ich sehe eine Zukunft voll Chaos und ungerechtfertigter Forderungen vonseiten der Schwarzen vor mir.

Ich glaube nicht, dass die herrschenden Kräfte daheim in Dänemark verstanden haben, wie nahe wir einer Katastrophe sind. Die Neger rasseln mit den Säbeln. Oder den Zuckermessern. Wenn der Status quo bewahrt und die Zuckerproduktion aufrechterhalten werden soll, sind Härte, Stabilität und Tatkraft notwendig. Der Generalgouverneur verfügt über nichts dergleichen; es ist mir unbegreiflich, wie er sein hohes Amt so viele Jahre hat bekleiden können.

Es steht für mich außer Zweifel, dass der Mann durch und durch korrupt ist und seit vielen Jahren auf eine Stimme mehr hört als auf jede andere: Fräulein Heegaard hat den Mann verhext, sodass er nur noch ihrer gehorchen kann.

Aber ich verlasse mich auf vernünftigere Stimmen. Und auf Kapitän Irminger.

POLIZEIMEISTER JUSTIZRAT ANDRESONS AMTSJOURNAL, FREDERIKSTED, SEPTEMBER 1847

Frederiksted, 20. September

Nach dem Gottesdienst am gestrigen Sonntag kam es an mehreren Orten zu kleineren Unruhen in Form von Gegröle, Zerstörungen und Trinkgelagen. Neger, die sich normalerweise beim Gottesdienst respektvoll benehmen, reagierten empört auf den Erlass über die Emanzipation der Unfreien, der bei den sonntäglichen Feierlichkeiten auf Veranlassung von Generalgouverneur Scholten von den Pastoren in allen Kirchen der Insel verlesen wurde.

In Frederiksted zerschlugen wütende und berauschte Feldneger mehrere Schaufenster in der Nygade und der Hospitalsgade, eine Abteilung Soldaten aus dem Fort musste ausrücken, um Ruhe und Ordnung wiederherzustellen. Fünf Neger wurden anschließend verhaftet und ins Fort gebracht, wo sie in Haft bleiben, bis ein Gericht sie bestrafen wird.

Am Sonntagabend waren die betreffenden Straßen geräumt und die Ruhe wiederhergestellt. Aber ich fürchte, dass das Missfallen der Neger über den Erlass zu weiteren, ernsteren Unruhen führen wird.

Auf den Plantagen tuschelt man über Aufstände.

GENERALGOUVERNEUR PETER VON SCHOLTENS AMTSJOURNAL, MÄRZ 1848

Der König ist tot. Nach einem Aderlass wurde Christian VIII. plötzlich sehr krank, die Rede ist von einer Blutvergiftung, er starb nach wenigen Tagen auf dem Krankenlager. Die westindische Regierung und der Generalgouverneur haben ein Kondolenzschreiben an den Hof gesandt.

Lang lebe König Frederik VII.!

(Ergänzung am Rand mit Bleistift: Der dritte König während meiner Amtszeit!)

POLIZEIMEISTER JUSTIZRAT ANDRESONS AMTSJOURNAL, FREDERIKSTED, APRIL 1848

Frederiksted, 22. April

Wurde am Abend auf die Plantage La Grange gerufen, als Grund wurden undisziplinierte Neger angegeben. Komme direkt nach Sonnenuntergang auf der Plantage an. Auf dem Hof sind Fackeln angezündet, ein Dutzend Neger stehen drei Weißen und einem Bomba gegenüber. Ich bemerke Zuckermesser in den Händen einiger Neger. Ich selbst bin mit meiner Pistole bewaffnet.

Ich reite in den Fackelschein und sitze ab. Einer der weißen Männer kommt auf mich zu. Alexander Ramsay, der Verwalter der Plantage.

»Die Neger weigern sich, nach Hause zu gehen«, erklärt er. »Und sie haben angekündigt, dass sie morgen nicht arbeiten werden.«

Ich stelle mich neben die weißen Männer. Ich rede mit den Negern auf Englisch. Ich stelle mich vor, obwohl ich vermute, dass es überflüssig ist.

»Mr. Ramsay sagt, ihr wollt nicht zur Ruhe gehen. Aber das müsst ihr. Ihr werdet jetzt in eure Hütten gehen.«

Einer der Männer knurrt etwas in seinem kreolischen Kauderwelsch und hält sein Zuckermesser so, dass es den Schein der Fackel zurückwirft. Ich hebe meine Pistole. Der Neger ruft ein Wort, das ich verstehe. Einen Namen.

»Gwad'lup«, schreit er.

Wir verstehen alle, was er meint. Das ganze Frühjahr über hat es überall in der Karibik Unruhen gegeben: Haiti, Venezuela, Martinique. Und nun Guadeloupe. Französischer und spanischer Besitz. Die Neger murren und verlangen ihre Freiheit. Auf den englischen Inseln ist es längst so gekommen. Ich fürchte, es wird auch bald hier passieren.

Die Kameraden des Negers heben ihre Messer und rufen das Wort nun gemeinsam: Gwad'lup! Gwad'lup! Wieder und wieder, wie eine Beschwörung.

Sie wollen nicht auf die Vernunft hören, auch nicht, wenn ich mit ihnen rede, ein Außenstehender. Wissen sie, wie ernst die Situation ist? Bewaffnet stehen sie weißen Männern gegenüber. Wir sind bereit zu schießen. Ein einzelner toter oder schreiender Neger auf dem Boden sorgt gewöhnlich für Ruhe.

In diesem Moment nähert sich ein weiterer Neger von hinten seinen Rassegenossen. Ein großer, kräftig gebauter Mann mit ganz kurz geschorenen Haaren. Er kommt mit ruhigen Schritten auf den Hof und stellt sich vor die Männer. Als der Schein der Fackel sein Gesicht trifft, sehe ich, wer es ist.

John Gottlieb. Buddo. Größer als damals, als Miss Heegaard ihn aus dem Arrest holte. Oder sieht er nur im Schein der Fackeln größer aus?

Buddo redet auf die wütenden Neger auf Englisch ein, nicht auf Kreolisch. Er möchte, dass auch wir ihn verstehen. Er hat Autorität.

»Auf Guadeloupe sterben Menschen«, sagt er mit ruhiger Stimme. »Auch eure schwarzen Brüder. Sie haben den Kampf nicht gewonnen, noch nicht.« Ich muss zugeben, dass eine gewisse Autorität in seiner Stimme liegt. Buddo redet wie ein Weißer, seine Argumente sind wohlformuliert.

»Ihr sollt nicht sterben«, sagt er. »Nicht heute Abend. Ihr sollt erst frei sein. Dann könnt ihr sterben. Als alte, freie Männer.«

Einer der anderen Neger unterbricht ihn aufgebracht. Er redet kreolisch, ich verstehe ihn nicht. Aber Buddo antwortet ihm, wieder auf Englisch.

»Das ist eine berechtigte Forderung«, sagt er und geht damit wohl auf den Neger ein. »Und die Freiheit wird euch auf Dauer nicht verweigert werden. Habt Geduld. Vertraut mir. Vertraut uns. Geht heim. Wir treffen uns bald.«

Und ohne eine Antwort abzuwarten, dreht Buddo sich zu uns um, zu den Weißen und dem Bomba mit dem langen Gewehr und der Peitsche, und wir sehen sein Lächeln. Sein schwarzes Gesicht ist freundlich, als er zu uns spricht.

»Sie werden jetzt ruhig sein«, erklärt er. »Darauf haben Sie mein Wort.«

Das Wort eines Negers. Buddos Wort.

Aber ruhig wurde es.

BRIEF: MARIA EIDE AN PETER VON SCHOLTEN, CHARLOTTE AMALIE, SANKT THOMAS, APRIL 1848

Lieber Peter,

von Herzen Dank für Deine freundliche Einladung, nach Bülowsminde zu kommen. Du weißt, wie sehr ich diesen Ort mag, nachdem ich ihn zum ersten Mal gesehen habe. Es ist eine Oase inmitten des Streits und der Geschäftigkeit dieser Welt, ein Ort, an dem ein Mensch zur Ruhe kommen und klar denken kann. Ich bin sicher, dass Ihr genau dies vor Augen gehabt habt, Du und Deine Anna, als ihr das Anwesen damals gekauft und begonnen habt, das einmalige Bülowsminde zu bauen!

Es ist auch kein Geheimnis, dass ich gern ein wenig ausspannen würde. Ich bin keine junge Frau mehr – auch wenn ich vier Jahre jünger bin als der Herr Generalgouverneur! –, aber Solitude kümmert es nicht, dass ihre Besitzerin, die Schulleiterin und Pflanzerin, bald sechzig Jahre alt wird. Sechzig, Peter! Wo sind bloß all die Jahre hin? Ich kann mir vorstellen, dass Du dieses Gefühl kennst. So kurz ist die Zeit, wenn man zurückblickt. Nur die jungen Menschen begreifen es nicht, sie glauben, ein Menschenleben sei unendlich lang. Wir wissen es besser.

Mit Blick auf meine Reise muss ich darum bitten, sie noch einige Monate verschieben zu dürfen. Wir stecken mitten in der Ernte, danach müssen die Kaffeebeeren behandelt und die Bohnen getrocknet und verschifft werden. Vor allem die Trocknung ist entscheidend. Es ist eine Arbeit, an der ich mich immer beteilige, es gehört sich nicht, dass ich Solitude während der Ernte und der geschäftigen Zeit danach verlasse.

Hätte ich von Anfang an gewusst, wie anstrengend die Kaffeeproduktion ist, hätte ich kaum gewagt, mich auf diesem Gebiet zu versuchen. Aber die Frage ist, ob man so etwas nicht über die meisten anderen Vorhaben auch sagen kann, die man sich als Mensch vornimmt. Wenn die schlimmste Zeit vorbei ist, werde ich wieder schreiben, und wenn es passt, werde ich auch eine Schifffahrtsgelegenheit finden. Das wird aber sicher erst im Juni oder sogar Juli der Fall sein.

Aber wie ist die Welt doch in Bewegung, Peter! Aus dem Hafen von Charlotte Amalie erreichen mich täglich Nachrichten über Unruhen in Europa. Revolutionen und Aufstände, das Volk reißt die Macht an sich und verlangt Freiheit und Gleichheit. Die französische Königsfamilie ist geflohen! Es herrscht Krieg in Schleswig, und der neue dänische König hat die Zügel nicht mehr in der Hand und will nicht länger an der Macht bleiben. Man spricht von Unruhen in Berlin und Italien.

Und wie steht es auf Sankt Croix, Peter? Dort gibt es ja noch sehr viele Sklaven? In meiner Schule merke ich wenig davon, hier leben freie Menschen und ihre Kinder, wir beackern zusammen den Boden und bauen Kaffee, Gemüse und Obst an. Keinen Zucker, damit wollen sie nichts zu tun haben. Kein freier Mann und keine freie Frau *of colour* will je wieder ein Zuckermesser in die Hand nehmen.

Doch ich höre von Unruhen und drohenden Aufständen im Westen. Es ängstigt mich, denn niemand weiß, auf welche Ideen verzweifelte Menschen kommen, aber ich vertraue darauf, dass Du mit Deiner Klugheit und Deinem Menschenverstand den Finger am Puls der Schwarzen hast. Du hast schon immer ihr Vertrauen genossen.

Ich freue mich unsäglich, Euch beide zu sehen und die jüngsten Neuigkeiten zu hören.

Meine ergebenen Grüße
Deine Maria

BRIEF: PETER VON SCHOLTEN AN MARIA EIDE, KOPENHAGEN, NOVEMBER 1853

Ich ziehe fort von hier, Maria. Der Winter naht, und ich weiß, dass ich nicht weitere drei Monate mit Frost auf den Scheiben und knirschendem Eis und Schnee unter den Stiefelsohlen ertrage. Daher habe endlich die Einladung meiner einzigen noch lebenden Tochter und ihres braven Mannes angenommen, zu ihnen nach Altona zu kommen. Die Stadt liegt doch deutlich südlicher als Kopenhagen, möglicherweise lässt sich der Winter dort angenehmer verbringen.

Ich habe meine Verhältnisse in Ordnung gebracht und mich darauf vorbereitet, Kopenhagen für immer zu verlassen. Aber ich verkaufe weder das Haus noch mein Hab und Gut, dazu habe ich einfach nicht die Energie. Ich nehme einige wenige persönliche Dinge mit, aber sinnvollerweise können es nur wenige, leichte Dinge sein; ich habe nicht die Absicht, Möbel oder schwere Kisten auf meine letzte Reise mitzunehmen.

Meine letzte Reise – habe ich gerade diese Worte geschrieben? Sie klingen so düster und doppeldeutig, obwohl dies gar nicht beabsichtigt war. Aber im Grunde geht es ja genau darum. Ich, der ich so oft bis ans Ende der Welt gereist bin und dort mein Heim fand, werde nun ein letztes Mal über die dänischen Inseln und Belte fahren und Altona sehen, diese exotische Handelsstadt! In gewisser Weise freue ich mich auch, auf jeden Fall freue ich mich darauf, meine Tochter Elisabeth Catharina wiederzusehen, meinen Augenstern, ja, das ist sie wahrlich. Und sie lebt und strotzt vor Gesundheit! Dieser Gedanke erfreut mich in all meiner Melancholie.

Gestern ging ich zu einem Goldschmied in der Sankt Pauls Gade und bat ihn, den Säbel zu zerbrechen, den ich von den Einwohnern Charlotte Amalies nach dem Orkan im September 1819 erhielt, als ich mich als amtierender Kommandant an vorderster Front ausgezeichnet hatte – damals füllte eine ganze Menge Gold mein kleines Rumfass! Das Heft, Teile der Scheide und des Trageriemens waren aus purem Gold, aber der Metallwert ergab tatsächlich nur rund sechshundert Reichstaler. Ich weiß nicht, ob Du diesen Brauch kennst, aber ein Offizier – und ich hatte, obwohl einige es bisweilen vergessen haben, mein ganzes Leben einen militärischen Rang inne – kann keinem anderen Mann seinen Ehrensäbel vererben. Man zerstört ihn, man zerbricht die Klinge und schmilzt das Edelmetall ein. Von dem Geld kann ich meiner geliebten Tochter ein nettes kleines Geschenk kaufen.

Aber der Akt, Maria, ist für einen Offizier an und für sich schon eine Art Abschied vom Leben. Und ich fühlte mich elend und zutiefst verzweifelt, als ich mit meinen sechshundert Reichstalern nach Hause ging. Mein Leben ist vorbei, dieser Tatsache sehe ich nun in all ihrer nackten Grausamkeit in die Augen. Nichts währt ewig. Man kann sich mit goldenen Säbeln, Knöpfen, Tressen und Epauletten schmücken. Mit Titeln und Orden. Man kann seine Wände vergolden – oder Schäfchenwolken an die Decke malen. Aber nichts währt ewig, Maria!

Und dann denke ich: Vielleicht ist ja gerade dies unser eigentlicher Trost. Dass wir eines Tages alles loslassen und den Trubel der Welt verlassen können.

Ich erinnere mich an den Tag vor fünfeinhalb Jahren, als wir an Bord der Kriegsbrigg Ørnen nach Sankt Croix segelten. Irmingers zaghafter Protest, als ich verlangte, dass Du mit an Bord kommst. Erinnerst Du Dich an seine Worte? »Bei allem Respekt, gnädige Frau, aber bis zu diesem Tag hat noch keine Frau ihren Fuß auf das Deck der Ørnen gesetzt.« Dieser törichte, aufgeblasene Soldat! Aber wir mussten los, wir mussten nach Sankt Croix, wo seit Tagen die Unruhen schwelten, und so fügte er sich schließlich. Ich glaube allerdings, dass er von Deinem Bericht, wie Du die zwei Male nach Westindien gereist bist, doch beeindruckt war – auf den schönsten Schiffen, die beide Dir gehörten. Und wie Du damals den Untergang an der Frenchman's Bay überlebt hast. Irminger respektierte Dich dafür; eine Frau, die ihr eigenes Schiff über die Weltmeere geführt hatte. Tatsächlich fügte er sich und ließ Dich an Bord. Es war ein besonderer Augenblick, weiß Gott.

Sonntag, 2. Juli 1848. Deine Kaffeeernte war überstanden und die getrockneten Bohnen mit dem Dampfschiff auf dem Weg nach Europa. Ich war von Amts wegen nach Charlotte Amalie gesegelt – um den örtlichen Behörden mitzuteilen, dass deutsche Schiffe trotz des gerade ausgebrochenen Kriegs mit dem Deutschen Bund in Ruhe gelassen werden sollten –, und so kam es, dass Du an genau dem Abend nach Bülowsminde kamst, als Dänemark gerade in den Krieg zog und die einhundertfünfundsiebzigjährige Sklaverei vor ihrem Ende stand.

Wir segelten am Nachmittag in Richtung Süden. Der Wind kam aus nordwestlicher Richtung. Es kommt häufig vor, dass der Wind aus einer südlicheren Richtung schralt, sodass ein schweres Segelschiff auf dem Weg von Sankt Thomas nach Sankt Croix nur mit Schwierigkeiten Christiansted direkt erreichen kann. Man kann hingegen jederzeit nach Frederiksted segeln, das einige Seemeilen weiter westlich liegt.

Wir waren damals immer darauf vorbereitet, Maria. Ich weiß nicht, ob Du unser Gespräch an jenem Tag verfolgt hast, aber Irminger und ich sprachen über die Frage der Windrichtung.

»Der Wind schralt nicht«, erklärte der Kapitänleutnant. Ich musste ihm rechtgeben. Er kam ordentlich aus nordwestlicher Richtung, und wir konnten bequem nach Christiansted segeln. An unser vereinbartes Ziel.

Es gab nur das Problem, dass ich in Erwartung des wechselhaften Windes meine Kutsche hatte nach Frederiksted fahren lassen. Dort stand sie nun. Und Irminger wusste es, als er fragte: »Möchten der Generalgouverneur doch nach Frederiksted segeln?«

Ich dachte einen Moment nach. Oder sagen wir, ich tat so, als würde ich nachdenken. Denn ich wusste, dass das Schicksal den Beschluss für mich getroffen hatte. Der Nordwestwind wurde zum entscheidenden Faktor. Meine Kutsche stand in Frederiksted; die Schwarzen würden erwarten, dass ich dort an Land ging. Und ein bestimmter Neger – John

Gottlieb Buddo – wusste, dass ich die Neger überzeugen könnte, Ruhe zu bewahren, wenn die Ørnen auf der Reede vor Frederiksted vor Anker ging.

Aber wenn ich nun nicht käme …

Maria, ich habe Dir nie erzählt, was damals wirklich passiert ist. Es ist mein letztes Geheimnis. Der Entschluss, den ich an jenem Nachmittag traf, als Irminger mich fragte, welchen Kurs er anlegen, welche Stadt er anlaufen sollte.

»Segeln Sie nach Christianssted«, entschied ich. Wir standen auf der Leeseite.

Irminger wandte mir den Kopf zu, ohne die Hände von der Reling zu nehmen. Er sah mich an, aber ich blickte weiter auf den fernen Horizont. Noch lag Sankt Croix darunter.

»Aber die Kutsche des Generalgouverneurs steht in Frederiksted?«

Ich nickte, den Blick noch immer auf den fernen Strich unter dem Dunst gerichtet.

»Christianssted«, sagte ich noch einmal.

An diesem Nachmittag hatte Ludvig auf meinen Befehl hin die Strecke von Christianssted nach Frederiksted allein auf dem Bock meiner vornehmen Kutsche zurückgelegt. Bei Søbøtker hatte ich mich beinahe verraten, als ich von meiner letzten Trumpfkarte sprach: meiner Kutsche, die an diesem Nachmittag auf der Centerline Road in Richtung Westen fuhr. Ich sah die Szenerie vor mir und wusste, was sie bedeutete.

Ludvig hatte die Kutsche am späten Vormittag aus dem Tor des Gouvernementsgebäudes gefahren, um in Frederiksted zu sein, bevor die Ørnen einlief. Hier sollte er seinen Herrn, den Generalgouverneur abholen und zurück nach Christianssted bringen. Doch die leere Kutsche, die nach Westen fuhr, würde eine Spur hinter sich herziehen, wie eine brennende Fackel, die durch ein Zuckerrohrfeld getragen wird. Auf den Plantagen entlang der schnurgeraden Centerline und im Westen – La Reine, Kingshill, Slob, Fredensborg, Diamond, Høgensborg, Carlton, Whim, Wheel of Fortune, La Grange und Butler's Bay –, wo die Unruhen seit Wochen schwelten, wurden die schweren Bronzeglocken geschlagen, und die Schwarzen legten ihre Hacken und Zuckermesser, ihr Küchengeschirr und die Bügeleisen aus den Händen und gingen auf die Straße. Einige hatten große Muscheln – eine Art Trompeten – in den Händen, die sie an den Mund hoben, um dieses eigenartig langgezogene Tuten zu erzeugen, ein Geräusch, von dem es heißt, dass es bei jeder Muschel einzigartig ist. Auf Sankt Croix ist es ebenso normal wie das ewige Krähen der Hähne.

Und sie folgten der Staubwolke, die sich hinter der Kutsche des Generalgouverneurs erhob. Sie sahen, dass die Kutsche leer war, und alle dachten dasselbe: Er kommt nach Frederiksted. Massa Peter kommt nach Frederiksted. Die Zeit ist reif, um die Freiheit zu fordern.

Aber Massa Peter hatte einen anderen Kurs angelegt. Er stand zusammen mit seiner alten Freundin an der Reling der Ørnen und sah nun endlich Sankt Croix voraus auftauchen, erst als einen flachen Schatten am Horizont, dann als ein Massiv von blassgrünen Bergen, die sich aus dem Blau des Meeres erhoben. Wir blickten beide hinauf in die Takelage des Schiffs mit seinen geblähten Segeln. Dann trafen sich unsere Blicke, und Du hast die Stirn gerunzelt und Dich über irgendetwas gewundert, das Du in meinen Augen gesehen hast. Etwas, das Du nicht verstanden hast. Und ich nickte und lächelte Dir zu, und Du hast zurückgelächelt, wachsam, beinahe ein wenig ängstlich. Erinnerst Du Dich, Maria?

FREDERIKSTED
SANKT CROIX
JULI 1848

AUSZUG AUS POLIZEIADJUTANT E. DIDRICHSENS BERICHT VOM 26. JULI 1848 ÜBER DIE EREIGNISSE IN FREDERIKSTED AM 2. UND 3. JULI

Am Sonntag, 2. Juli, ging ein Gerücht in der Stadt um, dass die Unfreien hier auf der Insel nicht arbeiten wollten, sondern ihre Freiheit forderten und im Übrigen nichts weiter unternehmen würden, sobald sie dieses Ziel erreicht hätten. Am selben Abend konnte man Muschelblasen und Glockenläuten auf den Plantagen hören, welche die ganze Nacht anhielten.

Am frühen Montagmorgen – gegen sieben Uhr –, als es hier in der Stadt hieß, dass die Menschen sich auf der Plantage Store La Grange versammelten, bot der Unterzeichnende sich an, dorthin zu gehen oder die Menge auf der Straße abzufangen, um sie zu fragen, was sie verlangten; Justizrat Andreson nahm dieses Angebot an. Der Unterzeichnende ging den Unfreien entgegen und traf sie an der Prinsensgade, sie waren mit Säbeln, Hacken, Fassreifen, Kappmessern, Äxten und Stöcken bewaffnet. Gefragt, was ihre Forderung war und warum sie die ganze Nacht auf den Muscheln geblasen und die Glocken geläutet hätten, ohne dass man wusste, was sie verlangten, antworteten einige, sie wollten frei sein. Worauf der Unterzeichnende antwortete, dass sie ihre Freiheit bekommen sollten, doch zunächst müsse der Generalgouverneur die Billigung ausdrücken. Einige Neger schrien bei dieser Gelegenheit Hurra und bestanden sogleich darauf, zum Polizeiamt zu gehen. Ich begleitete sie dorthin, und als sie vor ihn traten, erklärte der Polizeimeister und Justizrat Andreson sie für frei, wobei er ebenfalls feststellte, dass er das Einverständnis des Generalgouverneurs einholen müsse.

Die Menge zeigte sich erfreut, doch nach vielem Reden und Geschwätz erklärten sie schließlich, dass sie dies vom Polizeimeister schriftlich haben wollten. Ich schrieb daraufhin wunschgemäß ein Dokument, das ungefähr so lautete:

»Ich erkläre hiermit die Unfreien in dieser Gerichtsbarkeit für frei, vorbehaltlich des Einverständnisses Seiner Exzellenz des Generalgouverneurs. Frederiksteds Polizeiamt, 3. Juli 1848.«

Dieses Dokument unterschrieb der Polizeimeister, und ich übersetzte es auf Englisch und las es der Menge vor. John Gottlieb Bordeaux war zu Pferd gekommen, er war derjenige, der die Neger kommandierte, aber ich konnte mich ihm nicht nähern, da er ständig auf und ab ritt und, wie es aussah, Befehle erteilte.

MARIA EIDES TAGEBUCH, GOUVERNEMENTSGEBÄUDE VON CHRISTIANSSTED, SANKT CROIX, AM ABEND DES 8. JULI 1848

Ich halte mich momentan im Gouvernementsgebäude auf, in dem Peter krank in seinen Gemächern liegt. Er ist sehr schwach und mitgenommen, und ich fürchte wirklich um sein Leben. Er wirkt vollkommen apathisch. Doktor Knudsen ging vor einer Stunde, er meinte, dass der Generalgouverneur einen Schlaganfall erlitten hätte: Ein Blutgefäß in seinem Gehirn sei geplatzt, sodass Peter nicht mehr er selbst sei. Das macht mir Angst.

Ich fragte, ob er wieder gesund würde. Und erschrak noch mehr, als Knudsen lange zögerte, bevor er antwortete.

»Das ist möglich«, sagte er. »Aber es ist keineswegs sicher. Sicher ist nur, dass er Ruhe braucht. Die Ereignisse der letzten Tage haben ihm hart zugesetzt, sie hätten ihn umbringen können.« Er blickte mich durch die runden Gläser seiner Metallbrille an, als trüge ich persönlich die Verantwortung für die Vorfälle.

Als er gegangen war, setzte ich mich auf den Rand von Peters Bett. Er lag mit geschlossenen Augen auf dem Rücken, aber aus irgendeinem Grund glaubte ich nicht, dass er schlief. Ich blieb eine Weile sitzen, hörte seinen langsamen Atemzügen zu und blickte in sein Gesicht. Er war ein alter Mann geworden. Schon seit Jahren war sein Haar dünn gewesen, nun hatte er kaum noch welches auf dem Schädel, und sein Bart war weiß; der umgedrehte Anker seines Schnurrbarts war nicht mehr so gepflegt wie früher. Die Haare bedeckten die ganze Oberlippe, er würde kaum etwas essen können, ohne Barthaare in den Mund zu bekommen. Trotz der Sonnenbräune war seine Haut blass.

Ich legte meine Hand auf seine Schulter und bewegte sie vorsichtig hin und her, rüttelte ihn ganz sanft. Peter schlug die Augen auf, blau und fern, als würde er mich nicht richtig wahrnehmen. Dann trat eine einzelne waagerechte Linie auf seine hohe Stirn. Er erkannte mich nicht sofort. Ich lächelte ihn an, und nach einem Moment entdeckte ich doch ein Licht des Wiedererkennens in seinen Augen.

»Möchtest du irgendetwas?«, erkundigte ich mich. »Hast du Hunger?« Auf dem Tisch neben dem Bett standen Obst und eine Kanne mit Wasser.

»Anna?« fragte er.

Ich will nicht behaupten, dass ich die alles umwälzenden Ereignisse der letzten Woche vollends – oder auch nur teilweise – verstanden habe. Wie war es dazu gekommen, dass die Schwarzen so plötzlich ihre Freiheit gewannen, während der Generalgouverneur unerklärlicherweise und nach Ansicht einiger auch unverzeihlicherweise zögerte und in Christianssted blieb, wo sich ein heftiger Machtkampf zwischen ihm, den Regierungsräten und Kapitänleutnant Irminger zutrug? Spielte Peter auf Zeit, oder war er bloß von seinen eigenen Zweifeln gelähmt? War es wirklich seine Absicht, dass es so kam?

Als wir vor sechs Tagen mit dem unangenehmen Irminger aus Sankt Thomas aufbrachen, hatte ich das merkwürdige Gefühl, dass Peter mir etwas verheimlichte. Und Irminger erst! Wir standen an der Reling, dicht am Steven der Brigg, und sahen, wie Sankt Croix an der Kimm auftauchte. Zu diesem Zeitpunkt der Reise ist es normal, dass die Passagiere und die Besatzung ins Rigg des Schiffs schauen, um die genaue Windrichtung zu beurteilen: Kann man nach Christianssted segeln, der größeren Stadt der Insel, oder wird der Südwind schralen und das Schiff zwingen, stattdessen Frederiksted anzulaufen?

An diesem Tag gab es keinen Zweifel. Wir schauten in die Segel und auf die Flaggen der Ørnen an der Bramstange des Besanmasts. Der Wind kam aus Nordwesten, wir konnten Christianssted bequem erreichen. Doch bereits vor der Abreise hatte Peter seine Kutsche nach Frederiksted fahren lassen, dort wartete sie aller Wahrscheinlichkeit nach bereits auf den Generalgouverneur.

Als Irminger zu uns kam, wie wir auf die Fahnen blickten, und meinte, dass wir doch sicher nach Frederiksted segeln würde, war Peters Antwort deshalb sowohl für mich als auch für den Kapitänleutnant eine Überraschung.

»Nein«, sagte er. »Bringen Sie uns nach Christianssted.«

Irminger öffnete den Mund, als wolle er protestieren, zuckte dann aber die Achseln und nickte. »Jawohl, Herr Generalgouverneur«, sagte er, drehte sich um und gab dem Rudergänger entsprechende Befehle.

Ich starrte Peter an, der mir langsam den Kopf zuwandte und lächelte. Etwas in seinem Blick verwunderte mich. Er schien abgeklärt und erleichtert und gleichzeitig auch ein wenig unentschlossen zu sein, als hätte er mich gern um Rat gefragt, sich dann aber entschieden, es sein zu lassen.

Einige Stunden später segelten wir durch die Passage in das breite Riff bei Protestant Cay und warfen Anker vor dem Fort. Irminger lud uns ein, an Bord der Ørnen zu speisen, wir nahmen seine Einladung an. Während der Mahlzeit führten die beiden Männer ein langes, kultiviertes Gespräch, in dem es hauptsächlich um die Kriegserklärung des Deutschen Bundes an Dänemark ging. Ich ließ sie reden, es war kein Thema, zu dem ich etwas hätte beitragen können.

Nach dem Essen – eine richtig gute Fischsuppe, Schildkröteneier und gebratenes Huhn – dankte Peter unserem Gastgeber für die Mahlzeit und sagte:

»Ich denke, wir fahren jetzt alle drei nach Bülowsminde und trinken ein Glas, bevor wir uns zur Ruhe begeben. Es war ein langer Tag, und sicher wird der Kapitänleutnant es genießen, in einem weichen Bett statt in seiner Koje zu schlafen.«

Er sah Irminger an und lächelte höflich, und Irminger nickte ein wenig steif, wie es seine Art ist.

»Danke«, antwortete er. »Es wird mir eine Ehre sein. Auch wenn meine ›Koje‹, wie Sie es nennen, recht behaglich ist.«

Dann fuhr uns ein Neger in einer Kutsche in der lauen Abendluft den Berg hinauf, und als wir in Bülowsminde ankamen, empfing uns Anna Heegaard lächelnd und freundlich wie immer. Ein Mädchen musste aus dem Keller eine Flasche Madeira holen.

Kurz darauf hob Peter sein Glas, beinahe feierlich. Er sah uns nacheinander an.

»Auf Westindien«, prostete er. »Und auf die Zukunft.«

Irminger nickte, sagte aber nichts.

Wir tranken. Und saßen schweigend da. Peter mit einem ernsten Gesichtsausdruck, Irminger still, den Blick ins Nichts gerichtet. Hatte er eine Ahnung, was diese Nacht bringen würde? Ich glaube es nicht, wie sollte es auch möglich gewesen sein? Er war einfach kein unterhaltsamer Mann. Kurz darauf räusperte sich Peter, er wollte unsere Gesellschaft verlassen. Er war blass.

»Ich bedauere, liebe Freundin, aber ich bin sehr müde«, erklärte er und legte eine Hand auf Annas Arm. Dann wandte er sich an mich. »Und du, meine andere Freundin«, sagte er mit einem Lächeln. Anna und ich tauschten einen raschen Blick aus, und ich glaube, wir dachten dasselbe. Wir mochten ihn jede auf unsere Weise.

Peter erhob sich, nickte Irminger zu, und bald darauf begaben auch wir uns zur Ruhe.

Kurz nach Mitternacht erwachte ich durch Geräusche im Haus. Hastige Schritte, aufgebrachte Stimmen. Ich stand auf, zog meinen Morgenmantel an und ging in Bülowsmindes große Halle. Hier standen Peter und Kapitänleutnant Irminger und sprachen mit einem Soldaten, der sehr aufgeregt schien und in der lauen Nacht heftig schwitzte. Peter hörte meine Schritte und drehte sich um. Er warf mir einen raschen Blick zu und widmete dann seine Aufmerksamkeit wieder dem Soldaten. Eine Ordonnanz vom Frederiksfort, wie sich herausstellte, mit einer Nachricht von Kommandant Castonier: Die Neger seien in Frederiksted nicht mehr unter Kontrolle.

»Und an der Høgensborg-Plantage bin ich an einer größeren Gruppe Neger vorbeigekommen, die alle schrien und ihre Fackeln, Messer und andere Waffen schwangen«, berichtete die Ordonnanz. War ich bisher noch in einer Art Halbschlaf gewesen, wachte ich nun vollends auf.

Der Mann schwieg einen Moment. Dann sagte er: »Sie riefen, sie wollten ihre Freiheit!«

Peter warf Irminger einen Blick zu und stellte der Ordonnanz eine weitere Frage.

»Wie viele Unfreie sind Ihrer Meinung nach am Fort versammelt?«

»Viele«, antwortete der Mann.

»Wir müssen Soldaten dorthin schicken«, verlangte Irminger. »So etwas muss im Keim erstickt werden. Wenn nötig mit Granaten und Kartätschen. Ich weiß, wie man die Neger züchtigt!«

Peter antwortete nicht. Vielleicht fiel es ihm schwer, die richtigen Worte zu finden.

»Sofort!«, fügte Irminger hinzu. Es klang wie ein Befehl. Peter wandte sich ihm abrupt zu,

»Ziehen Sie sich an«, sagte er kühl. »Wir müssen ins Gouvernementsgebäude.«

Die beiden Männer gingen auf ihre Zimmer. Kurz darauf ritten sie zwischen den beiden Torhäusern von Bülowsminde den Berg hinab in Richtung Christianssted.

Es war halb zwei Uhr nachts. Ich war nicht mehr müde und auch nicht ruhig genug, um mich wieder ins Bett zu legen. Ich ging hinaus und fand Anna auf der großen, nach Westen ausgerichteten Terrasse. Sie stand an einer niedrigen Brustwehr, von der aus man am Tag bis in die westlichen Berge sehen konnte, die Frederiksted verbergen. Sie wandte mir den Rücken zu, drehte sich aber um, als ich hinter sie trat. Das Mondlicht leuchtete in einem Rotweinglas, das auf den Steinen der Balustrade stand. Ihr Gesichtsausdruck war ernst. Ich nickte ihr zu.

»Nun gilt's«, sagte sie leise.

Ich kannte Anna seit einer Reihe von Jahren und hatte sie und Peter häufig auf Sankt Croix besucht, doch obwohl wir uns vertrauten, sind wir nie richtige Freundinnen geworden. Sie hat etwas Fernes und Geheimnisvolles, das ich nicht einzuschätzen vermag. Obwohl wir vieles gemeinsam haben – beide sind wir Mulattinnen, wenngleich sie noch heller ist als ich –, gibt es keine vollkommene Vertrautheit zwischen uns. Ich habe bisweilen gedacht, ob sie vielleicht ein wenig eifersüchtig ist – obwohl doch sie hier auf den Inseln Peters Lebensgefährtin ist!

»Was passiert denn?«, erkundigte ich mich. Ich wollte eine Erklärung für ihre Worte.

Sie zeigte auf die mondhellen Zuckerfelder unter uns.

»Der Generalgouverneur wird nach Frederiksted fahren«, begann sie. »Und wenn er ankommt, wird es in gewisser Weise schon zu spät sein. Tausende Unfreie werden die Stadt eingenommen haben. Endlich.«

»Das klingt, als wüsstest du, was sich dort draußen im Westen der Insel abspielt?«

Sie sah mich an. Die hübsche Anna. Wie ich nicht mehr ganz jung, aber hier draußen im Mondlicht doch alterslos. Sie nickte.

»Ich hole dir ein Glas, liebe Maria.«

Ich protestierte nicht, und eine Weile saßen wir auf der warmen Terrasse und hörten den Geräuschen der Nacht zu, dem Gesang der Grillen und Frösche.

»Es war ein langer Weg«, sagte sie, »aber nun ist es so weit. Heute Nacht. Ich bin sicher. Mein Volk wird frei.«

Ich war ein wenig verwundert, dass sie die Sklaven von Sankt Croix als ihr Volk bezeichnete – immerhin war sie doch ihr ganzes Leben frei, hellhäutig und wohlhabend gewesen. Aber wer weiß schon, was sich im Herzen eines anderen Menschen abspielt? Dann erinnerte ich mich, was Peter gesagt hatte. Und Mikkel. Und alle vernünftigen Menschen, die ich gekannt hatte.

»Es ist zu früh«, gab ich zu bedenken. »Dein … der Generalgouverneur hat immer wieder betont, wie wichtig es ist, dass die Freiheit gut vorbereitet wird. Dass die Unfreien Bescheid wissen, bevor man ihnen die Freiheit schenkt. Das erfordert viele Jahre …«

Ein leises Geräusch, ein höhnisches Schnauben, als würde sie eine Kerze ausblasen, entwich Annas Lippen.

»Freiheit bekommt man nicht«, entgegnete sie. »Niemand gibt sie einem freiwillig. Freiheit muss man sich selbst nehmen.«

Ich blickte über die mondhellen Zuckerrohrfelder, auf denen es so viele Jahre keine Freiheit gegeben hatte. In dem kalten Licht erahnte ich die Reihe der Königspalmen und Tamarindenbäume, wo die Centerline Road sich durch das fruchtbare Land zog. Wenn Peter heute Nacht noch nach Frederiksted wollte, war dies der einzige Weg dorthin. Ich kniff die Augen zusammen und versuchte, etwas zu sehen, ein Licht in der Nacht, eine Kutschenlaterne. Doch alles war dunkel und still.

Ein Gedanke ging mir durch den Kopf, so merkwürdig und eindringlich, dass es mich selbst überraschte.

»Ich will dorthin«, sagte ich.

Anna lachte leise. Ihr Lachen war so fein wie ihre Stimme, wie ein klingelndes Glöckchen. »Aber warum denn, liebe Maria?«

Ich hätte es ihr nicht erklären können. Sie schien zufrieden zu sein; sie hatte es ausgelöst oder zumindest mit vorangetrieben. Sie musste es nicht *sehen*.

Ich schon.

Solitudes abseitige Lage auf Sankt Thomas – eine noch unwegsamere und höhere Lage als Bülowsminde – hatte mich zu einer anständigen Reiterin werden lassen. Oft genug war ich den armseligen Bergweg hinuntergeritten, der die einzige Verbindung zwischen Solitude und Charlotte Amalie darstellt.

Im Mondlicht war auf einem von Peters kleinen spanischen Pferden der Ritt den Berg hinunter ein Kinderspiel. Ein einziges Mal wäre der Wallach beinahe in einem Loch gestolpert, doch er rettete sich – und mich –, ohne zu stürzen.

Der verschlungene Weg traf auf die Centerline Road südlich von Constitution Hill, von wo aus es auf guten Wegen nur ein kurzer Ritt bis nach Christiansted ist. Aber ich wollte nicht nach Christiansted. Ich konnte mir vorstellen, was Peter sagen würde, wenn ich dort auftauchte und ihn bat, mit ihm in den Westen zu fahren, wo es unter den Unfreien gärte. Also zog ich am rechten Zügel und ließ das Pferd die Centerline Road in Richtung Westen traben, nach Frederiksted.

Es war kurz nach zwei. Ich ritt durch die Dunkelheit und das Mondlicht, ohne einem einzigen Menschen zu begegnen. Nach einer Weile hielt ich das Pferd an und sprang ab. Mein Kleid war eigentlich recht praktisch, ohne Rüschen, Falten oder anderen Zierrat, aber es war zu lang, um bequem auf einem Pferd zu sitzen. Ich hob das Kleid an den Mund, biss auf Kniehöhe in den Stoff und riss die unterste halbe Elle ab. Aus dem Stoff faltete ich ein kleines Päckchen, das ich unter den Sattel steckte. Dann schwang ich mich wieder aufs Pferd und ritt weiter.

Weite Teile der Straße lagen vollkommen im Dunkeln, weil die Kronen der Tamarindenbäume, die am Straßenrand wuchsen, sich in der Straßenmitte trafen und kein Licht hindurchließen. Dann wiederum wurde der Schotterweg in weißem Licht gebadet, und die Büsche und kleinen Bäume glichen verkrüppelten Wesen, Trollen und Wegelagerern, die in den Gräben lauerten. Hinter ihnen lagen Sankt Croix' ausgedehnte Zuckerrohrfelder, die Quelle des westindischen Reichtums und so viel Unheils, und wisperten in der leichten Brise.

Gut eine halbe Meile westlich von Kingshill kam ich zur Lower-Love-Plantage an der Centerline. Etwas weiter nördlich liegt Upper Love, dazwischen die Jealousy Plantation. Ich habe mir oft überlegt, welche Geschichte sich wohl hinter diesen Namen verbergen mag. Oder bei Namen wie Whim, Two Friends, Slob oder Fancy. Zumindest Prosperity ist einfacher zu verstehen.

An der Straße bei Lower Love stieß ich auf eine größere Ansammlung Schwarzer, um die dreißig oder noch mehr, viele mit Fackeln und Messern. Ihre hellen Hüte aus Stroh und sonnengebleichtem Leinen schwebten wie aus eigener Kraft über den dunklen Gesichtern. Weiße Augen und Zähne funkelten in der Nacht. Eine plötzliche und vollkommen unerwartete Angst überkam mich, ich wollte an ihnen vorbeireiten, aber ein großer Mann trat vor mich – mein Pferd stemmte die Hufe in den Straßenstaub.

»*Whoa*, Madam!«, brummte er mit einer tiefen Stimme. Er streckte die Hand aus und griff mein kleines Pferd am Zaumzeug; es hob nervös den Kopf und trippelte, als wollte es sich aufbäumen. Ich beugte mich über seinen Hals.

»Lass mein Pferd los!«, schrie ich auf Dänisch und spürte, wie der Zorn meine Angst verdrängte. Ich hatte nie Angst vor Schwarzen, eher war ich eine von ihnen.

»Wo wollen Madam denn hin?«, erkundigte sich der Mann auf Englisch. Er sah zu mir auf, das Weiß seiner Augen leuchtete in der Dunkelheit. »So spät«, fügte er hinzu und ließ das Zaumzeug los. Er strich dem Pferd über dessen lange Stirn und klopfte es auf den Hals.

»Frederiksted«, antwortete ich. Es war nur ein Name, aber er hörte den kreolischen Klang meiner Stimme und antwortete mir daraufhin in dieser Sprache.

»Alle wollen nach Frederiksted. Alle wollen frei sein.« Er sah sich in der Ansammlung glänzender, schwarzer Gesichter um. »Sie wollen Massa Peter sehen.«

Ich sah in sein ernstes Gesicht. »Massa Peter ist nicht in Frederiksted. Noch nicht.«

Der Neger schob die Unterlippe vor. Hinter ihm kamen die anderen näher. Einige traten vor das Pferd, andere umringten mich.

»Wer bist du?«, fragte er. »Und woher weißt du, wo Massa Peter ist?«

Ich zögerte. Um mich herum fiel das Mondlicht auf die Zuckermesser der Feldsklaven. Aber sie wirkten nicht bedrohlich, nur neugierig und hoffnungsvoll.

»Ich habe heute Nacht mit ihm gesprochen«, antwortete ich dann. »Er ist jetzt in Christianssted.« Ich drückte mit den Beinen weich gegen die Flanken meines Pferdes, es bewegte sich langsam vorwärts. Die Neger traten zur Seite. »Aber er kommt«, sagte ich über die Schulter hinweg. »Er kommt nach Frederiksted.«

Doch stimmte das auch? Sowohl sein als auch Anna Heegaards Benehmen wirkten nicht so, als würde er es eilig haben, in den Westen der Insel zu kommen, um den Sklavenaufruhr zu beenden.

Der Mann rief mir etwas nach, als ich mich im Schritt entfernte, aber ich verstand seine Worte nicht. Ich hob eine Hand zum Gruß und gab dem Pferd die Fersen, es wechselte vom Schritt in den Trab und danach in den Galopp, und Sankt Croix' warme Nacht traf mich wie eine Mauer.

AUSZUG AUS EINER DEPESCHE: HAUPTMANN FREDERIK CASTONIER, FREDERIKSFORT, AN GENERALGOUVERNEUR PETER VON SCHOLTEN, BÜLOWSMINDE

Frederiksfort, 2. Juli

Habe in diesem Augenblick die Mitteilung von der Ankunft Ihrer Exzellenz auf Bülowsminde bekommen und erlaube mir untertänigst mitzuteilen, dass in diesem Teil des Landes die Neger in völligem Aufruhr sind; man läutet überall die Glocken. Im Fort wurden die notwendigen Vorsichtsmaßnahmen getroffen. Die zirkulierenden Gerüchte sind so unterschiedlich, dass ich Eure Exzellenz nicht damit zu belästigen wage.

MARIA EIDES TAGEBUCH, GOUVERNEMENTSGEBÄUDE VON CHRISTIANSSTED, SANKT CROIX, 9. JULI 1848, MORGENS

Es scheint, als hätte sich Peters Zustand im Laufe der Nacht ein wenig verbessert. Als er erwachte – um halb sechs morgens, kurz nachdem es hell geworden war –, hielt ich mich zufällig in seiner Schlafkammer im Gouvernementsgebäude auf. Ich selbst war bei Tagesanbruch erwacht, als ein erster Sonnenstreifen sich seinen Weg durch die nicht ganz geschlossenen Fensterläden bahnte und auf mein Gesicht traf. Ich wusste, dass ich nicht noch einmal einschlafen würde. Ich spürte meine wunden Füße, die vor einer Woche in Frederiksted viele Schrammen und Risse abbekommen haben – Wunden, die noch immer nicht ganz verheilt sind –, als ich Peters Schlafkammer betrat. Ich wollte mich bloß vergewissern, dass er noch am Leben war, aber nachdem ich eine Weile an seinem Bett gesessen hatte, schlug er die Augen auf und blickte sich verwirrt und schlaftrunken in dem hellen Zimmer um.

Ich zog am Fenster die Gardinen beiseite und öffnete die Fensterläden. Als ich mich umdrehte, hatte Peter sich an dem hohen Kopfende des Bettes ein wenig hochgeschoben und sah mich mit einem müden Lächeln in seinem bleichen Gesicht an. Ich lächelte zurück. Dann hinkte ich zu seinem Bett.

»Guten Morgen, Herr Generalgouverneur.«

Er runzelte die Stirn und blickte auf meine Füße. »Fuß?«

Ich zuckte die Achseln. »Kleine Schrammen.«

Die Stirnfalten verschwanden nicht. Ich hatte das Gefühl, als sei er nicht ganz bei sich. Plötzlich sagte er: »Ich muss. Aufstehen. Aufstehen.«

Ich schüttelte den Kopf. »Nein, Peter. Doktor Knudsen sagt, du brauchst vollkommene Ruhe.«

Er sah mich an, als würde er mich nicht verstehen. Dann sagte er: »Oxholm.« Sein Mund verzog sich, als wolle er etwas Ekelhaftes ausspucken.

»Ja, Oxholm. Er hat deinen Platz eingenommen. Vorübergehend.«

Ihn schauderte.

»Frierst du?« Ich bückte mich und legte meinen Handrücken an seine Stirn. Er schüttelte den Kopf und ein weiterer Schauder durchfuhr ihn. Es war der Gedanke an Oxholm als amtierenden Generalgouverneur, der ihn zusammenzucken ließ.

»Geht nicht«, erklärte er.

»Was? Oxholm?«

Eine schwarze Männerstimme war in der Kongensgade zu hören. Peter drehte sich um. »Die Schwarzen. Frei?«

»Ja, Peter.« Nun runzelte ich die Stirn. Er schien überhaupt nicht er selbst zu sein, als hätte sein Gehirn Schaden genommen. Er sprach in Einwortsätzen, nur wenige Worte auf einmal, die er unter deutlichen Schwierigkeiten formte.

Doch nun seufzte er tief und sagte fünf Wort hintereinander: »Ich muss nach Hause. Reisen.«

»Nach Hause? Nach Bülowsminde?«

Er schüttelte den Kopf. »Dänemark. Meine Kinder.«

»Dänemark?«, fragte ich verwundert. Der Gedanke, dass Westindiens Generalgouverneur die Inseln verlassen wollte, auf denen er den größten Teil seines Lebens verbracht hatte, kam für mich vollkommen überraschend. Aber vielleicht sah ja nur ich den Realitäten nicht ins Auge.

Den Realitäten? Ein alter Mann, der in seinem Bett saß, müde nickte und dessen Lebenswerk hinter ihm lag.

MARIA EIDES TAGEBUCH, GOUVERNEMENTSGEBÄUDE VON CHRISTIANSSTED, SANKT CROIX, 9. JULI 1848, NACHMITTAGS

An der Centerline Road traf ich auf immer mehr Gruppen von Negern. Alle waren auf dem Weg in Richtung Frederiksted, das weniger als eine Meile entfernt war, und alle brachen immer wieder in verschiedene Rufe aus. Parolen und unverständliche Ausbrüche waren zu hören – *We want freedom ... freedom now ... our children free, we slaves ... Massa Peter, Massa Peter*, allerdings wurde ich nicht noch einmal angehalten. Bei Hannah's Rest, wo die Straße in einem Bogen nach Frederiksted führt, stand eine Gruppe Schwarzer, Männer und Frauen, mit den üblichen Fackeln und Zuckermessern. Die Ansammlung war größer als die bisherigen, und es war unmöglich weiterzureiten, da sie die Straße vollständig versperrten.

Ich stieg ab und führte das Pferd zu einem abgestorbenen Palmenstamm, der wie eine Säule am Straßenrand stand. Dort band ich es fest und klopfte es auf den Hals. Es tat mir leid, dass ich kein Wasser für das Pferd hatte, aber das musste warten. Während ich das feuchte Fell mit der Hand abrieb und den scharfen, angenehmen Geruch genoss, blickte ich in die großen braunen Augen, in denen sich Dutzende Fackeln wie kleine vibrierende Lichtpunkte spiegelten.

Die Schwarzen blickten mich ohne größere Neugierde an, als ich über die Straße auf sie zuging. Ich sah nun, dass die Frauen große Reisiggarben und getrocknete Zuckerrohrstängel trugen, als wollten sie ein Feuer entzünden. Vielleicht war genau das auch beabsichtigt. Eine von ihnen legte den Kopf in den Nacken, als könnte sie mich besser sehen, wenn sie auch ihre Nasenlöcher zu Hilfe nahm. Ihr Blick glitt über mein Kleid und meine Schuhe. Sie schnaubte höhnisch. Der Mann neben ihr – ihr Freund? Jedenfalls legte er ihr eine Hand auf die Schulter – drehte sich zu mir um. Auch er musterte mich von Kopf bis Fuß.

»Wer sind Sie?«, fragte er in nahezu perfektem Dänisch. Sie? Trotz des Fackelscheins konnte er mich nicht richtig erkennen. Er hielt mich für eine Weiße. Ich hob eine Hand, strich mir das krause Haar aus dem Gesicht und erwiderte seinen Blick. Er blinzelte ein paar Mal und schaute dann wieder auf meine Schuhe.

Alle um mich herum gingen barfuß. Ihre bloßen Füße, kräftig und sehnig von der harten Arbeit, standen auf dem sandigen Boden. Ich bückte mich und öffnete die Schnallen meiner Schuhe, zog sie aus und stand mit den Schuhen in den Händen wieder auf. Der Sand war angenehm kühl an meinen Fußsohlen – wie Sand nachts halt ist, wenn die Sonne ihn nicht mehr aufheizt. Allerdings lag das Fort am nördlichsten Ende von Frederiksted noch eine halbe Meile entfernt, und meine Füße waren es nicht gewohnt, ungeschützt steinige Wege zu gehen. Ich schaute den Mann an, der mich mit »Sie« angeredet hatte, und nickte ihm zu. Aber ich sagte ihm nicht meinen Namen.

Eine Viertelstunde später kam eine weitere Gruppe fackeltragender Neger den Weg von der Plantage Stony Ground hinauf. Offenbar hatten die anderen auf sie gewartet. Wir waren jetzt ungefähr vierzig Menschen, die auf Frederiksted zugingen; ich mit meinen Schuhen in der Hand, nachdem ich noch einen Blick auf das kleine Pferd geworfen hatte, das mich hierher getragen hatte. Es stand an der abgestorbenen Palme und sah aus, als würde es schlafen; der Kopf hing beinahe auf der Erde, es rührte sich nicht.

Ich wurde nicht noch einmal gefragt, wer ich sei, aber eine junge Frau schloss zu mir auf und ging geradezu lautlos den sandigen Weg entlang. Sie legte kurz ihre Hand auf meine Schulter, als wären wir Freundinnen, und als ich sie ansah, lächelte sie. Ich blickte in ein sehr hübsches Gesicht unter einer dichten, krausen Frisur.

»Ich heiße Maria«, sagte sie, und ihr Lächeln wurde noch breiter, sodass mir einen Moment der Gedanke durch den Kopf ging, dass sie vielleicht etwas einfältig war. Ich lachte.

»Ich auch«, erwiderte ich und legte meine Hand auf ihre. »Ein schöner Name.«

Sie nickte eifrig und zog ihre Hand zurück. »Das ist mein eigentlicher Name«, erklärte sie. »Auf Diamond nennen sie mich Tilly.«

»Und das magst du nicht?«

Sie schüttelte den Kopf. »Nicht, weil er nicht schön ist. Aber der Vorarbeiter hält sich immer ein Mädchen, das er Tilly nennt. Titsy Tilly, um genau zu sein.«

Ich warf einen Blick auf ihren Busen.

»Immer?«

»Ja. Er wechselt sie aus, wenn sie älter werden. Ich bin seine dritte oder vierte.«

Ich habe in all meinen Jahren in Westindien so viele Geschichten von den Unfreien gehört. Oft nur ein paar Worte oder Sätze, die das Leiden eines ganzen Lebens erzählen. Ein Mädchen, dessen tägliche Bürde in einem Namen steckt. Einer aufgezwungenen Rolle.

»Vielleicht ist jetzt bald damit Schluss«, sagte ich.

Sie lachte. Ein klares und glückliches Lachen. »Zumindest bin ich jetzt nicht auf Diamond«, erwiderte sie. »Wir sind alle zusammen gegangen. Der Massa und seine Leute liefen uns hinterher und brüllten, aber wir waren zu viele. Sie haben sich nicht getraut, uns aufzuhalten.«

»Ich habe eure Glocke gehört, als ich vorbeiritt.« Auf dem letzten Stück des Weges hatten die Glocken der Plantagen überall geläutet, begleitet vom tiefen Tröten der Muscheln. Und die Glocke der Diamond Plantation dicht an der Centerline war so laut gewesen, dass mein Pferd sich erschrocken hatte.

Nun waren keine Glocken mehr zu hören, nur die vereinzelten, melodischen Geräusche der Muscheln und die Parolen der Schwarzen: »Unsere Kinder sollen frei sein, und wir Sklaven? Massa Peter, Massa Peter!« Wir gingen an der Two-Brothers-Plantage vorbei, und bogen in Frederiksted in die Fisher Street hinunter zum Wasser.

Frederiksted liegt im Westen von Sankt Croix ungeschützt am offenen Meer, das heißt, die Stadt ist vollkommen anders als Christianssted. Hier gibt es keine Lagune, keine Inseln oder Landzungen, die den Hafen schützen können. Es gibt hier auch keinen Hafen, nur eine Reede, auf der die Schiffe auf der Leeseite der Insel liegen. So gut wie immer weht der Passat vom Land hinauf aufs Meer. Die Stadt liegt im Windschatten der Küste, es ist eine sich lang dahinziehende, von der Sonne beschienene Bebauung – von Hannah's Rest im Süden bis zum Frederiksfort, der roten Festung im Norden.

Vor dem Frederiksfort gibt es einen Platz, auf dem die Fischer ihren Fang verkaufen und die Bürger sich am Abend treffen. Hier liegen die Kongensgade, die schnurgerade Hauptstraße der Stadt, auf der einen und das Fort mit der großen Alarmglocke und den Wachen auf der Mauer auf der anderen Seite. Auf der Vorderseite des Forts und auf sämtlichen Mauern in Richtung Land wachen schwarze Kanonenrohre über den Innenhof der militärischen Festung. Auf der anderen Seite des Frederiksforts erstreckt sich ein langer weißer Sandstrand neben der Straße, die zu den reichen Plantagen im Westen der Insel führt: Prosperity, Punch, Sprat Hall und Butler's Bay.

Unser Marsch endete vor dem Fort. Ein große Ansammlung – Hunderte und Aberhunderte von Unfreien – schluckte unsere Gruppe, und obwohl wir versuchten zusammenzubleiben, gab es eine solche Bewegung in dieser gewaltigen, brüllenden Volksmasse, dass wir schon bald auseinandergerissen wurden. Ohne Schuhe, merkwürdig aufgekratzt und gleichzeitig auch ängstlich stand ich mitten unter Fremden. Das Mädchen Maria war verschwunden. Aber ich, die andere, die ältere Maria war zurück unter Schwarzen! Genau wie in Charlotte Amalies Fort vor so vielen Jahren nach dem Untergang der Fregatte Hoffnung. Ohne Vorwarnung traf mich die Erinnerung wie eine besonders heftige Woge in der Brandung. Wir sind alle Neger! So hatte ich damals gedacht, ich glaube, um mich selbst zu beruhigen; eine trotzige Erkenntnis, wer ich tatsächlich war. Ein farbiges Mädchen, Tochter eines Negersklaven. Ich blickte mich in dieser dichten Menge von aufgeregten Menschen um, deren gemeinsame Stimme sich zu den Sternen über Frederiksted erhob. Sie riefen den Namen des Mannes, der mein Freund war: »Massa Peter!« Wie damals vor den Kasematten von Christiansværn spürte ich Tränen auf meinem Gesicht. Gehörte ich hierher, war ich, die farbige, dänische Plantagenherrin, endlich am richtigen Ort angekommen?

Plötzlich wurde mir klar, dass wir uns nicht weiter nach Westen bewegen konnten, jahrhundertelang waren wir von Afrika und von Dänemark nach Westen gebracht worden, doch nun standen wir am äußersten Punkt der Küste. All wir Neger!

MARIA EIDES TAGEBUCH, GOUVERNEMENTSGEBÄUDE VON CHRISTIANSSTED, SANKT CROIX, 10. JULI 1848, ABENDS

In der Stunde vor dem Morgengrauen strömten weitere Neger herbei. Auf dem Platz zwischen der Kongensgade und dem Frederiksfort wimmelte es von Menschen. Familien ließen sich im Gras und im Sand nieder, sie entzündeten Feuer, manche sangen, einige hatten bereits eine Weile am Strand geschlafen oder an der kühlen Steinmauer des Forts gesessen und sich ausgeruht. Andere liefen mit Fackeln und Messern, Keulen und Fassreifen aus rostigem Eisen über den Platz. Kriegerische Gesichter, Parolen aus heiseren Kehlen, es wurde jetzt mehr geknurrt als geschrien. »Massa Peter, Massa Peter …«

Ich war sicher gewesen, dass er vor Sonnenaufgang kommen würde, doch als es über dem Meer hell wurde, war er noch immer nicht in Frederiksted, und schon bald fielen die ersten Sonnenstrahlen auf die Menschen vor dem Fort. Auf der Mauer standen die Soldaten mit ihren langen Musketen Schulter an Schulter, dunkle Silhouetten gegen den Himmel, gut vier Meter über der Volksmenge am Fuße der senkrechten Festungsmauer. Als es hell wurde, waren auch wieder lautere Rufe zu hören. Wer am Strand geschlafen hatte, schloss sich nun dem Negerheer wieder an. Weitere kamen hinzu, von Norden und Süden kamen sie herangewandert, Männer, Frauen, einige wenige Kinder, Schwarze, Braune.

Spät in der Nacht war ich zur Nordseite des Forts gegangen, ich war dort ganz allein. Am Strand wuchsen Kokospalmen und Seetraubenbäume im Sand. Eine Weile lag ich im Halbschlaf im Sand und hörte dem Meer zu, das mit seiner salzigen Zunge über den Strand leckte.

Bei den ersten Sonnenstrahlen erwachte ich. Über mir flogen fünf Kuhreiher zielbewusst ans Nordende des Strands. Ich schaute eine Weile über die Reede vor dem Fort, wo ein Dutzend Schiffe vor Anker lag. Dann stand ich auf und ging zurück auf den Platz vor dem Fort.

Aus dem Polizeirevier in der Kongensgade ertönte Lärm und Geschrei. Schon aus der Entfernung sah ich, wie Möbel und Papiere von der Veranda des ersten Stocks geworfen wurden. Dann kam eine große Gruppe Schwarzer aus dem Haupteingang auf die Straße. Sie liefen zum Nachbarhaus und hämmerten gegen die Tür. Ein paar Männer holten einen Palmstamm und benutzten ihn als Rammbock, mit dem sie die Tür einschlugen. Eine Frau schrie.

Der Aufstand hatte begonnen. Peter war nicht gekommen, wie die Schwarzen gehofft und gefordert hatten, nun verloren sie die Geduld. Aber bei weitem nicht alle beteiligten sich an den Verwüstungen in der Kongensgade, viele hielten sich noch vor dem Fort auf. Ein paar Männer waren die glatte, rote Mauer hinaufgeklettert, einer von ihnen hing mit den Armen an dem Kanonenrohr, das auf das Menschenmeer zielte. Die Soldaten standen an der Kanone, offensichtlich ratlos. Eines wusste ich in diesem Augenblick mit Sicherheit: Sollte ein einziger Schuss aus dem Fort abgegeben werden, würde Frederiksted bis auf die Grundmauern niederbrennen. Es hatten sich jetzt mehrere tausend Unfreie in der Stadt versammelt, und ständig kamen weitere hinzu. Um mich herum gab es nur schwarze und braune Gesichter, kein einziges weißes – kein einziger Weißer wagte es, sich dieser Versammlung zu zeigen. Alle hatten sie Zuflucht hinter den roten Mauern des Forts oder auf den Schiffen draußen auf der Reede gesucht.

Ich sah hinaus zu den Schiffen. Wenn ich mich anstrengte, konnte ich Gestalten an der Reling erkennen; Bürger aus Frederiksted, die in Panik aufs Meer geflohen waren, als die ersten Gruppen schreiender Schwarzer in die Stadt gekommen waren.

Am Rande des Gedränges auf dem Platz traf ich meine Namensvetterin wieder. Maria saß auf einem umgefallenen Palmstamm und untersuchte ihren blutenden Fuß. Sie war auf einen scharfen Stein oder in eine Glasscherbe getreten. Ich setzte mich neben sie und sah mir den Fuß an.

Es war eine Wunde direkt hinter dem Ballen, aber nicht so tief, dass sie hätte genäht werden müssen.

»Komm«, sagte ich und stand auf. Ich reichte ihr meine Hand, zusammen humpelten wir über den weichen Sand zum Wasser. Ich hockte mich ins warme Wasser und wusch ihren verletzten Fuß. Plötzlich kicherte sie.

»Ich musste gerade an Jesus denken!«, sagte sie.

Ich schaute auf und begegnete ihrem Blick. »Warum?«

»Sie wuschen seine Füße. Bevor er sterben musste.«

»Hoffen wir, dass es dir anders ergeht«, erwiderte ich.

Hier saß ich nun mit ihrem kleinen braunen Fuß in der Hand und wusch während eines Volksaufstandes vorsichtig Sand und Dreck aus einer Wunde, während sie von Jesus redete.

»Und beide heißen wir Maria.« Wieder kicherte sie, und jetzt stimmte ich in ihr Lachen ein.

Aus der Stadt ertönte ein gewaltiger Schlag mit einem ganz eigenartigen, metallischen Klang. Das Echo wurde über das Wasser geworfen, als wollte es niemals aufhören. Irgendjemand hatte in der ersten Etage von Kaufmann Moores Haus ein Klavier entdeckt und es die Veranda hinuntergeworfen.

Nachdem ich Marias Fuß gesäubert hatte, setzte ich mich neben sie in den Sand und riss noch ein paar Zoll von meinem Kleid ab. Ich ärgerte mich, dass ich die ersten Streifen nicht mitgenommen hatte. Sie lagen noch unter dem Sattel des spanischen Pferds. Ich verband ihren Fuß und zog ihr einen meiner Schuhe an. Er saß ein wenig locker an ihrem kleinen Fuß, schützte aber den Verband. Ich schenkte ihr den anderen Schuh auch. Dann stand ich auf, und wir standen uns am Strand gegenüber. Wir hatten die gleiche Größe. Nur war ich gut vierzig Jahre älter als sie.

»Danke«, sagte Maria.

»Keine Ursache«, sagte Maria.

Als ich zurück zum Platz vor dem Fort ging, kam mir eine Gruppe Schwarzer von der Straße, die meines Wissens Prinsensgade heißt, auf ihrem Weg zum Wasser entgegen. Sie hielten einen älteren weißen Mann fest, der an der Stirn blutete, als sei er geschlagen worden. Zu diesem Zeitpunkt hielten sich vermutlich nur noch sehr wenige Weiße in Frederiksted auf; dieser Mann hatte sicherlich versucht, sich zu verstecken.

Die Neger beeilten sich nicht. Sie schleppten den Mann auf den Platz und versetzten ihm abwechselnd leichte Schläge – wie Katzen, die mit einer Maus spielen. Ich wollte zu ihnen, um mit ihnen zu reden, als der Mann in die Knie sank und einer der Schwarzen ihn mit einem Tritt vor die Brust auf den Rücken schleuderte. In diesem Moment ritt ein Mann die Kongensgade hinunter, auf der das zersplitterte Klavier mitten im Weg lag. Er trug eine weiße Uniformjacke, doch sein Gesicht war schwarz. Er ritt direkt zu der Gruppe der Männer, die gerade den Alten in den Staub geworfen hatten, trug allerdings keine Waffe, nicht einmal ein Zuckermesser. Er sprang vom Pferd und redete ruhig auf die Männer ein. Etwas an seiner aufrechten Haltung und seiner bloßen Größe – er war einen halben Kopf größer als alle anderen – führte dazu, dass sie sich beruhigten. Sie breiteten die Arme aus, als wollten sie etwas erklären, und der weiße Mann stand auf und ging benommen davon. Ich sah ihm nach, wie er über den Platz auf die breite Pforte des Forts zutaumelte, wo eine Gruppe bewaffneter Soldaten ihn empfing und einließ. Das Tor fiel hinter ihm zu.

Ich betrachtete den Mann in der weißen Jacke, der noch immer mit den Männern sprach. Ich stand nur wenige Schritte entfernt, und als er die Hand hob und seinem Pferd über das glänzende Fell strich, erkannte ich es: Es war Peters Pferd, das ich bei Stony Ground zurückgelassen hatte. Ich ging zu ihm hinüber und legte meine Hand auf das Zaumzeug. Das Gesicht des Mannes glänzte vor Schweiß, Straßenstaub klebte in dunklen Placken an seiner Stirn.

»Gnädige Frau?«

»Das ist mein Pferd!«

Er lächelte. »Nein. Es gehört dem Generalgouverneur.« Er zeigte auf den Sattelknauf. Dort waren drei Buchstaben in das blanke Leder geprägt: *PvS*.

»Genau«, erwiderte ich. »Ich habe es mir vom Generalgouverneur geliehen. Ihres ist es jedenfalls nicht.«

Der Mann runzelte die Stirn. Er sah mich einige Sekunden aufmerksam an. Dann leuchteten seine dunklen Augen auf.

»Sie sind Frau Eide«, sagte er. »Maria.«

Nun war ich verblüfft. Aber ich nickte, und er reichte mir seine Hand, die ich ergriff.

»John Gottlieb«, stellte er sich vor. »Bordeaux.«

»Oh …« Ich hatte seinen Namen gehört, mir aber nie einen Mann zu Pferd vorgestellt, in einer Uniformjacke.

»Auch ich bin ein Freund des Generalgouverneurs«, fügte er hinzu. »Und ich brauche sein Pferd. Im Moment sogar mehr als Sie.«

Er schwang sich in den Sattel und ritt langsam in die Menschenmenge. Und die Schwarzen traten zur Seite und ließen ihn durch. Wie Jesus auf dem Esel.

Als Peter schließlich kam, hatten sich ungefähr achttausend Schwarze in Frederiksted versammelt. Ich erfuhr die Zahl später; von meinem Standort am Rande des Platzes war es vollkommen unmöglich zu schätzen, wie viele es waren. In meinen Augen war die ganze Stadt eine kochende Menschenmenge, ein Teil von ihnen weiterhin aufgebracht und laut, genauso viele nun aber aufgrund ihrer Erschöpfung ruhig.

An diesem Morgen sah ich Buddo oft auf seinem Pferd durch die Menge reiten. Durch die weiße Uniformjacke und sein Pferd war er leicht zu erkennen. Ich hörte, wie die Leute um mich herum von ihm als »General« sprachen. War er das wirklich? Er trat nicht auf wie ein Mann, der einen Aufstand anführte; eher schien es, als versuche er, den Aufstand zu bremsen.

Am Nachmittag wuchs die Unruhe. Am Fort hatte eine Gruppe in zerschlagenen Zuckerfässern Feuer angezündet, die Flammen leckten die rote Mauer hinauf. Es zeigte jedoch keinerlei Wirkung, es gab am Frederiksfort nichts Brennbares.

»Wir stürmen das Fort!«, schrie irgendjemand, und mehr und mehr stimmten ein. »Wir stürmen das Fort! *Freedom now*!«

Andere riefen wieder nach dem abwesenden Massa Peter. »Massa Peter! Massa Peter! Wir brennen die Stadt nieder!«, brüllte eine große dicke

Frau und schwang ihre Fackel. Es war eine fürchterliche Drohung: Alle Häuser in Frederiksted waren aus Holz, es war von der Sonne ausgedörrtes, knastertrockenes Holz – sicher bei einem Erdbeben, aber ein pures Fest für hungrige Flammen.

Als die Sonne am Nachmittag den Zenit ihrer Bahn bereits ein gutes Stück überschritten hatte und auf Frederiksted herunterbrannte, wo sich kein Lüftchen rührte, ertönten aus der Strandgade beim Zollhaus Rufe. Erneut riefen die Schwarzen nach Massa Peter, die Rufe wurden lauter und klangen anders als zuvor. Und allmählich verstand ich, dass er unterwegs war, der Generalgouverneur war endlich im Westen angekommen und fuhr nun die Strandgade entlang in Richtung Zollhaus. Sein Ziel war die Menschenmenge auf dem Vorplatz des Forts.

Der gewaltige Mahlstrom von Schwarzen setzte sich in die entgegengesetzte Richtung in Bewegung. Ich wollte nicht von ihnen mitgerissen werden und lief zum Wasser, dort stieg ich auf ein Beiboot, das kieloben zwischen zwei Palmen lag. Ich konnte über die Köpfe dieser Tausenden von Menschen blicken. Weit entfernt sah ich den Wagen auf der Strandgade; Peters offene Kutsche, die in der Sonne schwarz glänzte, fuhr langsam den Strand entlang, während die Volksmenge sich darauf zu bewegte und die Kutsche schon bald erreichen, umzingeln und … ja, und was tun würde? Endlich würde Massa Peter sprechen. Und was konnte er anders sagen als die Worte, die alle von ihm hören wollten?

Inmitten des brodelnden Gewimmels fuhr die Kutsche langsam auf den Platz. Jetzt sah ich ihn. Peter saß auf der linken Bank und blickte stur geradeaus. Ein Mann saß neben ihm, einer ihm gegenüber – der eine war sein Adjutant Leutnant Meincke, den anderen kannte ich nicht, weiß inzwischen aber, dass es sich um Assessor Rothe von Obersten Gerichtshof in Christianssted handelte. Peters Kutscher, der alte Ludvig, saß aufrecht und schwarz auf dem Bock. Der Generalgouverneur war blasser, als ich ihn je gesehen hatte; er war ein anderer Mensch als der Mann, der vor fünfzehn Stunden Bülowsminde verlassen hatte: älter, deutlich geschwächt und erschöpft.

Zu ihm zu gelangen, war ausgeschlossen, auch konnte ich die Menge nicht übertönen. Ich blieb auf dem umgedrehten Beiboot stehen und sah, wie die Kutsche mitten auf dem Platz hielt. Hier war das Gedränge so dicht, dass die Pferde unruhig wurden; eines von ihnen wollte sich aufbäumen, aber ein paar Schwarze griffen ins Zaumzeug und hielten es fest, bis es sich wieder beruhigt hatte. Allmählich wurden die Rufe leiser und rhythmischer: »Massa Peter! Massa Peter!«

Dann legte sich der Lärm für einen Augenblick. Peter von Scholten hatte sich erhoben. Er stand vor der Bank in seiner Kutsche und stützte sich auf den Rand der schwarzen Karosse. Auf dem Platz herrschte vollkommenes Schweigen. Ich hielt den Atem an, achttausend andere ebenfalls. Plötzlich hörte man die Wellen an die Brücke schlagen, das Flüstern des Windes in den Kronen der trockenen Königspalmen, den Schrei eines Vogels.

Einige Sekunden stand Peter in seiner roten Uniformjacke einfach aufrecht und reglos da. Dann hob er die Hand, drehte sich halb um und ließ seinen Blick langsam über das Meer von schwarzen Gesichtern, die Zuckermesser, die Soldaten oben auf den Mauern des Forts und das zerstörte Inventar auf der Straße schweifen. Er betrachtete es, als wolle er sich den Augenblick einprägen. Dann rief er mit erstaunlicher Kraft:

»Now …«

»You are …«

»Free!«

Vier Worte. Eine Sekunde war es noch still. Dann brachen die Rufe hervor. Ich hatte Jubel erwartet, und es wurde auch gejubelt, und doch hörte ich auch einen anderen Klang in den Stimmen. Zorn. Enttäuschung. Wie? Hatten sie etwas anderes erwartet? Etwas Besseres als Freiheit?

Ich sah, wie sich Peters Lippen bewegten. Er rief noch etwas, aber nicht ein einziges Wort drang durch den Lärm hindurch. Wieder hob er die Hand, und nach einiger Zeit schwiegen die meisten.

»Geht jetzt nach Hause!«, rief er. »Es ist vorbei. Ihr seid frei! Ich bitte euch nur um eines: Geht nach Hause, meine Kinder! Seid glücklich!«

Dann erhob sich ein Gebrüll unter dem Himmel über Frederiksted, Peter stieg aus der Kutsche und ging zusammen mit Meincke und Rothe durch das Gewimmel ehemaliger Sklaven zum Tor des Forts. Doch kurz bevor er es erreichte, taumelte er, seine Beine gaben nach. Meincke packte ihn hastig, bevor er fiel, und als das Tor geöffnet wurde, trug er den Generalgouverneur ins Frederiksfort.

Nun geschah das Erstaunliche: Die freigegebenen Schwarzen verließen den Ort, an dem sie bald zwei Tage ausgeharrt hatten. Sie taten, worum Peter sie gebeten hatte, sie gingen nach Hause. Der mürrische Unterton in ihrem Jubel – Vorwarnung eines Rachedurstes, der später vielleicht die Freude überschatten würde – war vorläufig verstummt. Weniger als eine Stunde später waren nur noch sehr wenige Menschen auf dem Platz vor dem roten Fort. Ich war einer von ihnen. Die junge Maria, die neue Besitzerin meiner Schuhe, ebenfalls. Sie kam zu mir und ergriff meine beiden Hände. Sie strahlte, sagte aber nichts, vielleicht war sie zu gerührt, um zu sprechen. Wir hielten uns eine Weile an den Händen. Dann ging sie die Prinsensgade hinauf zu dem Weg, der zu den Plantagen der Westküste führte, und ich blickte ihr nach und dachte, dass sie ganz offenbar nicht nach Hause wollte: Diamond lag in der entgegengesetzten Richtung.

Ludvig hatte die Kutsche des Generalgouverneurs in den Schatten unter einen Kapokbaum in der südöstlichsten Ecke des Platzes gefahren und tränkte die Pferde an einem schwarzen Trog. Ich ging zum Tor des Forts und klopfte. Ein Soldat erschien oben auf der Mauer und schaute zu mir herab. Sein mit einem Bajonett versehenes Gewehr ragte schräg in den Himmel.

»Wer sind Sie?«, wollte er wissen. »Und was wollen Sie?«

Ich blickte hinauf und hielt eine Hand über die Augen als Schutz vor dem grellen Licht.

»Maria Eide«, antwortete ich. »Ich bin eine Freundin des Generalgouverneurs.«

Der Mann starrte mich einige Sekunden an. Vielleicht sah er meine nackten Füße und wunderte sich darüber, dass der Generalgouverneur barfüßige Frauenzimmer in zerrissenen Kleidern kannte. Doch er sagte nur »einen Augenblick« und verschwand.

Fünf Minuten später wurde ein Riegel zur Seite geschoben, und ein schwerer Schlagbaum rumpelte in den Halterungen der Mauer. Das Tor wurde geöffnet, und ein Leutnant trat hinaus.

»Frau Eide?«, fragte er.

»Ja.«

»Der Generalgouverneur erwartet Sie.«

Peter saß auf einem Stuhl im Wachlokal. Meincke und Rothe standen am Fenster. Peter hob den Kopf, als ich eintrat. Sein Gesicht war bleich und ratlos. Unendlich müde. Bei seinem Anblick durchfuhr mich der Gedanke, dass ihm möglicherweise nicht ganz klar war, was gerade geschehen war.

Ich hockte mich vor ihn und sah ihm ins Gesicht, wusste aber nicht, was ich sagen sollte, also lächelte ich ihm nur zu. Er versuchte zurückzulächeln, doch er wirkte abwesend und erschöpft.

Ich erhob mich und blickte zu Meincke. »Was ist passiert?«

»Frau Eide.« Er salutierte. »Den Generalgouverneur überkam ein Unwohlsein. Es war eine anstrengende Fahrt hierher, und … die Gemütserregung durch das heutige Ereignis …«

»Ist auf dem Weg hierher irgendetwas vorgefallen?«, wollte ich wissen. Meincke räusperte sich, mir schien, eine Spur irritiert.

»Wir begegneten verschiedenen Gruppen von Negern«, antwortete er. »Und sprachen mit vielen von ihnen. Sie forderten alle dasselbe … beinahe, als wäre es abgesprochen.«

»Es war für jedermann offensichtlich, dass es keinen anderen Ausweg gab«, warf Assessor Rothe ein. »Die Neger mussten heute freigesetzt werden.«

Wieder hockte ich mich vor Peter. Er saß mit geschlossenen Augen da. Ich legte ihm eine Hand aufs Knie, er schlug die Augen auf und schüttelte leicht den Kopf.

»Wir müssen zurück«, sagte er plötzlich. »Ins Gouvernementsgebäude. Es gibt viel zu tun. Meine Herren …« Er versuchte aufzustehen, fiel aber zurück auf den Stuhl.

Das Licht veränderte sich, es dauerte nicht mehr lange bis zum Sonnenuntergang. Ich reichte ihm die Hand, er nahm sie. Dann kam er auf die Beine.

Vor dem Fort saß Ludvig auf dem Bock der Kutsche. Mein Pferd war nirgendwo zu sehen. Als die Männer eingestiegen waren – die Repräsentanten der offiziellen Regierung der Inseln –, stand ich neben der Kutsche und sah hinauf zu Peter. Er streckte mir seine Hand entgegen, und ich nahm sie; ich freute mich über die Kraft, die trotz allem noch in ihm steckte, als er mich in die Kutsche zog.

BRIEF: PETER VON SCHOLTEN AN MARIA EIDE, DAMPFSCHIFF FEMERN, DEZEMBER 1853

Die inneren Fahrwasser sind noch offen. Natürlich hätte ich mit dem Schiff von Kopenhagen nach Lübeck fahren können, von dort ist es nur eine kurze Reise über Land bis Altona, wo mich meine Tochter und mein Schwiegersohn erwarten, aber es gibt Orte, die ich gern noch einmal sehen wollte. In Gesellschaft meines treuen Dieners Lauritz reiste ich daher mit einer Überlandkutsche nach Korsør, um wie in alten Zeiten mit der Fähre über den Belt zu setzen. Als ich am Kai stand, von dem aus ich die alte Eisbootstation an der Küste sehen konnte, und der Wind beißend kalt vom Meer her blies, hätte ich es beinahe bereut. Aber schon bald legte das Schiff an, und ich konnte in den niedrigen Salon unter Deck gehen, wo ich und drei andere Passagiere auf der Leeseite saßen. Wir lehnten am Schott, während ein nahezu rotglühender *Potbelly*-Ofen den Raum aufwärmte.

Der Wind stand ungünstig für das Fährschiff, er kam direkt aus Westen und zwang den Skipper, einen nördlicheren Kurs anzusteuern und etwas nördlich von Sprogø über Stag zu gehen. Aber er hatte sich verrechnet und zu früh gewendet, sodass wir kurz darauf auf die Insel gedrückt wurden. Die einzige Lösung, die der Mann in dieser bedrohlichen Situation fand, war, vor den Wind zu gehen und entlang der Nordküste Sprogøs zu laufen. Dieses Manöver hielt uns beträchtlich auf, da er hinterher gezwungen war, die Insel südlich zu umrunden.

Ich war in meinem Leben bei genügend Segelschiffen an Bord, um zu merken, wenn etwas nicht nach Plan verläuft, und als die Fähre den

Achterspiegel auf einen östlichen Kurs in den Wind drehte, stieg ich die kleine Leiter hinauf und trotzte der Kälte, um an der Reling zu stehen und einen Blick auf die Insel zu erhaschen. Und so sah ich das kleine Pesthaus am westlichen Ende der Insel wieder, als wir mit guter Fahrt daran vorbeisegelten. Es sah nicht aus, als hätte sich im Laufe der vergangenen vierzig Jahre etwas verändert, seit der König und ich dort gestanden und das Reich unter uns aufgeteilt hatten. Ich kniff die Augen zusammen und suchte die Stelle, wo Tue Gregers' Ehefrau in einem Sarg begraben worden war, der unser Leben rettete – meines, das des Königs und die der anderen braven Männer. Wir schuldeten ihr Dank, doch vielleicht sollte die Dankbarkeit eher den Männern gelten, die entschieden hatten, die arme junge Frau in einem soliden Eichenholzsarg zu begraben. Oder bloß dem Zufall – wie so oft.

Ich blieb in dem kalten Westwind stehen, bis die Fähre nach Süden abdrehte und das Pesthaus hinter der Anhöhe auf der Insel verschwand. Dann ging ich wieder unter Deck zu den anderen und gönnte meinem alten Körper die Wärme; ich bin wahrlich zu schwach, um bei hartem Wind auf einem Segelschiff an der Reling zu stehen. Lauritz warf mir einen einzigen Blick zu und zog den Flachmann aus der Tasche. Wir tranken beide einen ordentlichen Schluck von seinem guten Brandy, und nach einigen Minuten war mir wieder warm. Zweieinhalb Stunden später konnten wir endlich – nachdem wir halb bis Hov an Langelands Nordspitze und dann wieder nördlich gekreuzt waren – in Nyborg an Land gehen, wo Lauritz mit einiger Mühe einen Wagen anmietete, der uns nach Svendborg brachte.

Diese Stadt war nämlich mein vorläufiges Ziel, Maria. Ich wollte in Svendborg eine Schiffspassage nach Lübeck finden. Es gelang mir nicht sofort, und Lauritz und ich verbrachten zwei Nächte in einem ausgezeichneten Seemannshotel am Hafen, wo die Geschäftigkeit der Tatsache zu widersprechen schien, dass wir erst zwei Tage später mit einem Schiff aufbrechen konnten.

Es heißt Femern und ist eines dieser Schiffe, die niemals vor dem Wind segeln, sondern als Dampfschiff vom Stapel laufen. Das Transportmittel der neuen Zeit, lärmend und qualmend, und in jeder Beziehung eine Prüfung auf See: Kein Rigg und kein Kielgewicht hält diese Schiffe in der Dünung ruhig, sie schwanken wie ein schwindliges Huhn, aber effektiv und schnell sind sie.

Ich bin noch an Bord. Wir tuckern in Richtung Süden durch das Inselmeer und werden jeden Moment die Passage zwischen Langeland und Ærø hinter uns lassen. Und es ist nur ein paar Stunden her, dass ich an der Reling stand und Dein Haus sah, Maria, an der Böschung bei Mårodde. Es ist ja nicht so, dass ich Thurøs Geographie kenne, aber ein Passagier – außer mir und Lauritz sind noch fünf an Bord –, der von Thurø stammte, zeigte mir die Stelle, als ich ihn darum bat. Er hat mir erzählt, dass dort einst ein bekannter Seemann lebte, ein gewisser Kapitän Frederiksen, der im letzten Jahrhundert auf der Dreiecksroute ein Vermögen machte. Dein Vater, Maria! Und wieder stand ich an der Reling und blickte auf ein Haus. Was für ein schöner Ort! Ich verstehe gut, dass Du trotz allem gute Erinnerungen an Deine Kindheit hast, und natürlich habe ich mir Gedanken darüber gemacht, was jetzt wohl mit dem schönen Haus passiert, da Du doch beschlossen hast, es nicht zu verkaufen. Vielleicht findest Du ja eines Tages jemanden, dem Du es übertragen kannst?

Jetzt segeln wir in südliche Richtung. Lauritz, mein armer Diener, ist nicht seefest und übergibt sich nach Herzenslust! Ich selbst fühle mich stärker, als ich es seit langem getan habe. Das Meer hatte schon immer einen günstigen Einfluss auf mein Befinden.

(Wird fortgesetzt.)

MARIA EIDES TAGEBUCH, GOUVERNEMENTSGEBÄUDE VON CHRISTIANSSTED, SANKT CROIX, 11. JULI 1848, ABENDS

Peter ist schließlich aufgestanden. Wir sind durch den hübschen Ballsaal und dann die Treppe hinunter in den Garten hinter dem Gouvernementsgebäude gegangen, in dem uns niemand stört. Ich führte ihn unter die großen Bäume, die von Bougainvilleen und duftendem Jasmin umgeben sind, und Peter sagte: »Warum Anna wohl nicht kommt?«

Ich hatte mir diese Frage auch schon gestellt, wusste aber keine Antwort. Ich zuckte die Achseln. Peter meinte: »Sie ist vermutlich in Bülowsminde. Ob sie befürchtet, hier im Weg zu sein? Nach allem, was passiert ist ...«

Er blieb neben mir stehen und sah mich an. Er hatte eine Hand unter meinem Arm, ich merkte, dass er sich auf mich stützte.

»Ich weiß es wirklich nicht«, erwiderte ich.

Wir beendeten das Thema. Es ging ihm deutlich besser, der Schlaganfall, den Doktor Knudsen erwähnt hatte, machte ihm nicht mehr so zu schaffen, Peter sprach beinahe wieder wie früher. Er war müde und melancholisch, aber nicht mehr so krank.

Als wir zurück in seine Privatgemächer gingen, beschloss ich, Anna Heegaard aufzusuchen und zu fragen, warum sie ihn nicht besuchte.

Ich kam um zwei Uhr nachmittags auf Bülowsminde an und fand Anna Heegaard unter dem Flamboyantbaum, unter dem sie gern sitzt und liest. Anna ist eine belesene Frau, obwohl sie nur eine äußerst bescheidene Schulbildung genossen hat.

Als sie mich zwischen den Torhäusern sah, erhob sie sich und legte das Buch auf einen weißlackierten Tisch. Sie kam mir entgegen, lächelnd wie immer.

»Maria!«, grüßte sie.

»Anna!«

Wir standen uns gegenüber, und ich muss gestehen, dass ich in diesem Moment das Gefühl hatte, als wären wir zwei Fremde. Ihr Kleid war etwas dunkler als schneeweiß, den hohen Kragen hatte sie geöffnet, um die kühle Brise auf ihrer Haut zu genießen. Sie trug einen großen haubenartigen Hut mit breiter Krempe und glich in jeder Hinsicht der vornehmen westindischen Frau, die sie war. Obwohl sie nie eine gesetzliche Ehe eingegangen war, war sie die Herrin auf Bülowsminde, die Besitzerin von Sankt Croix' vornehmstem Landsitz.

»Wie geht es meinem Peter?«, erkundigte sie sich, als wir uns an den Tisch gesetzt hatten. Sie klingelte mit einem kleinen Glöckchen, das auf der weißen Platte stand. Ihr Tonfall klang so nonchalant, dass ich mich wunderte. Ich zögerte einen Augenblick, ehe ich antwortete.

»Nicht gut. Er hatte vor einer Woche einen Schlaganfall und liegt seither im Bett.«

»Oh …« Sie sah mich mit großen Augen an. Lange saß sie so da, erschüttert, und versuchte zu verstehen, was ich ihr gerade erzählt hatte. Dann sagte sie: »Ist es … ist er …?«

Ein braunhäutiges Mädchen, das noch keine achtzehn Jahre alt war, kam in den Garten. Abwartend blieb sie ein paar Schritte vom Tisch entfernt stehen, doch Anna bemerkte sie nicht. Der Blick ihrer dunklen Augen war so eindringlich, dass ich ihm kaum standhalten konnte. Anna öffnete den Mund, um etwas zu sagen, brachte jedoch kein Wort heraus.

»Gnädige Frau?«, machte sich das Mädchen bemerkbar. Anna hob die Hand, als wollte sie ein Insekt verscheuchen. Noch immer sah sie mich an. »Liegt er … im Sterben?«

Ich schüttelte den Kopf. »Nein. Noch vor ein paar Tagen war er sehr krank. Aber inzwischen geht es ihm etwas besser.«

Anna Heegaard blickte über die flachen Hügel auf die fernen Berge im Westen der Insel. »Ich wusste nicht, dass er krank ist. Ich dachte …« Sie hielt inne. Dann wandte sie sich plötzlich an mich. »Er hatte doch dich! Du warst dort«, entfuhr es ihr.

Das Mädchen stand noch immer da. Ich bat sie, mir eine Limonade zu bringen. Als sie gegangen war, fragte ich Anna ganz direkt: »Warum bist du nicht gekommen, Anna? Er erkundigt sich nach dir.«

»Oh, Maria, ich wusste es doch nicht!« Sie sah verzweifelt aus. Unwillkürlich lehnte ich mich über den Tisch und legte eine Hand auf ihren Arm. »Anna. Er vermisst dich. Das solltest du wissen.«

Das Mädchen kam mit der Limonade. Wir schwiegen, als sie die Gläser eingoss. Ich sah Anna Heegaard an. Tränen standen ihr in den Augen, doch sie weinte nicht. Das Mädchen ging. Ich musste daran denken, wie groß der Unterschied doch zwischen uns und der übrigen farbigen Bevölkerung war, zu dem Mädchen zum Beispiel, das uns gerade bedient hatte. Zwei Frauen der westindischen Bourgeoisie: die Liebhaberin des höchsten Beamten und ich, eine der größten Grundbesitzerinnen von Sankt Thomas.

»Ludvig wartet draußen«, sagte ich. »Du kannst mitfahren.«

Endlich bekam ihre vornehme Maske vor meinen Augen Risse, sie verbarg ihr Gesicht in den Händen. Ich stand auf, ging um den Tisch und legte ihr einen Arm um die Schulter. Wie schwer es mir auch fiel, in sie hineinzusehen, so wusste ich doch, dass sie in diesem Moment unglücklich war und vielleicht sogar Angst vor der Zukunft hatte. Sie wusste, dass sie Peter im Stich gelassen hatte, und konnte es möglicherweise nicht einmal sich selbst wirklich erklären.

Kurz nach vier Uhr am Nachmittag fuhr Ludvig die Kutsche mit Anna und mir durch das Tor der Kongensgade. Unterwegs hatten Einwohner der Stadt, kürzlich freigelassene Neger und ein junger Mulatte mit Zylinder und roter Jacke, ein bunter Vogel in der nachmittäglichen Sonne, uns zugerufen: »Die Mätressen des Generalgouverneurs!« Nichts lässt sich in einer Stadt wie Christianssted verheimlichen, im Vergleich mit Charlotte Amalie ist es das reinste Rabennest.

Wir gingen von der Toreinfahrt die Treppe hinauf und durchquerten den vornehmen Saal, in dem Anna im Laufe der Jahre bei so vielen Festen und Gesellschaften die Gastgeberin gewesen war. Als wir Peters Schlafgemach betraten, saß er mit einem Tablett vor sich im Bett. Er aß Mangoscheiben, die man ihm in der Küche aufgeschnitten hatte.

Nun blickte er auf, und als er Anna sah, ging ein Leuchten über sein Gesicht.

»Nanan!«, rief er und ließ die Mango auf das Tablett fallen. Ich blieb an der Tür stehen, während Anna eilig an sein Bett trat und die Arme um ihn schlang. Und weil die Betten in Westindien so hoch sind, musste sie sich nur wenig vorbeugen, um ihn zu umarmen.

Lange stand sie so da und hielt ihn in den Armen. Keiner der beiden sagte etwas, jedenfalls nichts, was ich hören konnte. Ich merkte, dass meine Anwesenheit überflüssig war, und schlich leise aus dem Zimmer.

BRIEF: PETER VON SCHOLTEN AN MARIA EIDE, ALTONA, DEZEMBER 1853

(Fortsetzung)

Meine Tochter Elisabeth Catharina brach bei unserem Wiedersehen in Tränen aus. Ich hatte sie seit ihrer Hochzeit im Herbst 1848 unmittelbar nach meiner Heimkehr aus Westindien nicht mehr gesehen, aber ich fürchte, dass der Grund für ihre Tränen nicht Sentimentalität war, sondern weil sie sofort erkannte, wie krank ihr alter Vater ist. Sie war offenbar nicht darauf vorbereitet, dass ich nicht unsterblich bin. Ich vermute, dass sie mich in ihrer ganzen Kindheit und Jugend für den stämmigsten Baum im Wald hielt, eine Gestalt, die nicht umzuwerfen war. Und nun blickte sie mit einem Mal dem unausweichlichen Grauen ins Gesicht.

»Mein Vater!«, sagte sie mit Tränen in den Augen. »Wie habe ich mich darauf gefreut, dich wiederzusehen! Wie schön, dass du unsere Einladung angenommen hast.«

Es klang wie ein verhexter Reim, aber ich glaube, dass sie sogar in diesem Moment die Realitäten verdrängte und wirklich versuchte zu glauben, dass ich wieder ihr starker, tatkräftiger Vater sein würde. Ich umarmte sie und war kurz davor, selbst eine Träne zu vergießen, glücklicherweise kam jedoch ihr Mann, Claude du Plat, diese in jeder Hinsicht achtenswerte Person, ins Vorzimmer, in das Lauritz und ich vom Hausmädchen gebracht worden waren.

»Schwiegervater!«, ertönte die polternde Stimme des Kommandanten.

Ich ließ meine Tochter los und sah in sein lächelndes Gesicht mit dem besenähnlichen Schnurrbart. Und in diesem Moment wurde mir schwindlig, ich musste mich rasch auf eine Kiste an der Wand setzen. Lauritz legte mir eine Hand auf die Schulter, um mich zu stützen.

»Guten Tag, Glode«, begrüßte ich du Plat. »Es tut mir leid, aber ich bin ziemlich müde nach der Reise. Wir waren eine Woche unterwegs.«

Elisabeth Catharina drehte sich lächelnd zu ihrem Mann um, und er nickte ihr freundlich zu. Ich kannte das Gerede – angeblich hätte meine Tochter den Kommandanten nie geliebt und ihn nur als Ehemann genommen, weil sie im Alter von siebenunddreißig Jahren keine anderen Bewerber mehr fand. Aber das ist nicht wahr. Die Wahrheit ist, dass Glode Elisabeth Catharina schon innig geliebt hat, als sie beide sehr jung waren – er ist nur ein paar Jahre älter als sie –, und dass sie erst nach seiner Heimkehr aus Russland, wo er sich auf dem Schlachtfeld einen Namen gemacht hat, echte Liebe für ihn empfand.

Von dem tapferen Glode weiß ich, dass er frohen Herzens sein Leben für meine Tochter geben würde, und dieser Gedanke ist tröstlich.

Es ist nun zehn Tage her, dass ich in Altona angekommen bin, und ich muss erkennen, dass es mir nicht besser geht, im Gegenteil. Die Erleichterung meines Zustandes, die ich während der Fahrt mit dem Dampfschiff empfand, war nur vorübergehend, und nun habe ich das Gefühl, als würden all meine Leiden und Krankheiten sich verschwören, um mir das Leben zu rauben. Ich bin sehr müde und verbringe den größten Teil des Tages im Bett. Ich kämpfe mit der Lektüre eines Buches, das Buchhändler Høst mir vor meiner Reise aus London beschafft hat. *Uncle Tom's Cabin* heißt es, eine Frau hat es geschrieben. Es liefert ein recht gutes Bild, wie die Unfreien noch immer unter schrecklichen Umständen in Amerika leben müssen. Ich frage mich, wann sie endlich dem Joch der Sklaverei entkommen. Es ist ein trauriger Bericht, und ich sollte eigentlich etwas Muntereres lesen, aber ich kann es nicht aus der Hand legen. Ich glaube, es wird das letzte Buch sein, das ich lese.

Wenn ich nicht lese, denke ich meist zurück an die frühere große Zeit, so wie es wohl bei alten Männern üblich ist. Und häufig an den Tag, an dem wir zwei uns in Frederiksfort trafen, in der ersten Stunde der neuen Zeit. Ich glaube, dieser Moment wird in Erinnerung bleiben, nicht nur den Menschen, die damals dabei waren.

PETER VON SCHOLTENS PRIVATES TAGEBUCH, DAMPFSCHIFF DEE, AUGUST 1848

Doktor Knudsen meinte, Meeresluft und die Ruhe auf einem Schiff würden mir guttun, und ich muss ihm rechtgeben. Nach ein paar Wochen an Bord dieses Dampfpakets – Dee, ein amerikanisches Schiff, mit dem ich schon einmal unterwegs war –, fällt es mir bereits leichter, meine Gedanken zu sortieren und sowohl zurück als auch nach vorn zu schauen.

Immerhin liegt das am wenigsten Schmerzhafte schon hinter mir!

Obwohl auch das schon wehtat, so ist doch der Gedanke, was mich an Schmach in Dänemark erwartet, noch schwerer zu ertragen.

Ich verließ Sankt Croix am frühen Morgen des 14. Juli für immer, genau an dem Datum, an dem ich vor einundzwanzig Jahren in mein Amt als Generalgouverneur eingesetzt wurde. Gegen vier Uhr begleitete mich Adjutant Meincke, mein treuer Knappe über viele Jahre, über die Kongensgade zum Kai hinter dem Waagehaus. Es ist niemals kalt in Westindien, auch nachts nicht, aber ich hatte dennoch eine kleine Decke dabei, in die ich mich wickelte, denn ich war nach den vielen Tagen im Krankenbett kälteempfindlich.

An der Ecke der Hospitalsgade blieb ich stehen und drehte mich um. Meincke tat es mir nach: Er las wohl instinktiv meine Gedanken.

Ich sah die Straße hinauf zum Gouvernementsgebäude, diesem vornehmen Haus, das zum Teil jedenfalls auch mein Werk war.

»Tja, das war's wohl«, sagte ich nach einem Moment. Und wieder verstand Meincke mich. Er legte mir freundlich eine Hand auf die Schulter und drückte kameradschaftlich zu – welcher Adjutant hat so etwas je bei seinem Vorgesetzten getan? –, dann sagte er: »Kein geringes Werk, Herr Generalgouverneur.«

Ich nickte, es fand sich ein gewisser Trost in seinen Worten. Wenn bloß mehr Leute so dächten.

»Ich nehme an, dass andere es weiterführen werden«, erwiderte ich. »Das hoffe ich.«

Ein leises Geräusch kam von seinen Lippen. Ein Schnauben?

»Frederik Oxholm«, sagte er dann. »Aber es kommen andere nach ihm. Neue Zeiten sind angebrochen. Dank Ihnen, Herr Generalgouverneur.«

Das war freundlich gesprochen, aber ich wusste, dass es nicht stimmte. Die neuen Zeiten wären unter allen Umständen gekommen. Wer kann eine Flutwelle aufhalten? Und wenn man es nicht kann, was wird sie überspülen und zerstören?

Ich warf einen letzten Blick auf das große Haus in der Kongensgade. Dann gingen wir zusammen zu dem Schiff, das am Kai wartete. Es war nicht die Vigilant, mein hübscher Baltimore-Klipper, die war unterwegs nach Puerto Rico. Auch sie sollte ich nicht mehr wiedersehen, alles ließ ich jetzt hinter mir. Dieses Schiff, ein amerikanischer Schoner, würde mich nach Sankt Thomas bringen, wo ich mit etwas Glück das Dampfschiff Dee erreichen würde. Wie man sieht, gelang es.

Die Überfahrt dauert nur noch einige Tage. Die schnellsten Dampfschiffe erreichen Europa von Westindien aus in so kurzer Zeit, dass es kaum zu fassen ist! Im Grunde hätte ich durchaus mehr Zeit an Bord gebrauchen können; ich merke, wie mich die Fahrt auf See Tag für Tag kräftiger werden lässt. Ich bin nicht mehr derselbe, der ich noch vor einem Jahr gewesen bin, aber doch weitaus gesünder als in der letzten Zeit auf Sankt Croix, wo ich nirgendwo Frieden finden konnte: Die Unfreien beschuldigten mich, die Sache der Pflanzer-Oberschicht zu betreiben, während die Pflanzer der Auffassung waren, dass ich in aller Heimlichkeit mit den Schwarzen unter einer Decke stecke. Meinem eigenen, privaten Tagebuch gegenüber wage ich einzuräumen, dass Letzteres weitaus mehr der Wahrheit entsprach als Ersteres.

Aber tatsächlich war ich immer am ehesten auf Seiten der Inseln: Mein Land war wichtig, daher war der Zucker wichtig und waren es die Möglichkeiten der Pflanzer. Und doch musste ich nicht allzu lange auf den Inseln verbracht haben, um zu verstehen, dass die Sklaverei nicht andauern konnte. Bei allen Notwendigkeiten musste diese besondere Form der Ungerechtigkeit aufhören. Nicht nur wegen der Sklaven, sondern auch wegen Westindien. Es war Nanan, die mir die Augen für dieses schändliche Verbrechen gänzlich öffnete, das die Sklaverei letztlich ist.

Nun, auf dem Weg nach Hause, ist es mir ein Trost, dass ich an ihrer Abschaffung mitwirken konnte. Wenngleich es auch zu früh passiert ist und alle unzureichend auf die Freiheit vorbereitet waren. Ich kann indes nicht mehr tun, ich kann keine weitere Karte ausspielen. Es ist nicht leicht für einen Menschen, dieser Tatsache in die Augen zu sehen: Dass bald alles vorbei ist und man nichts mehr ausrichten kann. Wird die Trauer gelindert durch die Erinnerungen an das, was man trotz allem einmal hatte? Ich weiß es nicht, noch habe ich dieses Gefühl nicht. Ich hoffe inständig, dass ich in diesem Gedanken Frieden finde, bevor ich fortgehe.

Es gibt Momente, an denen ich beinahe weinen könnte über den Verlust. Den Verlust meiner geliebten Inseln und der Welt, in der ich so viele Jahre gelebt habe. Und mehr als alles andere vermisse ich Nanan. Es ist mir unbegreiflich, dass ich sie nie wiedersehen werde. Obwohl ja niemand wirklich weiß, was die Zukunft bringt, so habe ich doch das ganz sichere Gefühl, dass ich zum letzten Mal dieses große Meer überquere. Ich werde nie mehr nach Westindien zurückkehren, und Nanan wird kaum jemals nach Dänemark reisen.

Unsere gemeinsame Zeit ist vorbei.

AUSZUG AUS »ONKEL TOMS HÜTTE« VON HARRIET BEECHER STOWE, ERSCHIENEN IN LONDON 1852

»Und finden Sie, dass Ihre Art und Weise, das Geschäft zu betreiben, erfolgreicher ist als Toms?«, fragte Mister Shelby.

»Gewiss, Sir. Sehen Sie, wenn ich irgend kann, nehme ich mich mit den unangenehmen Auftritten, wie mit dem Verkaufen von Kindern und so, ein bisschen in Acht, schicke die Mädchen fort – Sie wissen ja: aus den Augen, aus dem Sinn –, und wenn es erst geschehen ist und nicht mehr rückgängig gemacht werden kann, gewöhnen sie sich natürlich daran. Es ist nicht wie bei den weißen Leuten, die von Haus aus gewohnt sind, ihre Kinder und Weiber zu behalten. Nigger, die ordentlich erzogen sind, erwarten doch so etwas gar nicht; darum ertragen sie es auch leichter.«

»Ich fürchte dann, die meinigen sind nicht ordentlich erzogen«, sagte Mr. Shelby.

»Wohl möglich. Hier in Kentucky verzieht man die Nigger. Sie meinen es gut mit ihnen, aber das ist im Grunde keine wirkliche Güte. Sehen Sie, gegen einen Nigger, der in der Welt herumgestoßen und an Hinz und Kunz und Gott weiß wen verkauft wird, ist es keine Güte, wenn man ihm Ideen und große Erwartungen beibringt und ihn gut erzieht; denn er fühlt das Herumstoßen nachher nur umso härter.«

BRIEF: PETER VON SCHOLTEN AN MAJOR UND KOMMANDANT CLAUDE DU PLAT, ALTONA, JANUAR 1854

Altona, 22. Januar 1854

Mein lieber Schwiegersohn!

Indem ich Dir für die Fürsorge und Pflege danken möchte, die mir während meiner langen Krankheit in Deinem Haus zuteilwurde, bitte ich Dich für den Fall, dass die Vorsehung mich abberufen sollte, während ich noch in Deinem Haus bin, für Folgendes zu sorgen: Meine Sachen und all meine Papiere sollen versiegelt an die Exekutoren meines Nachlasses in Kopenhagen geschickt werden, Prokurator Kraft und Makler Hoskiær. Mein entseelter Körper soll in einen dünnen Bleisarg gelegt werden, der in einer einfachen weißen Kiste nach Kopenhagen transportiert wird, um dort in einem Sarg, gleich dem meiner verstorbenen Ehefrau, in unserer Familienkapelle begraben zu werden.

Was Deine Bediensteten angeht, so bitte ich Dich zu bestimmen, was ich ihnen schuldig bin, und ich autorisiere Dich, sowohl diesen Betrag und was ich Dir im Übrigen für Ausgaben schulde, die Du meinetwegen gehabt haben musst, von Holbech & Sommer in Hamburg einzuziehen. Mein Diener Lauritz soll meinen Sarg nach Kopenhagen begleiten und dafür eine Entschädigung erhalten, die die Exekutoren angemessen finden.

Peter von Scholten

NEKROLOG IN »FÆDRELANDET«, 30. JANUAR 1854

Der ehemalige Generalgouverneur über die Dänisch-Westindischen Inseln, Generalmajor P. v. Scholten, ist am 26. dieses Monats in Altona nach längerer Krankheit verstorben. Der Staat spart durch diesen Todesfall eine Pension von jährlich 12 000 Reichsbanktalern ein.

MARIA EIDES TAGEBUCH, SOLITUDE, SANKT THOMAS, JULI 1854

Mittwoch, 26. Juli

Je älter ein Mensch wird, an umso mehr Dinge hat er sich zu erinnern. Bis er schließlich alles vergisst, entweder aus Altersschwäche oder weil er stirbt. Bis dahin gehören die vielen Gedenktage zu den Begleiterscheinungen des Alters. Die Menschen, die wir kannten, und die Daten und Jahreszahlen, als sie fortgingen; die Geburtstage von Menschen, die man nicht mehr sieht; die Hochzeitstage, die nicht mehr gefeiert werden können, weil einer der Partner tot oder in die warmen Länder entflohen ist. Der Tag, an dem Peter von Scholten Westindien verließ, um nie wieder zurückzukehren.

Oder der Tag, an dem er im kalten Altona starb, im Januar vor genau einem halben Jahr.

Heute war ein ungewöhnlich klarer Tag; hier auf Solitude sah ich Sankt Croix ganz deutlich am Horizont. Eine blassgrüne, ferne Landmasse, deren höchste Berge von hier aus aussehen, als seien sie mit Moos bewachsen. Mir ging durch den Kopf, dass ich schon seit mehreren Jahren nicht mehr dort gewesen bin. In der ersten Zeit nach Peters Abreise besuchte ich Anna ein paar Mal auf Bülowsminde, aber ich will nicht verhehlen, dass ich mich nicht so willkommen fühlte, wie ich es erwartet hatte. Vielleicht empfindet sie noch immer eine gewisse Eifersucht mir gegenüber, obwohl doch sie all die Jahre mit Peter zusammengelebt hat. Sie hatte ihn, während ich nur seine Freundin war und ihn damals kurz pflegte, als alles zusammenbrach.

Ich erinnere mich sehr deutlich an das letzte Gespräch zwischen Anna und mir. Wir saßen wie so oft unter dem großen Flamboyantbaum im Garten von Bülowsminde und tranken vor meiner Abreise Tee. Ludvig war nicht mehr Annas Kutscher, aber er durfte in einer kleinen Hütte am Berg wohnen. Die Herrin von Bülowsminde hatte als Kutscher einen jungen, kräftig aussehenden Schwarzen angestellt, der Haussklave auf einer der Plantagen in der Nähe gewesen war. Er wartete darauf, mich nach Christianssted zu fahren, wo der Schoner Vigilant mich am nächsten Morgen zurück nach Sankt Thomas bringen sollte.

»Dank dir, Anna«, sagte ich. »Ich habe es genossen, einige Tage hier zu verbringen.« Das stimmte nicht ganz, tatsächlich hatte ich meinen Besuch abgekürzt, da ich das Gefühl hatte, ihre Gastfreundschaft nicht unnötig auf die Probe stellen zu wollen.

»Du bist immer willkommen, meine liebe Maria«, erwiderte sie lächelnd. Aber es war ein höfliches Lächeln von der Art, wie man es einem nahezu Fremden zeigt. Unwillkürlich fragte ich: »Ist irgendetwas nicht in Ordnung, Anna?«

Sie antwortete nicht sofort, sondern blickte über den Garten und die ewig blühenden Büsche. Ihre Augen schimmerten. Dann sagte sie: »Ich bin bisweilen einsam, Maria. Aber es ist eine Einsamkeit, bei der du mir nicht helfen kannst. Niemand kann das.«

Ich runzelte die Stirn und dachte, die Antwort läge eigentlich auf der Hand.

»Du vermisst ihn. Natürlich. Das tun wir alle …«

Unvermittelt drehte sie sich zu mir um, beinahe zornig, und mir war klar, dass dies nicht die richtige Antwort gewesen war. Natürlich wollte sie hören, dass sie ihn vermisste, aber noch auf eine andere Weise als alle anderen. Doch dann entspannten sich ihre Gesichtszüge, sie nickte.

»Ja und nein. Ich vermisse das, was war. Den *Mann*, der er war. Nicht so sehr den Peter, der vor vier Jahren von hier abgereist ist. Und bitte sei mir nicht böse … aber deine Besuche schmerzen mich mehr, als ich dachte. Es ist schwer zu erklären.«

Ich hatte darauf keine Antwort. Vielleicht verstand ich sie gut. Auch eine glückliche Vergangenheit kann eine Bürde der Erinnerung sein.

Kurz darauf stand ich auf und verabschiedete mich. Wir gaben uns die Hand, und ich reiste heim nach Solitude.

Ich glaube nicht, dass ich Anna wiedersehen werde.

Freitag, 28. Juli

Heute habe ich in den Kaffeebüschen gearbeitet – dieser Anbau, der ebenso wie das Raffinieren des Kaffees eine Kunst ist, bedeutet mir immer mehr. Ich finde überhaupt, dass das Bestellen von Land zum Sinnvollsten und Klügsten gehört, was man tun kann. Und doch ist es ein Wunder mit all diesen Pflanzen, die man in fruchtbarer Erde ziehen kann: Man sät einen kleinen Samen, einen Kern oder einen Keim in die Erde, und schon bald sprießt ein lebendiges Wunder der Natur, zunächst tastend und unsicher, bald aber mit einer gewaltigen Lebenskraft. Selbst die größten Gewächse haben ihr Leben so begonnen: Der Kapokbaum mit diesem eigentümlich geformten, gewaltigen Stamm erwächst aus einem kleinen Samen, der in einem Büschel Baumwolle liegt; ein einzelnes Zuckerrohr kann sich vermehren, wenn man es klein hackt und jedes Stück Wurzeln schlagen lässt; eine Kokosnuss treibt an einem öden Strand an Land, und schon bald schwankt eine Palme im Passatwind. Diese Inseln sind so unglaublich fruchtbar!

Die Schwarzen, die nun seit sechs Jahren frei sind, haben keine Lust, etwas anzubauen. Es ist so gekommen, wie Peter es befürchtet hat: Viele lassen sich treiben und tun nichts, andere verkaufen sich selbst oder betreiben ein wenig Handwerk. Einige wenige bestellen kleine Parzellen, um zu überleben, aber noch wenigere wollen ein Zuckermesser anrühren. Die Pflanzer haben fremde Arbeitskräfte auf die Inseln geholt: spanischsprachige Männer aus Puerto Rico. Auf den französischen Inseln verrichten jetzt Inder aus dem Osten die Arbeit. Nicht als Sklaven, aber beinahe so. Ihr Lohn ist so schäbig, dass der Unterschied eigentlich nur in den Peitschenhieben besteht. Die werden ihnen nicht mehr verabreicht, soweit ich weiß.

Der Widerwille, den Boden zu beackern, macht uns alle ärmer. Ich fürchte, dass er sich vererben wird, dass die Schwarzen noch in mehreren Generationen diesen Widerwillen gegen ein bäuerliches Leben empfinden werden, auch wenn das Land ihnen gehören könnte. Das Land und das Meer sind unsere wichtigsten Ressourcen.

An diesem Tag aber, genau ein halbes Jahr, nachdem mein Freund Peter uns in Altona verlassen hat, geschah das Merkwürdigste, das ich jemals erlebt habe. Lucas, der mit seiner Familie auf Solitude lebt und für mich arbeitet, suchte auf den Kaffeefeldern nach mir.

»Frau Maria!«, rief er zwischen den Kaffeebuschreihen. »Kommen Sie, Frau Maria! Besuch!«

Ich hatte gerade eine Wurzel untersucht – Kaffeebüsche sind anfällig für die vielen Schädlinge, die es auf Solitude gibt –, richtete mich auf und wischte mir die Finger ab, als ich auf Lucas zuging.

»Wer ist es?«, fragte ich ihn, denn ich erwartete niemanden.

Lucas hob die Schultern, seine hellen Handflächen wiesen zu mir. »Ein Junge. Ich habe ihn noch nie gesehen. Er trägt ein Schild um den Hals.«

Es ist nicht ungewöhnlich, dass Kinder nach Solitude kommen, um Hilfe zu suchen, zum Beispiel wenn ihre Eltern gestorben oder krank sind. Nach der Freilassung gibt es so gut wie keine Hilfe für Schwarze, die krank werden, und die Ärzte auf Sankt Thomas haben kein Interesse, umsonst zu arbeiten. Ein Einziger hat es getan, doch er verlor daraufhin viele seiner weißen Patienten, wurde selbst krank und reiste zurück nach Dänemark. Dass der Junge ein Schild um den Hals trug, deutete allerdings darauf hin, dass man ihn zu mir geschickt hatte.

»Wie alt?«, fragte ich Lucas, als wir das lange Lagergebäude entlanggingen, das wir jetzt zur Aufbewahrung des fertigen Kaffees nutzen. Er zuckte die Achseln. »Nicht sehr alt.«

Mitten auf dem großen Hofplatz, wo ich vor vielen Jahren einen Flamboyantbaum gepflanzt hatte in der Hoffnung, eines Tages in seinem Schatten sitzen und lesen zu können, stand eine kleine Gestalt in einer Hose, die aussah wie aus Sackleinen genäht. Über seinen mageren Schultern hing ein weißes, aber sehr schmutziges und zerfetztes Hemd. Neben ihm stand eine ebenfalls aus Sackleinen genähte Tasche, vermutlich enthielt sie sein gesamtes Hab und Gut.

Seine Haut war hellbraun, er hatte kurzgeschnittenes schwarzes krauses Haar. Als ich auf ihn zuging, drehte er sich um und blickte zu mir auf – nie zuvor hatte ich solche Augen gesehen. Er war ungefähr sechs Jahre alt, und ja, er trug ein Pappschild um den Hals. Die Schnur war so lang, dass ihm das Schild auf dem Bauch hing, er hatte die unbeschriftete Seite nach außen gedreht.

»Guten Morgen«, grüßte ich auf Dänisch und erwartete nicht, dass er mich verstand. Meine Muttersprache war noch immer nicht die gängige Sprache auf der Insel. Doch der Junge sprach tatsächlich Dänisch.

»Guten Tag, Frau«, sagte er. Seine Augen waren groß und leuchtend blau wie das Meer, das ich jeden Tag sehe, wenn ich die Fensterläden meiner Schlafkammer öffne. Seine Haut war dunkel, er war ein Mischling wie ich, aber seine Augen waren die eines Skandinaviers. Ich hatte davon gehört, aber nie wirklich geglaubt, dass es Neger gab, deren Augenfarbe sich weigerte, den genetischen Spielregeln zu folgen. Nun sah ich, dass es stimmte. Der Beweis stand hier vor mir, in Gestalt dieses sonst so unansehnlichen Jungen, der so ängstlich war wie ein mutterloses Kätzchen.

Ich hockte mich vor ihn. Weder Kätzchen noch Jungen schauen gern zu einer großen, bedrohlichen Gestalt auf. Ich hob die Hand und berührte sein Gesicht. »Ich heiße Maria. Und wer bist du?«

Der Junge blickte auf sein Schild und sah, dass es falsch herum hing. Er drehte es um. »Carl«, antwortete er. Ich blickte auf die Pappe und las seinen Namen: Carl Netlohcs.

»Das ist ein schöner Name«, meinte ich. »Hat dich jemand hier hinaufgeschickt?«

Er nickte beklommen. »Die Missus hat gesagt, ich soll auf den Berg zu dem großen Haus gehen. Sie hat meinen Namen hier draufgeschrieben.« Er fasste an das Pappschild. »Aber ich weiß, wie ich heiße.«

»Natürlich weißt du das. Du bist ein großer Junge. Wie alt bist du, Carl Netlohcs?«

Er lächelte stolz. »Sechs Jahre und vier Monate.«

Ich stand auf und nahm seine Hand. »Komm. Lass uns hineingehen und schauen, ob wir etwas für dich haben. Du hast bestimmt Hunger, oder?«

Der kleine Junge nickte. »Am meisten Durst«, sagte er.

Zusammen gingen wir zum Hauptgebäude, in den Schatten der Veranda. Ich öffnete die Tür und schob den Perlenvorhang beiseite, die Perlen rasselten wie die langen, mit Kernen gefüllten Kapseln des Flamboyantbaums.

»Komm«, forderte ich ihn noch einmal auf. »Komm mit in mein Haus. Es heißt Solitude.«

Vorsichtig trat der Junge über die Schwelle in das schwache Licht. Ich folgte ihm. In der Halle blieb Carl vor dem großen Spiegel an der Wand stehen. Seine eigentümlichen Augen starrten hinein, als hätte er sich noch nie in einem Spiegel gesehen, und vielleicht war es ja auch wirklich das erste Mal. Ich stellte mich hinter ihn und legte ihm die Hände auf die Schultern. Noch kannte ich ihn nicht, aber ich wusste, dass er ein guter Junge war und wir bestens miteinander auskommen würden.

Ich betrachtete ihn im Spiegel, und mein Blick fiel auf das Pappschild vor seinem Bauch. Noch einmal las ich seinen Namen, und dann durchfuhr mich die Erkenntnis, leuchtend klar in dem kühlen Halbdunkel: Dieser kleine Junge war das Resultat einer längst vergessenen Romanze, der Liebe eines Mannes zu allem, was ihn umgab. Peters Liebe.

NACHWORT

Peter von Scholten war ein äußerst geheimnisvoller Mann, und sein unglaubliches Leben und seine Karriere in Westindien ist voller Mysterien, die bisher niemand hat erklären können. Wie um alles in der Welt ist es diesem relativ unbelesenen Soldaten gelungen, dessen einzige formale Ausbildung an der Landkadettenakademie in der Kopenhagener Bredgade stattfand, in nur zwölf Jahren an die Spitze der dänischen Kolonialadministration zu gelangen?

Warum beförderte König Frederik VI. Scholten immer wieder und ließ ihn weiterhin Einnahmen aus Ämtern beziehen, die dieser längst nicht mehr innehatte? Es war nichts anderes als eine unerhörte Bevorzugung.

Und dann die ganz große Frage: Was wusste Peter von Scholten über den Aufstand, der Anfang Juli 1848 auf Sankt Croix ausbrach? Gelangte er in diesen Schicksalstagen vorsätzlich zu der Entscheidung, dass der Aufstand nur auf eine Weise beendet werden konnte: indem man endlich die Sklaven freiließ?

Niemand weiß es. Und diese unbeantworteten Fragen sind die leeren Krüge, in die ein literarischer Schriftsteller seine Interpretationen füllen kann. Ich kann nicht belegen, dass Peter von Scholten eine geheime Vereinbarung mit König Frederik VI. und seinem Generaladjutanten Frantz Bülow getroffen hat. Aber das Gegenteil kann auch niemand beweisen. Die Geschichte von Sprogø, wo der König, Peter von Scholten und andere bedeutende Männer Brandy tranken und Karten spielten, während die Situation immer lebensgefährlicher wurde, ist von vornherein so phantastisch, dass man sie leicht für eine Lüge halten könnte.

Doch die Geschichte ist tatsächlich wahr. Wahr ist auch, dass die Gruppe ein Grab öffnete und einen Sarg verfeuerte, um das Pesthaus zu heizen. Niemand hat je behauptet zu wissen, wer in dem Sarg lag. Es ist mein Privileg als Romanautor, ein Angebot vorzulegen, um wen es sich gehandelt haben könnte: keinen anonymen englischen Soldaten, sondern eine junge Frau auf dem Weg nach Sankt Croix zu ihrem Ehemann, die an Tuberkulose starb, noch bevor sie die dänischen Gewässer verließ. Eine kleine tragische Liebesgeschichte inmitten der großen Erzählung.

Scholtens Zögern zwischen dem 2. und 3. Juli 1848 hat – unabhängig von seinen Absichten – in höchstem Maß dazu beigetragen, dass der Sklavenaufstand gelungen ist, die Schwarzen tatsächlich ihre Freiheit bekamen und sie behalten durften. War dies Peter von Scholtens Absicht? In diesem Fall wäre es ein Geheimnis, das er mit ins Grab nahm.

Zum Glück haben wir über einige Dinge jedoch auch Gewissheit, und an diesen Tatsachen habe ich nichts verändert. Jahreszahlen und bekannte Ereignisse werden in Übereinstimmung mit den zugänglichen Quellen geschildert. Ich habe somit versucht, die wahre, aber dramatisierte Geschichte von Peter von Scholten zu erzählen.

Nachdem ich mich mit ihm beschäftigt habe, seit ich den Roman *Die Hoffnung* schrieb, bekam ich im Herbst 2016 schließlich die Möglichkeit zu sehen, wie der Mann an seinem Lebensabend aussah. Ich erhielt ein mir unbekanntes Foto: Peter von Scholten wurde ein einziges Mal fotografiert. Und auf diesem Foto – oder der Daguerreotypie, wie die Technik korrekt heißt – sehe ich einen alten Mann, dessen Blick wehmütig auf eine goldene Vergangenheit zurückblickt.

Näher als durch dieses Bild – diese *Version* von Peter von Scholten, dem realen Mann vor dem Holzkasten des Fotografen, objektiv und schwarz gekleidet –, kann ich ihm nicht kommen. Da ist er, der Ehrenmann, der Generalgouverneur, der Lebemann, der Liebhaber, der Scharlatan, der Verschwender, der Machtmensch Peter von Scholten; ein Mann, der die größte Liebe zu einigen Dingen nährte, die ich selbst sehr schätze.

Natürlich kann kein Roman Peter von Scholtens ganze Geschichte erzählen. Auch hier musste ich mich entscheiden. Der lange Rechtsstreit, bei dem ein hart geprüfter Scholten erst wegen Amtsversäumnis schuldig gesprochen und dann von einem klarsichtigeren Richter des Obersten Gerichtshofs eindeutig freigesprochen wurde, habe ich so kurz wie möglich behandelt. Allein über diese gerichtliche Auseinandersetzung ließe sich ein Roman schreiben. Interessant für mich war in diesem Zusammenhang, dass Scholtens Ehre wiederhergestellt wurde, er es aber nicht so empfand. Das Berufungsverfahren erhielt nicht dieselbe öffentliche Aufmerksamkeit wie das erste Urteil, was den ehrliebenden Mann vermutlich geschmerzt hat. Ich glaube, seine letzte Zeit als einfacher Pensionist in Kopenhagen war schwer, und das Bild von einem Mann, der die Größe, die Pracht und die Macht in der tropischen Hitze Westindiens gewohnt war und nun als alter, unbeachteter, kranker und ziemlich einsamer Mann in der kalten Großstadt lebte, lässt sich nicht so einfach verdrängen, mir jedenfalls gelingt es nicht. Wenn Scholten in den achtziger Jahren gelebt hätte, als ich ein junger Journalist war, hätte ich sicher davon geträumt, ihn als einen korrupten Mann zu entlarven, der seine Macht missbraucht hatte – aber durch den großen Filter der Geschichte betrachtet, empfinde ich nichts als Bewunderung für ihn. Peter von Scholten bestärkt mich in der Erkenntnis, die ich bereits hatte, als ich die *Die Hoffnung* über das dänische Herrenvolk und ihre Sklaven schrieb: dass es schwarz und weiß in der wirklichen Welt im Grunde nicht gibt, nahezu überall sind es Nuancen von grau.

Nach der Befreiung der Sklaven im Juli 1848 zogen einige der vielen tausend Schwarzen hinaus in die Nacht von Sankt Croix und plünderten ihre ehemaligen Herren aus. Knapp zwei Dutzend Schwarze wurden von nervösen Artillerieoffizieren erschossen, aber nicht ein einziger Weißer verlor sein Leben. Es hätte weitaus schlimmer kommen können. Ein großer Teil der Ehre, dass der Aufstand so friedlich endete, gebührt Scholten. Ein anderer und mindestens ebenso großer Teil General Buddo. Zusammen verhinderten diese beiden Männer ein drohendes Blutbad, wie man es in diesen Jahren an so vielen anderen Orten der Karibik erlebte.

Niemand kennt Buddos weiteres Schicksal. Wir wissen, dass er nach einer Reihe bewegter Tage ein Empfehlungsschreiben, neue Kleider, Geld und andere Notwendigkeiten erhielt und ihm von der provisorischen Regierung auf Sankt Croix freies Geleit versprochen wurde. Dann wurde er an Bord der Kriegsfregatte Ørnen gebracht, die Sankt Croix verließ.

Laut dem dänischen Schriftsteller Thorkild Hansen segelte Kapitänleutnant Irminger in Richtung Süden, und Buddo wurde während der Reise verhört und gefoltert. Als sich herausstellte, dass der Mann unmöglich zu brechen war, konfiszierte Irminger seinen Besitz und brachte ihn – oder »die Reste dessen, was einmal General Buddo gewesen war«, wie Hansen schreibt – in Trinidad an Land.

Andere meinen, man habe ihn ganz einfach über die Reling geworfen, nachdem er auf die Ørnen gebracht wurde. Wieder andere behaupten, Buddo hätte New York erreicht, wo er seine Arbeit für seine schwarzen Brüder fortsetzte, die unter dem Joch der Sklaverei litten. Niemand kennt die Wahrheit über Buddos Schicksal.

Aber wir wissen, dass Irminger seine blendende Karriere fortsetzte und unter Frederik VII. Generaladjutant für den See-Etat und eine kurze Zeit Marineminister war.

Jetzt seid ihr frei besteht aus fiktiven Briefen, Tagebuchnotizen und anderen Dokumenten. Einzelne Texte sind Originale, entweder wörtlich aus den Archiven abgeschrieben oder mit Blick auf die syntaktische Geduld der Leser leicht redigiert. Das Zitat aus *Onkel Toms Hütte* ist entnommen:

Harriet Beecher Stowe: *Onkel Toms Hütte*. Bearbeitung einer alten Übersetzung. Herausgegeben und mit einem Nachwort versehen von Wieland Herzfelde. Verlag Neues Leben, Berlin 1952. Die Übersetzung wurde dem heutigen Sprachgebrauch behutsam angepasst.

Sehr viele Verlagsleute, Nachkommen, Historiker, Kollegen, Familienmitglieder und Freunde haben mir auf unterschiedliche Weise geholfen. Ich kann sie hier nicht alle aufzählen, sondern werde mich einem begnügen, der eine besondere Rolle gespielt hat: Jens (von) Villumsen, Autodidakt als historischer Detektiv und Scholten-Experte.

Dank allen, die die Geduld hatten, mich vorläufig bis hierher zu begleiten.

Mich Vraa, Mai 2017

Mich Vraa
Die Hoffnung
Roman
Aus dem Dänischen von Ulrich Sonnenberg
432 Seiten, gebunden
Hoffmann und Campe Verlag
ISBN 978-3-455-00155-6

Im Jahr 1803 reist die junge Kapitänstochter Maria auf dem ehemaligen Sklavenschiff Hoffnung nach Westindien. Dort entdeckt sie, dass der Menschenhandel trotz des Verbots durch den dänischen König immer noch floriert und ihr geliebter Vater darin verstrickt ist. Zwanzig Jahre später reist der Humanist Mikkel Eide nach Westindien, um ein Traktat gegen die Sklaverei zu verfassen. In der dänischen Kolonie treffen seine idealistischen Vorstellungen auf die Realität. Warum ist es so schwierig, ein guter Mensch zu bleiben, sich nicht mitschuldig zu machen? Gerade im rechten Augenblick kreuzen sich Mikkels und Marias Wege. Meisterhaft erzählt Mich Vraa von einem dunklen Kapitel europäischer Geschichte, das bis heute nachwirkt.

»Ein berührender, erhellender, spannender und unbedingt lesenswerter Roman.«
Neue Zürcher Zeitung